U0541697

国家社科基金一般项目(项目批准号:15BDJ016)

乡村廉政治理法治化

徐铜柱 著

中国社会科学出版社

图书在版编目（CIP）数据

乡村廉政治理法治化 / 徐铜柱著. —北京：中国社会科学出版社，2022.9
ISBN 978-7-5227-0905-5

Ⅰ.①乡… Ⅱ.①徐… Ⅲ.①农村—廉政建设—法治—研究—中国 Ⅳ.①D638

中国版本图书馆 CIP 数据核字（2022）第 220133 号

出 版 人	赵剑英
责任编辑	孔继萍　郭如玥
责任校对	李　莉
责任印制	郝美娜

出　　版	中国社会科学出版社
社　　址	北京鼓楼西大街甲 158 号
邮　　编	100720
网　　址	http://www.csspw.cn
发 行 部	010-84083685
门 市 部	010-84029450
经　　销	新华书店及其他书店

印　　刷	北京君升印刷有限公司
装　　订	廊坊市广阳区广增装订厂
版　　次	2022 年 9 月第 1 版
印　　次	2022 年 9 月第 1 次印刷

开　　本	710×1000　1/16
印　　张	22.5
插　　页	2
字　　数	369 千字
定　　价	128.00 元

凡购买中国社会科学出版社图书，如有质量问题请与本社营销中心联系调换
电话：010-84083683
版权所有　侵权必究

序

腐败是人类社会发展进程中无法回避的社会政治问题，治理腐败亦是国家治理现代化的内在要求。在众多腐败类型中，乡村"微腐败"作为一种新的腐败类型，主要以村干部腐败为主，以往被称作"村官腐败"，与"小官巨贪"现象紧密相连，在中国社会引起了各界的高度关注。新时期如何通过廉政治理，达到有效解决乡村"微腐败"问题，徐铜柱教授的新作《乡村廉政治理法治化》从问题关切的底层性、所涉对象的特殊性、理论命题的时代性、内容回应的系统性、治理方略的可操作性等方面为我们提供了新的视野，于国内廉政问题研究的同人来讲，又增添了新的成果以及新的思考角度。应作者之邀，我欣然作序。

乡村廉政治理是个大问题

乡村"微腐败"的核心是村干部腐败。村干部腐败虽然不能完全与"微腐败"等同起来，相当一部分案例仅从涉案金额来看固然属于小微腐败，但还有一部分案例所涉金额之巨令人触目惊心。而从中国国情实际和乡村在国家治理现代化进程中的方位来看，乡村廉政治理是一个大问题。

一是村干部群体数量之巨以至于无法忽视。中国民政部公布的数据显示，截至2018年底，全国基层群众性自治组织共计65.0万个，其中：村委会54.2万个，村委会成员221.5万人。[①] 如果将村改居、合村并村等基层自治组织调整数据和快速城镇化进程中的城中村、城乡过渡地带的村

---

① 民政部：《2018年民政事业发展统计公报》，参见民政部官网：http://www.mca.gov.cn/article/sj/tjgb/201908/20190800018807.shtml。

（居）数据考虑进来，那么这一群体的实际数量更为庞大。再据中央组织部官方公布的数据，截至2018年底，中国党政机关工作人员为756.4万名[①]。也就是说，我国村干部群体的规模将近党政机关干部的1/3。这一支200多万人队伍的廉洁状况，不仅影响着乡村治理现代化的水平，而且对于国家廉政建设而言是笔大账。

二是村干部所依存的村级组织及其权力的特殊性。从身份属性来看，村干部是村级组织——村民委员会和村党支部成员。村民委员会作为村民自治的常设和领导机构而存在，村民自治制度本身是中国在20世纪80年代为解决当时人民公社体制解体后农村管理权力真空状态下的一种新选择，它首先由四川、广西两地个别农村农民创造出来，然后经党中央高层的讨论和国家法定程序确认为中国基层群众自治制度的法定形式之一。从《中华人民共和国村民委员会组织法》所载选举条款的要件来看，归属于村民委员会的村干部或是本村村民或在本村长期居住，故在事实上，这一部分村干部在法理上属于不折不扣的农村自治组织成员；另外一部分村干部，从组织上归属于村级党组织。村党组织与乡镇党的委员会是党在农村的基层组织，按照民主集中制的原则，村党组织接受乡镇党委的领导。这就表明，归属于村党组织的村干部的身份是由党的组织和权力赋予的。在党的全面领导原则和近来各省份陆续推动的"一肩挑"改革形势下，多数村干部同时具有村级自治组织成员和村党组织成员身份。长期以来，村级组织在基层乡镇的强势领导和影响下呈现出较强的行政色彩，引发学界用"双重性"这样的术语对村干部身份进行重新界定。如果考虑到党的领导、基层自治、国家行政末梢三种权力的复杂互动关系，村干部身份亦可以"三重性"进行阐述，即处于三大权力场景中的村干部，肩负的是党在最广大农民心目中日常形象的展示，协助的是国家在广大农村的公共行政的展开，领导和代表的是村民开展"三自四民主"实践。因此，村干部廉洁状况对于党的领导地位、国家行政和"三农"事业发展都有实质影响。

三是村干部对于乡村现代化发展具有极端重要性。乡村现代化或曰

[①] 中共中央组织部：《2018年中国共产党党内统计公报》，参见共产党员网：http://www.12371.cn/2019/06/30/ARTI1561860413392572.shtml。

"三农"事业在中国有着十分特殊的意义。自清末以来，与纯粹地学习西方走工业现代化道路不同的是，不少精英分子将革故鼎新、救亡图存的契机投向农村；最重要的是以毛泽东为首的中国共产党人在反复比较与艰苦摸索中找到了一条不同于俄国"十月革命"的革命道路——"农村包围城市"，农民作为坚定的革命同盟军的地位极大地强化了其无产阶级身份。从革命动力来讲，农民是关键主体；从革命道义来讲，革命胜利后，让农民在政治、经济和社会地位上都得到解放是题中应有之义。在新中国成立初期十年，农业承载了为重工业导向的现代化战略提供原始资本积累的任务，虽然农田水利等农村公共事业在集体公社架构下有了巨大发展，但农民承担的负担仍十分沉重。改革开放至今，中央一号文件多与"三农"问题相关，凸显党和国家对"三农"事业的极端重视。尽管如此，中国农村社会经济发展还是远远落后于城市，中央十分清楚农村、农业、农民是全面建成小康社会的短板或薄弱环节。在这种背景下，取消农业税、持续实施农村反贫困（包括不同时期和不同阶段的）战略，如扶贫开发、精准扶贫、新农村建设、美丽乡村建设、乡村振兴等重大涉农战略相继出台和展开。我们党历来重视德才兼备的干部队伍在落实党的路线、方针和政策中的重要作用。毛泽东同志指出："政治路线确定之后，干部就是决定的因素。"习近平同志强调："贯彻新时代党的组织路线，建设忠诚干净担当的高素质干部队伍是关键。"在决胜全面建成小康社会、实施乡村振兴战略的过程中，村干部作为村级组织的当家人、乡村事业发展的领头人、乡村振兴战略的直接参与人，他们的作风、能力和素质，事关新时代"三农"事业的发展大计。然而，部分村干部存在的腐败问题，不仅损伤了广大农民群众对党和国家的信任和信心，也侵蚀了乡村社会治理的大好局面。因此，在推进国家治理体系和治理能力现代化的关键节点上，依法有效治理村干部腐败问题、加强乡村廉政治理刻不容缓。

四是反腐败斗争进入更全面更深入阶段的实践使然。腐败问题是人民群众反映最强烈的，也是对党的执政地位威胁最大的问题。习近平同志提出，为使党的执政基础和群众基础更加巩固，必须坚定不移推进全面从严治党，形成反腐败斗争压倒性态势。自党的十八大以来，以习近平同志为核心的党中央不断推进反腐败斗争向纵深发展，坚持打"老虎"与拍"苍蝇"并重，坚持惩"巨腐"与治"微腐"齐抓。中纪委监察部网站通报案例统计显示，民族地区村干部腐败问题亦比较严重。同时，民族地区的乡村民主自治本身还需要不断进行完善和调适，以适应新时代国家治理现代化的新要求。考虑到民族地区社会经济发展相对滞后的事实，"未富先腐"的倾向更要警惕，这就为乡村廉政治理提供了现实场域。

乡村廉政治理问题研究须深入

应该看到，国内学界关于乡村廉政治理专门性学术研究现状还不能令人满意。在我看来，其中缘由至少与以下两个方面的概念识别上的困境相关联。一个是腐败的概念；另一个是村干部的概念。

腐败，最为通行的定义是公职人员运用公共权力谋取私利的行为。在该概念中，腐败行为的主体是公职人员。谁是公职人员？在权力强势的集权制国家，在学术界的视野中，公职人员主要指公务员，或曰国家机关工作人员。在《公务员法》中，公务员是指"依法履行公职、纳入国家行政编制、由国家财政负担工资福利的工作人员"，"清正廉洁，公道正派"被明确界定为公务员必须履行的义务。在社会经验的直观表达上，这部分群体即党政干部。正如群众所表述的"村官不是官"概念一样，村干部不是国家法律意义上的"干部"。这就引发了对村干部腐败惩治的刑法身份适用问题的法学界争论。同时，也造成了国内腐败研究多将关注重点置于党政干部这一群体之上的做法。如何定义村干部的身份概念呢？由于涉及民主自治这个架构，该问题变得复杂，最后在刑法上不得不从实践情境出发来界定其行为性质——村干部在哪些方面履行的是公务行为。

从学理学科的角度来看，村干部腐败问题既要考虑到国家法律、社会变迁等宏观因素，又要考虑到社会民情、村庄结构等地方性因素，还要考虑到个体主观认知与素质等内在因素，社会学、民族学、人类学、行政学、政治学、法学、经济学等多个学科都可切入加以研究，有着广阔的研究前景。

呈现在大家面前的这一研究成果，得到了国家社科基金一般项目资助，是国内为数不多的专门致力于以村干部为主体的乡村"微腐败"问题的研究成果，拓展了乡村廉政治理的新视野，仅就这一点就值得期待。更难能可贵的是，这一研究显然是跨学科的成果，特别是将党的建设与法学两大学科结合起来,既深刻回应了中国语境中的法治观,又与村干部群体主要作为党员和村级自治组织成员的事实高度契合。

乡村廉政治理问题的系统透视

一般公认为,对一个问题的专门研究,应至少有四个方面必须讲清楚:问题的来龙去脉、问题之现状、问题形成之因果逻辑、问题之针对性解决思路。余以为本书在此四个面是作出了明确交代的。

一是讲清楚了历史。本书全面考察了党治理基层腐败的历史。党在新民主主义革命时期主要活动于农村革命根据地,这种地方性的、基层性的廉政建设构成了局部政权建设的重要内容,也为后来执掌全国政权积累了经验。回顾这一段历史与廉政治理实践,在根据地边区政府出台的惩治腐败条例中,注重思想教育、民主参与、强化审计、宣传曝光、群众路线等都是十分重要的治理经验。而在新中国成立初期的农村反腐败斗争过程中,部分村干部生活作风问题、村霸行为、贪污行为与20世纪80年代以来的村干部典型腐败形式并不存在显著差别。本书为我们展现了党从革命年代到新中国成立后各个阶段农村反腐败的历程、经验与决心,这本身也就是一部乡村廉政治理的发展史。就此而言,村干部腐败问题不能简单地等同于当代中国农村的时代性问题,而是应将其置于常规治理视野之中,并将历史与当代结合起来分析问题、反思问题,以探求更为有效的治理方式。

二是讲清楚了现状。本书在现状把握上主要使用了三方面的数据:其一,通过社会学的方法,以问卷调查的形式采集了某地级市360名村干部的廉政认知情况;其二,通过深度访谈的方式囊括了数十例发达地方和落后地方的村干部的廉政认知;其三,充分使用了国家监察部公布的基层腐败典型案例。前两方面的数据获取,是典型的社会学研究方法。数据之间,互为补充,并且从村干部群体着眼,相较于现行研究中外在的、客观的分析而言,实现了研究进路的创新。国家监察部公布的典型案例,其特点是数据体量大、覆盖全国各个地区,是准确定性的典型案件。因此,这些案例具有统计学意义,分布相对均衡,适合用来统计分析。而且,由于其较时新,为揭示当前全国层面的村干部腐败的总体状况、特征表现提供了绝佳的概括依据。村干部腐败个案与窝案并存、"微腐败"与巨腐败并存、违纪与违法并存、一把手腐败现象突出等特征表明，村干部腐败问题是比较复杂的，并不能刻板化认为是"微腐败"或小问题。在此基础上，本书为我们提供了一个村干部腐败类型学的新思考，包括对腐败者人数、动机、意愿、性质、行为对象等各个维度的概括和处理，颇具启发意义。

三是讲清楚了因果。本书一方面从学科角度归纳了村干部腐败行为的发生学机制；另一方面又从实践的角度对村干部腐败原因进行了反向推理。这个推导过程巧妙地借鉴了官方的话语体系，即官方将反腐败目标陈述为"不想腐、不敢腐、不能腐"，本书在推导过程中搭建了腐败的村干部"何以想腐败""何以能腐败""何以敢腐败""何以易腐败"的分析框架，分别用来分析村干部腐败的思想诱因、制度诱因、行为诱因和环境诱因。

四是讲清楚了办法。学以致用，知行合一，是中国知识分子的信念追求，亦是坚持理论联系实际的马克思主义立场的必然要求。通过审慎、严密而富有逻辑的推导、调查研究，这些面向现实问题的科学研究或多或少、间接或直接都致力于为问题解决贡献智慧。这种情怀和责任感亦深刻体现在本书中。新时期如何推进乡村廉政治理法治化呢？本书的思路归纳为：构建党领导下的"一体两翼"治理体系和增强四大治理能力。这与新时期在党的领导下推进国家治理体系与治理能力现代化的主张是一致的。这一治理体系所遵循的是：党的领导，统揽全局；以法治为主体框架，突出依法行政、依法监督的总体方略；辅之以自治与德治的治理资源，强调自治、德治与法治的有机结合、相辅相成。与此相对应的，乡村廉政治理的法治能力面向，包括党组织的法治统领能力、乡村依法自治能力、乡村依法监察的能力和乡村法治文化的治理能力等。

总体说来，新书《乡村廉政治理法治化》在乡村廉政治理问题方面研究深入，书中使用的数据和案例翔实可靠，同时也提出了许多富有启发性的思考和见地，在此难以一一概括和呈现出来，开卷有益，还是敬请读者诸君展卷细读，与作者一道探索乡村廉政治理之道。

何增科（北京大学中国政治学研究中心教授）
2020年4月6日于北京西单书香斋

目 录

绪 论 ……………………………………………………………… (1)
 一 乡村廉政治理问题研究缘起 ………………………………… (2)
 二 乡村廉政治理问题研究综述 ………………………………… (6)
 三 研究目标与研究突破 ………………………………………… (17)
 四 研究方法与数据来源 ………………………………………… (19)

第一章 乡村廉政治理问题概述 ……………………………………… (21)
 第一节 基本概念界定 …………………………………………… (21)
  一 何为"村干部" ……………………………………………… (22)
  二 村干部与其他干部的区别 ………………………………… (24)
  三 "腐败"、"微腐败"与"村干部腐败" ……………………… (26)
  四 廉政、廉政治理与乡村廉政治理 ………………………… (30)
 第二节 乡村微腐败的类型 ……………………………………… (33)
  一 根据微腐败人数多少的划分类型 ………………………… (33)
  二 根据微腐败目的不同的划分类型 ………………………… (34)
  三 根据微腐败意愿不同的划分类型 ………………………… (35)
  四 根据微腐败性质不同的划分类型 ………………………… (35)
  五 根据微腐败领域不同的划分类型 ………………………… (36)
 第三节 乡村微腐败的方式 ……………………………………… (38)
  一 承接国家资源过程中的腐败方式 ………………………… (39)
  二 管理集体资源过程中的腐败方式 ………………………… (43)
  三 治理村民事务过程中的腐败方式 ………………………… (46)
  四 实施村民自治过程中的腐败方式 ………………………… (51)

第四节　乡村微腐败的特征 …………………………………（56）
　一　共性特征 ……………………………………………（56）
　二　个性特征 ……………………………………………（62）
第五节　乡村微腐败的危害 …………………………………（70）
　一　对党的危害：损害党的形象，动摇党的执政根基 …（71）
　二　对政府的危害：降低行政效率，损害政府公信力 …（73）
　三　对社会的危害：影响社会稳定，败坏社会风气 ……（74）
　四　对村庄的危害：伤害农民感情，阻滞发展步伐 ……（76）
　五　对家庭的危害：毁坏个人前途，破坏家庭幸福 ……（77）
本章小结 ………………………………………………………（78）

第二章　中国共产党乡村廉政治理的历史考察 …………（79）
第一节　党在革命年代乡村廉政治理的回顾
　　　　（1921—1949） ……………………………………（79）
　一　党在初创时期有关乡村廉政治理的举措
　　　（1921—1927） ………………………………………（79）
　二　党在土地革命时期乡村廉政治理的实践
　　　（1927—1937） ………………………………………（80）
　三　党在抗日战争时期乡村廉政治理的实践
　　　（1937—1945） ………………………………………（81）
　四　党在解放战争时期乡村廉政治理的实践
　　　（1945—1949） ………………………………………（83）
第二节　党在社会主义建设初期乡村廉政治理的回顾
　　　　（1949—1978） ……………………………………（85）
　一　党在新中国成立初期乡村廉政治理实践
　　　（1949—1956） ………………………………………（85）
　二　党在社会主义建设时期乡村廉政治理实践
　　　（1957—1978） ………………………………………（86）
第三节　党在社会转型时期乡村廉政治理的回顾
　　　　（1978—2012） ……………………………………（87）
　一　党的十一届三中全会至党的十三大之前

　　　　(1978—1987) ……………………………………… (88)
　　二　党的十三大至党的十五大之前 (1987—1998) ……… (89)
　　三　党的十五大至党的十八大之前 (1998—2012) ……… (92)
　第四节　党的十八大以来乡村廉政治理的回顾
　　　　(2012年至今) …………………………………………… (100)
　　一　这一时期农村"微腐败"的状况 …………………… (100)
　　二　中央和各地惩治乡村微腐败的举措 ………………… (103)
　本章小结 ……………………………………………………… (112)

第三章　乡村微腐败形成的学理解析 ……………………… (113)
　第一节　国外腐败研究的基本命题 ………………………… (113)
　　一　腐败与政体关系 ……………………………………… (113)
　　二　腐败与国家结构 ……………………………………… (115)
　　三　腐败与选举制度 ……………………………………… (116)
　　四　腐败与经济增长 ……………………………………… (117)
　　五　西方腐败命题的局限性及其启示 …………………… (118)
　第二节　乡村微腐败成因的多学科审视 …………………… (120)
　　一　政治学视角 …………………………………………… (120)
　　二　经济学视角 …………………………………………… (122)
　　三　文化学视角 …………………………………………… (124)
　　四　社会学视角 …………………………………………… (128)
　　五　法学视角 ……………………………………………… (131)
　　六　行政学视角 …………………………………………… (134)
　　七　心理学视角 …………………………………………… (136)
　本章小结 ……………………………………………………… (139)

第四章　乡村微腐败形成的现实缘由 ……………………… (141)
　第一节　思想认知层面 ……………………………………… (142)
　　一　思想问题表现 ………………………………………… (142)
　　二　思想病症分析 ………………………………………… (143)
　第二节　法律制度层面 ……………………………………… (152)

一　刑法身份有缺失 …………………………………… (153)
　　二　民主选举制度不健全 ……………………………… (156)
　　三　民主管理制度不健全 ……………………………… (160)
　　四　综合监督制度不健全 ……………………………… (162)
　第三节　收益成本层面 …………………………………… (164)
　　一　微腐败的隐蔽性强 ………………………………… (164)
　　二　微腐败的成本偏低 ………………………………… (166)
　　三　权力制约力度有限 ………………………………… (168)
　第四节　机会诱因层面 …………………………………… (173)
　　一　激励因素不足 ……………………………………… (173)
　　二　腐败诱因增多 ……………………………………… (178)
　本章小结 …………………………………………………… (182)

第五章　乡村廉政治理的法治逻辑 …………………………… (185)
　第一节　中西权力腐败治理的理论发展史 ……………… (185)
　　一　西方权力腐败治理的理论发展史 ………………… (186)
　　二　中国权力腐败治理的理论发展史 ………………… (189)
　第二节　田野调查场域中乡村微腐败的实证分析 ……… (191)
　　一　乡村微腐败的具体个案透视 ……………………… (191)
　　二　乡村微腐败个案实践中的法治价值 ……………… (194)
　第三节　乡村廉政治理过程中的党法作用与实践 ……… (198)
　　一　党法的法律位格 …………………………………… (198)
　　二　党法的法治实践 …………………………………… (204)
　第四节　新时代法治观与乡村廉政治理的内在关联 …… (207)
　　一　新时代法治观对乡村廉政治理的路径要求 ……… (208)
　　二　新时代法治观对乡村廉政治理的技术要求 ……… (210)
　本章小结 …………………………………………………… (212)

第六章　乡村廉政治理法治化的功能 ………………………… (214)
　第一节　规范功能 ………………………………………… (216)
　　一　指引功效 …………………………………………… (216)

二　教育功效 …………………………………………………… (217)
　　三　评价功效 …………………………………………………… (217)
　　四　预测功效 …………………………………………………… (218)
　第二节　引领功能 …………………………………………………… (218)
　　一　引领乡村法治思想建设 …………………………………… (219)
　　二　引领乡村法治文化建设 …………………………………… (220)
　　三　引领乡村法治社会建设 …………………………………… (221)
　　四　引领崇尚法治的好民风 …………………………………… (222)
　第三节　维护功能 …………………………………………………… (224)
　　一　维护社会公平正义 ………………………………………… (224)
　　二　维护农村和谐稳定 ………………………………………… (225)
　　三　维护乡村良性秩序 ………………………………………… (226)
　第四节　保障功能 …………………………………………………… (228)
　　一　保障村民合法权益 ………………………………………… (229)
　　二　保障村干部合法权益 ……………………………………… (230)
　　三　保障乡村振兴目标实现 …………………………………… (232)
　第五节　强制功能 …………………………………………………… (234)
　　一　惩治作用 …………………………………………………… (234)
　　二　威慑作用 …………………………………………………… (235)
　　三　惩恶扬善 …………………………………………………… (236)
　本章小结 ……………………………………………………………… (237)

第七章　乡村廉政治理法治化路径 ……………………………………… (238)
　第一节　新时代乡村治理体系的宏观建构 ………………………… (238)
　　一　党领导下的基层法治与基层治理体系的关系 ………… (239)
　　二　乡村"微腐败"治理必须强化党的统领地位 …………… (240)
　　三　推进法治、德治与自治"三治"融合 …………………… (246)
　第二节　建构乡村廉政治理的法治化体系 ………………………… (249)
　　一　建立预防乡村微腐败的法治体系 ………………………… (249)
　　二　建立控制乡村微腐败的法治体系 ………………………… (259)
　　三　建立惩治乡村微腐败的法治体系 ………………………… (270)

第三节 增强乡村廉政治理的法治能力 …………………… (274)
  一 加强党组织的法治统领能力 ……………………… (275)
  二 强化乡村依法自治的能力 ………………………… (279)
  三 提升乡村依法监察的能力 ………………………… (284)
  四 增强乡村法治文化的防腐能力 …………………… (288)
第四节 村干部腐败行为的法律规制 …………………………… (298)
  一 村干部身份的法律属性 …………………………… (299)
  二 村干部腐败行为的定性 …………………………… (302)
  三 村干部腐败行为的法律责任 ……………………… (304)
本章小结 ……………………………………………………………… (310)

附件1 村干部专题调查问卷 ……………………………………… (312)

附件2 乡村微腐败问题访谈提纲 ………………………………… (319)

参考文献 …………………………………………………………… (321)

后　记 ……………………………………………………………… (345)

绪　　论

国家治理现代化离不开廉政治理现代化，二者是一个统一整体。没有有效的廉政治理，国家治理就会失去免疫力。在人类社会的发展过程中，腐败是人类社会的一大顽疾，治理腐败也是人类社会的一大难题，世界各国都在努力探索治理腐败之道。习近平总书记指出："人民群众最痛恨腐败现象，腐败是我们党面临的最大威胁。"反腐败要坚持"无禁区、全覆盖、零容忍。""加大整治群众身边腐败问题的力度。"① 近年来，不仅有身居高位的"大老虎"连续被查处，而且有大量的基层"苍蝇"被挖出来，村干部腐败俨然成为"苍蝇"式腐败的"重灾区"。十八届中央纪委向党的十九大的工作报告中显示，党的十八大以来，全国纪检监察机关共处分村党支部书记、村委会主任27.8万人。② 中国民政部公布的数据显示，截至2018年底，全国基层群众性自治组织共计65.0万个，其中：村委会54.2万个，村委会成员221.5万人。③ 由于一些村干部存在以权谋私、欺上瞒下、作风不实、贪污腐化等问题，乡村权力"最后一公里"被阻滞，引起广大农民群众强烈不满，"小村官、大腐败"成为中国经济高速发展期难以回避的乡村治理大问题。2017年习近平总书记在徐州考察时指出："农村要发展好，很重要的一点就是要有好班子和好

---

① 习近平：《决胜全面建成小康社会　夺取新时代中国特色社会主义伟大胜利》，人民出版社2017年版，第66—67页。
② 段相宇：《整治群众身边腐败问题力度只会加强不会削弱》，中央纪委监察部网站（http://www.ccdi.gov.cn/special/bwzp/wqhg_bwzp/201712/t20171207_113397.html）（2019年4月19日阅）。
③ 民政部：《2018年民政事业发展统计公报》，参见民政部官网：http://www.mca.gov.cn/article/sj/tjgb/201908/20190800018807.shtml。

带头人。"① 基于此，乡村廉政治理问题自然成为党和政府新时期国家治理的重要政治责任，成为国家廉政治理的重要组成部分，是新时期解决"三农"问题的重要保障。

2020年1月15日，习近平总书记在中国共产党第十九届中央纪律检查委员会第四次全体会议上强调，要继续坚持"老虎""苍蝇"一起打，重点查处不收敛不收手的违纪违法问题。我们要清醒认识腐蚀和反腐蚀斗争的严峻性、复杂性，认识反腐败斗争的长期性、艰巨性，切实增强防范风险意识，提高治理腐败效能。② 这是新时期全面从严治党的新部署和新要求。正是基于全面从严治党向基层延伸、向纵深推进的时代背景，治理腐败同样延伸到基层，延伸到乡村，村干部腐败问题俨然成为乡村廉政建设和"微腐败"治理的大问题。

因此，本书研究的乡村廉政治理问题，主要对象是指以村干部腐败为主的乡村"微腐败"及其治理问题，尽管村干部腐败不完全等同于乡村"微腐败"范畴，但村干部腐败无论是在主体上还是在内容范围等方面都是乡村"微腐败"的核心组成部分。除此之外，村干部腐败之所以被纳入乡村"微腐败"的核心内容，主要原因在于：一是村干部位于行政权力运行的最末端，有人比作权力的"神经末梢"，属于真正的"最后一公里"；二是在腐败程度与领域等方面多数案件具有小微性特征，并广泛存在于乡村社会当中。可以说在乡村社会这个特定场域中对村干部腐败问题的探究，抓住了乡村"微腐败"的最大主体，聚焦了乡村"微腐败"的核心内容，是开展乡村廉政治理的重中之重，在理论和实践上都具有合理性。

一　乡村廉政治理问题研究缘起

乡村"微腐败"演变为腐败领域的"重灾区"。在帝制时代，皇权不下县，皇权止于县，村庄没有官，也就没有官员腐败。近代以来的政治现代化最终将乡村社会彻底卷入国家管制体系当中，乡村腐败亦随之

---

① 《习近平：农村要发展需要好的带头人》，新华网（http://www.xinhuanet.com/politics/2017-12/12/c_1122100825.htm）。

② 《习近平在十九届中央纪委四次全会上发表重要讲话》，《人民日报》2020年1月14日。

产生。① 新世纪到来之际，中国农村基层腐败历史性地成为各方关注的焦点，尤其是村干部腐败问题终于在国家从严治党强力反腐的过程中揭开了温情脉脉的面纱，问题的严重性令人吃惊！由于以往党和国家把治理腐败的重心集中在高层或公务员队伍中间，而位居社会最底端的乡村社会及其村居组织成员仿佛与腐败无关，自然没有进入国家反腐的重点领域。党的十八大以来，以"精准扶贫"战略为中心的农村治理进入了攻坚期，以乡村振兴为目标的战略实施迈入新时代，国家前所未有地加大了对农村尤其是贫困地区的资源输入力度，一系列的惠农政策、资金、项目如雨后春笋般纷至沓来，对乡村社会产生了前所未有的影响：一方面，乡村社会因惠农资源的充裕而发生改变；另一方面，许多乡村地区及其村居组织从未经营过如此多的丰富资源，缺乏治理经验，加之传统乡村治理的体制机制的滞后性，为村干部的腐败创造了机会，村干部腐败逐步成为腐败领域的"重灾区"。他们有的骗取农业保险的"救灾钱"，大肆截留基层低保户的"养命钱"；有的冒领已故"五保"老人的"死人钱"，贪占社会抚养的"孩子钱"；有的克扣贫困家庭的"扶贫款"，侵吞农民耕地补偿的"土地钱"……②人民论坛调查中心针对9634份公众问卷样本进行调查，统计发现在各种贪腐案件中，"小官贪腐"的比例占到了76.17%，且大部分集中在基层干部和村干部身上。2015年11月13日，中纪委官网实名通报193人，其中近六成涉村干部。这让公众的关注点再次聚焦到了如何有效监督治理村级权力生态，也由此感受到党中央对村干部腐败治理的高度重视。③

  治理乡村"微腐败"势在必行。习近平总书记指出：基层是党的执政之基、力量之源。"蝇贪"之害若得不到整治，群众反映强烈的问题若得不到有效解决，势必会动摇党的执政基础。④ 近年来，"小官巨贪""苍蝇腐败""村官（干部）腐败""微腐败"等词汇频频见诸媒体，各地不断曝出村干部集体或个人违纪违法腐败案件，表明此问题的严重性和紧迫

---

① 周庆智：《关于"村官腐败"的制度分析——一个社会自治问题》，《武汉大学学报（哲学社会科学版）》2015年第3期。
② 邓兴东：《浅谈基层腐败的现状、危害、原因及对策》，《抚州日报》2016年4月27日。
③ 卢俊宇：《村干部腐败为何批量"亮相"中纪委通报？》，中国共产党新闻网（http://fanfu.people.com.cn/n/2015/1115/c64371-27817059.html?_t=1448253670439）（2019年4月19日阅）。
④ 转自习近平2013年7月11日在河北调研时的讲话。

性。历史已经证明,我们党的力量源泉在基层,执政的基础在基层,农村问题解决不好,就会直接动摇党的执政根基。虽然村干部不是真正的"官",但其影响力却是"别拿村官不当干部",由于村干部身处群众之中,是党和政府的"末梢神经",他们的一言一行直接代表党和政府的形象。因此,如果不能有效治理村干部腐败问题,就会导致农村基础不牢,国家利益就会地动山摇,治理村干部腐败问题显然意义重大。

治理乡村"微腐败"是全面从严治党向纵深延伸的现实要求。村干部腐败与党的初心和使命背道而驰,与广大人民群众的利益水火不容。因此,治理腐败是中国共产党一贯的政治主张。十九大报告指出,人民群众对腐败现象深恶痛绝,我们党面临的最大威胁就是腐败。纵观中国共产党的建党历史,同样是一部同腐败斗争的历史:新中国成立前,从建党初期中共的第一个"反腐通告"(1926年8月4日)[①],到土地革命时期的《关于惩治贪污浪费行为》的训令(1933年12月15日);从抗战时期陕甘宁边区政府公布的《惩治贪污暂行条例》(1938年8月15日)和毛泽东"十个没有"(1940年2月)[②],到解放战争时期的"三查三整"运动(1947年),再到七届二中全会的"两个务必",奠定了我党惩治腐败的优良历史传统。新中国成立后,毛泽东签发了新中国的第一个反腐败法规《中华人民共和国惩治贪污条例》(1952年4月),开启了反腐败斗争的法治化时代;60年代的"三反四清"运动,拉开了群众反腐法制化的序幕。改革开放以来,反腐败斗争进入新阶段,从十三大报告提出"要开展反腐败斗争,清除腐败分子"的誓言,到十四大报告指出"廉政建设要靠法制"的转变;从十五大报告指出"反腐败要坚持标本兼治,不断铲除腐败现象滋生蔓延的土壤",到十六大报告指出"坚决反对和防止腐败是全党一项重大的政治任务",再到十七大"对任何腐败分子都依法严惩,决不姑息",展示了我党对从严治党、惩治腐败的一贯立场和坚定信心。特别是党的十八大以来,以习近平同志为核心的党中央以前所未有的

[①] 1926年8月4日颁布了中共第一个"反腐通告",即《关于坚决清洗贪污腐化分子的通告》。

[②] 贺全胜:《毛泽东"十个没有"及其当代意义》,《毛泽东思想研究》2016年第2期。"十个没有"的第一个就是"没有贪官污吏"。

勇气和智慧掀开了惩治腐败的新时代！中央首先制定了"八项规定"（2012年12月4日）为制度反腐提供新依据，印发了新的《中国共产党纪律处分条例》和《中国共产党党员领导干部廉洁从政若干准则》，为法治化治党提供遵循。实践证明，无论是理论还是实践，十八大以来的反腐力度和成效都是空前的，不仅众多身居高位的"老虎"被打倒，而且长期隐居基层的潜伏群众身边的无数"苍蝇"被查处，坚持"反腐永远在路上"。十九大报告对新时期的反腐形势和要求作出明确判断：目前反腐败斗争形势依然严峻，全党必须巩固反腐败的压倒性态势，以坚如磐石的决心夺取反腐败压倒性胜利。近年来，在国家强力反腐的背景下，全社会改变了一些多年难改的积习，树立了前所未有的新风。"干部清正、政府清廉、政治清明"的良好社会生态初步形成。

法治化治理乡村"微腐败"是历史发展的必然。所谓法治化，是指运用国家法律法规和党法党规等规范体系对公权力的运行和公民权利的保障进行全面规范，形成用法治思维和法治方式分析和解决问题的治理结构与治理能力的技术呈现。特别说明的是，本书所讨论的法治的"法"的渊源不限于国家制定或认可的成文法，还包括党法党规等具有约束力的特殊规范。法治化治理乡村微腐败问题，这是一个如何纯洁"末梢神经"的问题。要从根本上扭转农村"小官巨贪"现象，重塑乡村良好的村级权力生态，必须运用法治思维和法治方式。多年来中央一号文件持续关注"三农"问题，并专题部署"加强农村法治建设"，依法惩治和预防农村惠农扶贫等领域的腐败问题和职务犯罪问题，重点整治农村村干部的"苍蝇"式腐败。回顾党治理腐败的方式，在运用法治方式上做了很多探索，取得很多成果，但还是以政策、运动、阶段性反腐为主。如何将法治作为反腐败的利剑，尤其是作为治理乡村微腐败的利剑，无论是在理论上还是在实践上都需要研究与开拓，已有的经验无法全面回答当前面临的"腐败新常态！"党的十八届四中全会做出了"全面推进依法治国"的重大战略部署，为如何治理国家，尤其是治理腐败问题指明了方向。显然，用法治手段解决村干部腐败问题已成为历史发展的必然，也正是本研究的最大目标诉求。

值此新时代背景下，"村官腐败问题治理法治化"作为国家社科基金一般项目立项，恰逢时代赋予的理论呼唤，亦是现实乡村振兴开出的实践命题！本课题将依据党的十八届三中、四中全会提出的推进"国家治理体系和治理能力现代化"以及"基层治理法治化"的目标要求，按照十九大报告的精神指引，全面贯彻习近平总书记治国理政新思想，紧紧围绕着乡村廉政治理的目标诉求，系统研究当前农村村干部腐败现象及其治理法治化的系列问题。主要内容包括：从村干部及其腐败的内涵阐释到村干部腐败形式、特征及其危害的条分缕析；从党治理腐败的历史考察到新时期惩治村干部"微腐败"的正确决策；从学理层面对村干部腐败形成机制的剖析到现实层面对村干部为何想腐、敢腐、能腐、易腐原因的审视；从法治化治理村干部腐败的必然性到法治化治理村干部腐败的功能价值；从构建乡村廉政治理的法治化体系到提升乡村廉政治理的法治化能力，从而最终完成"乡村廉政治理法治化"的项目任务，为提高基层党建工作水平、实现乡村振兴战略提供智力支持，为推进乡村治理体系和治理能力现代化做出有益贡献。

二　乡村廉政治理问题研究综述

（一）国内相关研究综述

梳理关于乡村廉政治理问题的研究，主要是以村干部腐败及其治理问题为核心内容的研究成果，学术专著不多，主要是一些论文、调研报告、研讨会总结和地方经验、案例之类的成果，大多遵循现象描述、原因思考、对策探讨、创新发展的研究进路。本书为了聚焦问题，以乡村"微腐败"为梳理对象，将村干部腐败作为重点内容融入其中，按照乡村"微腐败"的形式与特点、形成原因、治理对策的逻辑顺序予以归纳总结，最后将反腐败和廉政治理成果单独列为一部分进行透视，从而更好地回应研究主题。具体内容归纳如下。

1. 关于乡村"微腐败"的形式与特点

对已有文献的梳理，有很多学者对乡村微腐败的基本形态和相关特点进行了分析和归纳，以便更好地把握乡村微腐败的基本规律。这些观点有代表性的摘选如下。

一是村干部腐败主体逐步由个体向群体转变、腐败手段由侵占型向擅权型转变、腐败领域由侵占村集体资产等传统领域向征地拆迁等新型领域转变、腐败影响由危害型向破坏型转变①。二是村干部腐败趋势高发易发、民生领域腐败居多、数额上"虎蝇型"并存、窝案突出以及手段隐蔽多样②。三是认为现阶段村官腐败呈现出涉案金额呈上升趋势、涉案人员趋于"团伙化"、作案手段日趋隐蔽、侵害对象广泛等特点③。四是村官腐败发生的领域大体在土地拆迁、开发、基础设施和公共事务管理方面④。五是国家预防腐败局在 2012 年的报告中认为，村官腐败的形式和特点主要表现在"贪污挪用公款比较突出、编造事由虚报开支比较严重、违法违纪手段多种多样、村官腐败造成的影响越来越大"。六是认为村官腐败主要表现在五个方面：克扣和截留上级拨款；贪污、挪移、侵占集体资产；公权私用，收好处费；乱摊派、乱收费、乱罚款；公款消费、公款接待⑤。七是认为村官职务犯罪近年呈现出"作案次数多、时间跨度长；发案数持续、显著的增长；犯罪发生地域性比较明显；作案手段通常直接简单；社会危害性大"⑥。八是认为村官腐败形式和特征包括"以权谋私、贪污索贿；挥霍浪费、生活腐化；作风专断、欺民霸权；结党营私、贿选拉票"四方面⑦。九是操作手法隐蔽，不易被查处；单个案件贪腐金额较低、案件数量巨大、持续时间较长，对基层群众影响较大；腐败主体职务层级不高，但岗位往往较为特殊与敏感。⑧通过对各类资料的总结，村官腐败主要表现在违规用权、贪污、截留挪用、腐化享乐、铺张浪费、作风霸道、贿选拉票等方面。

2. 关于乡村"微腐败"的形成原因

关于乡村微腐败的形成原因，人们从多个维度进行挖掘和探究，形成

---

① 张昱泉：《法治视野中预防村干部腐败路径的实证分析——以 H 市 X 区村干部职务犯罪案件调查为样本》，《行政与法》2017 年第 4 期。
② 杨群红：《新形势下村官腐败的类型、特征及治理对策》，《中州学刊》2016 年第 12 期。
③ 冯耀明：《遏制村官腐败的长效机制研究》，《中共山西省委党校学报》2015 年第 1 期。
④ 曹国英发言，"如何治理村官腐败"讨论会，2013 年 10 月 28 日 14：00—16：40，中国人民大学国学馆 525 会议室。
⑤ 周庆行等：《我国农村腐败问题的成因及反腐败机制建设》，《廉政文化研究》2012 年第 1 期。
⑥ 金文胜：《村官职务犯罪现状及法律分析》，《中国检察官》2012 年第 4 期。
⑦ 乔德福：《新农村建设中村官腐败治理机制构建》，《浙江师范大学学报》（社会科学版）2010 年第 1 期。
⑧ 林更斌：《基层"微腐败"问题及其治理对策研究》，《法制博览》2020 年第 1 期。

的主要结论性观点有人性论、主体论、寻租论、环境论、文化论等。可见，认识乡村微腐败的根源并非一个简单的事情，必然是一个多因素共同作用而成的综合体系。基于这样的观点，本研究通过梳理，认为以下一些观点具有一定的代表性。

一是村干部贪腐与其亦公亦农的身份有着直接关系。[1] 二是乡村法治文化的缺失是村干部腐败的重要原因。[2] 我国乡村治理的特色是基于血缘、姻缘、地缘基础上的家庭和家族互动氛围下的村民自治，宗族力量往往成为村干部树立权威的后盾，宗族权威常常在村级治理中挑战乡村廉政治理的正统权威，必然导致村干部拉帮结派、贪污受贿、欺压弱小等行为的发生。[3] 三是村干部职责冲突、规范村干部行为的法律缺位、职务权力与监管机制的匹配程度低、自下而上监督流于形式。[4] 四是从社会结构看"村庄自组织资源丰富的地方"对干部的制约能力就强，村庄自主能力差有可能制衡能力也差。[5] 五是认为村官腐败的原因在于六个方面：民主选举走样、廉政教育缺失、民主管理无序、村务决策专断、民主法制不健全、民主监督无力。[6] 六是从主观和客观视角予以分析：主观上村干部和村民都存在问题，客观方面分别从制度、法律、社会环境等角度来分析。[7] 七是从组织发展程度来看，缺失维权组织以及组织化程度低，致使农民对侵害自身合法权益的行为无力进行抗争。[8] 八是村民罢免村官制度

---

[1] 王晓毅：《工资低不是村干部腐败的主因》，《北京青年报》2018年1月28日。

[2] 徐铜柱：《乡村治理中法治文化的缺失与建构——兼论村干部腐败的治理》，《湖北民族学院学报》（哲学社会科学版）2017年第6期。

[3] 陈力予：《论乡村廉政治理中大学生村官的角色定位》，《长春理工大学学报》（社会科学版）2013年第7期。

[4] 刘振滨等：《乡村治理进程中村干部腐败的成因及防治对策》，《福建农林大学学报》（哲学社会科学版）2016年第3期。

[5] 董磊明发言，"如何治理村官腐败"讨论会，2013年10月28日14：00—16：40，中国人民大学国学馆525会议室。

[6] 乔德福：《新农村建设中村官腐败治理机制构建》，《浙江师范大学学报》（社会科学版）2010年第1期。

[7] 周庆行等：《我国农村腐败问题的成因及反腐败机制建设》，《廉政文化研究》2012年第1期；胡跃：《村官腐败的原因分析及其对策思考》，《甘肃农业》2010年第5期；王而山：《当前农村基层干部腐败的现状与防治对策》，《理论视野》1999年第2期。

[8] 王冠中：《乡政村治格局下"村官"腐败的原因及对策》，《理论导刊》2009年第11期。

作用发挥有限。① 九是村民与村干部之间的"委托—代理关系"不平衡，自治权应该产生的是一种平衡关系，但实际相反，从契约软化、制度不均衡、农村公权力过于集中等方面探讨了农村公权力委托代理失灵的制度根源，最终解释了村干部腐败现象的产生缘由。② 十是从机制的角度分析我国村干部"微权力"腐败治理失败的原因，具体表现在：村干部思想政治教育机制缺失；农村基层治理机制存在矛盾冲突与现实漏洞；农村基层法治机制不完善；村干部权力监管机制不健全；村干部保障激励机制不足等方面。③

除此之外，综合各类观点还可归纳出以下原因：村干部自身综合素质低；权力过分集中；制度不落实，民主决策机制无法保证；村干部在职时间较长；基层党组织建设薄弱；乡村行政管理体制弊端；对村干部违纪违法问题查处力度不够等。

3. 关于乡村"微腐败"的治理对策

最新举措是习近平总书记在十九届中央纪委二次会议上强调，反腐败要标本兼治，"老虎"要露头就打，"苍蝇"乱飞也要拍。特别强调把扫黑除恶斗争与反腐败工作结合起来，不仅要抓涉黑组织，而且也要抓背后的"保护伞"。其次是建立和完善"不敢腐"的惩治机制、"不易腐"的责任机制、"不能腐"的监督机制和"不愿腐"的预防机制，只有这样才能防范和遏制村干部腐败。④ 应当发挥教育、制度、监督、惩治等手段的整体合力，形成"不敢腐"的震慑效应与"不能腐"的约束效应，共同抑制腐败动机，从而实现公职人员"不想腐"的目标。⑤ 三是将基层党组织建设与村民民主自治制度相结合，提高村委会干部素质，从源头上遏制"苍蝇式腐败"。四是建立有效的教育、选举、决策、管理、监督和惩戒

---

① 叶海燕：《"村官"腐败现象分析及治理研究——以东海A县为例》，复旦大学，硕士学位论文，2007年。
② 胡思洋等：《村官腐败：委托代理失灵的一个解释》，《南阳师范学院学报》（社会科学版）2010年第10期。
③ 刘子平：《村干部"微权力"腐败治理机制创新探究》，《中州学刊》2018年第7期。
④ 杨群红：《遏制村干部腐败的对策建议》，《领导科学》2017年第11期。
⑤ 李斌雄、江小燕：《公职人员"想腐败"之动机及其矫治策略》，《中南民族大学学报》（人文社会科学版）2016年第7期。

机制以预防村官腐败。[①] 五是认为必须加强监督机制的建设才能从根本上消除腐败，持此观点的学者是通过分析关于腐败的委托—代理模型，得出监督的力度与腐败发生的频率呈反方向变化的结论。[②] 六是治理腐败必须结合文化环境，消除腐蚀社会的"腐败文化"。[③] 七是防治村官腐败必须加强"三资"（资源、资金、资产）监管。[④] "完善村庄自治法律，实现对公共权力的有效规制"。[⑤] 八是从思想道德教育、权力监督、法律完善、财务管理以及廉政考核和腐败惩处等方面来健全农村反腐败机制。[⑥] 九是完善村官选拔任用选举制度和组织罢免制度，严把村官"入口关"和贪官"出口"路径。[⑦] 十是治理村官腐败应分别从教育、制度、打击和监督来进行。[⑧] 十一是基层廉政风险网格化防控完善举措包括：建立合理的基层廉政风险网格化治理结构以及建立整合互联网、政务专网、反腐网站、专门的监察系统等统一的网格技术平台和大力助推社会参与。[⑨] 除此之外，治理村干部腐败措施还包括完善党内权力制约机制、建立合理的村官收入机制、加大查处村干部违纪违法案件的力度等。

4. 关于反腐败与廉政治理的研究

中国共产党自成立以来，十分重视廉政建设、廉政治理等问题，党在不同时期、面对不同环境、承担不同使命的各个阶段，都始终把廉政建设和反腐败问题置于重要地位。无论是在革命年代，还是在新中国建设时

[①] 乔德福：《新农村建设中村官腐败治理机制构建》，《浙江师范大学学报》（社会科学版）2010年第1期。

[②] 张东辉：《委托—代理关系中腐败的经济学分析》，《经济问题》2002年第1期。

[③] 梅学兵：《反腐新思路：坚决反对腐败文化》，《财经政法资讯》2001年第6期。

[④] 钟纪研：《防治"村官腐败"须加强"三资"监管——关于防治农村基层干部腐败的调研报告》，《中国监察》2012年第3期。

[⑤] 彭清燕：《论村域权力监督与村官犯罪预防》，《河北科技师范学院学报》（社会科学版）2012年第1期。

[⑥] 周庆行等：《我国农村腐败问题的成因及反腐败机制建设》，《廉政文化研究》2012年第1期。

[⑦] 钟宪章等：《预防和治理"村官"腐败刍见》，《中国井冈山干部学院学报》2012年第6期。

[⑧] 吴道龙：《构筑立体反腐网络有效惩防腐败行为——学习清华大学反腐败理论框架的感悟》，《江东论坛》2010年第2期。

[⑨] 曹军辉：《基层廉政风险网格化防控：落实全面从严治党的有效路径》，《重庆社会科学》2019年第3期。

期、改革开放时代,党在廉政治理方面经过艰难探索,取得了巨大成就,得出了宝贵经验,在理论和实践上都成为中国特色社会主义的重要组成部分。特别是党的十八大以来,在以习近平同志为核心的党中央坚强领导下,中国特色的廉政治理取得更大成就,令国人振奋、世人赞扬。

关于廉政治理的研究,国内呈现出五彩斑斓的景象。比如在研究路径方面,有按照时间序列进行的,有按照主要领导人廉政思想进行的,有按照制度发展进行的,有按照国家不同阶段(改革开放前后)进行的,等等。在廉政治理与国家治理的关系上,庄德水认为廉政治理与国家治理是一个统一整体。廉政治理现代化包括廉政治理体系现代化和廉政治理能力现代化两个层面。廉政治理体系是国家治理体系的重要组织部分,廉政治理能力是国家治理能力的重要支撑。没有廉政治理,国家治理将失去免疫力和保障力。[①] 在对国家廉政治理和反腐败的历程与经验总结上,对主要方式方法的归纳总结包括运动式治理方式、权威式治理方式、制度式治理方式、法治化治理方式。在具体的廉政治理和反腐败的举措方面,内容更加丰富多彩,总结归纳不难发现亦有很多规律可循:比如领导重视、依靠群众、制度建设、完善法律、依法治理、文化环境建设、廉政思想教育、预防为先、控制从严等。祁一平总结了党进行廉政建设和反腐败的基本理论和规律:一是从巩固党的执政地位高度阐释加强廉政治理的重大意义;二是确立反腐倡廉的战略方针,深化对廉政治理规律性的认识;三是创造性提出了中国特色廉政治理道路的概念,强化廉政治理在国家治理中的作用;四是依靠制度(包括法制)推进廉政治理,找出了廉政治理和反腐败的根本途径。[②] 商红日等人对党的十八大以来的反腐败机制做了研究,主要包括加强廉政道德建设、加强廉政法治建设、加强廉政科技建设,构建整体性的廉政治理机制。[③] 孙志勇主编的《遏制腐败战略》对党的十八大以来中国特色反腐败理论做了系统梳理,归纳出十个方面的基本理论:一是增强中国特色反腐败理论自信;二是加强党对党风廉政建设和反腐败

---

① 庄德水:《用法治力量推进廉政治理现代化》,《检察日报》2015年5月19日。
② 祁一平:《国家治理现代化与腐败治理》,中国发展出版社2016年版,第112—114页。
③ 商红日、张惠康主编:《反腐败与中国廉洁政治建设研究报告》,北京大学出版社2016年版,第3—15页。

工作的统一领导；三是要牵住党风廉政建设的"牛鼻子"；四是要坚持依法治国、依法治党；五是加强党的作风建设是反腐败治本之策；六是把纪律和规矩挺在前面；七是以零容忍的态度惩治腐败；八是推进党的纪律检查体制改革；九是信任不能代替监督；十是对反腐败问题进行历史、哲学和文化思考。① 王琼认为党的十八大以来廉政治理的主要特征表现为坚持依法依规、德治教化和政治生态重构等方面。同时，中国共产党廉政治理的重要导向表现出坚持"依规治党"与"以德治党"相结合，坚持"法治、善治、史治"的价值目标。② 除此之外，在方法上充分运用现代信息技术，提出了"互联网+监督"的廉政治理精准化的实践路径，即通过纪检监察信息化平台与网络新媒体监督平台有机整合，实现形式对接、内容贯通、主体互动。③

针对新形势下精准扶贫领域的廉政建设问题作专题研究，李大伟提出了不断完善"互联网+廉政"工作平台，走智能廉政建设之路，形成精准扶贫领域公正廉明的政治生态。④

新时期对习近平廉政治理思想的专题研究也已产生了初步成果，比如翁良殊、颜吾俆撰写的论文《习近平廉政治理的理论创新与时代价值》（《思想教育研究》2018年第10期）；董鹏鹏、岑大利撰写的论文《试论习近平廉政治理有关论述的理论内涵与实践特征》（《知行铜仁》2020年第1期）；魏小羊的硕士学位论文《习近平廉政思想论析》（西南大学2016年）等成果从不同视角研究习近平关于廉政治理的理论、特征与内容。

对中国反腐败和廉政治理的效能，学者们从不同角度和方面肯定了社会主义革命、建设时期和改革开放新时期的反腐败效果。关于新时代廉政治理效果，学者们一致认为，党的十八大以来"反腐败机构通过全面清

---

① 孙志勇：《遏制腐败战略》（修订版），中国方正出版社2017年版，第1—5页。
② 王琼：《十八大以来廉政治理的主要特征及价值意蕴》，《党史文苑：下半月学术版》2016年第2期。
③ 章兴鸣、陈佳利：《"互联网+监督"：廉政治理精准化的实践路径》，《中共天津市委党校学报》2018年第5期。
④ 李大伟：《新时代加强与创新精准扶贫领域的廉政建设研究》，《南京邮电大学学报》（社会科学版）2020年第3期。

理案件线索，系统反腐，'不敢腐'的官场新生态'初见成效'"[1]，"'不敢腐'的氛围已经初步形成"[2]。在新时代，习近平总书记把反腐败、廉政治理放在更加突出的位置，整体规划和部署反腐败工作，科学分析反腐廉政建设形势，总结归纳廉政治理效能（见下表）。

习近平总书记对廉政治理形势与效能的判断

时间	具体内容
2012年9月	反腐败斗争形势严峻
2013年1月	反腐败斗争形势依然严峻
2013年11月	反腐败斗争形势严峻、复杂
2014年8月	腐败与反腐败两军对垒呈"胶着状态"
2015年1月	在实现不敢腐、不能腐、不想腐上还没取得压倒性胜利
2016年1月	反腐败斗争压倒性态势正在形成
2016年12月	反腐败斗争压倒性态势已经形成
2017年10月	反腐败斗争压倒性态势已经形成并巩固发展
2019年1月	反腐败斗争取得压倒性胜利
2019年10月	巩固和发展反腐败斗争压倒性胜利

资料来源：陈天驰、吴国斌：《中国特色廉政治理体系的核心要件及治理效能》，《廉政文化研究》2020年第1期。

通过分析总结已有学术成果，在获取知识和启迪的同时，我们发现两个基本的规律，一是著作性成果大都从较为宏观的层面着眼研究腐败、反腐败和廉政治理问题，特别是从国家层面的战略高度进行探究，体现出全局性、战略性、系统性等特征，对新时期提升廉政治理水平无疑具有重要的理论价值和指导价值。二是相关学术论文大多是从政治、行政、社会、管理、技术等视角研究乡村微腐败治理问题，很多都具有可操作性，更属难能可贵。

归纳总结不难发现，已有成果在重大建树的基础上，从乡村廉政治理的视角研究基层腐败及其治理的成果并不多见，特别是基于法治化视角的

---

[1] 毛昭辉：《廉政新常态与反腐法治化》，《河南社会科学》2015年第6期。
[2] 徐玉生：《廉政新常态下治理创新探究》，《河南社会科学》2015年第6期。

乡村廉政治理研究还有很大空间，这为本课题方向的把握和重点内容的选取提供了重要依据。基于此，本研究将研究领域放到乡村、研究对象聚焦村干部腐败问题、研究内容定位于乡村廉政治理、研究重点是乡村廉政治理的法治化，以期从理论和实践等方面为乡村治理现代化做些有益贡献。

（二）国外相关研究综述

由于"村干部"的表述是具有中国特色的政治术语，国外直接针对村干部的研究并不多见，但关于腐败及治理腐败的研究成果甚多，突出表现在对腐败的认知、法治反腐以及廉政治理的经验等方面。

1. 关于腐败的认知方面

对腐败的认知，在不同的国家、不同的历史时期和社会发展阶段、不同的文化背景下，人们对腐败的理解并不完全相同。古希腊时期，西方学界认为，腐败是事物从自然状态向非自然状态的堕落。这种堕落包含精神层面和物质层面。古罗马时期人们普遍认为，腐败问题是人的道德堕落，也是社会、政治问题，通过"适当的道德培养，可以规避或遏制腐败的发生"。[1] "将金钱以礼品、赠送的形式发放给民众以影响民意的行为，以及利用庇护关系、依据亲疏远近干预司法审判的行为都是腐败行为"。[2] 约瑟夫·奈（Joseph S. Nye）认为，腐败是由于与私人有关的金钱或地位的收益，或违背针对行使某些种类的与私人有关影响的规则，因而偏离了公共角色标准职责的行为，包括贿赂、裙带关系、侵吞公共财产等。[3] 罗斯·阿克曼（Rose Ackerman）从四个维度认识腐败：一是在公共机构、国家和社会背景下，腐败可能造成权力运行的无效和不公平，政府推进改革的目标是提升政府工作效率、保障政策制定的公平与合法，反腐败政策的目标是逐步减少腐败造成的影响；二是腐败在不同社会有不同含义，缺乏对非法腐败行为的明确界定；三是公共和私人部门的结构如何产生或抑

---

[1] Cary J. Nederman. "Nature, Sin and the Origins of Society: the Ciceronian Tradition in Medieval Political Thought," Journal of the History of Ideas, 1988, 49 (1): 5.

[2] Bruce Buchan. Changing Contours of Corruption in Western Political Thought C. 1200 – 1700 Man-uhuia Barcham, Barry Hindess, Peter Larmour. Corruption: Expanding the Focus. Canberra: ANUE Press, 2012.

[3] Joseph S. Nye, Jr., "Corruption and Political Development: A Cost-Benefit Analysis," American Political Science Review, Vol. 61, No. 2, 1967, p. 419.

制腐败，改革将会改变组织结构和市场与国家的关系；四是公共机构或政府部门改革困难，内部改革政策是关键，即使各部门遇到的情况各异，但基本经验可以相互借鉴。[1] 除此之外，其他代表性的观点体现在：一是认为"腐败是指国家官员为了谋取个人私利违背公认准则的行为"；[2] 二是认为腐败是对公共资源或公共角色的滥用，或者公私部门对政治影响力量的不合法的使用形式；三是认为"腐败"一词意味着不正当地使用权威以得到个人利惠，这种利惠不一定是金钱。[3] 此外，还有腐败四类说等。

国外对腐败产生的原因，有学者认为，主要是公共权力行使权与监督权失衡和不对称造成的，公共权力与监督制约公共权力的力量不对称以及公共权力行使者垄断、控制甚至封锁公共信息导致监督者不能获得完整真实的信息。[4] 亨廷顿认为，现代化进程中腐败现象的产生主要由三个因素决定：现代化导致社会基本价值观发生变化；现代化增加了新的财富和权力来源，助长了腐败行为；现代化通过在政治体制输出方面产生的变革加剧了腐败。[5]

国外学者对腐败类型的划分较多，其中夏科特（Schacter M.）和沙阿（Shah A.）的分类具有代表性，将腐败分为三种类型：第一类是官僚腐败，即大量公共部门官员为了获取小额贿赂而滥用公共权力；第二类是重大腐败，即少量官员私自动用数额巨大的公共资金；第三类是政府俘获，即公共部门和私人行为体为了谋取私利勾结起来。[6] 还有学者认为腐败包含政府俘获和行政腐败。[7]

---

[1] Rose-Ackerman, S., Corruption and Government Causes, Consequences, and Reform, Cambridge University Press, 2005, pp. 4 – 5.

[2] ［美］塞缪尔·P. 亨廷顿：《变化社会中的政治秩序》，王冠华等译，生活·读书·新知三联书店1989年版，第54页。

[3] 张爱平：《腐败成因的经济学分析及反腐对策》，《江西社会科学》2009年第6期。

[4] 高晓霞、钱再见：《国家廉政体系建设中的公共权力运行公开化路径研究》，《学术界》2014年第10期。

[5] Samuel P. Huntington, Political Order in Changing Societies, New Haven and London: Yale University Press, 1968, p. 59.

[6] Schacter, M., Shah, A., "Anti-corruption Programs: Look Before You Leap," International Conference on Corruption, Seoul, South Korea, 2000, p. 1.

[7] Rose-Ackerman, S., Corruption and Government Causes, Consequences, and Reform, Cambridge University Press, 2005, pp. 4 – 5.

2. 关于廉政治理方面

欧盟及其成员国的廉政治理模式主要包括全方位防腐治腐的北欧模式、以问题为导向构建反腐网络的西欧模式、借力欧盟框架集中国内资源反腐的中东欧模式以及立足宏观协调行动的超国家模式。① 特别是丹麦、芬兰等北欧国家的廉政治理堪称欧洲典范。透明国际将北欧廉政模式的成功归因于政府的政治意愿、立法机关对公职人员的强制约束力及公众对规则的认可与尊重。具体来说，北欧国家之所以保持廉政高效，主要是构建了以综合治理、预防教育为特征的现代国家廉政体系，以合法、公开、透明、责任为基础的监察官制度对公共权力进行监督，动员社会团体、大众传媒等社会制衡力量，倡导公平公正的社会价值观念。②

德国廉政治理突出的贡献体现在以下五方面。第一，建立了多中心主体的综合治理机制。他们认为腐败问题无法通过单一的立法途径来解决，必须形成以立法和行政为基础，通过媒体、审计以及个人或社会组织多视角监督的全方位、系统化治理网络格局。第二，充分利用新闻媒体的监督作用。第三，重视腐败预防工作。公共行政部门是腐败滋生的重要场所，对行政官员需要极为严格的廉政衡量标准予以监督，因此，建立内部反腐机制是廉政治理的首要前提。第四，公务员管理制度具有全面性和可操作性。第五，高度重视青少年廉洁文化教育，将廉政理念贯穿于工作和生活的各个方面。③

英国的廉政治理体现在对官吏体制内外的监督，又叫作同体监督和异体监督。内同位监督主要有四种方式：一是代议机关的监督，二是国民保健监察署的监督，三是司法机关的监督，四是审计机关的监督。异体监督包括三种方式：公众监督、在野党监督、新闻监督，英国新闻舆论被戏称为"第四部门"和"第四权力"，对公共机构官员的监督起着十分重要的作用。④

除此之外，美国等其他西方国家在廉政治理等方面都有许多有效的举措和经验，对发展中国家具有一定的借鉴意义。

---

① 杨娜：《欧盟的廉政治理及其启示》，《南开学报》（哲学社会科学版）2018 年第 1 期。
② 胡俊：《丹麦国家廉政体系建设的经验及其对中国的启示》，《学习与探索》2016 年第 4 期。
③ 徐菁忆：《德国的廉政治理及其启示》，《中国行政管理》2019 年第 1 期。
④ 孙斌：《英国的廉政机制及对我们的启示》，《浙江万里学院学报》2017 年第 3 期。

3. 关于法治反腐方面

一是通过立法和廉洁教育预防腐败。比如美国 1978 年通过了《从政道德法》《政府道德法》等法律，以立法和廉政教育约束官员从政行为；英国的廉政治理尤其强调有法可依，19 世纪中后期制定的《反腐败与不法行为法》是世界最早的反腐败法律，《净化选举防治腐败法》更是世界首部财产申报的相关法律；意大利出台了《道德法典》；北欧将廉政文化融入整个社会的文化环境之中；新加坡反腐经验最重要的就是依法治贪。二是健全反腐机构。美国 1970 年设立独立检察官制度；瑞典等国家成立专门反腐部门负责调查政府腐败行为。我国香港廉政公署创造了"教育、惩治、预防"的反腐败机制。三是重视监督作用。突出表现在发挥新闻舆论和在野党的监督作用。四是完善法律制度。国外在反腐问题上建立了一系列行之有效的法律制度，如《公共机构腐败行为法》［英］、《防止腐败法》［英］、《文官法》［英］、《政府道德法》［美］、《行政官员道德行为准则》［美］、《基本法》［德国］、《文官考试规则》［日］、《文官任用令》［日］、《国家公务员法》［日］、《地方公务员法》［日］、《公职人员道德法》［韩］等。应该说，国外尤其是发达国家的廉政治理的思想、理念、价值以及经验，历经较长时间的运行与实践，对后发国家进行反腐败和进行廉政治理具有一定的借鉴价值。

综上所述，无论是国内还是国外，在腐败治理的问题上，都进行了和正在进行艰苦的探索，既有令人欣慰的成果，也有巨大的研究使命。传统的反腐手段在新的政治生态下已显得力不从心，只得寻找新的更具根本性的反腐败和廉政治理之路。综观国内国外反腐经验不难得出结论：世界各国廉政治理与反腐败的发展方向是法治化之路，是推进治理现代化的大趋势，同样也是农村开展廉政治理和反腐败斗争的最佳选择！

三　研究目标与研究突破

(一) 研究目标

1. 理论目标

准确认识村干部腐败的生成逻辑、内在规律以及基本特征。从学理的角度剖析当前村干部腐败问题得以产生的原因和机制，从现实维度分别探讨村干部腐败得以形成的相关因素，从而把握基层腐败的生成逻辑、内在规律以及基本特征，为有效治理基层腐败奠定理论基础。

2. 方法目标

运用系统的思维方法全方位研究有效治理村干部腐败的法治方略。法治方略并不仅仅是法律和制度建设，法治是作为一种动态意义上的治理方式与技术呈现的，是一个多方位的内容丰富的治理手段。将法治方略融入不同学科视角下治理村干部腐败的举措之中，是本研究要解决的重要方法论目标。基于学理分析基础上村干部腐败的生成逻辑，并有针对性地探究遏制腐败产生的法治化路径，具有一定的方法论意义。

3. 应用目标

为治理村干部腐败提供理论和政策支持。研究结论对治理农村村干部腐败问题具有重要的实践指导价值。本研究立足现实，研究对象明确，运用规范分析和实证分析相结合的方法，相关结论不仅具有理论意义，更具有现实指导价值，可为治理村干部腐败问题提供重要的参考依据，助推乡村振兴战略目标的顺利实现，这正是本课题的应用目标。

（二）研究突破

1. 学术思维

第一，多学科融合的研究进路。从多学科的视角剖析乡村社会村干部微腐败的形成机制，避免了单一学科研究的局限性，突出了多学科的交叉与融合，发挥了不同学科的优势。

第二，法治思维与方式的功能选择。把法治作为治理村干部微腐败问题的核心举措，这不仅与国家依法治国战略相统一，而且也是本课题秉承的学术思想，强调法治不仅仅是制度法规建设，更重要的是要培养法治文明，把制度建设、村民自治、村务管理、村民监督、遵纪守法等纳入法治化轨道，才能从根本上治理村干部腐败问题。

第三，多维度"共治"的路径建构。提出党领导下的"一体两翼"治理村干部腐败的路径，把新时期基层治理的核心要素党的领导、自治、德治、法治有机统一起来，既是对已有研究成果的丰富，更是对推进乡村治理体系和治理能力现代化做出了有益贡献。

2. 学术观点

第一，预防和治理村干部腐败是乡村治理现代化的源头根基，是解决

"三农"问题和农村发展的关键点，其效果直接影响国家治理体系和治理能力现代化目标实现的程度。

第二，反腐败要把重点瞄准制度而不是腐败者本身。以往防范村干部腐败的制度为什么失灵，需要进行全面系统的制度分析。比如制度不均衡和制度缺失为村干部腐败提供了机会，激励机制的缺失导致村干部缺乏廉政动力，约束机制的失效引发村干部乱用权力的冲动等。

第三，乡村政治文化的转型应该成为治理村干部腐败的前提。治理村干部腐败是一项系统工程，必须将农村民主政治建设、党风廉政建设、公共事务管理等纳入法治化轨道，才能从根本上铲除乡村"微腐败"的"毒瘤"。

四　研究方法与数据来源

（一）研究方法

1. 综合运用文献法、实地调查、案例分析、统计分析、集中座谈、深度访谈等方法，掌握第一手材料，收集准确信息，把握问题关键，了解真实情况。

2. 实证分析与规范分析相结合。实证分析回答"是什么"或"怎么样"等问题，规范分析回答"应该是什么""应该怎么样"等问题。本研究通过实证分析掌握村干部腐败的类型、方式、特征和危害，运用规范分析寻求治理村干部腐败的有效方略。

3. 田野调查法。这正是本研究方法的创新之处。本研究将民族学、社会学常用的田野研究方法运用到相关的调查和分析当中来，有助于集中精力做重点分析，通过"解剖麻雀"达到以点带面、窥一斑而知全貌的研究效果。课题对特定地区（如某民族地区）的村干部进行多视角的观察、总结、分析，且分别对村干部、村民、乡镇干部进行专题调研、访谈，整理出田野场域的真实材料，为研究提供论证支撑。

（二）数据来源

本课题使用的数据主要来源于以下几方面。

1. 问卷调查统计数据，主要是针对360名村干部的问卷调查资料，内容涉及担任村干部的时间、方式（是否"一肩挑"）、收入、教育程度、家族成员、法律顾问制度、村干部权力行使方式、腐败危害、治理对策等。使用这类数据在书中统一用"根据村干部问卷调查统计"的字样表述，并使用 SPSS 软件分析。

2. 根据中央纪委监察部网站《监督举报》栏中的"群众身边的腐败和作风问题"通报的村干部腐败案例，时间从 2015 年 5 月至 2017 年 12 月，总共（随机）选取了 2218 个案例，分别从省份、时间、方式、数额、领域、处理结果等十个方面进行统计分析，并得出相应数据供研究使用。使用这类数据在书中统一用"根据中央纪委监察部网站通报案例统计"的字样表述，并使用 SPSS 软件分析。

3. 课题组对已有资料进行的相关数据统计，来源于报纸杂志、书籍等领域。

4. 网络资源主要采用人民网、新华网、中央纪委监察部网站、政府网站等权威性网站上的相关数据和资料。

5. 课题组在专题调研、重点访谈、随机走访等过程中收集整理归纳得出的相关数据，在书中分别予以说明。

第一章

乡村廉政治理问题概述

基础不牢，地动山摇。乡村治理现代化要求乡村廉政治理现代化，创造乡村清明廉洁的政治生态。村干部作为乡村社会治理的最基层组织者，对推进乡村发展、维护乡村社会稳定、实施乡村振兴战略无疑具有基础性的作用。村干部作为乡村社会治理的领头人，不仅是农民群众的"主心骨"，而且是党和政府治国理政在乡村社会的"执行人"，是乡村公权力"最后一公里"落实的关键人，虽然地位不高、头衔不大，却拥有广泛的权力触角。少数村干部在乡村事务管理过程中，尤其是涉及征地补偿、房屋拆迁、扶贫资金、惠农补贴、集体资产处置等领域中以权谋私，形成社会转型期特有的村干部腐败现象，并成为当前推进国家治理现代化和实施乡村振兴战略必须解决的一个严重现实问题。正因如此，乡村廉政治理问题得到广泛关注，正视这一特殊问题并进行系统研究，全面分析以村干部为主体的乡村"微腐败"的成因，厘清乡村微腐败的相关类型，找出其中固有的特点和规律，深刻认识乡村"微腐败"的危害，从而达到有效治理村干部腐败问题，对于推进乡村廉政治理现代化具有重要理论和现实意义。

第一节　基本概念界定

在正式探究乡村廉政治理问题之前，有必要搞清楚与之相关的一些关键词语的含义及其相互关系，比如：何为村干部、村干部与其他干部的区别；腐败、微腐败与村干部腐败的内涵及其关系；廉政、廉政治理与乡村廉政治理的含义及其关系等。只有正确认识和理解这些关键术语的内涵，才能更好地开展问题针对性研究,产生有的放矢的功效。

一 何为"村干部"

"村干部"显然是一个特殊的称谓,字面上包含两层意思。

一是"干部"。"干部"是一个外来词,源于日本,后经去日本学习的人士引用到国内乡村管理者的称谓上。在党的历史上,第一次使用"干部"一词是在我们党第一部党章中(1922年7月)。从此以后,在党的机关、人民军队、人民团体等部门和企业单位中担任一定公职的人员都被称为干部。新中国成立以后,"干部"一词更加广泛地应用,无论是在党组织,或是在政府部门,还是在企事业单位,只要是担任一定公共职务的人,都可称为干部(或领导)。可见,凡是能称为"干部"的人,与一般群众不同,必须是要担任一定的公共职务并赋予相应的要求。在党的十二大党章中规定:"党的干部是党的事业的骨干,是人民的公仆。"这一提法一直沿用到党的十九大修改的新党章中,新党章同时增加了一条"要做到忠诚干净担当"新要求的表述。这是对我国干部性质作出的科学概括,也是区别于任何剥削阶级官吏的根本标志。

二是与"村"相关,是"村里的干部"。"干部"有很多种,村干部只是其中一类,村干部最大的特点就在于"村","村"既代表范围又代表属性。所谓范围,就是村干部只能在划定的行政村(社区)内行使职权,履行职责,是社会治理的最基层、最前沿,权力运行的最终端(有人比作"末梢神经");所谓属性,在我国,"村"级组织不是行政体制内的机构,而是实行的村民自治制度,属于社会自治组织的范畴,村里的干部是村民通过直接选举的方式产生的。根据《中华人民共和国村民委员会组织法》(以下简称《村民委员会组织法》)第十一条规定,村民委员会主任、副主任和委员,由村民直接选举产生。任何组织或者个人不得指定、委派或者撤换村民委员会成员。选举产生的村干部代表村民的意志和利益,村干部行使的权力来自群众,村民不同意就不能成为村里的合法的干部。

关于"村干部"的称谓。在历史的不同阶段有不同的表述,计划经济时期人民公社体制下"三级所有、队为基础"的乡村建制时期,"大队"一级相当于现在的村一级,其干部称为"大队干部",可领导小队队长;20世纪80年代开启农村改革,实行家庭联产承包责任制,政治上推行村民自治制度,极大地改变了乡村的社会结构,原来的"大队干部"改称"村干部",小队队长改为组长;中国农业税取消以后,乡村体制的改革持续推进,撤乡并镇、合村并组、减少乡村干部,但"村干部"的称谓并未改变。必须指出的是,近十多年来,无论是学界还是政界一度使用更为简洁的称谓"村官"来代替"村干部",而且"村官"表述一度成为热点词汇、焦点词语。其实,把"村官"作为一个概念,目前在任何正式法律文件中都没有规定,人们之所以这样称呼,主要是基于文化背景和思想观念上的认知,即人们习惯于把在村里起领导作用、管理村里公共事务的主要负责人员当作传统意义上的"官",因为在村里工作,所以称作"村官"。严格地讲,法律意义上所指的"村官",实际就是农村基层组织人员,尤其是主要负责人(村支部书记和村主任)。但无论使用哪种称谓,并不影响人们对其内涵的理解与认知。2017年7月,新华社发布了《新华社新闻信息报道中的禁用词和慎用词(2016年7月修订)》的通知要求,其中包括对农村基层自治组织的干部统一称谓"村干部",不叫"村官","村官"是用来表述"大学生村官"这一特殊群体身份的称谓。因此,本书涉及相关资料中"村官"的表述,主要都是指"村干部",且本研究也遵循新华社的规定,对"村里的干部",包括过去表述的"村官",都统一表述为"村干部"。

那么,究竟怎样定义"村干部"?关于村干部的内涵可以说并不难理解,但人们站在不同的角度,对村干部的表述亦不尽然。学者们普遍认为村干部(曾经人们简称"村官")是指村党支部委员会和村民委员会成员。不同学者有不同表述,葛志华认为:村干部是指村级组织的管理人员,包括村支部书记、村委会主任、民兵连长、妇代会主任、合作社社长等。[①] 学者张传秀认为:"所谓的村官,就是村党支部委员会和村民委员会成员。"[②] 学者饶方舟认为:"'村官'是指村党支部和村民委员会的组成人员,代表村级基层组织对村级公共事务进行领导、组织、管理和监督

[①] 葛志华:《村干部论》,《社会》1991年第6期。
[②] 张传秀:《村官腐败:形式·特点·危害·原因·对策》,《中共云南省委党校学报》2014年第5期。

活动,并协助政府管理有关行政事务。"① 还有学者认为:"村干部是指农村村民委员会和村党支部委员会的组成人员,主要负责管理全村公共事务。"② 综观学者们对村干部(村官)的论述,其核心观点基本相同,本研究根据研究对象和涉及范围,对村干部作如下界定:村干部主要指村(社区)"两委班子"的全部人员,即"村(居)民委员会"和"村(社区)党支部委员会"的组成人员,其主要职责是代表村(居)民治理村级公共事务,协助上级政府组织治理乡村社会问题。

二 村干部与其他干部的区别

(一)村干部是没有行政级别的干部

"村干部"是中国社会最基层的干部,而又并非严格意义上的"干部",无论是村党支部成员,还是村委会成员,都不是国家工作人员,没有行政级别也不享受国家财政工资(特殊阶段除外),村干部的身份属性还是农民。村干部作为体制外的农民,从法理上讲,基层群众自治组织是个自治体,自治体的成员有自治权,也就是说,自治体与正式的行政组织不同,二者运行所依据的原则和规范不尽相同。但现实中对村干部的处理往往用行政体系的规则去处罚,其主要原因在于政府总是习惯于把村干部当作其基层"小官"来对待——因为村干部手中握有国家授予的"权力"。③ 其他干部包括乡镇及以上干部具有行政级别,享受国家财政工资,身份属性属于国家公职人员,是体制内的人。当然,随着社会发展的需要和乡村改革的不断深入,村干部也可在特定时期获取稳定的财政补贴工资。

(二)村干部法理权力来自选民(属于自治权)

根据《村民委员会组织法》的相关规定,村干部是经广大村民民主选举产生之后去代表村民行使乡村公权力(村支部书记由本村党员民主选举产生)并接受村民监督。同时,组织法对村民委员会的性质和职责

---

① 饶方舟:《治理"村官"腐败研究——基于湖北A县的调查》,华中师范大学,硕士学位论文,2012年。
② 宋伟:《加快修订村委会组织法遏止"村官腐败"》,《人民日报》2009年5月3日。
③ 周庆智:《关于"村官腐败"的制度分析——一个社会自治的问题》,《武汉大学学报》(哲学社会科学版)2015年第3期。

作了明确的规定：村委会的性质是基层群众性自治组织，要求村民进行自我教育、自我管理、自我服务的；管理方式是民主，即实行民主选举、民主决策、民主管理、民主监督；主要职责是负责管理本村的公共事务和公益事业、管理本村属于村级农民集体所有的土地和其他财产、支持和组织村民依法发展各种形式的合作经济和其他经济、协助乡镇政府工作、宣传法律法规和国家政策、协助维护社会治安、调解乡村矛盾纠纷、向人民政府反映村民的意见要求和提出建议等职责。这一规定表明，村干部是由村民通过直接选举产生的，其权力来自人民群众的委托授予，代表村民行使自治权，具有公共属性（即公权力），按照村民的意愿管理村级公共事务。

（三）村干部的实际权力具有双重属性

农村实行村民自治制度，村干部是村民通过直接选举的方式产生的，因此，村干部手中的公权力首先来自广大村民的委托与授予，代表村民行使自治权。换句话讲，就是村干部在行使自治权力时首先要遵循村民的意志，"做什么""怎么做"等问题都要根据村民的意愿来进行，不得以个人意志代替群体意志。村干部代表村民处理村里公共事务、向政府反映问题、争取政策资金等行为就是行使自治权的具体体现。另外，村干部在具体工作中不仅需要上级政府部门的指导，更重要的是上级政府部门的一些工作的落细落地需要村干部去组织、去落实（协助政府管理七项行政事务的职务），此时村干部执行政府部门要求落实的事项时，其依托的权力资源主要来自政府的无形影响力，从一定意义上讲是代表政府行使管理权力，即国家授予的权力。关于这一点，全国人大通过立法解释明确"村委会等基层组织人员在协助人民政府从事有关行政管理工作时具有国家工作人员身份"。因此，村干部的权力就包括自下而上的自治权力和自上而下的管理权力，有人称为"社会权力与行政权力"，[1] 呈现出双重性特征。村干部无论行使哪种权力，都必须以遵循党和国家的法律法规、路线、方针、政策为依据，否则就会出现权力异化，背离公权力的要求。

---

[1] 周庆智：《关于"村官腐败"的制度分析——一个社会自治的问题》，《武汉大学学报》（哲学社会科学版）2015年第3期。

三 "腐败"、"微腐败"与"村干部腐败"

腐败问题由来已久,纵观人类社会历史,尤其是阶级社会形成以后,腐败便随之产生,并成为影响社会正常发展的"毒瘤",治理腐败也成为人类社会的难题。可以说,人类社会的发展史同样是一部治理腐败的斗争史。所以,在认识村干部腐败之前,有必要先认识腐败的含义。

(一)关于"腐败"的含义

在我国"腐败"(Corruption)一词最早出现在《汉书·食货志上》中:"太仓之粟,陈陈相因,充溢露积于外,腐败不可食。"这里主要表达的是食物(如谷物)的变质腐烂。关于腐败的定义,目前学术界依旧没有一个完全统一的说法,人们从不同的视角给出各异的表述。《辞海》中解释"腐败"的意思包括三方面:一是"腐烂"之意,即指食物由好变坏而不能食;二是"败坏、堕落"之意,主要指人的生活奢靡腐化;三是"混乱、黑暗"之意,主要指社会政治上的腐败。[①] 不难看出,腐败所代表的含义从最初的自然界物质上的变质,到用来形容社会中人的变质,再到用来形容政治行为的变质,不同认识阶段赋予不同的内涵。

而"腐败"作为政治学的范畴,在党的文献中是党的十三大报告(1987年)提出的"党内不可避免地要进行反腐败斗争",而且还使用了"腐败分子""腐败现象"等术语。[②] 之后,人们对腐败的研究不断拓展。何增科教授认为,腐败是指"公职人员出于私人目的而滥用公共权力和公共资源的行为。"[③] 于凤政认为,腐败是国家机关和国有企业的工作人员与他人合谋,违反法律和社会公认的行为规范,滥用公共权力和公共资源,为私人和私人小圈子谋取私利或为某一单位、某一行业谋取特殊利益而损害公共利益及其他公民个人利益的行为。[④] 田心铭认为,腐败是"为谋取私利而侵犯公共利益,腐蚀、破坏某种现存社会关系的行为"。杨春洗认为,"腐败是指政党组织和国家机关及其工作人员,包括受其委托从

---

① 《辞海》(第六版),上海辞书出版社2010年版,第1278页。
② 邓杰、胡廷松:《反腐败的逻辑与制度》,北京大学出版社2015年版,第1页。
③ 何增科:《政治之癌》,中央编译出版社1995年版,第80页。
④ 于凤政:《论"腐败"的定义》,《新视野》2003年第5期。

事公务的组织和人员，为满足私欲、谋取私利和局部利益而实施的严重违背纪律和法律，侵犯人民利益并造成恶劣政治影响的脱化变质行为"。①国内的表述还有很多，在此不一一列举。

在国外，对腐败（Corruption）的定义也很多，有影响的主要有：美国政治学家约瑟夫·尼尔认为：腐败是为私人、家庭成员或私人小圈子获取金钱、身份而背离公共角色的规范职责的行为，或违反那些旨在防止滥用私人影响以谋取私利的规则的行为，包含贿赂（以物质腐蚀某一职位占有者以影响他的判断）、裙带关系（基于私人关系而不是按照人的品德提供庇护）和盗用（为个人目的非法盗用或侵占公共资源）。②联合国开发署的定义：腐败是官员或当局通过贿赂、勒索、影响售卖、裙带关系、欺诈或侵吞为私人利益滥用公共权力。世界银行认为，腐败是为谋取私利而对公共职权的滥用。③《布莱克维尔政治学百科全书》专门对政治腐败（Political Corruption）作了规定："政治腐败是指政治活动家、政治家和官方决策过程中的官员，利用他们由于担任公职而掌握的资源和便利，为另外一些人谋取利益，以作为换取一些已允诺的或实际的好处的报偿。"《牛津法律大辞典》对腐败的定义作了两种解释：一是从政治学上的解释，即"出于对捐款人有利的考虑接受金钱或其他好处"；二是从伦理学上的解释，即"在淫秽出版物影响下的堕落"。④

综上所述，无论是国内还是国外，对腐败的定义基于不同的视角来阐述，很难形成一个公认的、统一的定义，这主要是由腐败问题的复杂性和治理腐败任务的艰巨性所决定的。因此，对腐败内涵的认知，没有必要追求定义上的统一，正如马克斯·韦伯所言："我们不能从定义出发，应该通过具体的实例总结出定义——且这个定义也绝不是最终的定义，而是为眼前的需要而规定的。"⑤尽管国内外对腐败定义从不同视角予以了多重表述，但这并不影响我们对腐败实质的理解：一是腐败的主体无疑是掌握公权力的公职人员（包括受委托行使公权力的人员）；二是腐败的条件是

---

① 祁一平：《国家治理现代化与腐败治理》，中国发展出版社2016年版，第39页。
② 于凤政：《论"腐败"的定义》，《新视野》2003年第5期。
③ 邓杰、胡廷松：《反腐败的逻辑与制度》，北京大学出版社2015年版，第2页。
④ 祁一平：《国家治理现代化与腐败治理》，中国发展出版社2016年版，第39页。
⑤ 杨永华：《中国共产党廉政法制史研究》，人民出版社2005年版，第3页。

公权力突破制度的笼子（或法律的界限）不被约束，导致权力异化；三是腐败的实质是用公权力谋取私利；四是腐败的结果是公共利益严重受损和公共秩序严重破坏。

基于上述理解，可以对腐败作简要表述，即腐败就是掌握公权力（或公共资源）的人非法运用公权力谋取私利从而损害公共利益的行为。对腐败的理解，人们分别从政治学、法学、社会学等学科视角进行分析，并给出不同的侧重点，从中不难得出这样的结论：腐败可以有广义和狭义之分，狭义的腐败主要是基于不同学科视角进行的界定，广义的腐败是指人类的道德行为或社会风气的败坏和堕落。① 也就是说，在现代社会中，各领域中运用公共权力和资源实施的各类不当行为均可视为腐败。比如官场公权力腐败、商业贿赂、医疗腐败、道德败坏、学术腐败等。这也是马克斯·韦伯经典定义在当代的体现。

（二）关于"微腐败"的含义

"微腐败"是腐败的一种，其本质就是腐败，只是在腐败的程度、权力、数额、频率等方面具有基层性、小微性、小额性、频繁性等特征。"微腐败"的范围既包括行使国家公共权力的基层公职人员的腐败行为，也包括非国家公职人员但掌握并行使具有公共权力性质的企事业单位、自治组织、社会组织的基层负责人的腐败行为。以村干部为例，20世纪80年代乡村实行"村民自治"改革以来，村干部就是乡村自治组织的负责人，其行使的自治权同样具有公共权力（村民的委托与授予）的属性。但由于村干部处于权力层级的最底层，人们形象地称为"权力末梢"，并将其行使的权力称为"小微权力"。"小微权力"一般是指"村级组织及村干部依法依规享有的对村级重大决策、重大活动、重大项目以及资金、资产、资源管理等村务管理服务权力"②。由这种"小微权力"导致的腐败被称作"微腐败"，有的更是形象地称为"苍蝇"式腐败。"微腐败"只是形象的称谓，但"微腐败"的作用和影响并不一定"微小"，有的甚至十分严重，影响恶劣。习近平总书记指出，"相对于'远在天边'的'老虎'，群众对'近在眼前'嗡嗡乱飞的'蝇贪'感受更为真切。"

---

① 祁一平：《国家治理现代化与腐败治理》，中国发展出版社2016年版，第38页。
② 陈令、随燕：《农村小微权力良性运行的政治生态研究》，《山西青年》2018年第5期。

"'微腐败'也可能成为'大祸害',它损害的是老百姓切身利益,啃食的是群众获得感,挥霍的是基层群众对党的信任。"[①] 党的十八大以来,随着党和国家对农村地区一系列强农惠农政策的推行,大量资金和项目等资源进入农村,农村成为"微权力"腐败高发区,同时也成为廉政治理的新领域和新类型。

（三）关于村干部腐败的含义

"村干部腐败"作为"微腐败"的一种,是一个具有中国特色的政治学术语,可以说是中国社会最基层的腐败类型。人们对腐败问题的研究由来已久,但对村干部微腐败的研究主要集中在近十多年里。起初,许多学者对"村官腐败"进行了专门解释,其中代表性的观点有以下几点。饶方舟认为,"村官腐败是指农村基层干部在协助政府从事管理、组织、协调活动中,利用手中掌握的公共权力来谋取私利或从事与其身份不相符的严重违背农村社会公认的道德、政治、法律行为规范的违纪违法行为。"[②] 刘爱军认为,村官腐败是指在农业、农村和农民的公共事务管理中,一些村官违反政治、法律和道德行为规范,利用公共权力为个人、家庭及相关人员谋取私利的行为。[③] 周庆智认为,"村干部腐败是现行体制造成的,换言之,村干部处在体制之外,他也许不能腐败。""官民之间的规则依据和权力来源是不同的,村干部腐败本身体现的是官治与民治的矛盾和冲突。"[④] 显然,理解村干部腐败并不难,关键是要把握其核心要义:一是腐败主体的底层性。村干部腐败主体是村里的干部,即村支两委成员,是能够接触和拥有公权力群体中的最底层群体。二是腐败资源的双重性。村干部腐败的条件是村干部手中拥有控制资源的公权力,即自下而上的自治权和自上而下的管理权。三是腐败实质是以公权谋私利。村干部用手中的公权力（自治权和管理权）为自己或某一群体非法谋利（不当得利）。四

[①] 《习近平在第十八届中央纪律检查委员会第六次全体会议上的讲话》,《人民日报》2016年5月3日。

[②] 饶方舟:《治理"村官"腐败研究——基于湖北 A 县的调查》,华中师范大学,硕士学位论文,2012年。

[③] 刘爱军:《村官腐败的预防及治理研究》,南京农业大学,硕士学位论文,2013。

[④] 周庆智:《关于"村官腐败"的制度分析——一个社会自治的问题》,《武汉大学学报》（哲学社会科学版）2015年第3期。

是腐败结果的严重性。村干部腐败的结果是公共利益受损,即多数人的利益被少数人获取,党和政府形象受损、公信力降低,严重时候甚至危及政权稳定。

需要指出的是,在现代社会,"腐败"概念被用于社会科学领域之后,其外延在不断地扩大延伸,尤其是在广大的乡村社会,人们对公共部门和掌握公共权力的人的不当行为往往都以"腐败行为"对待,虽然在学术界并不一定认同,但合乎当下社会的"具体的实例","是为眼前的需要而规定的"。本研究也采用这样的思路,研究逻辑是立足于扩大了(广义)的腐败内涵进行研究。基于以上认识,我们认为,村干部腐败是指"村支两委"① 成员在乡村治理过程中利用干部身份和乡村赋予的公共权力侵占公共资源和破坏公共秩序的谋利行为。

四 廉政、廉政治理与乡村廉政治理

乡村反腐败和乡村廉政治理是一个问题的两个方面,从廉政治理的维度研究乡村"微腐败"的治理之策,既可从理论上对廉政学相关问题予以丰富,又可在现实中彰显正能量,有利于各类群体思想认识上达成共识。基于此,把握与此相关的廉政、廉政治理、乡村廉政治理等概念的内涵是问题研究的前提条件。

(一)廉政的含义

"廉"字最早出现在《仪礼·乡饮酒礼》:"设席于堂廉东上。"②"廉"最初的本义是指厅堂的侧边,其后不断演变并赋予新的内涵。贾子曰:"廉,棱也,引申之为清也,俭也,严利也。"③《汉语大词典》中关于"廉"的解释意义丰富,其中主要与廉德、廉政相关。在中国社会中,"廉"作为一种道德品质和行为,被用于道德主体,是一种为人处世的道德约束和道德规定,表现了人在利害冲突和矛盾面前节制谨慎和方正刚直的品德。④

---

① "村支两委"是指农村村党支部和村委会。
② 李学勤:《仪礼注疏》,北京大学出版社1999年版,第145页。
③ 段玉裁:《说文解字注》,上海古籍出版社1981年版。
④ 何爱云:《新时期廉政教育研究》,中共中央党校,博士学位论文,2012年。

提到廉政的定义，顾名思义，就是廉洁从政，或廉洁政治，是一种与腐败直接对立的政治行为和政治现象。关于廉政的问题由来已久，"廉政"一词最早出现在春秋时期的《晏子春秋·问下四》："廉政而长久，其行何也？"与此相关的记载还有："廉者，政之本也"[①]；"廉，棱也，引申之为清也，俭也，严利也"[②]；《现代汉语词典》的解释是"使政治廉洁"等。现在所讲的廉政，在传统意义的基础上被赋予了更丰富的内容，廉政属于政治范畴，尤其是党的建设的范畴，行使公权力的人要拥有纯洁的灵魂，依法合理用权，拒绝用公权力谋取私利，形成风清气正的政治生态。廉政问题的起点往往是针对拥有公权力的组织和个人的行为而言的，腐败是廉政的对立面，因此，研究廉政问题就离不开对腐败问题的研究，这是一个问题的两个方面。

（二）廉政治理的含义

上述定义认为，廉政既然是一种与腐败相对立的政治行为和政治现象，那么，廉政治理就是对腐败行为的遏制和对清明政治生态的维护而运用的一系列理念、机制、程序、措施等廉洁政治行为和要素的总称。廉政治理与反腐败紧密相连，是一个问题的两个方面，因为廉政治理的主要对象就是腐败。有学者指出，腐败的产生源于权力的滥用和对私利的追逐，反腐败政策既要预防腐败的发生和扩大，也要监督可能产生腐败的各个环节，惩治腐败行为。[③] 廉政治理之所以是由理念、机制、对策等系列要素构成的综合体系，是因为现代化的国家廉政治理需要政党、国家和社会力量在廉政建设中走向平衡和协同；需要区分不同权力行为的运行逻辑，通过分类治理实现国家廉政治理中廉洁和效率的有机统一。[④] 从现代公共治理的角度看，廉政治理是善治的重要内容，廉政治理体系就是一套规范公共权力运行公开化的法律、制度和程序，是治理理论在反腐

---

① 张景贤：《晏子春秋》，中州古籍出版社2010年版，第11页。
② 乔德福等：《廉政教育论》，中国社会出版社2015年版，第7页。
③ 杨娜：《欧盟的廉政治理及其启示》，《南开学报》（哲学社会科学版）2018年第1期。
④ 陈永杰、黄恬恬：《基于治理理论的国家廉政治理现代化研究》，《湖北社会科学》2015年第10期。

领域的实际应用。① 实践证明，任何一个现代化的国家，都会把廉政治理作为国家治理的重要内容，当作国家善治的重要标准。中国共产党成立以来就一直十分重视廉政问题，不同时期推行不同的廉政治理举措，其根本目的就是要永葆党的政治本色，践行党的初心和使命。特别是党的十八大以来，党中央把廉政治理作为治国理政过程中最为关键的问题，作为党的建设的重大任务，逐步形成了一些具有中国特色的廉政治理方式。特别是进入新时代，以习近平同志为核心的党中央把廉政治理提升到党的建设、国家治理的战略高度，提出"善于用法治思维和法治方式反对腐败"，指出要强化党内法规建设，加强廉政立法工作，增强法制执行力。② 这是新时代背景下极具特色的廉政治理新思想，为开辟中国特色社会主义廉政治理新路径指明了方向。③

（三）乡村廉政治理的含义

乡村廉政治理，是国家治理的重要内容，是国家廉政治理在乡村的延伸与实践。具体来说，乡村廉政治理，是对乡村"微腐败"行为的遏制和建设清明乡村政治生态的行为和要素的总称。乡村廉政治理的主要对象是村干部腐败问题，与基层人民群众的利益息息相关，解决的是人民群众的切身利益和现实问题。以村干部腐败为主的乡村"微腐败"在乡村社会发展进程中长期存在，以往很长一段时期没有引起足够重视，逐渐演变成影响社会稳定、阻碍乡村发展的一大障碍。新时期在国家加强廉政治理的宏观背景下，强化对乡村"微腐败"的治理，核心就是要治理村干部的腐败问题，这是新时代乡村决战脱贫攻坚、实现乡村振兴、推进乡村治理现代化的重要内容和根本要求，是全面从严治党向纵深推进到乡村"最后一公里"的治党要求，是为了最终解决好维护好人民群众根本利益这一关键问题。换言之，乡村廉政治理不仅是乡村治理现代化的应有之义，而且是乡村振兴和乡村治理现代化的保障条件。

---

① 高晓霞、钱再见：《国家廉政体系建设中的公共权力运行公开化路径研究》，《学术界》2014年第10期。
② 《十八大以来重要文献选编》（上），中央文献出版社2014年版，第135页。
③ 高琰、李景平：《廉政治理新思维：法治反腐的内涵及战略价值》，《学术界》2019年第5期。

第二节 乡村微腐败的类型

村干部腐败既是乡村微腐败的核心部分，同时也是乡村廉政治理的主要对象。抓住村干部腐败问题，就抓住了乡村微腐败的主要问题，也就抓住了乡村廉政治理的关键点。因此，根据一定的标准对村干部腐败进行分类，不仅有利于进一步对村干部腐败的特征、性质和方式等深入理解，而且有利于对治理村干部腐败问题找到更具针对性的策略。关于村干部腐败的类型，显然根据不同标准或者不同视角会有不同的划分，本研究主要从村干部腐败主体人数（个体、团体）、腐败目的（图利、图官、图名）、腐败意愿（积极、消极）、腐败性质（经济、政治、道德生活）、腐败对象（资源型、权力型、用人型）等方面进行分类。

一 根据微腐败人数多少的划分类型

根据村干部腐败主体的人数，可分为个人腐败和团体腐败两种类型。所谓个人腐败是指村干部个体实施的行为，村支两委的某个人利用职务之便谋取私利的系列行为。比如收"好处费"、截留惠民资金、扶贫款项等等。所谓团体腐败，又叫群体性腐败（简称"窝案"），指一部分村干部结成利益集团，通过拉帮结派、互相袒护从而形成一个群体去实行的腐败行为。一些被查处的村干部串案、窝案等就是典型代表。团体式腐败有学者概括为"1 + X"的特征，具体表现为"一个领导 + 相关财务人员""一个领导 + 相关商人""村支书 + 村民"等三种形态。[1] 除此之外，还有"几位领导 + 委员"的形态。广东省纪委通报的广东省滴水村的村支书、村主任、村委委员共 7 人私分上级林业部门下拨给村民的生态公益林效益补偿资金 13 万元的腐败案件就是典型代表。[2] 在团体腐败中，腐败成员相互勾结，腐败获利多，查处难度大，社会危害深。

---

[1] 苏瑞娜：《村干部贪腐的典型特征及其防治对策》，《领导科学》2018 年 10 月上。
[2] 《广东省纪委通报 10 起农村基层党员干部违纪典型案件》，人民网（http://politics.people.com.cn/n/2015/1207/c1001 - 27897556.html）。

二 根据微腐败目的不同的划分类型

根据村干部腐败的不同目的，可划分为图利型腐败、图权型腐败和图名型腐败三种类型。腐败目的一般是由腐败动机引发的。什么是腐败动机？腐败动机是指在公共权力运行中引发、推动和维持公职人员以权谋私的内在的心理状态和动力。[①] 村干部虽然不是法律意义上的公职人员，但在乡村治理中实际就是掌握公权力的"准公职人员"，其腐败心理与正式公职人员基本相同。

所谓图利型腐败，是指村干部主要是为了追求自己或亲友利益的最大化而实施的腐败行为，其主要目的在于获取经济利益。比如，2014年8月，湖南吉首市一村干部腐败被查后，不仅没有违法意识，还理直气壮地反问："我当村干部不就是为了捞两个吗，这怎么还违法了？"[②] 图利型腐败常采用贪污受贿、挪用公款、雁过拔毛、收"感谢费"、做假账、私刻公章[③]等手段。

所谓图权型腐败，又叫谋权型腐败，是指村干部为了选上和连任村支两委成员（尤其是村支部书记和村委会主任）而采取违规违法途径实施的腐败行为。跑官要官、花钱买官、拉帮结派、行贿、贿选等是主要手段。

所谓图名型腐败，是把担任村干部当作一个展示身份地位高低的方式或路径，即把村干部职位当作传统意义上的"官"（"别拿村官不当干部"），在乡村社会能当上这个"官"就代表"面子"，体现一个人或者一个家族在村里的社会地位和影响力。其实，这是一种典型的虚荣心在作祟。比如一些村支书为了获得"两委"[④]委员代表资格，假公济私、铺张浪费、行贿、贿选等是其常用手段。在村干部腐败类型中，图利型腐败是主体，图权型腐败次之，图名型腐败相对有限，主要是在一些家族势力较大的农村此类现象还明显存在。

[①] 邓杰、胡廷松：《反腐败的逻辑与制度》，北京大学出版社2015年版，第43页。
[②] 《用制度"铁笼"看紧农村"三资"》，《人民日报》2014年10月28日。
[③] 《江苏一村干部私刻村民印章70多枚官方介入调查》，人民网（http://politics.people.com.cn/n/2013/0821/c70731-22644425.html）。
[④] "两委"指县、乡级人大代表或县级政协委员。

需要说明的是,上述三种类型尽管有不同的表现形式,但它们在本质上具有一致性,即谋求利益最大化,"权"和"名"不是孤立存在的,一方面,需要物质利益做基础;另一方面,有了"权"和"名"往往更容易获取更多的物质利益。在腐败者的心中,这三者是紧密相连的、不可分割的利益统一体。

三 根据微腐败意愿不同的划分类型

根据村干部腐败意愿不同可划分为"积极"腐败和消极腐败两种类型。所谓"积极"腐败,是指村干部有目的有预谋地运用公共权力谋取私利的腐败行为。积极腐败往往是腐败常见的表现形式,呈现的方式也比较多,比如贪污受贿、截留拨款、挪用公款、公款私存、收"感谢费"、贿拉选票、集资摊派等。

所谓消极腐败是相对于"积极"腐败而言的,指村干部不主动履职、作风拖沓、贪图享乐、失职渎职等行为方式形成的腐败行为,表面上往往具有模糊性、隐蔽性和间接性特征。村干部消极腐败在实践中常表现为不主动谋划村里发展大事、对村民的诉求不回应、任职期间外出打工、对村务疏于管理造成严重后果等。

长期以来,国家将腐败治理的重心更多地集中在"积极"腐败的治理问题上,即主要是对那些明显触犯党法党规和法律法规的腐败行为进行治理,而对一些不作为、慢作为导致公共利益损失的行为缺乏足够的重视,更缺少有效的治理。党的十八大以来,反腐败斗争进入了一个全新的时期,不仅对"积极"腐败给予痛击,而且将不作为、不担当的"慵、懒、散"等消极腐败现象也纳入治理的范围,村干部的消极腐败也不例外。

四 根据微腐败性质不同的划分类型

根据成果腐败问题的性质不同,可划分为经济腐败、政治腐败和生活腐败三种类型。所谓经济腐败是指村干部实施的与经济利益直接相关的违规违纪违法行为。经济腐败占村干部腐败案件的主体。相关统计数据显示:近年来查处的村干部腐败案件中,经济腐败案件占村干部腐败案件的近70%。① 经济腐败的手段甚多，既有贪污受贿、"雁过拔毛"、吃拿卡要等直接手段，也有虚报冒领、做假账等隐性手段，经济腐败与图利型腐败紧密相连。

所谓政治腐败，主要指掌握公权力的人出于政治野心而非法运用公权力为个人和利益集团谋取政治资本而损害整体利益的行为。政治腐败与经济腐败相比更具隐蔽性，其破坏性更强。王岐山说"政治腐败是最大的腐败"②，讲的就是这个道理。村干部政治腐败主要是指村干部通过非法途径获取农村党组织和自治组织权力的违法行为。③ 村干部的政治腐败主要表现在三个方面：一是选举腐败，即村干部换届选举中实施贿选行为，有的村干部为了选上或连任而采取的拉票贿选等行为，比如不择手段、威逼利诱索选票、明码标价买选票、公开捐赠、承诺、游说拉选票等；二是用人腐败，即选人用人中的用人唯亲、用人唯派、用人为族等的行为；三是思想意识脱轨，即缺乏"四个意识"，在工作中政治纪律松弛，不学习贯彻党的政治纪律和政治规矩，自以为是，自行其是，不能与党中央保持一致。

所谓生活腐败，也称作道德腐败，主要是村干部铺张浪费、吃喝玩乐、公款嫖娼、玩弄妇女等违纪违法行为。④ 这类腐败往往在经济发达的农村地区（如深圳平湖村村支书办公楼奢华如"皇宫"）或偏远落后的农村地区（如河南三门峡市某村支书说"全村一半都是我的娃"）比较突出。

以上三种腐败往往具有关联性，政治信仰一旦缺失，就会迷失方向，走向庸俗的生活境界，贪图享乐，谋取私利，捞取经济利益。

五 根据微腐败领域不同的划分类型

根据村干部腐败领域的不同，可划分为权力腐败、资源腐败和用人腐

---

① 刘子平：《村干部"微权力"腐败治理机制创新探究》，《中州学刊》2018年第7期。
② 王岐山：《开启新时代　踏上新征程》，《党的十九大报告辅导读本》，人民出版社2017年版，第18页。
③ 刘子平：《村干部"微权力"腐败治理机制创新探究》，《中州学刊》2018年第7期。
④ 乔德福：《新农村建设中村官腐败治理机制构建》，《浙江师范大学学报（社会科学版）》2010年第1期。

败三种类型。所谓权力腐败，主要指村干部利用公权力（包括上级公共组织赋予的管理权和村民自治权）为自己和利益集团谋取利益，主要包括政治权利、政策优惠、经济利益等方面，导致公权力性质变异、党和人民的意愿错位甚至落空。村干部拥有公共权力是村干部腐败的逻辑起点，没有公权力的行使，村干部自然就不会出现腐败现象。因此，村干部腐败往往首先表现出来的形式是权力滥用，权力滥用可以说几乎贯穿于村干部腐败的所有领域。

所谓资源腐败，是指村干部利用管理村庄公共事务的权力和机会，对国家支付乡村的各类惠农资源和集体资源实施非法侵占的行为。村干部非法侵占的公共资源类型多样，范围广泛，比如扶贫款、救灾款、保障金、补偿款、拆迁款、土地出让金、政策优亲惠友等。资源腐败包括截留克扣、违规挪用、侵吞私分、雁过拔毛、虚报冒领等多种形式。村干部资源腐败导致国家支持乡村发展的能力降低、村庄利益和村民利益受损、党和政府的振兴乡村的初衷减弱。

所谓用人腐败，是指村干部利用公共权力在村委干部的选举、集体企业负责人选定等方面存在的谋取私利的行为。村干部的用人腐败主要包括任人唯亲、拉帮结派、融入黑势力、买官、贿选等表现形式。有些村干部多年占据村主职干部职位，并非治理能力强和治理效果好，而是长期形成了一股利益集团，一般群众无法撼动，每到换届选举时，常常采用贿选、买票、宗族力量、黑势力等综合手段赢得选举。村干部的用人腐败往往导致村庄利益固化，公共利益受损，村庄能人失去创业空间和平台。

除上述村干部腐败类型外，根据腐败是否可以被明显识破，可以分为村干部显露的腐败与隐蔽的腐败；从腐败的违法程度可以分为村干部违法违纪的腐败与构成犯罪的腐败。[1] 从腐败地域来划分，可分为城郊接合部村干部腐败、偏远农村村干部腐败、农村开发新区的村干部腐败；从村干部使用的手段来划分，可分为传统手段的腐败、现代技术手段的腐败和传统与现代技术手段并用的腐败；等等。

---

[1] 朱夏芳：《村干部腐败形式、原因及防控途径探讨》，《农民致富之友》2015 年第 16 期。

第三节　乡村微腐败的方式

村干部腐败问题作为社会转型过程中一个特殊的社会现象，其表现形式直接承载着这一问题范围的普遍性和程度的严重性。因此，加强对村干部腐败形式的了解与认知，对于全面把握村干部腐败问题的实质，有效治理村干部腐败问题都具有基础性的意义。纵览已有的研究成果，对村干部腐败的表现形式的概述甚多，大多数均以列举的方式进行归纳，能给人以直观形态呈现出村干部腐败问题的林林总总。也有部分学者从不同的视角予以归纳，让村干部腐败的表现形式呈现系统性特征。

本节立足于"资源与秩序"的视角对村干部腐败方式进行分类，有助于认知村干部腐败行为的本质。所谓资源，是指支撑乡村建设发展的各类物质、资金、政策等要素的总和。这里的"资源"主要包括两个部分：一是指国家自上而下给予乡村供给的各类资源的总和，主要包括扶贫专项资金、民生保障资金（低保补助、社保、医保、粮食补贴、养老保险等）、各类项目资金和相关利民惠农政策等；二是农村集体资源（简称"三资"），主要包括集体所有的土地、森林、草原、山地、荒地、水面等自然资源，以及集体所有的流动资产、固定资产、无形资产和其他资产等。所谓秩序，是指依托于制度、法规、习俗等保障和维系乡村社会良性运行的状态。这里的"秩序"，特指依靠党法党规、法律法规、行政规章、村规民约等有效规则维系的乡村治理结构和状态。之所以选择资源和秩序作为标准，是因为村干部腐败的直接目标（第一目标）一般都是对某种资源的占有，利用自身管理公共资源的权力和机会谋取私利。而村干部一旦采取腐败手段侵占公共资源，必然会破坏正常的乡村运行秩序，反之亦然，村干部通过破坏乡村运行秩序来达到侵占公共资源的目的，无论哪种方式都是腐败的具体表现。所以，从资源与秩序两个维度研究村干部腐败问题更具有合理性和逻辑性。

基于上述标准，根据村干部腐败所侵害的资源视角，可从承接国家资源、管理集体资源两个维度划分村干部的腐败表现形式；根据村干部腐败所破坏的乡村秩序视角，可从治理村民事务、实施村民自治两个维度考察村干部腐败的表现形式，以期较全面地勾勒出村干部腐败形式的总体轮廓

(见表1—1)。

表1—1　　　　　资源—秩序视角下的村干部腐败形式

维度	资源视角		秩序视角	
过程	承接国家资源	管理集体资源	管理村庄事务	实施村民自治
表现形式	滥用职权			
	虚报冒领	承包转租集体土地谋差价	吃拿卡要	贿选
	克扣私分	侵占集体资产	失职渎职	专制决策
	违规挪用	权力受贿	假公济私	霸凌作风
	优亲惠友		欺压百姓	报复行为

一　承接国家资源过程中的腐败方式

近年来，随着国家对农村资源的大量输入，尤其是扶贫战略的深度推进，农村承接的国家资源比以往任何时候都要多得多。面对突如其来的大量资源，一些地方能及时地利用好国家资源，使其转化为乡村发展优势，加快乡村脱贫步伐。还有一些地方由于种种原因不能充分利用好国家资源，甚至出现管理漏洞，致使许多资源被侵吞破坏，违背党和国家推进乡村发展战略的初衷。一些村干部腐败问题都与此相关，极大地损害了国家和村民的利益。国家资源主要包括扶贫专项资金、民生保障资金（低保补助、社保、医保、粮食补贴、养老保险等）、各类项目资金和相关利民惠农政策，要使这些资金项目和政策落地落细，从上至下最终都离不开村级组织的职能作用的发挥，离不开村干部的桥梁和纽带作用。由此可见，党和国家治理乡村实效的"最后一公里"就与村干部紧密相连，村干部也因此获得了支配大量资源的实际权力，一旦监管制度跟不上，这就为村干部腐败提供了机会。调查得知，村干部在承接国家资源过程中表现出多种腐败现象，比如滥用职权、克扣私分、虚报冒领、挪用侵占、优亲惠友等形式极为普遍，有的甚至触目惊心。具体表述如下。

（一）滥用职权，非法侵占

这是村干部腐败中最常见最普遍的表现形式，无论是在承接国家资源还是在治理村级事务中，都存在职权滥用的现象。据中纪委监察部网站通报案例统计,"滥用职权、非法侵占"的方式占比高达28.8%（见表1—2）,位居第一位,这就充分说明权力与腐败之间的亲密关系。一方面,权力是腐败得以产生的前提,村干部只有拥有村庄公共权力,才能对村庄的公共资源和公共事务进行管理,也才具有支配资源和管理事务的主体资格,同时也就获取了可能腐败的资格。没有获取村庄公共权力,自然就没有腐败的前提条件;另一方面,权力滥用必然产生腐败。拥有权力并不一定产生腐败,关键是权力如何运行,只有权力滥用才会产生腐败。村干部手中的公共权力一旦失去监督,冲破制度的樊篱,就会信马由缰,成为腐败的工具。村干部滥用职权、非法侵占的表现形式在乡村事务治理中广泛存在,比如贪污受贿、用人唯亲、欺上瞒下、乱收费、变相执行上级政策、改变资金用途等。

表1—2　中纪委监察部网站通报案例统计"村干部腐败方式"

	频数	百分比	有效百分比	累计百分比
滥用职权、非法侵占	624	28.1%	28.8%	28.8%
虚报冒领、假账骗取	463	20.9%	21.3%	50.1%
截留挪用、克扣私分	336	15.1%	15.5%	65.6%
违规分配、优亲惠友	164	7.4%	7.6%	73.1%
贪污受贿行贿	175	7.9%	8.1%	81.2%
失职渎职	77	3.5%	3.5%	84.7%
违规收费	208	9.4%	9.6%	94.3%
吃拿卡要	37	1.7%	1.7%	96.0%
公款私用	32	1.4%	1.5%	97.5%
违反财经纪律	45	2.0%	2.1%	99.6%
其他	9	0.4%	0.4%	100.0%
总计	2170	97.8%	100.0%	
缺失值（系统）	48	2.2%		
总计（N）	2218	100.0%		

（二）虚报冒领,假账骗取

虚报冒领是村干部腐败的主要方式之一。据中纪委监察部网站通报案例统计,这种腐败方式占比达到21.3%（见表1—2）,这是村干部腐败的常用方式。另据央视网2017年1月报道，2016年1月至11月，全国检察机关查办虚报冒领扶贫资金等职务犯罪1892件，同比上升102.8%。① 这一腐败方式之所以被普遍使用，是因为隐蔽性较强。这类方式具体可通过多报数目、虚列项目、张冠李戴、私刻村民私章冒领、增设贫困户头、死人不消户等方式实施腐败行为。这种方式表面上没有破绽，形式上比较完美，核心问题是内容不实，以假乱真，具有欺骗性，如不深入了解，往往会被蒙混过关。这方面的案例非常多。

典型案例： Y省鲁布革乡王某某任六鲁村委会党总支书记期间，将外出打工村民和不识字村民作为低保申请对象，从而冒领政府发放给13户农户的低保金共计134430元。② 另据新华网报道，2015年，E市葛店开发区长咀村被列入项目开发的拆迁范围，村民发现村里报上去的拆迁面积非常大，但拿到手的拆迁款却很少。最终发现村干部虚报的情况：原本没有土地，却虚报土地拆迁款；原本是荒山，却按照树林申领补偿款；原本没有附着物，却按有附着物申领补偿款……关键是领取拆迁款的人暗箱操作，村书记、会计等7人虚报骗取拆迁款100多万元，同时还冒领了多套拆迁安置房。③

(三) 截留挪用，克扣私分

根据中央纪委监察部网站通报案例统计，截留挪用、克扣私分类型的腐败方式占了15.5%（见表1—2）。国家直接拨付给村民的补偿资金、乡村建设项目等资源到达乡村后，村干部比村民要先接触相关资源，了解相关资源数量、性质及用途。一些村干部在使用资源过程中，往往会根据自己的意愿优先满足自己认为重要的事项，背离国家资源投入的初衷，将国家拨付的扶贫专项资金、惠农专项资金、拆迁补偿资金等要么截留部

---

① 《最高检2016年1至11月：立案查办县处级以上干部3149人》，央视网（http://news.cctv.com/2017/01/15/ARTI5ZhwpoZBDxF1Qke599oi170115.shtml），2018年8月27日。
② 《透视村官雁过拔毛式贪腐："上天入地"皆伸手》，人民网（http://hb.people.com.cn/n/2015/0212/c192237-23891286-2.html），2018年8月27日。
③ 《村书记勾结会计骗拆迁款冒领安置房被提起公诉》，新华网（http://www.hb.xinhuanet.com/2016-08/23/c1119440480.htm）。

分，要么挪作他用，有的用于村务开支，有的供自己私人使用，有的借给亲友营利。调查发现，村干部违规挪用的资源重点从最初的普惠性的财政转移支付（如合作医疗、养老保险、种粮补贴等）转向一些专项财政转移支付项目（如村村通、水利工程、新农村建设、农田改造、专业合作社等）上。之所以有这方面的变化，是因为普惠性支付随着国家政策的完善和群众认知水平的提升，透明度高，涉及面广，村干部不容易染指。而项目专项转移支付资金涉及面小，透明度不高，容易被村干部及其利益团体所挪用、侵占乃至私分，成为基层腐败的重点领域。

典型案例：中纪委网站通报，2013年至2014年，Y市无梁镇大木厂村党支部原书记、村委会原主任王某利用职务便利，挪用本村2组的荒山承包款10万元，用于个人生活开支和生意经营。

S省南部县双佛镇回龙宫村党支部书记何某克扣扶贫资金问题。2016年7月，何某组织召开党员干部、群众代表会议商定，要求贫困户以自愿"捐赠"的形式将部分产业发展补助资金交回村集体，用于修建石河堰，违规克扣扶贫资金。随后，安排人员向贫困户发放产业发展补助资金的同时收取"捐赠"款3.836万元。无独有偶，2014年至2016年期间，冕宁县和爱乡拉姑萨村党支部书记张某和村文书王某利用职务之便，侵吞低保户的低保金归个人使用，其中张某侵吞3.4915万元，王某侵吞4.2572万元。同时，张某和村主任谢某将34.8833万元低保金平均分配给和爱乡拉姑萨村全体村民。①

（四）优亲惠友，政策错位

村干部优亲惠友的腐败形式是指利用手中的权力为自己的亲属朋友牟利，表面上不是为自己，实际上是一种变相的腐败形式，是一种变相地为自己、家族或利益集团谋取不当利益的方式。这类腐败方式在本课题组根据中纪委监察部网站通报案例统计中占7.6%（见表1—2）。同时，根据学者邹东升、姚靖统计，中央纪委监察部网站共通报的党的十八大以来的

---

① 《四川通报7起扶贫领域违纪问题典型案例》，中央纪委监察部网站（http://www.ccdi.gov.cn/special/jdbg3/sc_bgt/sfbwt_jdbg3/201712/t20171214_113809.html）。

4182起乡村微腐败案例类型中，优亲惠友这一项占比8%（见表1—3），与本研究基本一致。① 优亲惠友的表现形式较多，可在不同的政策、项目、类型等的适用与认定方面得以体现。从政策的角度看，国家要给予扶持的对象首先需要认定，比如低保户的认定、贫困户的认定、危房改造的认定等。有的村干部把一些并不贫困、并不符合条件的亲戚朋友纳入相应的享受国家优惠的范围，侵占公共政策之好处，损害真正贫困户之利益。比如在精准扶贫过程中，国家要求选择贫困户要精准，才能体现"精准扶贫"的意义，但从已披露的一些村干部腐败的案例来看，"精准"问题成为新阶段扶贫战略实施必须着力解决的现实问题，否则会事倍功半。可见，村干部一旦思想出现偏差，再好的公共政策在执行的"最后一公里"都会走样，发生错位，失去应有的效益。

典型案例：据中纪委通报，DN州重安镇下翁细村村委会原主任吴某利用职务便利，优亲惠友，将其不符合条件的外甥女等亲戚列入享受低保户对象，从2010年1月至2014年10月间，骗取国家低保金共计8103元。湖北恩施州纪委2018年2月28日通报了E市崔家坝镇南里渡村党支部副书记、村委会副主任李某优亲厚友问题：2014年李某违规将亲属纳入建档立卡贫困户，2016年享受危改政策，2017年精准扶贫百日攻坚、大数据核查整改过程中，仍未剔除。2017年12月，李某受到党内严重警告处分。

二 管理集体资源过程中的腐败方式

农村集体公共资源统称"三资"，主要包括资金、资源、资产。一些村干部在管理使用农村集体资源过程中徇私舞弊，非法获利。尤其是在新一轮城镇化进程中，七成腐败村干部爱发"土地财"，"坐地生财"已成为基层"微腐败"的焦点。② 这种腐败类型的危害性就是直接侵占村集体利益，导致村民利益受损。其方式主要表现在以下几个方面。

---

① 邹东升、姚靖：《村干部"微腐败"的样态、成因与治理——基于中纪委2012—2017年通报典型案例》，《国家治理》2018年2月21日。
② 《七成腐败村官爱发"土地财"》，《国土资源》2014年2月号。

(一) 承包转租集体土地谋取差价

随着农村经济产业化和城镇化的快速推进，集体土地作为最重要的公共资源参与其中，租赁、转租、承包等方式广泛出现，由土地性质所决定，其承包租赁等都要经过村干部之手，一些村干部常常优先考虑自己或亲属的利益，在集体土地承包过程中，先以低价承包，再以高价转包出去，从中谋取土地差价。这一方式是借地生财式腐败方式的典型代表。

典型案例：H省舞阳县孟寨镇澧河村原党支部书记张某，先自己以每亩每年80元的低价承包村117亩集体土地，再高价转包给其他人，直接从中获利40万元。① 再据《中国纪检监察杂志》报道，L省本溪市平山区房身村"霸道村长"佟某从2002年到2011年期间，不经过任何组织和程序，擅自将面积共计100余亩的村集体土地非法对外承包、转让，从中获利。②

(二) 侵占集体土地出卖转让资金

这是村干部利用土地进行贪腐的另一种方式，在城镇化不断推进的过程中，一些农村集体土地资源（尤其是城乡接合部的土地）增值空间巨大，与土地相关的林地、草地、鱼塘、果园等出卖转让机会增多。在农村出卖或转让土地资源，都需要村干部尤其是主要村干部做决定，一般群众无法参与具体交易活动，因而土地等出卖和转让资金的具体数目只有少数村干部知道，在监督机制和公开度不高的情况下，村干部利用村民的"不知情"对相关的土地交易资金实施侵占，一些地方村民集体上访就与此类腐败方式有关。

典型案例：中央纪委监察部网站通报：YA市甘泉县下寺湾镇程家纸坊村党支部书记、村委会主任程某在2008年至2014年间，多次贪污该村土地的转让出卖收入、水毁主干线补偿款、复垦费等公共资金共计2.209282万元，都供个人消费之用。湖北省纪委通报，H市

---

① 杨群红：《新形势下村官腐败的类型、特征及治理对策》，《中州学刊》2016年第12期。
② 赵振宇：《一个"霸道村长"覆灭带来的启示》，《中国纪检监察杂志》2018年第7期。

大冶市金牛镇袁铺村党支部原书记柯某、村原财经委员袁某，挪用村、组集体土地补偿款12.1万元，非法谋取利益。

（三）直接贪占集体资源

村干部除了在以土地为中心的各类交易过程中实施腐败行为以外，还有一些腐败行为涉及对其他集体资源的贪占。比如垄断集体经济、集体企业的收益、集体资产的租金、生态补偿资金、村民缴纳的社会抚养费、村民为公共事业捐资的集资款以及集体公共财产等。村干部之所以能直接贪占集体资源，主要在于村干部拥有对集体资源的管理权。村干部问卷调查关于"村集体经济管理方式"的统计结果显示（见图1—1），有62.8%的村集体经济由村委会直接管理、12.4%的村集体经济归村主要负责人（村长或村支书）管理，两项加起来占到了75.2%，也就是说，村干部对集体经济及其资源具有绝对性支配权，一旦监督管理不到位，就成为村干部腐败的便利条件，或者说是腐败机会。

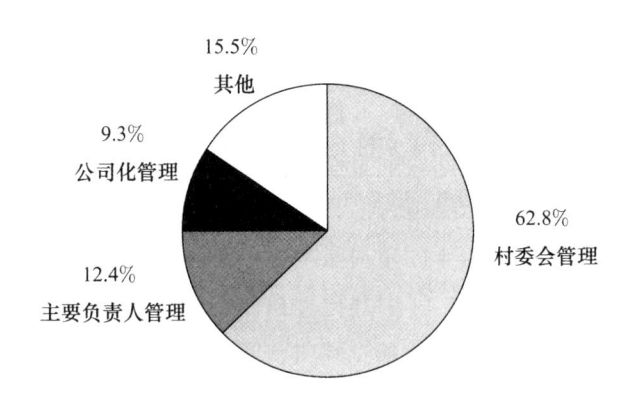

图1—1 村集体经济管理方式

典型案例： 中纪委通报，H州同德县尕巴松多镇美日克村党支部原书记欧某将村集体生态畜牧业合作社启动资金20万元私存于个人账户，擅自将1000亩草原生态保护补助款4万元分配给亲戚。根据湖北省纪委网站2016年6月12日通报，B县野三关镇黄连坪村原党支部书记兼报账员郑某，长期占用村集体资金归个人使用，尤其是对村集体山林及五保户山林等资产随意处置，坐收坐支村集体资金；X

县晓关侗族乡山尖坳村原党支部书记、村委会主任杨某，坐收坐支村集体资金，将该村集体土地征地补偿款私自借与他人使用。山西纪委2017年8月通报，2016年，J县稷峰镇甘泉村党支部原书记王某利用职务便利，通过虚列支出等方式，贪污甘泉村集体资金86万元。

（四）利用公权力受贿

村干部腐败方式除了对集体公共资源直接贪占以外，还借掌握许多审批权力欣然接纳利益相关者的贿赂。2016年最高人民法院和最高人民检察院联合发布的《关于办理贪污贿赂刑事案件适用法律若干问题的解释》新条文中，将贪污受贿的起刑点由1997年《刑法》规定的5000元提高至3万元。根据人民论坛网文章资料统计，党的十八大以来，在中央纪委监察部网站通报的4182起乡村微腐败案例，按照司法实践中贪污受贿以3万元为起刑点，以此统计的乡村"微腐败"中位列第一的腐败形式是贪污，占比25%（见表1—3）。表中涉及利用公权力腐败的包括贪污（25%）、索贿受贿（19%）等总计占比44%[①]，接近一半，再次证明"权力任性"是腐败的前提。

表1—3　　　　　党的十八大以来村干部主要腐败方式及占比

腐败类型	贪污	索贿受贿	违规收费	失职失责	优亲惠友	"三公"问题	其他
占比（%）	25%	19%	13%	10%	8%	11%	14%

注：此表根据人民论坛网统计资料数据制定。

除此之外，还有低于3万元的零星腐败众多，几十元、几百元乃至上千元的案例虽然单次数额不大，但频率较高，累加起来依然严重。

三　治理村民事务过程中的腐败方式

治理乡村事务是村干部的主要职责。村干部作为村民直选的干部，从理论上讲，不仅是村民情感认同的"主心骨"，更是治理村庄事务的"操

[①] 邹东升、姚靖：《村干部"微腐败"的样态、成因与治理——基于中纪委2012—2017年通报典型案例》，《国家治理》2018年2月21日。

盘手",村民矛盾、村庄规划、产业发展、扶贫推进、群众办事等村级事务都离不开村干部的主导与参与。少数村干部因任职长久或特殊利益诱惑,其公心与公职角色逐步丧失,把手中掌握的公共权力异化为谋取私利的工具,办事情顾眼前而舍长远、惠个人利益而损群众利益,逐步走向基层"微腐败"的深渊。村干部借处理村民公共事务实施腐败的方式主要表现在吃拿卡要、失职渎职、假公济私、欺压百姓等方面。

(一)吃拿卡要,违规收费

村干部作为治理乡村公共事务的组织者,各类事务千头万绪且复杂多样,一些村干部在处理不同事务的过程中,常抱有回报的心理,认为给村民办成了事情就应该得到回报,得到村民们的感谢。正是由于这种思想和心理作祟,一些村干部还借为村民办事之机主动索要所谓"辛苦费""好处费""感谢费""盖章费""跑腿费"等,成为违规收费的典型代表。根据中纪委监察部网站通报案例统计,这类腐败方式2012—2017年占比13%,2015—2017年占比11.3%,这表明违规收费问题的普遍性和严重性。

典型案例:中纪委通报:2014年9月,Z市五宝镇平房村党支部书记贺某利用全村更换智能电表的机会,按每户每块电表10元的标准收取"带路费",共违规收取带路费2480元。2013年,L市中寨乡鲁戛村委会原主任李某利用为村民开具小孩落户证明、迁移证明等权力向群众索要"盖章费"1200元。S省户县五竹镇周店村村委会原主任李某在办理危房改造补助资金申请工作过程中,违规向5名村民收取"跑腿费"3.58万元。莱芜市莱城区寨里镇卞官庄村党支部原书记卞某在1995年至2014年期间,乱列名目向村民摊派收费共计84.3万元。

(二)失职渎职,浪费资源

《中国青年报》社会调查中心对来自农村的1819名受访者进行调查,村干部腐败最突出的问题中,"拉票贿选"占44.8%,"玩忽职守"占42.3%,排名第二位,可见问题的严重性。村干部的失职渎职其实就是一种变相的腐败行为,突出表现有不作为、落实不力、纵容、拖欠、拖拉等形式。村干部作为党和政府与村民之间的联系纽带，对上要严格执行国家的大政方针尤其是各项惠农政策，对下代表村民实行村民自治的系列公共事务，严格地讲，村干部地位重要，职位关键，只有兢兢业业、认真履职尽责、积极主动作为，方能发挥村干部职位应有的作用和意义。然而，现实中有一些村干部不能正确对待和认识岗位职责的性质和重要性，不认真履职，不能积极主动解决村民反映的问题，不能有效地谋划乡村发展事务，对上级政策不落实或落实不力，有的甚至纵容一些邪恶势力的发展，对村民利益诉求不以为意，拖拉应付，本着"多一事不如少一事"的心态超然自得，其本质就是失职渎职。调查得知，H省官店镇的一个村在落实扶贫搬迁政策过程中，重复申报易地扶贫搬迁，村干部等相关监督人员均没能履行应有监督管理职责，听之任之，导致该村骗取国家扶贫资金问题十分严重，是典型的不作为导致国家资源浪费。

典型案例： 六枝特区市纪委监察局通报，2014年5月，六枝特区新华乡兴隆村负责人在发放2013年至2014年民政冬春救助粮过程中，扣留大米110袋3300市斤存放在该村办公用房一楼室内，之前还留存特区帮扶单位慰问贫困农户大米15袋300市斤。由于管理不当，长期搁置，大米全部霉烂变质，造成群众利益受损，党的惠民政策大打折扣。

（三）公款私用，假公济私

村干部虽然不是财政编制的正式公务员，但其手中掌管的公共资源并不少，这就成为少数村干部公款私用腐败方式得以产生的有利条件。公款私用作为村干部的一种腐败方式，其表现形式较多，从已查处的案例分析，主要有违规发放津贴、转移资金、旅游、违规接待、送礼、公款修房（修路）、报销个人消费等。从公款私用表现形式来看主要分为三大类，一是把公共资源当作自己的资源为个人享受，比如旅游、公款修房、报销个人消费等；二是用公共资源构建有利于自己的关系网络，比如送礼、违规接待、公款请吃等；三是通过转移资金达到直接侵吞的目的，中纪委通报的安徽淮北市烈山村的一名"巨贪村官"刘某，在18年村干部任职中，将村集体资产通过各种渠道转移、侵吞，变为私有，涉案金额高达

1.5 亿元，触目惊心。用公款虚列名目乱发津贴①、公款吃喝的案例亦很普遍。

典型案例： 央视新闻网 2018 年 2 月 5 日报道，H 省长沙市望城区齐天庙村村委会主任罗某是一名横行村里多年的"村霸"，根据长沙市的扶贫政策，齐天庙村争取到一笔 5 万元扶贫资金用于村级道路建设，罗某既不召开村民代表大会，也不召开村"两委"会议，擅自决定用这笔公共资金修一条从他家门口到村主干道的公路。② 广东纪委 2013 年 12 月通报，2013 年元旦春节期间，东莞市黄京坑村党支部书记张某和另外两名支部委员，多次邀请镇领导和企业负责人吃团年饭，消费公款 21.38 万元。据《南方农村报》报道，阳江市七星村欧某在担任支部书记、主任期间，在 9 家饭店签单记账拖欠餐费共 87 万多元，仅在村"两委"换届选举中以吃喝方式拉票就欠下餐费 34 万多元。

（四）生活腐化，欺压百姓

有关村干部生活腐化堕落、欺压百姓的事件时常见诸相关媒体，村干部作为群众中的一员，为何能生活腐化呢？关键是村干部掌握了公共权力，一些腐化生活作风归根结底源于公共权力或公共资源。因此，村干部与公共权力相关的腐化堕落表现自然就成为腐败行为的具体表现。人民网 2013 年 9 月 2 日报道，河南三门峡市西南方的一个小村，村里面的青壮年劳力大部分都外出打工了，他们的留守妻子竟然成为本村支部书记张大万（化名）的猎艳对象，张村支书对市里来的驻村干部说："这个村，有一半都是我的娃。"③ 云南省奴革村是"九五扶贫攻坚村"，村干部顾某有

---

① 潮州市东凤镇陇仔村党支部书记、村委会主任陈启瑞等 5 名村干部，2012 年 1 月至 2014 年 7 月，私自利用村集体资金增发年度工资和多次发放会议补助、节日补贴、通信补贴、年度奖金，合计 12 万余元。
② 《这个"村霸"惊动了纪检机关，公款修"私路"谁有异议就打谁》，央视新闻网（http://news.cctv.com/2018/02/05/ARTIi06VMWohIpAEABqSmvnt180205.shtml），2018 年 2 月 5 日。
③ 吴玲：《村支书笑谈"村里一半都是我的娃"释放啥危险信号》，人民网（http://opinion.people.com.cn/n/2013/0902/c1036-22778915.html）（2020 年 5 月 2 日阅）。

20 年党龄，却公开供养了三个"老婆"。S 市龙岗区平湖村党支部书记刘某的办公楼造价近 5000 万元，四面环水，被称为"皇宫"。① 现实案例甚多，无须一一列举，窥一斑而知全豹，村干部生活的腐化和对群众的欺凌必然会伤害群众感情，危及社会和谐稳定，凸显基层反腐的极端重要性和紧迫性。

典型案例：Y 省平甸乡拉其村村委会原主任张某与村民郭某因琐事发生矛盾，张某逼郭某当着村民面，给他磕三个响头。张某的妻子将郭某的妻子谢某的头发按在粪便上，逼谢吞吃粪便。F 省惠安县涂寨村的郑某是有名的"恶霸村官"，他将故去多年的亡父塑成金身佛像，自封为"七省郑巡按"，供奉于村里的祠堂。村里谁家有红白喜事都要把其"亡父"请到家中供奉。② 一般情况下，凡是生活腐化堕落的村干部，都会欺压普通老百姓。

（五）借机敛财，整无事酒

长期以来，某些异化的不良风气在乡村蔓延，一些村干部常常借子女婚丧嫁娶、孩子"满月"、升学、盖新房、老人过生日等事项大摆"无事酒"借机敛财，举行所谓升学宴、乔迁宴、寿宴等活动，"邀请"当地村民前来"喝喜酒"，有村民不来的还要遭到报复。这是一种变相的腐败方式。

典型案例：根据《中国纪检监察杂志》文章资料，H 省官渡口镇陈向坪村村委会副主任赵某挖鱼塘竣工"整酒"，收村民礼金 5.68 万元。③ H 省黄陂区一村支部书记兼主任程某某因儿子结婚多次摆酒席，收受村民礼金被给予党内严重警告处分。④

---

① 潘其胜：《"村官腐败"的原因及惩治对策》，《新东方》2006 年第 6 期。
② 沈小平：《村官腐败如何治理》，《人民论坛》2006 年第 4 期。
③ 甘娜、王克龙：《村干部挖鱼塘违规整酒 村支书送礼金同受处分》，《中国纪检监察杂志》2016 年第 16 期。
④ 《村干部为儿子摆婚宴收受村民礼金》，新华网（http://www.xinhuanet.com/local/2017-04/17/c_129541807.htm）（2019 年 4 月 18 日阅）。

近年来，地方"整酒"之风盛行，原本淳朴的乡风民俗被利益扭曲，很多普通百姓苦不堪言。整酒之风之所以不能有效整治，一个重要原因就是地方主要负责人尤其是村干部带头整酒起到了示范效应。在不影响群众正当权益的前提下，移风易俗从党员干部带头，重塑新时代的文明乡风应该成为乡村振兴战略的主要内容。

四 实施村民自治过程中的腐败方式

"村民自治"制度是我国的一项基本的政治制度，这一提法最早见于1982年修订的《宪法》第111条，并规定"村民委员会是基层群众自治性组织"，时至今日，这一制度依然是我国乡村治理的根本政治制度。村民自治就是要充分调动广大村民的主人翁意识，村民依法管理自己的事务，发展乡村民主政治。村民自治的核心内容是"四个民主"，即民主选举、民主决策、民主管理、民主监督。因此，要将村民自治制度落到实处，就应该从村级民主选举、村级民主决策、村级民主管理和村级民主监督四方面入手。村干部在村民自治过程中具有举足轻重的地位，因为"四个民主"的落实都与村干部息息相关。然而，在过去一系列保障措施还不健全的情况下，即村民自治制度存在的"非制度化"因素影响，一些地方的"村民自治"变成了"村干部自治"，许多村干部背离村民自治初衷的违纪违法行为屡禁不止，形成村民自治过程中特有的系列腐败现象。下面分别从村民自治的核心内容予以分析。

（一）民主选举中的贿选

村干部的腐败问题往往都是从贿选开始的。《中国青年报》社会调查中心通过问卷网对来自农村的1819名受访者进行了调查，村干部腐败最突出的4个问题：一是贿选拉票、买官卖官占44.8%；二是玩忽职守、徇私舞弊占42.3%；三是吃拿卡要、收受财物占41.6%；四是侵占农村集体"三资"（资金、资产、资源）占40.4%。其中"拉票贿选、买官卖官"占第一位。[1] 本书作者在鄂西南农村调研时了解到，贿选在农村是一个普遍现象，不同的只是体现在贿选的方式和金额上。当村干部要贿

---

[1] 张露露、王露蓉、夏书明：《村干部贪腐的生成逻辑及治理对策》，《领导科学》2017年第15期。

选,自然是村民自治制度实施以后的事情,计划经济时代没有此类现象。村民自治制度从20世纪80年代中期开始逐步推行,村干部的角色与地位不断显现和提升,这使得更多的人开始关注这一岗位,尤其是在沿海改革开放的前沿阵地,城市发展、土地开发与转让、集体企业等事业和业态如雨后春笋般涌现,这就为村干部这一职位赋予了更多的权力,或者说提高了村干部职位的"含金量",也就成为许多人积极竞争村干部这一岗位的原始动力。

贺雪峰教授对"发达地区的贿选"进行了专题调研,以沿海H省南溪镇为例,1995年出现贿选苗头,2005年已十分普遍,到2011年贿选就十分猖狂,一个小小的南溪镇,居然有三个村的村干部单人贿选金额超过千万元,村党支部成员选举过程中的贿选已经常态化,甚至延伸到人大代表、村民小组组长、村民代表的选举中都普遍出现了贿选。代表性的事件有:2011年南溪镇村干部换届选举中,朱家村村委会主任一职竞选双方许诺每张选票由1000元到1500元,又升到2000元,最后涨到5000元,徐某总共花了1200万元买票才最终胜选。同样,该镇三江村的选举中,竞争一方感到没有胜算把握,就给一家三口打电话,从一张票10000元,到三张票50000元,再到100000元,最终才在当天的选举中险胜。① 应该说,这种情况只是沿海发达地区村干部贿选情况的一个缩影,同一时期,全国其他地方同样出现村干部贿选的情形,只是程度的轻重不同。真正的民主选举应该是没有任何外来因素干扰的、充分体现村民意愿的行为,像这种贿选行为的产生,最终导致的是对村民真实意愿的扭曲,使村民自治中的民主选举变成违法违纪的"交易"活动,民主选举成为贿赂选举,村民自治成为"村霸自治",乡村的民主政治有名无实。

典型案例:本人在武陵山区某贫困县S村调研时得知,在S村2015年村委会换届选举中,李某有强烈愿望担任村干部,选举前发动家族成员和亲戚帮忙拉票,当年种烟收入10万余元几乎都用于拉票开支,结果还是以两票之差落选,当晚还与有争议的投票人员在村委会打了一架。S村属于武陵山集中连片贫困区,是国家重点扶贫区

---

① 贺雪峰:《村治》,北京大学出版社2017年版,第18—21页。

域，一些乡村的贿选虽然在资金上与沿海地区相差甚远，但其本质是相同的，是乡村"微腐败"的集中体现。①

（二）民主决策中的"一言堂"

实现民主决策是村民自治的一个重要内容，是实行村民当家做主的重要方式。按照相关法律规定，凡村级重大事情和村民重大利益都必须以村民会议等方式实行民主决策。《村民委员会组织法》第二十三条对村民会议的内容作了规定："村民会议审议村民委员会的年度工作报告，评议村民委员会成员的工作；有权撤销或者变更村民委员会不适当的决定；有权撤销或者变更村民代表会议不适当的决定。"这一规定充分体现了村民会议的重要性，其实质就是要坚持民主决策。从许多村干部腐败的案例中发现，导致一些村干部腐败的重要原因往往就是在村级事务中无视民主，搞"一言堂"，有的村甚至长期不召开村民会议，就是村民代表会议也召开甚少，有时只是选择性召开，民主决策完全变成了村干部决策。

典型案例：据《中国纪检监察报》2017年6月19日文章披露，J省常熟市纪委2016年12月26日通报了该市支塘镇徐政村原党总支书记钱某违反中央八项规定的腐败案例：钱某于2010年9月担任该村党总支书记，当上"一把手"后，他大权独揽，对村级重大公共事项的决策搞"一言堂"，对村级资金使用搞"一支笔"，同时开始追求生活上的奢靡享受，导致村级招待费逐年攀升。2014年，徐政村核定招待费为11.5万元，而当年实际开支招待费47万余元；2015年，该村核定招待费为11.1万元，而实际开支26.1万元。超支部分，钱某通过虚列工程款堵上窟窿。到2016年8月钱某调离徐政村党总支书记岗位时，村级账面显示除了列支的10余万元外，还有10余万元尚未结算，其中8.98万元为高档烟酒款。其实，支塘镇对村级非生产性开支和结算都有明文规定，并且根据村级财力都核定了招待费用，但钱某无视规章制度，十八大后仍大肆公款吃喝，其根源在

---

① 本案例根据本人在乡村调查真实事例整理。

于权力失去监督,"一言堂"成为村级事务决策的主要方式。①

(三) 民主管理中的霸道作风

进入21世纪以后,中国乡村变化巨大,一个显著特征就是原子化现象更加普遍,尤其是中西部的农村更加突出。在市场化的背景下,普通村民无力挖掘村庄内的发展市场,这就为地方上的一些所谓"能人"(包括村干部)提供了机会,久而久之,他们中的一些人逐渐演变成当地的"一霸"。党中央、国务院于2018年1月25日印发了《关于开展扫黑除恶专项斗争的通知》,决定在全国开展扫黑除恶专项斗争。此次专项斗争有着重要的现实意义:一方面,体现国家治理的决心和信心,坚决清除一些破坏社会秩序、损害公共利益、侵蚀党的执政根基的黑恶势力,为社会良性运行创造条件;另一方面,此次专项斗争将"扫黑除恶"与基层反腐败相结合,这表明黑恶势力往往和基层腐败紧密相连,他们和基层腐败的形成之间具有共生关系,因此,打击黑恶势力自然就成为治理基层腐败的重要举措。实践证明,一些长期横行乡里的"村霸"成为重点治理的对象。中央的决策充分表明乡村治理中不仅有黑恶势力的存在,而且十分严重,如果不予以"扫除",势必制约乡村振兴战略的发展步伐。

调查得知,一些"村霸"往往和村干部相结合,有的"村霸"本身就是村主要干部,在当地长期占据重要岗位,发展自己和家族势力,打击不服从管理的群众,致使许多群众敢怒而不敢言,民主管理变成"村霸"管理。国家最高检反贪总局三局局长孙忠诚曾总结横行于基层组织的"村霸"有四大特征:乱政、抗法、霸财、行凶。

典型案例:以"乱政"为例:央视《东方时空》报道,2005年5月25日下午4点50分左右,在107国道大荆收费站,一辆黑色红旗轿车要经过收费站,工作人员要求缴费才能通行,车里人员大声吼道,我们不缴费,我们是这里的村干部。②

---

① 陆建青、李嘉佳:《两年半挥霍60万 这俩村干部太任性》,《中国纪检监察报》2017年6月19日。

② 魏雅华:《"村官"腐败叩问制度缺陷》,《民主与法制时报》2005年8月16日。

以"抗法"为例：2016年底，GX省一村支书的妻子在交通事故中丧生，村支部书记带领家族亲戚要活埋肇事司机。当公安民警上前阻止时，村支书倚仗人多暴力抗法，警方不得已调来130多名警力才将司机解救。

以"霸财"为例：H省某村村主任自2012年以来，与地方恶势力勾结，非法要求所有村民在结婚时必须给他"上供"，否则当天就送花圈到门口。①

以"行凶"为例：LN省平山区房身村"霸道村长"佟某长期横行乡里，他发现王某代理的另一品牌啤酒影响了自家代理的啤酒销量，无理要求王某停售，王某不同意，佟某便刺伤王某。②

从这些实例中不难看出，一些地方村干部在处理村民事务时方法简单粗暴，有的甚至依靠家族势力、黑社会力量来控制所谓乡村秩序，民主管理流于形式。

（四）民主监督中的报复行为

民主监督不仅是村民自治的核心内容之一，而且是村民自治制度各个方面能够有效推进的重要保障。实践证明，监督的效力直接关系到农村基层民主建设的质量。调查发现，村民的民主监督在很多地方实际效果不佳，一是监督制度存在虚化现象，二是监督主体分散化，难以形成一股有效力量，导致一些监督者被打击报复。在一些村里，虽然有相应的机构和人员，如成立了监督委员会，但名额却被村委会成员所占据（兼任），无法发挥监督作用。从一些被查处的村干部腐败案例分析，凡是腐败村干部都有一个共同的特点，那就是想办法逃避群众监督。具体表现在两个方面：一方面，以形式代替内容，避重就轻。监督的前提是要公开，从村务公开来看，一些村干部搞半公开，或者说选择性公开，糊弄群众，应付检查，民主监督流于形式；另一方面，直接对监督者打击报复。一些村干部除了主动采取违纪违法手段破坏民主监督外，还对村民的监督举报实施报复行为。

---

① 《这场全国性扫黑除恶专项斗争到底什么来头》，《人民日报（海外版）》2018年1月25日。

② 赵振宇：《一个"霸道村长"覆灭带来的启示》，《中国纪检监察杂志》2018年第7期。

典型案例：根据中国新闻网 2014 年 7 月 4 日报道，Z 省一村民夏某，因举报了村支部书记和村主任骗取政府征地补偿款等方面的腐败行为，多次遭到打击报复，夏某家的房子被村主任的儿子和儿媳妇用石块堵住门口，家中财物被砸，墙体和门窗被毁，门口道路被栽上杨梅树，夏某的妻子被殴打住院。①

由此可见，腐败往往和监督势不两立，腐败者总是想方设法逃避监督，或者将监督形式化。在乡村法治建设进程中，只有让监督机构及其监督者真正独立运行，并具有绝对的监督权力，做到监督全覆盖，消除村干部的腐败空间和机会，才能击中腐败要害，有力遏制腐败者的报复行径。

第四节 乡村微腐败的特征

乡村微腐败作为社会转型时期出现的一个严重的社会问题，其产生不仅具有一定的社会历史背景，而且其发展也经历了较长时间，呈现出比较显著的特征。通过对近年来多起村干部腐败案件的条分缕析，尽管形形色色的案情千差万别，但从中不难发现既有一些共性的特征，又有一些独特的表现，体现了共性特征与个性特征的统一。对这些特征予以分析，有助于对社会转型期村干部腐败这一特殊问题深入理解和准确把握，为有效治理乡村微腐败问题奠定理论基础。

一 共性特征

通过对村干部腐败的具体特征分析，不难发现立足不同标准划分村干部腐败类型，有利于直接感悟村干部腐败的现象，这对认识村干部腐败实质具有基础性意义，同时也是认识事物的一种分析路径，即从特殊到一般。因此，除认识基于不同标准而划分的相关类型以外，从事物所具有的普遍规律出发去分析认识事物，是研究者亦应该秉承的学术方法。鉴于此，接下来将对村干部腐败这一特殊现象所具有的普遍性特征进行分析。

---

① 《举报村干部涉贪行为遭报复　村民该如何依法维权》，中国新闻网（http://www.chinanews.com/fz/2014/07-04/6352765.shtml）（2014 年 7 月 4 日）。

(一) 分布的广泛性

村干部腐败问题是党的十八大以来全面从严治党向基层延伸过程中被广泛关注和全力整治的重要现实问题，它的存在具有普遍性特征。不是只有哪一个地区或哪一个阶段有，而是全国各地都有村干部腐败现象的产生，并且是一个持续性的问题。根据中纪委监察部网站通报案例统计，全国每一个省、自治区、直辖市都存在不同程度的村干部腐败案例。在查处的2218件中，分布的具体情况如下：安徽122件、北京27件、福建36件、甘肃117件、广东78件、广西60件、贵州59件、海南64件、河北97件、河南78件、黑龙江46件、湖北96件、湖南143件、吉林95件、江苏22件、江西69件、辽宁108件、内蒙古146件、宁夏70件、青海70件、山东67件、山西81件、陕西66件、上海10件、四川112件、天津55件、西藏10件、新疆24件、云南22件、浙江92件、重庆76件。由此可见，村干部腐败问题已经形成一个普遍现象，遍布每一个地区，不同的是程度有别。

(二) 起因的多因性

事物的产生总是基于一定的原因，村干部腐败问题为何在全面建成小康社会的攻坚阶段被史无前例地呈现出来，问题的严重性和涉及的广泛性前所未有，并纳入党和国家治理腐败的重要范畴。农村基层腐败为何发展迅猛？原因是多因性的（见图1—2）。村干部问卷调查关于"村官腐败的原因（开放题）"统计显示，原因复杂多样，比如法制意识淡薄、党性修养不够、自身素质不高、制度不完善、监管不够、脱离群众、缺乏民主、待遇偏低、学习教育不足等，无数缘由仿佛都不为过，已发生的腐败案例，都难以用一种因素来阐释腐败的起因。

研究结果表明，不同历史时期和乡村发展的不同阶段，村干部会面对不同的场域和不同的问题中心，影响村干部思维和行动的因素各不相同，导致村干部腐败诱因千差万别，呈现出显著的复杂性，这也正是村干部腐败问题得以形成并不断演变成腐败"重灾区"的关键原因。

(三) 发展的渐进性

通过分析村干部腐败案例不难发现，大多数村干部腐败都经历了一个从量变到质变的发展过程，从最初的小恩小惠、吃点拿点、索取一点，到后来的主动克扣贪占、行贿受贿、虚报冒领、权钱交易等违法犯罪行为，

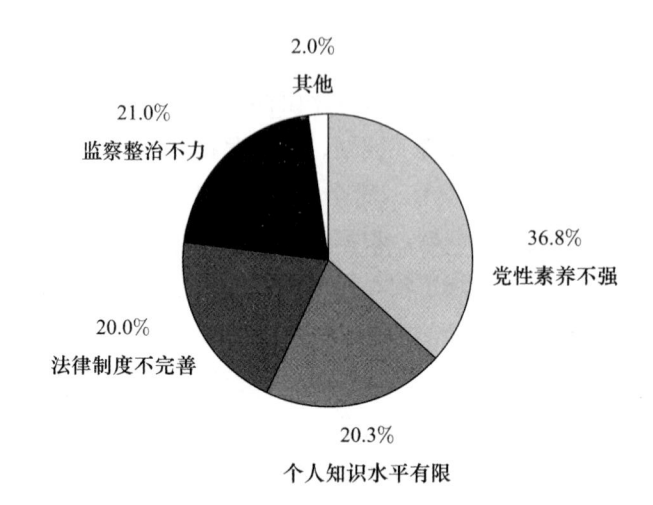

2.0% 其他
21.0% 监察整治不力
36.8% 党性素养不强
20.0% 法律制度不完善
20.3% 个人知识水平有限

图 1—2　村干部问卷调查关于"村干部腐败的原因"

都体现出村干部腐败程度经历了一个渐进的发展过程。根据中纪委监察部网站通报案例统计，渐进性表现在两个方面：一是人员规模的变化，二是行为性质的变化。人员规模方面，从极少数村干部腐败到较大面积村干部腐败，几乎全国每一个省、自治区、直辖市都有村干部腐败的情形发生。行为性质方面，就是从一般的违规行为发展到违法犯罪行为。以腐败涉及金额为例（见表 1—4）：3 万元以下、3 万—20 万元、21 万—300 万元、300 万元以上几个层次中，2012 年到 2017 年分别占有 380 人（占 28.8%）、381 人（占 28.9%）、179 人（占 13.6%）和 73 人（占 5.5%），有的腐败金额超过 1 亿元以上，成为名副其实的"小官巨贪"。

表 1—4　　　　村干部腐败时间范围、资金数额

时间范围		数额				总计
		3 万元以下	3 万—20 万元	21 万—300 万元	300 万元以上	
2000—2012 年	计数	60	87	42	53	242
	时间范围中的%	24.8%	36.0%	17.4%	21.9%	100.0%
	数额中的%	13.3%	17.5%	17.4%	41.1%	18.3%
	总数的%	4.5%	6.6%	3.2%	4.0%	18.3%

续表

时间范围		数额				总计
		3万元以下	3万—20万元	21万—300万元	300万元以上	
2012—2017年	计数	380	381	179	73	1013
	时间范围中的%	37.5%	37.6%	17.7%	7.2%	100.0%
	数额中的%	84.3%	76.5%	74.0%	56.6%	76.7%
	总数的%	28.8%	28.9%	13.6%	5.5%	76.7%
长期	计数	11	30	21	3	65
	时间范围中的%	16.9%	46.2%	32.3%	4.6%	100.0%
	数额中的%	2.4%	6.0%	8.7%	2.3%	4.9%
	总数的%	0.8%	2.3%	1.6%	0.2%	4.9%
总计	计数	451	498	242	129	1320
	时间范围中的%	34.2%	37.7%	18.3%	9.8%	100.0%
	数额中的%	100.0%	100.0%	100.0%	100.0%	100.0%
	总数的%	34.2%	37.7%	18.3%	9.8%	100.0%

(四) 地域的差异性

村干部腐败虽然具有普遍性，但在不同的地区会表现出不同的形态。比如：在经济较发达地区和贫穷地区村干部腐败的重点领域、腐败目标就会不同，发达地区村干部的腐败往往集中在工程项目建设、征地拆迁等领域；而贫困地区村干部的腐败往往集中在国家投入的资源上，主要包括对扶贫资金、惠农资金、低保金等方面的侵占、克扣和截留。除此之外，伴随着城镇化速度的推进，在一些地方的旧城改造、新城建设中，一些"城中村"、"城郊村"价值倍增，这些地方的征地拆迁都需要村社干部参与，有些村干部经不住巨大利益的诱惑时常和开发商共同腐败，损害群众的利益。调查得知，在城郊接合部的一些村庄的集体土地、牧场、林场、矿产等资源一旦纳入开发，就会产生巨大的获利空间，有些腐败涉案金额上亿元的案件就是依靠独有的资源实现的。比如深圳龙华新区观澜办事处"3亿村官"张某、深圳市龙岗区南联社区

"村官"周某就是代表。① 这种类型的腐败属于典型的"资源性腐败"。地域的差异性除上述要素外,村干部在腐败目标上有不同的诉求。通过分析发现,经济发达地区的村干部腐败的目标诉求呈现出从追求物质向获取公共权力转变的趋势,而经济落后地区村干部腐败的目标诉求主要还集中在对物质性资源的占有上。

(五) 惩治的滞后性

近年来村干部腐败问题之所以成为腐败领域的"重灾区",引起社会的广泛关注,并不是表明只有这个时期才有村干部腐败问题,而是在一个较长时期内就早已出现许多苗头和问题,只是没有给予应有的关注和重视,从而导致村干部腐败问题不断演变成一个制约乡村社会发展、影响乡村社会稳定、损害党和政府形象的"基层毒瘤"。究其原因,惩治的滞后性是其得以蔓延的重要原因。严格地说,乡村基层干部腐败现象早已有之,尤其是20世纪90年代以来,一些地方村干部腐败问题就较为突出,有的地方甚至引发群体性事件,这些往往都当个案处理,没有将村干部腐败问题的治理纳入国家层面去思考,导致对村社组织的"苍蝇腐败"缺乏及时性、系统性、全局性的治理方略,因为此时段的国家反腐主要集中在高层反腐败上。本课题组以党的十八大召开(即2012年)为时间界限,分别以2000—2012年前和2012—2017年两个阶段中纪委监察部网站通报查处的村干部腐败案例数(有效1505件)作比较就是很好的佐证(见表1—5),前一阶段259件占17.2%,2012年以后的1174件占78%,后阶段查处的案例很多都是多年长期的惯犯,只是以前没有及时查处,十八大以后在全面从严治党的新形势下被发现被挖掘被查处。正是对村干部腐败行为惩治的滞后性的客观存在,才给一些村干部带来了腐败侥幸心理,从而最终形成了乡村"蝇贪"之害的特有现象。

---

① 新华网2014年7月9日报道:深圳龙华新区观澜办事处"3亿村官"张建东,侵占集体土地,并圈占土地抢建违建9栋楼,房产资产超3亿元人民币,每月仅房租收入就超过50万元。深圳市龙岗区南联社区"村官"周伟思曾被举报拥有20亿元身家,最终坐实涉案受贿金额高达5000万元。

表1—5　中纪委监察部网站通报案例统计"时间范围与查处案例数"

	频率	百分比	有效百分比	累计百分比
2000—2012年	259	11.7%	17.2%	17.2%
2012—2017年	1174	52.9%	78.0%	95.2%
长期	72	3.2%	4.8%	100.0%
总计	1505	67.9%	100.0%	
缺失值（系统）	713	32.1%		
总计（N）	2218	100.0%		

惩治的滞后性除了上述原因外，也与我国刑法对职务犯罪的主体规定有关，即构成职务犯罪主体的只能是国家工作人员或者受委托从事公务的人员，此规定明确限定了职务犯罪的主体范围，就村干部而言，存在两种情形：一是接受上级政府和职能部门的委托从事相应公务的情况下，就符合职务犯罪主体条件；二是村干部进行村庄内事务管理，属于自治范畴的事务，不属于政府委托范围，此种情形下村干部就不能成为职务犯罪主体，而这种情形往往是村干部的常态。正因如此，在司法实践中，由于村干部身份不能完全界定为干部，其贪腐犯罪主体身份不易确定，致使司法机关对一些村干部腐败案件的管辖出现争议，一些司法机关出于"多一事不如少一事"的心态，遇事绕着走，致使一些村干部腐败行为惩治不及时，在一定程度上也助推了乡村"微腐败"的蔓延。

（六）影响的直接性

村干部腐败危害影响的直接性一般包含两个方面，一是感知的直观性。"老虎"离得太远，"苍蝇"每天扑面，这是群众对基层腐败的形象描述。由于"苍蝇"腐败是发生在群众身边的腐败，群众与村干部共同生活在一个场域中，群众能直观地感受到村干部的变化，并会对变化的情况产生直观的判断。二是影响的直接性。是指村干部腐败行为造成的伤害和损失直接损害群众切身利益、直接影响党和政府形象，其负效应群众显而易见。由于村干部和村民之间几乎是零距离，村干部的腐败对象大多都是村民或村民的实际利益，其腐败行为会直接导致村民对干部的认同感降低，对党的信任度减弱，严重的会造成广大基层群众和党的对立。村干部和村民之间没有"缓冲带"，广大的人民群众是党的执政基石，村干部腐败的负效应直接伤害群众感情，损害党和干部的形象。

二 个性特征

(一) 腐败人数：从少到多，个案与窝案并存

乡村干部腐败现象并非当今才有，以往只是没有形成一种严重的社会现象，有贪腐行为的人员往往以个体为主，人数少，影响小。但近年来查出的一系列村干部腐败案件中，腐败远远不是单个人的行为，人数多，表现在两个层面：一是整个村干部队伍中有腐败行为的人较多，比如，2014年至2015年两年时间，云南省共查处基层违法违纪的案件总计2128件，涉案人员2358人，占立案总数的37.69%。[①] 2016年8月8日中纪委通报的湖南25起典型的"雁过拔毛"式的腐败案件中，有14起就发生在村干部身上。[②] 另一方面，某一个腐败案件中参与的人员多，也就是人们常说的"窝案"，根据中纪委监察部网站通报案例统计，这类情况占31.4%，几乎占了案件的1/3（见表1—6）。

表1—6　　中纪委监察部网站通报案例统计"是否为窝案"

	频率	百分比	有效百分比	累计百分比
否	1520	68.5%	68.6%	68.6%
是	697	31.4%	31.4%	100.0%
总计	2217	100.0%	100.0%	
缺失值（系统）	1	0		
总计（N）	2218	100.0%		

随着社会的发展，信息化技术的不断普及，特别是近些年来国家通过转移支付的资金到农村的非常多，在使用上有严格的要求和程序，要想独自一人占有公共资金、瓜分集体经济是十分困难的，尤其是一些乡村换届选举中的贿选行为更是需要多人参与才能完成。因此，一些地方的村干部就采用联手作案、利益均沾的方式形成了集体作案，腐败人数逐渐多起

[①] 《云南惩治农村腐败已查处2000余村官》，《中国纪检监察报》2015年6月1日。
[②] 杨群红：《新形势下村官腐败的类型、特征及治理对策》，《中州学刊》2016年第12期。

来，这也正是当前"小官"贪腐案很大比例是"窝案"的原因。

典型案例：2012年，G市白云区棠溪村发生一起典型的村干部集体受贿窝案，有18名村干部参与受贿，总共受贿金额600多万元。行贿方式简单，行贿人常常在饭桌上直接拿出上百万元的现金平分给参与的村干部。他们认为这种"贿金人手一份数额一样"的方式既"公平"又安全，犹如碉堡式的防护网。法院办案人员介绍，村里出让的土地价格和集体利益都是几个人说了算，只要腐败案一发生都成了村委会窝案。①

（二）腐败金额：从小到大，小额与巨额并存

据调查，村干部贪腐的数量也经历了由小到大的演变过程。以往的案件村干部腐败往往表现在吃拿卡要、收受"感谢费"等方面，数量一般不大，负面影响较小。但近年来尤其是党的十八大以来，全国各地查出的村干部腐败案件中一些大案要案触目惊心，有的村干部腐败数量令人难以置信。根据中纪委监察部网站通报案例统计，"腐败数额"在3万元以下的占比35.2%、3万—20万元的占比39.2%、21万—300万元占比18.4%、300万元以上的占7.2%（见表1—7）。值得注意的是，腐败金额在3万—20万元的占比最高，说明这个阶段的金额是比较容易获取的。在300万元以上的案例已有相当的比例，其中有的涉案金额高达20多亿元，说明腐败数额增长速度惊人、腐败程度十分严峻。

表1—7　　　　中纪委监察部网站通报案例统计"腐败数额"

	频率	百分比	有效百分比	累计百分比
3万元以下	668	30.1%	35.2%	35.2%
3万—20万元	743	33.5%	39.2%	74.4%
21万—300万元	348	15.7%	18.4%	92.8%
300万元以上	137	6.2%	7.2%	100.0%

① 《广州18名村干部集体受贿647万饭桌上分百万贿金》，《法制日报》2012年8月31日。

续表

	频率	百分比	有效百分比	累计百分比
总计	1896	85.5%	100.0%	
缺失值（系统）	322	14.5%		
总计（N）	2218	100.0%		

典型案例：另据央视《财经新闻》报道，2013年至2014年，全国公开的171起村干部违纪违法案件，其中有12起腐败案件涉案金额超过千万元，涉案总金额高达22亿元。统计发现，村干部腐败数额上千万元的案例大多来自经济较发达地区的广东、浙江、江苏和北京等地。现实中全国行政村有60多万个，有村干部数百万之多，小额腐败与巨额腐败并存，"小村官大腐败"成为一个值得关注的现象。①

（三）腐败程度：从轻到重，违纪与违法并存

根据调查，村干部的腐败行为并非一开始就胆大妄为、恣意腐败，而是经历了一个渐进的发展过程。起初胆量小，受贿少，行为含蓄，随着担任干部的时间延长，特别是手中掌管的资源越来越多的时候，就不满足吃点、拿点等"小敲小打"的方式，而是胆量增大、受贿增多，甚至公开索贿和要"好处费"，或者直接贪占、截留、瓜分国家划拨的救济救灾款、扶贫款等，从轻度违规违纪到严重的违法犯罪，从而破坏党的形象，危害社会稳定，丧失群众信任。根据中纪委监察部网站通报案例统计，村干部腐败受到"党纪处理"占98.9%（见表1—8）、"法纪处理"占42.3%（见表1—9）、"党纪法纪处理"占41.5%（见表1—10）。诸多案件表明，一些村干部从最初的违规行为逐步发展到严重的犯罪行为，腐败程度由轻到重，行为性质也发生根本性改变。

---

① 《关注小村官成大硕鼠：去年全国各地村官吞22亿元》，人民网（http：//politics.people.com.cn/n/2014/1106/c70731-25983283.html）（2019年4月19日阅）。

表1—8　　　　中纪委监察部网站通报案例统计"党纪处理"

	频数	百分比	有效百分比	累计百分比
党纪处理	2193	98.9%	100.0%	100.0%
缺失值（系统）	25	1.1%		
总计（N）	2218	100.0%		

表1—9　　　　中纪委监察部网站通报案例统计"法纪处理"

	频数	百分比	有效百分比	累计百分比
法纪处理	939	42.3%	100.0%	100.0%
缺失值（系统）	1279	57.7%		
总计（N）	2218	100.0%		

表1—10　　　中纪委监察部网站通报案例统计"党纪法纪处理"

	频数	百分比	有效百分比	累计百分比
党纪法纪双重处理	920	41.5%	100.0%	100.0%
缺失值（系统）	1298	58.5%		
总计（N）	2218	100.0%		

典型案例：人民网报道，2010年7月24日，H省三门峡市渑池县洪阳镇柳庄村发生特大洪水灾害，时任村支部书记石某贪占灾后上级政府部门拨付给群众的救灾款，共计7.2万元。检察机关于2013年7月12日向渑池县人民法院提起公诉，法院审理认为石某的行为触犯了《刑法》第382、383条的规定，情节严重，构成了贪污罪并且数额巨大，并依法判处石某有期徒刑三年。[①]

（四）腐败手段：从简到繁，单一与复杂并存

近年来，村干部违法违纪作案手法五花八门，多种多样，传统的直接侵占、雁过拔毛、收入不入账等手段已经无法满足腐败的需要，腐败手段在实践中不断翻新。突出表现在：有的以假充真，借招待、会务、购物等

---

① 《关注小村官成大硕鼠：去年全国各地村官吞22亿元》，人民网（http://politics.people.com.cn/n/2014/1106/c70731-25983283.html）（2019年4月19日阅）。

事项虚列开支；有的以奖励、补助的名义私分公款；有的甚至偷刻村民私章虚报冒领扶贫救济等款项；有的相互勾结、团伙作案妄图规避个人腐败行为；还有的紧随社会发展步伐"坐地生财"，在城镇化进程中利用手中的权力打起"土地"的主意，以土地开发权为交易"筹码"，向开发商提出"进贡"的要求，谁满足就给谁，从中索取巨额利润。例如：西安市雁塔区丈八街道东滩社区原主任于某"坐地生财"的贪腐行为令人震惊，根据检察机关的披露，于某向陕西卓立实业有限公司一次性索要到5000万元巨额好处费，成为"村干部坐地生财"的典型代表。[①] 不难发现，在社会转型时期，村官腐败手段从单一发展到多样，且紧跟时代发展步伐和乡村发展重心工作不断翻新违纪违法手段，致使村干部腐败方式层出不穷。

（五）村干部腐败方式：从明到暗，传统与技术性并存

传统的村干部腐败往往体现对集体公共财产和农民利益的直接侵占等方法上，手段直接明了，这种方式在监督不严的情况下很容易实现，一旦监督执纪从严、制度趋于完善，这种赤裸裸的直接侵占行为的空间就越来越小。因此，随着从严治党新时期的到来，村干部要想实施腐败行为，必然经过认真谋划，从显性转向隐蔽，从而使得村干部腐败的技术含量越来越高。比如，一些村干部利用村民和上级之间的信息不对称，通过对村民传递虚假信息为己谋利。还有的以市场化运作方式为名掩盖实质的腐败行为，一些地方重点工程项目建设表面上走了招标程序，而实际都惠及村干部及其利益相关者，普通群众一时难以发现问题，也难以实施真正的监督。再比如，由于许多政策的实施都赋予了村干部很大的自由裁量空间，一些村干部最大限度地运用合法的自由裁量权为自己谋利，这就为一些村干部的贪腐行为提供了制度空间。在城镇化推进中，村干部在征地拆迁、土地流转开发等专项工作中往往被委以重任，对集体土地掌有"决策大权"，成为实施腐败的条件和资本。前面提到的西安雁塔区社区主任于某"坐地生财"的贪腐行为就是典型例子，他认为"坐地生财"是"比较隐蔽的交易"，一不贪污公款，二不直接侵占公共资产，看起来不那么赤裸

---

① 《小官巨腐：西安一社区主任"坐地生财"涉贿1.2亿》，人民网（http://fj.people.com.cn/n/2015/1028/c350394-26949699.html）（2019年4月18日阅）。

裸，是比较隐蔽的方式。

(六) 腐败职位：正职为主，委员为辅

根据近年来查处的村干部腐败众多案件不难发现，所谓农村"苍蝇"式腐败主体是村干部，但在村干部中重点腐败人群主要是正职，即人们习惯所称的"一把手"，也就是农村"两委"中的村支部书记和村委会主任。换句话讲，农村"苍蝇"腐败的核心就是"一把手"腐败。基层组织中除正职以外的其他委员不是贪腐的主体。根据河南三门峡市检察院的一项调查统计：村党支部书记、村委会主任职务犯罪的比例占到农村基层组织人员犯罪总数的46%，其中发生在土地转让、资金管理环节的村干部腐败案件达到92%。[①] 据中纪委监察部网站通报案例统计，"腐败村干部职务"为村主任或村支部书记的占到总数的78.1%，仅为村支两委委员腐败的只占14%，另外村会计腐败占比2.4%，小组长腐败占比2.3%（见表1—11）。在乡村治理中，乡村公共权力往往集中在村支书和村委会主任等少数"一把手"手中，对村里的重大事项拥有"决策大权"，尤其是在项目立项、资金使用、贫困户认定及扶贫资金发放等事关农民切身利益的事项都主要由"一把手"决定。有些"一把手"还凭借家族势力在村内形成权势，村民即使明知自己合法权益受到侵犯，往往也是选择沉默，以不得罪"一把手"为办事底线。这种权力的高度集中和村民们的保守行为同时存在，为村干部"一把手"的腐败提供了条件和环境。村"一把手"腐败的形式有两种，一是单个"一把手"腐败，二是两个"一把手"共同腐败。

表1—11　中纪委监察部网站通报案例统计"腐败村干部职务"

	频数	百分比（%）	有效百分比（%）	累计百分比（%）
村支书主任	1728	77.9	78.1	78.1
村委员	310	14.0	14.0	92.1
小组长	52	2.3	2.3	94.4
村会计	54	2.4	2.4	96.9

---

① 郭宛：《"村官"为何成"村霸"？警惕农村干部官僚化》，《腾讯评论·今日话题》2016年10月第3691期。

续表

	频数	百分比（%）	有效百分比（%）	累计百分比（%）
其他	47	2.1	2.1	99.0
报账员	22	1.0	1.0	100.0
总计	2213	99.8	100.0	
缺失值（系统）	5	0.2		
总计（N）	2218	100.0		

典型案例：2015年7月，中纪委网站通报的131起违法违纪案例中，涉及村支书、村主任的案件有72起，占了将近一半的比例。[1] 无独有偶，2016年中纪委通报的基层扶贫领域内的9起腐败案件中，有4起涉及村支部书记和村委会主任。[2]

调查得知，湖北省E州J县业州镇黑鱼泉村党支部书记间某和村委会主任许某在协助镇政府从事该村低保人员资格初查和农村低保核查工作中，利用职务之便，于2011年7月至2013年8月，以该村村民张某、刘某、陈某、许定某、许尚某、廖某的名义申请低保金共计人民币13826.00元，其中间某分得7578.00元，许某分得6248.00元。同时，2010年至2013年，间某和许某在协助人民政府从事户籍管理工作中，向欲在该村落户的18名外来人员以"入户费"的名义索取现金人民币28900.00元并予以均分。此外，二人还以"捐资款""土地占用费"等名义，向欲进行土地流转修建房屋的34名黑鱼泉村村民索取现金人民币87060.00元并予以均分。[3] 这是一起典型的两个"一把手"共同腐败案。

（七）腐败重点领域：国家资源、土地和集体资产

村干部贪腐的领域总体讲比较广泛，对具有贪腐之心的少数村干部来讲，只要条件允许和有利可图，都会实施腐败行为。近年来，随着国家对

---

[1] 刘成友：《治理村官腐败需双管齐下》，《人民日报》2015年7月14日。
[2] 杨群红：《新形势下村官腐败的类型、特征及治理对策》，《中州学刊》2016年第12期。
[3] 本案例是课题负责人根据在湖北E州政法委调研资料整理而成。

农村投入的大幅度增加，很多财政拨款和惠农政策大量惠及农村，在监督制度没能及时跟进的条件下，国家给予的资源和惠农政策成为村干部腐败的重点领域。村干部作为承接国家资源落实"最后一公里"的基层终端执行人，有的凭借掌握的公共权力，采取多种手段截留、贪占、挪用、私分等形式，非法占有扶贫、救灾、土地补偿、粮食直补、退耕还林、移民、宅基地等款项。根据中纪委监察部网站通报案例统计"腐败领域"（见图1—3）可以看出，侵占扶贫款（8.2%）、侵占惠农保障金（17.6%）、侵占土地补偿款（15.4%）、工程项目腐败（2.9%）、侵占危房改造款（8.4%）等国家资源占52.5%；侵占集体所有耕地、林地、矿山、滩涂、荒地（10.2%）及公共财产（8.7%）等集体资源占比18.9%。除此之外，贪污受贿（7.5%）、滥用职权（16.7%）的比例也较高。尤其是在城郊接合部的城镇化过程中，土地更是稀缺资源，增值空间大，城郊接合部的村社干部手握"土地大权"，往往成为腐败的高发人群。陈柏峰教授研究表明，"随着城市化的发展，城郊村庄土地资源变成了重大利益，或是预期内可以变现的重大利益"、"由于土地归集体所有，征地环节都离不开村干部作用的发挥，村干部不仅是征地拆迁程序的关键人物，同时又是集体所得补偿款的管理人，这一角色使其获得从中获利的机会。"[1] 正如习近平指出：

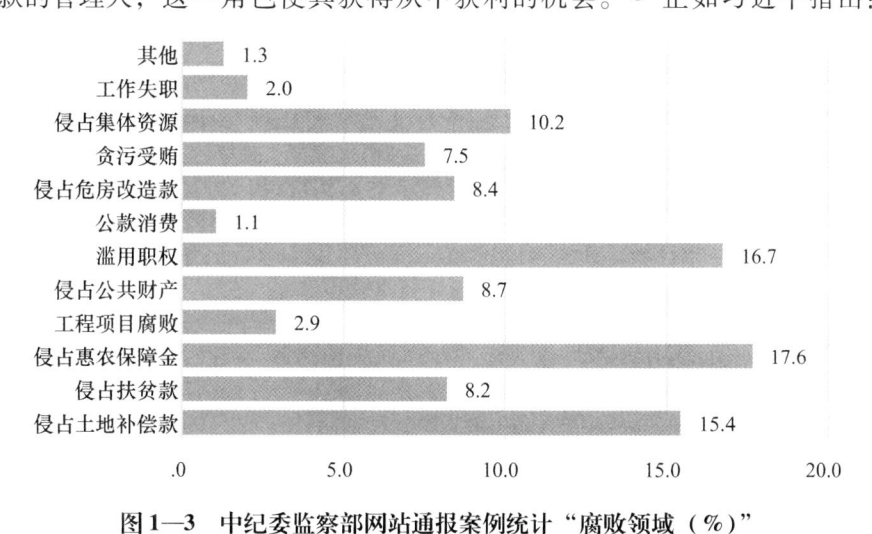

图1—3 中纪委监察部网站通报案例统计"腐败领域（%）"

类别	百分比
其他	1.3
工作失职	2.0
侵占集体资源	10.2
贪污受贿	7.5
侵占危房改造款	8.4
公款消费	1.1
滥用职权	16.7
侵占公共财产	8.7
工程项目腐败	2.9
侵占惠农保障金	17.6
侵占扶贫款	8.2
侵占土地补偿款	15.4

---

[1] 陈柏峰：《乡村"混混"介入的基层治理生态》，《思想战线》2018年第5期。

"有的地方扶贫、涉农、医保、低保资金都敢贪敢挪,而且拿这些钱来行贿买官,群众的'保命钱'成了干部的'买官钱',发达地区通过工程项目搞权钱交易,贫困地区贪扶贫救济的钱,恶行令人发指!查处惩戒力度还要加大。"①

典型案例:人民网 2015 年 2 月 12 日报道,H 省团风县上巴河镇张家老屋村原党支部书记、村委会主任余某等村干部利用虚假手段非法套取国家扶贫项目资金 26 万元。② 中国纪检监察网报道,海南省海口市 5 名村干部在协助征占土地的过程中,利用职务便利,非法侵吞村民征地补偿款近 1300 万元。③ 调查发现,贪腐严重和数额巨大的村干部腐败案件,大多数都与财政拨款、集体资产和土地相关,这也是"苍蝇式腐败"的一个显著特征。

第五节　乡村微腐败的危害

村干部对上承接党和政府治理乡村的重要职能,对下代表村民管理乡村公共事务,其身份的特殊性决定了村干部在乡村治理中的重要地位。可想而知,占据这一重要地位的人员一旦出现行为偏差,其负面影响不言而喻。换句话说,村干部一旦发生腐败行为,必然给党和国家、社会、乡村乃至个人带来严重的影响,直接损害党的形象、伤害农民感情、制约乡村发展、影响社会稳定,严重时甚至动摇党的执政根基。根据村干部问卷调查统计,360 名村干部在回答"村干部腐败的危害"时,在多项选项中,选择"损害党在人民群众中的威信"项占 33.9%,选择"破坏社会公平和社会和谐"项占 22.9%,选择"侵害人民群众利益"项占 26.6%,选择"阻碍社会经济和文化的发展"项占 15.3%(见表 1—12)。从结果中

---

① 习近平:《在中央政治局常委会听取中央巡视工作领导小组二〇一四年中央巡视组首轮巡视情况汇报时的讲话》(2014 年 6 月 26 日)。

② 《透视村官雁过拔毛式贪腐:"上天入地"皆伸手》,人民网(http://gx.people.com.cn/n/2015/0212/c229247-23880303.html)(2019 年 4 月 19 日阅)。

③ 周立权:《新型城镇化:谨防"村官"成"硕鼠"》,半月谈网(http://www.banyuetan.org/chcontent/sz/2014217/93837.shtml)(2019 年 5 月 3 日阅)。

不难发现，村干部自身对"村干部腐败的危害"程度的认同首先是对党的危害，其次是对人民群众的危害，再次是对社会的危害，最后是阻碍经济发展。统计结果表明，村干部不仅对农村腐败的危害有认同感，而且认识到对党的危害最大，说明反腐败对党的建设尤为重要。再从群众的视角看，2015年中央纪委在6个省市做了一次民意调查显示，群众对乡村干部作风的满意度仅为37.7%①，由此可见，群众身边的"微腐败"老百姓能直观感受到，它不仅侵害群众的切身利益，而且损害群众的获得感，最终动摇基层群众对党和政府的信任。

表1—12　　　　　村干部问卷调查"村干部腐败的危害"

危害	响应 N	响应 百分比（%）	个案数的 百分比（%）
损害党在人民群众中的威信	314	33.9	89.2
破坏社会公平和社会和谐	212	22.9	60.2
侵害人民群众利益	247	26.6	70.2
阻碍社会经济和文化的发展	142	15.3	40.3
其他	12	1.3	3.4
总计（N）	927	100.0	263.4

因此，全面分析和认识村干部腐败的危害，对于加强农村基层党组织建设、预防乡村"微腐败"、提升乡村治理能力、增强乡村治理效能具有十分重要的现实意义。村干部腐败的具体危害主要表现在以下方面。

一　对党的危害：损害党的形象，动摇党的执政根基

村干部腐败直接损害党的形象。村干部大多数都是党员，是党在基层群众中的代言人，他们的一言一行直接代表党的形象。课题组对360名村干部的问卷调查统计结果显示，村干部群体把"损害党在群众心中的威

---

① 孙志勇：《遏制腐败战略——党的十八大以来中国特色反腐败理论十讲》，中国方正出版社2017年版，第251页。

信"排在首位（见表1—12）。同时，中纪委监察部网站通报案例统计"是否党员"的选项中，党员占比99.5%（见表1—13），可见，村干部腐败必然直接损害党的形象。中国共产党成立以来，无论是在严酷的革命斗争时期，还是在和平年代的现代化建设过程中，都能得到人民群众的衷心拥护，关键在于党同人民群众的血肉联系，党在人民心中的形象就是"灯塔""舵手""救星""方向"，正因为如此，我们党不仅取得了革命的伟大胜利，还取得了社会主义建设的巨大成就，如今正在全面建成小康社会、实现中华民族伟大复兴的中国梦的康庄大道上前行。这一伟大成就的取得，得益于党为人民服务的光辉形象在人民群众心中烙下深深印象，从而导致人民对党的事业无限热爱，这其中同样包括数以万计的农村党员，包括广大的村干部。然而，随着国家对农村资源的大量输入，少数村干部在突如其来的利益面前忘本变质，有的截留农村低保户的"养命钱"，有的克扣贫困家庭的"扶贫款"，有的侵吞农民土地的"补偿款"等，腐败现象时有发生，有些地方还十分严重。村干部在农民心中就是党的干部，他们的腐败被称为"微腐败"，他们的腐败行为就是给党抹黑，导致党的形象受损，干群关系紧张。

表1—13　　　中纪委监察部网站通报案例统计"是否党员"

	频率	百分比	有效百分比	累计百分比
否	12	0.5%	0.5%	0.5%
是	2197	99.1%	99.5%	100.0%
总计	2209	99.6%	100.0%	
缺失值（系统）	9	0.4%		
总计（N）	2218	100.0%		

村干部腐败直接动摇党的执政基础。党的十八大报告指出："腐败对党造成致命伤害，甚至亡党亡国。"习近平指出，腐败问题对我们党伤害最大，严惩腐败分子是党心民心所向，党内决不允许有腐败分子藏身之地。这是保持党同人民群众血肉联系的必然要求，也是巩固党的执政基础

和执政地位的必然要求。① 基础不牢，地动山摇。广大农村是社会和谐稳定的基础，是我们党执政的根基，只有把农村基层党组织建设好，才能巩固党在农村的政治基础。毛泽东指出："力量的源泉来自于人民。"广大的农村乡村和街道社区是我们党执政大厦的基石，广大村干部就是这个基石中的根基，地位十分重要，责任十分重大。村干部腐败必然会使根基移位、执政基石松散，导致党服务群众的"最后一公里"被阻滞，致使党的各项政策不能有效地服务群众，割断了党与人民群众的血肉联系。"千里之堤，毁于蚁穴"。广大村社基层党组织是我们党执政的"神经末梢"，如果其功能退化、作用失灵，党执政大厦的根基就会动摇。

二 对政府的危害：降低行政效率，损害政府公信力

从政府的角度讲，及时将党和国家的意志贯彻到实践当中去，更好地服务于人民，践行以人民为中心的执政理念，是政府应有的职责。从中央政府到乡镇地方政府，执政理念是一致的，只是分工不同，党和国家的一系列惠农政策最终需要基层乡镇政府以及村干部负责落地生根，一旦村干部腐败行为产生，就会大大降低政府执行效率。村党支部、村委会是政府行政执行链条的末端，村干部承接乡镇政府的部分职能负责治理乡村社会的公共事务，村干部只要认真履职，就会把党和政府的关怀直接传递给广大的人民群众，增强政府的行政效率，体现政府人民性的本质属性。问题是，社会转型过程中村干部手中的公共权力常常被滥用，村干部以权谋私、优亲惠友、打压民意等行为时有发生，形成特有的村干部腐败现象，高层政府强有力的执行效率到"最后一公里"走了样、变了味，原本优质的公共服务因村干部的腐败变成惠泽少数人的特殊利益。作为人民的政府应该保护人民的利益，使人民感到公平正义，享受发展成果，而村官腐败直接挑战政府行政执行的有效性问题、阻碍政府职能向基层延伸。

村干部腐败直接降低政府公信力。所谓政府公信力，徐铜柱教授认为，政府公信力主要包括两个方面：一是政府信用，二是公众的信任，二

---

① 中共中央纪律检查委员会：《习近平关于党风廉政建设和反腐败斗争论述摘编》，中央文献出版社2015年版，第7页。

者的良好结合，便构成政府有效的公信力。① 政府公信力是政府有效行政的关键因素和前提条件，它影响着政府的合法性问题。在现实的政府与村民的互动关系中，政府的信用往往起着决定性作用。政府的任何一项决策，都在显示着政府信用。也就是说，村民对政府信任程度的高低，不取决于村民，而是取决于政府本身，取决于政府信用行为的实现程度。前面讲到，村干部许多工作职能是乡镇政府职能的延伸，村干部的言行举止代表着政府的基本形象，村干部的腐败行为直接导致村民对干部的不信任，进而影响政府形象，产生对政府的不信任。有学者指出，腐败的最大弊端是削弱公众对政府的信任，阻碍政治制度化进程。② 基层政府一旦公信力缺失，政府的信誉度降低，政府的政治领导能力、经济调控能力和社会控制能力等行政权力就会出现"弱化"的现象。这是一个危险的信号，解决不好，它直接威胁着政府存在的合法性基础。

三 对社会的危害：影响社会稳定，败坏社会风气

腐败往往是引发社会不稳定、导致社会动荡的催化剂。无论是高层的"老虎式"腐败，还是乡村的"苍蝇式"腐败，都必然损害党和政府形象，离间党和政府同人民群众之间的信任关系，这一点都是共同的。然而，"老虎式"腐败往往因位居高层不易被基层群众所了解，具有隐蔽性。农村的"苍蝇式"腐败则不然，因其直接存在于广大人民群众生活之中，村干部与村民朝夕相处，村干部腐败的对象又主要涉及农民切身利益，比如粮食补贴、退耕还林款、拆迁补偿以及扶贫资金等，村干部的腐败行为村民们很直观地能够了解，也就是说"群众的眼睛是雪亮的"。换句话讲，相对于"远在天边"的"老虎"而言，村民们对近在眼前的"蝇贪"感受更为直观真切。因此，村干部的腐败问题一旦处理不当，就会导致群众不满，加之村级民主渠道不畅，村民就会选择越级上访、进京上访乃至暴力手段等方式表达诉求，不仅会造成恶劣的影响，也会破坏社会的和谐稳定。曾经备受关注的广东"乌坎事件"，就是典型的因村干部

---

① 徐铜柱：《民族地区服务型政府建设与政府公信力提升》，《湖北民族学院学报（哲学社会科学版）》2006年第4期。

② 祁一平：《国家治理现代化与腐败治理》，中国发展出版社2016年版，第49页。

腐败引发的群体性事件。2012年乌坎村400多名村民因土地问题、财务问题、选举问题对村干部不满，到陆丰市政府非正常上访，当日访民打砸村委会、派出所。[1] 据查，在乌坎村民主政治长期被削弱，村民自治成了实质上的"村官自治"，村里办事长期一支笔、民主选举走过场、财务报账打白条，许多利益村干部之间暗箱交易，村民被蒙在鼓里。直到广东省工作组进驻乌坎村，重新选举产生新的村委会，乌坎事件才得以平息。有专家指出，农村很多群体性事件往往都属于"能量积累型"[2]，当能量积累到一定程度，就会像火山、地震一样释放出来。比如在农村征地中村干部以权谋私引起群众不满，这就是"能量"积累的过程。随着问题的积累，特别是许多问题久拖不能解决，征地过程中的矛盾就会和村干部腐败联系起来，成为群体事件的导火线。

村干部腐败直接败坏社会风气。腐败之所以发生，其前提是相应价值观发生变异或扭曲。调查发现，一些村民认为"村干部没有几个好干部"就是这方面的集中体现，有的已经形成一种定式思维。村干部尤其是主要干部的腐败，直接产生消极的示范效应，致使人们认识问题和分析问题的思维方式和角度发生偏差，人们价值观念发生扭曲，遇事先找关系，不信法律，规矩意识淡薄，正常办事的途径不被采信，而是挖空心思寻找关系、走后门，甚至采取行贿等手段达到解决问题的目的，淳朴的社会风气必然遭到严重破坏。村干部往往是乡村社会风气的标杆，他们的行为直接影响村民看问题和办事情的方式方法。有的看到身边的人常搞点"小腐败"，生活滋润，逍遥自在，便心里失衡、按捺不住，于是揣摩效仿，甚至暗中较劲、试比高低……这些认识和行为都是错误的、十分有害的。[3] 所以，村干部的腐败行为对社会风气带来很大的破坏效应。试想：假如找工作、办企业、升学、考公务员、晋级、上项目、演出、买房子、出国等各项事情都要靠关系、走门道，有关系就能上，没关系就永无出头之日，

---

[1] 庞胡瑞：《广东乌坎事件舆情研究》，湖北省人民政府门户网站（www.hubei.gov.cn）（2018年10月13日阅）。

[2] 周永宏：《农村征地过程中"村官"腐败引发的群体性事件浅析》，《法制与社会》2009年25期。

[3] 中共中央文献研究室：《习近平总书记重要讲话文章选编》，中央文献出版社、党建读物出版社2016年版，第127页。

又何来社会公平正义可言。① 此种情形必然导致社会公平正义不彰，社会风气恶化。

四 对村庄的危害：伤害农民感情，阻滞发展步伐

村干部的腐败行为会直接伤及广大农民的感情，拉大党员干部和群众之间的距离。村党支部、村委会是党和国家治国理政的最基层终端，是执行力延伸的落脚点，直接和人民群众打交道，党的惠民政策通过他们传递给村民，因而村干部与人民群众的关系最为紧密、最为贴近，只要村干部能解决的事情，村民不会选择上级政府或部门。同时，我国农村实行村民自治制度，村干部是村民选举产生的，代表村民行使自治权力，在本质上二者的利益是一致的。基于以上缘由，村干部和村民应该是利益共同体，村干部是村民值得信赖的代表，村民是村干部得以存在的前提，二者的关系就是相互信任、相互依赖的关系，一荣俱荣、一损俱损。然而，少数村干部经不起利益的诱惑产生腐败行为，从农民身上捞好处，比如"我当官不就是为了捞两个"等情形时有发生，从而破坏了上述相互依赖的鱼水关系，让群众失去依靠而失望，伤害农民感情。

村干部的腐败行为直接阻滞农村脱贫致富的发展步伐。根据村干部问卷调查"村干部腐败的危害"选项中（见表1—12），选择"侵害人民群众利益"的占比26.6%，选择"阻碍社会经济和文化的发展"的占比15.3%，二者实质都是对村庄整体事业的危害，共计41.9%，这充分表明村干部腐败对乡村群众和社会造成的危害是严重的。相对城市来讲，广大农村的发展还十分落后，尤其是很多农村还处于贫困地区，脱贫致富的任务十分艰巨，这也正是十八大以后中央强力推行精准扶贫的重要原因。农村发展尤其是一些贫困地区的发展严重失衡，许多贫困村少数村干部并不贫困，反而十分富裕，贫困的是广大村民。究其原因，主要是一些村干部只为自身谋利益，利用手中的公权力实施腐败行为，不仅损害了群众的利益，而且阻碍了乡村发展的进程，导致乡村脱贫目标人为延迟。这种因村干部腐败导致的脱贫进程减速必然会影响整个国家脱贫攻坚的进程，进

---

① 《论群众路线——重要论述摘编》，中央文献出版社、党建读物出版社2013年版，第135—136页。

而制约小康社会目标的实现预期。正是因为村干部腐败对乡村脱贫发展的危害性，中央纪委坚决贯彻落实党的十九大决策部署，加大力度整治群众身边的腐败问题。未来三年，中央纪委将会重点打击扶贫领域贪污侵占、虚报冒领、行贿受贿、优亲厚友、截留挪用、吃拿卡要、挥霍浪费等突出问题。"没有重点就没有政策。整治群众身边腐败问题，重点在农村。""要紧盯农村村干部这一重点群体和涉农相关的重点领域，切实加大农村基层腐败整治力度，势必打通全面从严治党向基层延伸的'最后一公里'。"① 由此可见，村干部腐败问题已不是局部性的，成为中央今后全面从严治党、实施乡村振兴战略应该面对且必须解决的重点问题。

五 对家庭的危害：毁坏个人前途，破坏家庭幸福

一般来讲，村干部是在村民自治背景下由村民选举产生的村庄优秀人才，是村民值得信赖的当家人，在当地具有较高威信和影响力，且属于干事创业的能人，这样的人能成为基层群众的领头人，无疑是人心所向，众望所归。同时，村干部尤其是主要村干部不仅是群众的代表，而且也是乡镇政府比较肯定和认可的人，有能力与上级党委政府打交道，容易得到上级组织的支持与认同，争取到治理乡村的更多资源。因此，村干部只要认真履职尽责，真心代表村民干事创业，把党的惠民政策落实到位，既履行了村干部的应有职责，又可得到党和政府以及人民群众的信任，成为社会的贡献者。正是基于角色和职能作用，决定了村干部腐败变质的负效应是很严重的。首先，就个人而言，村干部一旦发生腐败行为，严重的触犯法律，走上犯罪道路，就会失去党和政府的信赖，失去广大群众的真心拥护，从一个群众信任的"当家人"变成群众痛恨的"腐败者"，不仅人格形象被颠覆，而且自身的才华也被亵渎，个人的发展走向扭曲的邪路，成为一个失去正能量的人，原本具有广阔前景的事业被终止，成为乡村正常发展的绊脚石。其次，就家庭而言，村干部一旦发生腐败行为，必然对家庭的可持续发展、和谐发展造成损害。《红楼梦》中有句名言："一损俱

---

① 段相宇：《整治群众身边腐败问题力度只会加强不会削弱》，中央纪委监察部网站（http://www.ccdi.gov.cn/special/bwzp/wqhg_bwzp/201712/t20171207_113397.html）（2019年4月20日阅）。

损,一荣俱荣"。村干部腐败必然产生相应的连带效应,不仅村干部自身发展和形象受到影响,而且其家人也会受到牵连,村民们会对腐败家庭产生不信任,原本社会关系和谐的家庭环境会因为"当家人"的腐败而蒙上阴影,家庭正常发展的人文环境遭到破坏。

本章小结

本章探讨了与村干部腐败相关的内容和问题,为了解村干部和村干部腐败问题奠定了一定的理论基础。作为乡村社会治理和发展不可或缺的少数关键主体,村干部群体有着独特的地位和作用。与其他干部相比,村干部既有干部身份所要求的共性特征,也有其独特的个性特征。村干部腐败作为乡村社会发展过程中难以回避的一个现实问题,成为基层"微腐败"的重要领域,需要对其进行客观、全面、系统的思考和认知。准确划分村干部腐败类型,全面梳理村干部腐败的方式,深入洞察村干部腐败特征,充分认识村干部腐败危害,是有效治理村干部腐败问题的前提条件。值得欣慰的是,本研究在已有研究的基础上,创新性地提出了辨析村干部腐败形式的新视角,即从资源(承接国家资源和管理集体资源)和秩序(自治和社会运行)的双重视角来对村干部腐败形式条分缕析,为准确认识村干部腐败形式开启了一扇全新之门。对村干部腐败特征的解析,既分析了其所具有的一般性特征,又挖掘出了村干部腐败的个体特征,为全面把握村干部腐败问题的实质提供了方法论的指导意义。村干部腐败就是群众身边的腐败,直接关系到广大人民群众对干部的认同,对党员的认同,最终关系到对党和政府的认同,甚至关系到对执政党地位的合法性的认同问题。因此,有效治理乡村微腐败,对提升乡村党建质量和水平、加快乡村脱贫步伐、实现乡村振兴目标具有重要的战略意义。

第 二 章

中国共产党乡村廉政治理的历史考察

历史是一面镜子。为更好地了解和认识农村"苍蝇"式腐败的生成逻辑，尤其是探寻治理农村基层腐败的有效路径，对党成立以来的一系列反腐败理论和实践进行梳理和总结，从历史的经验中获取智慧与启迪，无疑对治理好当前村干部腐败问题具有重要前置作用和借鉴意义。

中国古代"皇权不下县"[①]的观点一经提出在学界引起巨大轰动和不少争议。但学界一致认为，"皇权"指国家正式委派的职官和行政机构，"皇权不下县"一语主要表达了中国古代国家对县以上"中央集权"和县以下"自治体制"不同治理模式的差异。[②] 中国古代在不同时期，县之下也存在乡、村的行政区划，属于"自治"范畴，现今中国的行政区划和政权组织包括古代属于自治范畴的"乡"，真正实行基层群众自治的只有"村"。本章限于篇幅和侧重点的关系，只对党成立以来与村干部腐败相关的问题进行历史梳理。

第一节 党在革命年代乡村廉政治理的回顾(1921—1949)

一 党在初创时期有关乡村廉政治理的举措 (1921—1927)

1921 年，中国共产党第一个纲领中提出"地方党委的财务、活动和

[①] 温铁军：《半个世纪的农村制度变迁》，《战略与管理》1999 年第 6 期；温铁军：《中国农村基本经济制度研究——"三农"问题的世纪反思》，中国经济出版社 2000 年版，第 411 页。

[②] 胡恒：《"皇权不下县"的由来及其反思》，《中华读书报》2015 年 11 月 4 日。

政策，应受中央执行委员会的监督"，这表明我们的党从开始建党，就具备了通过层级监督确保廉洁的思想。1926年，中共中央在上海召开第四届中央执行委员会第三次扩大会议，沉重地指出"同志中之一部分，发生贪官污吏化"。同年8月，《关于坚决清洗贪污腐化分子的通告》发布，指出：在革命高潮发展的阶段，一部分投机腐败分子趁机混入党的队伍，他们吞款、揩油等贪污行为给党带来很恶劣的影响。对此，必须要将其坚决洗刷出党，以免使党腐化和败坏党在群众中的威望。1927年，中共五大选举产生了党的历史上首个纪律监察机构"中央监察委员会"。① 1928年，中共六大取消监察委员会，设立中央审查委员会，由刘少奇任书记。六大党章指出："对于犯纪律的问题，由党员大会或各级党部审查之。"②

二　党在土地革命时期乡村廉政治理的实践（1927—1937）

这一时期，中国共产党走上了"农村包围城市"的道路，开始建立自己的军队和政权。在全国15个省中共计300多个县建立了大小十几个革命根据地的基础上，中国共产党于1931年11月在江西瑞金成立中华苏维埃临时中央政府。中央苏区党的第一次代表大会通过了《关于党的建设问题决议案》，其中明确提出了"严密党的纪律，反对官僚腐化现象"这一要求。次年2月，一场声势浩大的反贪污反浪费运动在中央苏区发动开展起来，"贪污和浪费是极大的犯罪"成为这场运动中振聋发聩的声音。③ 1933年12月15日，中央执行委员会《关于惩治贪污浪费行为》的训令明确规定了贪污的量刑标准：贪污公款在500元以上者，处死刑；贪污在300元以上至500元以下者，处2年以上5年以下监禁；贪污在100元以上300元以下者，判处半年以上2年以下的监禁。值得注意的是，苏区工农民主政府极其重视舆论监督反对贪污腐化的作用，例如中央工农民主政府机关报《红色中华》就经常开辟"突击队""铁锤"等专栏，专

---

① 申斌、郑晓曦：《中国共产党反腐倡廉的历史进程及特点浅析》，《云南行政学院学报》2012年第6期。
② 陈世润：《中国共产党纪律检查的历史沿革、特点与经验》，《南昌大学学报》（人文社会科学版）2017年第4期。
③ 郭贵儒：《中央苏区的反贪斗争》，《文史精华》1995年第4期。

门揭露官僚主义和贪污腐化现象。① 1934 年,在第二次全国苏维埃代表会议上,中央政府提出开展一次反贪污、反浪费、反官僚主义运动,设立了控告局、临时检举委员会,通过鼓励群众检举揭发官员贪污腐败行为,并提出"如发觉各机关内的官僚主义者的腐化分子,有必要时,可以组织群众法庭,以审理不涉及违法行为的案件,该项法庭有权判决开除工作人员,登报宣布其官僚腐化的罪状等"②。此后,随着《工农监察部的组织条例》《关于反贪污浪费的指示》《苏维埃临时组织法》《关于干部问题的决议》《关于惩治贪污浪费行为的训令》等一系列法律法规的出台,党内和行政内部监督体系得以初步确立。③

在这一时期,发生于中央苏区的谢步升案是较为著名的基层腐败案件。谢步升于 1930 年参加中国共产党,时任江西省瑞金县九区叶坪村苏维埃政府主席。此案先后经过瑞金县苏维埃政府裁判部和中华苏维埃共和国临时最高法庭两审终审,判决谢步升枪决并没收他个人的一切财产。谢的主要犯罪事实包括:1. 打土豪的财产归私有,吞没公款 3000 多毛(毫子);2. 担任村政府主席时,借主席势力,强奸妇女,包庇富农,将富农改为中农;3. 收买群众的米,用大斗进,小斗出卖给苏大会;4. 偷中央政府管理科的印子,私打牛条过山,每只牛大洋三元;5. 以自己的小牛,换了送往灾区的大水牛两头。毛泽东得知谢步升事件后指出:"腐败不清除,苏维埃旗帜就打不下去,共产党就会失去威望和民心","与贪污腐化做斗争,是共产党人的天职,谁也阻挡不了"④。

三 党在抗日战争时期乡村廉政治理的实践(1937—1945)

1935 年 10 月,党中央率领工农红军到达陕北吴起镇。1937 年 9 月,陕甘宁边区政府正式建立,是最早的抗日民主根据地。1937 年 8 月,中共中央在《抗日救国十大纲领》中倡议:"实行地方自治,铲除贪官污吏,建立廉洁政府。"据此,《陕甘宁边区施政纲领》进一步规定:"厉行

---

① 郭贵儒:《中央苏区的反贪斗争》,《文史精华》1995 年第 4 期。
② 《中央革命根据地史料选编》(下),江西人民出版社 1982 年版,第 86 页。
③ 付姗姗:《1927—1949 年国共两党防腐反腐比较研究》,山东师范大学,硕士学位论文,2017 年。
④ 周道鸾:《中央苏区谢步升案、熊仙璧案》,《中国审判》2008 年第 11 期。

廉洁政治，严惩公务人员之贪污行为，禁止任何公务人员假公济私之行为，共产党员有犯法者从重治罪。"

陕甘宁边区对各级领导人的生活标准进行严格规定。陕甘宁边区的县长每月津贴仅为2.5元，县政府每月办公费平均在20元至30元。在晋察冀，各县行政工作人员生活费普通都在10元左右，一切个人的应酬、膳食、衣服均为自备，而许多廉洁县长还节约其生活费之一部分捐助于抗战或群众团体。①

1938年8月15日，陕甘宁边区政府出台了专门的《惩治贪污暂行条例》，列举了贪污罪的10条表现：

（一）克扣或截留应行发给或缴纳之财物者；

（二）买卖公用物品从中舞弊者；

（三）盗窃侵吞公有财物者；

（四）强占强征或强募财物者；

（五）意在图利贩运违禁或漏税物品者；

（六）擅移公款作为私人营利者；

（七）违法收募税捐者；

（八）仿造或虚报收支账目者；

（九）勒索敲诈，收受贿赂者；

（十）为私人利益而浪费公有之财物者。

在该《条例》中规定，"以其数目之多少，及发生影响之大小，依下列之规定惩治之"：（一）贪污数目在五百元以上者，处死刑或五年以上之有期徒刑；（二）贪污数目在三百元以上五百元以下者，处三年以上五年以下之有期徒刑；（三）贪污数目在一百元以上三百元以下者，处一年以上至二年以下之有期徒刑；（四）贪污数目在一百元以下者，处一年以上之有期徒刑或苦役。

另外一些敌后抗日根据地的条例更加严厉，如《晋冀鲁豫边区惩治贪污暂行办法》《淮北苏皖边区惩治贪污暂行条例》就规定：凡贪污500元以上者处死刑，不满50元者处6个月以下徒刑或劳役；各级政府人员发生贪污事件依法惩处时，其直接上级须受连带处分；知情不报者，按情

---

① 彭真：《论晋察冀边区抗日根据地的政权》，《解放》1938年第55期。

节轻重以渎职罪论处。①

仅在1937—1938年两年间，陕甘宁边区政府审理的公务人员贪污腐化案就多达180起。1938年2月，盐池县县长曹某，因贪污159元被撤职查办；悦乐乡乡长王崇洁贪污了70余元，也受到严肃处理。② 1940年，陕甘宁边区绥德县二乡和三乡的乡长因贪污公物，受到严惩。③

根据地政府针对当时情况，曾采取了一系列措施来防止、纠正和惩治贪污腐化行为，具体做法包括：第一，进行深入细致的思想教育，通过报刊等营造反对贪污、腐化和浪费的舆论。第二，建立和健全管理钱、粮、物的规章制度，加强审计组织建设。第三，建立法制，严惩贪污分子。第四，开展反贪污腐化的群众运动。④

1943年，毛泽东为中共中央写的《开展根据地的减租、生产和拥政爱民运动》提出："在一切党政军机关中讲究节省，反对浪费，禁止贪污。"⑤ 1945年，毛泽东在总结中国革命的实践经验时指出："艰苦奋斗，以身作则，工作之外，还要生产，奖励廉洁，禁绝贪污，这是中国解放区的特色之一。"⑥ 可以说，这些政策紧密结合当时的革命形势和具体工作情况，既符合民心，又符合党的政策需要。

四　党在解放战争时期乡村廉政治理的实践（1945—1949）

抗日战争胜利后，解放区的人民民主政权继续着力解决基层贪污腐败问题。1946年10月，天长县埠北乡乡长丁连举因贪污敲诈公款5500多元，欺压人民，私藏军火，被处以死刑；乡农抗理事会会长仲福瑞留案继续查处。⑦

---

① 李东朗：《抗日根据地勤政廉政述论》，《河南理工大学学报》（社会科学版）2012年第3期。
② 张希坡、韩延龙：《中国革命法制史》，中国社会科学出版社1987年版，第337页。
③ 吴忠敏：《通向廉政之路》，中国方正出版社1998年版，第96页。
④ 徐玉芬：《论淮北抗日根据地反对贪污和浪费的斗争》，《河南财经学院学报》1986年第3期。
⑤ 《毛泽东选集》（第三卷），人民出版社1991年版，第911页。
⑥ 《毛泽东选集》（第三卷），人民出版社1991年版，第1048页。
⑦ 《在天长万千人民公审下，埠北乡长丁连举被处以死刑》，《新路东》民国二十一年十月五日。

为解决客观存在的部分基层党组织成员党性不纯和贪污腐化行为，也为了彻底完成土改，1947年党中央召开全国土地工作会议，作出了整编党的队伍的决定①。这年冬天，全党随即开展了以"三查"（查阶级、查思想、查作风）和"三整"（整顿组织、整顿思想、整顿作风）为主要内容的整党运动。

1947年4月，刘少奇在晋绥根据地提出严厉整顿基层村干部的看法，并最终决定发动群众斗争来彻底整顿村干部。然而，事实上由于种种原因，村干部贪腐并未如报章上宣扬的那般恶劣。中共严斥的村干部"贪污"，其肇因在一定程度上和中国的村干部政策有关。中共在发动群众运动整顿村干部不久便发现了问题，并勇于纠正了问题。②

中国共产党七届二中全会的召开开创了廉政新风。在中国共产党即将夺取全国政权的时刻，建设民主、廉洁的政府，防止腐败，成为党面临的重大课题。毛泽东在会上作了重要报告，告诫全党同志要警惕革命胜利后敌人"糖衣炮弹"的进攻，提出"务必使同志们继续保持谦虚、谨慎、不骄、不躁的作风，务必使同志们继续保持艰苦奋斗的作风"。这次会议制定了防止资产阶级腐蚀的六条规定，其中有四条涉及"反腐倡廉"，即禁止给党的领导者祝寿，不送礼，少敬酒，少拍掌。③

综上所述，这一时期中国共产党治理基层腐败的步伐逐步深入，连续通过了一系列治理腐败的党规文件，并充分发扬了理论联系实际、密切联系群众的优良作风，通过"群众运动"的方式来惩治腐败。这一时期，我们党提出了历史上第一个"反腐通告"；1947年至1948年，针对农村基层组织中存在的思想、组织和作风不纯等问题，我们党在全国各解放区展开了"三查""三整"运动。这次运动采取了"以支部大会与群众代表大会相结合"的整党方法，对全党基层组织进行了一次全面的整顿和教育，创造了运用群众运动进行基层腐败治理的新辉煌。

---

① 《建国以来重要文献选编》（第10册），中央文献出版社1994年版，第1252—1253页。
② 徐进、杨雄威：《政治风向与基层制度："老区"村干部贪污问题》，《近代史研究》2012年第2期。
③ 陈挥、王关兴：《中国共产党反腐倡廉建设史》，东方出版中心2011年版，第109页。

第二节　党在社会主义建设初期乡村 廉政治理的回顾(1949—1978)

一　党在新中国成立初期乡村廉政治理实践（1949—1956）

1951年末到1952年12月，一场旨在反贪污、反浪费、反官僚主义的"三反"运动轰轰烈烈开展起来。1951年12月1日，中共中央下发《关于实行精兵简政、增产节约、反对贪污、反对浪费和反对官僚主义的决定》（简称"决定"），提出在党的领导下，党群组织、政府、军队三个系统开展"三反"运动，"在机关、企业、学校、部队、农村和城市的街道组织中均应发动这一运动"①。然而事实上，由于农村要进行土地改革和发展生产。同时开展城市和农村的"三反"运动将难以兼顾等原因，"三反"运动在农村先后三次推迟。1952年4月，毛泽东签发了新中国成立后的第一个反腐败法规《中华人民共和国惩治贪污条例》。1952年6月，城市和军队的"三反"陆续结束，东北和西北区率先根据中央指示开展农村地区的"三反"。东北区农村的"三反"基本采用整党方法，以反对资本主义剥削思想和行为，清除贪污浪费及脱离群众的强迫命令、官僚主义作风为主要任务，主要进行思想建设，依靠党员干部自己改造自己的思想问题，对犯错误党员干部一般不进行组织处分。华北区有8万多个行政村，该地一边集中村主要干部，在县委直接领导下集中学习和检查，一边派遣工作组到村，组织其余干部和党员学习，并通过村民代表会议收集意见，等在县上学习的干部回村后，召开全村干部会议和人民代表会议，让干部作批评与自我批评。对问题严重的干部，可以通过群众大会进行批评斗争，给予处分。有人调查了河北省94个村党支部"三反"成果，认为有贪污行为的党员只是少数，贪污金额也不多，而且多是公私不分、贪占小便宜的问题，所以农村干部的贪污、浪费和官僚主义现象虽然普遍，但不是很严重。农村"三反"内容作为整党的附带任务即可。②

在对县以下部分区乡村干部进行"三反"的过程中发现，基层政府

---

① 《建国以来重要文献选编》（第2册），中央文献出版社1992年版，第484页。
② 段炼：《农村"三反"运动的进程及其特点》，《党的文献》2011年第1期。

和干部的问题更为严重。山西省委组织部对 20 个不同类型村庄进行历时 40 天的教育、核实、登记、鉴定、处理，总共 752 个村干部中发现有大小贪污行为者 234 人，占村干部总数的 31%。河北省委组织部的报告称，徐水县 34 个村子中有 97 位村干部经常打人，邯郸县南井寨村在 1 年零 2 个月内就有 80 个农民挨过村干部的打。此外，村干部强奸妇女的案件，也十分典型。华北局党刊发文称，以河北省易县台底村支部副书记牛某为首的村干部，奸淫妇女达 37 人之多，贪污腐败情况非常严重。类似的"村霸"还有山东济宁县赵王堂村农会主任王权坤、惠民专区阳信县阳村支部书记杨立仁等。基层贪污问题陆续被揭露出来。河北省香河县 9 个村的初步调查显示，有贪污行为的村干部，多者占村干部总数的 72%，9 个支书中 7 个贪污，9 个村长中 8 个贪污。为此，党中央在基层也展开了"打虎"行动，予以整顿。[①] 就处理效果来看，农村"三反"运动对犯了错误的干部采取较为宽大的处理方式，除个别阶级异己分子和民愤极大的干部会被免职和严惩，一般情况下只要承认错误，不会被免职。[②]

二　党在社会主义建设时期乡村廉政治理实践（1957—1978）

1960 年 5 月 15 日，中共中央发出《关于在农村中开展"三反"运动的指示》，要求在农村基层开展反贪污、反浪费、反官僚主义的运动。运动原则是以教育为主、惩办为辅，紧密结合生产、利用农事间隙时间进行，不论什么人，不论贪污、多占、挪用的数量大小，都必退必赔。为了正确开展"三反"运动，中共中央监委召开会议制定了具体政策：对贪污 300 元以上 1000 元以下的必须给予必要的处分，凡贪污 1000 元以上的定为大贪污犯，给予刑事处分，党员开除党籍。[③]

1963—1966 年，我国三分之一的农村地区开展了针对基层干部的"清理账目、清理仓库、清理财务、清理工分"社会主义教育运动（即"四清"运动）。按照党中央的要求，在"四清"运动中全国有 100 多万干部到农村蹲点，搞调查研究，对犯错干部处罚严厉，所获非法利益全部

---

① 杨奎松：《新中国"三反"运动来龙去脉》（下），《江淮文史》2011 年第 5 期。
② 刘德军：《政治与现实：江苏农村"三反"运动研究》，《学术论坛》2014 年第 4 期。
③ 王文鸾：《中共历史上的四次"三反"运动》，《人民论坛》2011 年第 5 期下。

退赔，但对其的组织处理则比较宽松。"四清运动"是以群众运动方式开展的反腐败斗争，其开展有其时代局限性，存在的负面影响也是不容忽视的。在现阶段，应坚持走"群众路线法制化"道路，将群众监督、党内监督、舆论监督等多种形式的监督综合运用，实现对基层腐败的有效治理。[①]

1970年2月5日，中共中央发出《关于反对贪污盗窃、投机倒把的指示》。但是，由于"文化大革命"期间，党的监察组织以及国家的法院、检察院系统受到极大冲击，很多情况不能正常发挥职能功效，"反腐败"实践并未取得较大成效。

综上所述，这一时期，我党继续坚持群众运动的方式惩治腐败，此外，新中国成立后的第一个反腐败法规《中华人民共和国惩治贪污条例》通过。这使得我党在治理基层腐败方面，不再单纯依靠"党纪"，还在进一步健全"反腐败"的国家法制建设。这表明社会主义建设时期，尤其是在没有现成经验可以直接运用的历史背景下，党和国家边探索边实践，既有成功的经验，也有深刻的教训，正、反两方面的经验为后来的社会治理提供了参考和警醒。特别是在廉政治理方面，始终坚持党的领导、依靠群众、从单一依靠政策规章向政策规章和法制结合等，都具有十分重要的意义。

第三节 党在社会转型时期乡村廉政治理的回顾(1978—2012)

1978年，中共十一届三中全会在北京召开。会议全面纠正了"文化大革命"错误，做出了把全党的工作重心转移到经济建设上来的决定。对于中国广大农村地区来说，这次会议也影响深远。以人民公社制度为代表的集体经营从此淡出历史舞台，改革使农民从集体的束缚中解脱出来，也影响着农村的权力分配。家庭耕作取代了生产队干部的"指手画脚"。从"大一统"的生产方式变为各家各户的"单干"，这是一次对农村生产

---

① 李海红：《"四清"运动的反腐败评析及启示》，《河北师范大学学报（哲学社会科学版）》2012年第3期。

结构的根本性变革，由此带来的影响同样也是全方位的，包括农村廉政建设在内的治理体系和治理能力都将实行改革和创新。

一 党的十一届三中全会至党的十三大之前（1978—1987）

"文化大革命"结束之后，党和国家的廉政建设专门机构陆续恢复和建立，为反腐倡廉建设提供了必要的组织保障。1978年12月，党的十一届三中全会决定重建中央纪律委员会，其根本任务是"维护党规党法，切实搞好党风"。1982年召开的中共十二大提出五年内实现党风好转的根本任务，并修改党章，专设了"党的纪律检查机关"一章，规定基层纪律检查委员会在同级党委和上级纪检委双重领导下工作的体制。1983—1986年，整党运动拉开序幕，较为彻底地揭露了党内消极腐败现象，清除一些腐败分子。1982年宪法明确规定基层群众自治制度，要求在农村设立村民委员会，作为基层民主组织。1986年年底，全国已经建立94.9万多个村民委员会。1987年10月，中共十三大召开。党的十三大报告明确提出"要开展反腐败斗争，清除腐败分子"，"在党的建设上走出一条不搞政治运动，而靠改革和制度建设的新路子"，"必须把反腐败寓于建设和改革之中"。①

1987年11月，六届全国人大常委会第23次会议通过了《村民委员会组织法（试行）》，具体规定了村委会的性质、任务、设立原则、组织机构和工作原则。村委会的设立有利于增强村民的民主意识，为农村基层反腐败工作开展提供组织保障。

在1987年以前，中共中央只强调"反对党内不正之风"，尚未正视"腐败"二字。从1988年开始，腐败开始作为热门话题讨论。公众一致认为腐败是改革的大敌。中纪委的数据显示：1982年至1987年，全国共处分违法乱纪党员79万多人，平均每年10万多人，占当年党员总数的3‰左右。从数量上看，腐败分子所占比例虽少，但绝对数大。从分布上看，腐败现象虽是少数，但面非常广泛。从纵向看，上至中央部委机关，下至农村支部，都不同程度存在腐败现象。②

---

① 吴美华：《改革开放以来党风廉政建设理论》，《前线》2009年第2期。
② 包永辉、胡孝汉、田文喜：《中国的腐败问题》，《南风窗》1989年第8期。

二 党的十三大至党的十五大之前（1987—1998）

（一）这一时期农村"微腐败"面面观

中共十三大以来，我国社会进入全面快速转型期。随着一系列开放政策的实施，特别是在商品经济刺激下，金钱一度成为人们追求的重要目标之一，而当时各种物质资料又严重短缺，这诱发了持久的权钱交易腐败现象。反腐败和廉政治理工作成为党和政府常抓不懈的重要工作。

村干部腐败的报道也屡见报端。据河南省纪委1995—1997年接待的集体越级上访案件统计，涉及反映农村基层党员干部问题的占90%以上。① 在村干部选举中，操纵选举、破坏农村基层民主的现象时有发生。湖南省某村张某在村委会换届改选时，得票不到半数。于是他花3000元，"买"了个村长当，后来，又利用手中职权，捞取3.4万元。安徽临泉县一个村干部，为了当支部书记，四处请客送礼，上台后，即挖空心思，捞回自己的"活动费"。②

在农村，部分基层干部违法乱纪，谋取私利，加重了农民负担。辽宁开原市384个村组2406名干部共贪污挪用公款125.6万元，致使党群关系严重恶化。③ 另据辽宁省丹东市某县检察机关掌握的情况，举报农村基层干部经济违法问题的来信来访逐年上升。该县孟家村组长孙成刚，在近三年间，以"多收少交"的方式，侵吞村民土地承包费1.2万余元，冒领政府补贴给烟民的灾害保险金3万余元，据为己有。宁波市某村党委书记，在改革开放初期，带领村民兴办乡镇企业出了不少力，成为当地"能人"，但私欲的膨胀使他鲸吞、挥霍公共资金达几百万元。淮北地区某村委会主任是个"模范村官"，把村民卖粮款及各种罚款近10万元据为己有。④ 沿海某县城某村支部书记、村委会主任及会计等7名村干部，非法倒卖耕地，合伙贪污、受贿、挪用公款90余万元。

四川省渠县农民反映农村的腐败现象，例如，农村盛行吃喝风，即利

---

① 吴烨、阎敬业：《社会稳定的基础在农村》，《河南日报》2000年1月22日。
② 孙红旗：《防治村干部腐败：一项艰巨的任务》，《人民检察》1998年第5期。
③ 淑贞：《'93腐败现象透视》，《改革与开放》1993年第9期。
④ 孙红旗：《防治村干部腐败：一项艰巨的任务》，《人民检察》1998年第5期。

用公款大吃大喝。一些基层干部被农民称为"四公"干部：上午是像模像样的"相公"，中午成了喝得脸红红的"关公"，下午变成昏沉沉的"醉公"，晚上成了疯疯癫癫的"济公"。黑龙江省肇源县201个村，九十年代村村建起了小食堂。小食堂逐渐成为村干部的"伙食点"。每个村食堂每年少则吃掉几万元，多则达10万元以上。仅此一项，全县201个村一年就吃掉1000多万元。①

此外，还有农村财务管理的糊涂账，公款被挪用、贪污的现象。山东省莱阳市西留乡沈家村原党支部书记张连波，在任职两年多的时间里，利用财务混乱之机，贪污扶贫款5000元，将村民的农业税、小麦差价款1500元装进自己腰包，采用公款私存等方式挪用公款3万多元。②

农村基层执法干部执法不公、以罚代法以及可恶的"乱收费"现象也屡见不鲜。③陕西省宝鸡县慕仪乡黎明村借举办庙会之机，向全村3700多名村民每人摊派了2元钱的会费。某镇一所村办小学，学生报名时，村干部让学校代收税款、提留款、集资款等，凡不交齐者，不准学生报名入学。④

这一时期，村干部腐败现象还包括：一些村支书、村主任到处拉关系，将职位传给子女或近亲属继承，使村干部换届流于形式。一些村支书在组建村班子时，总是使用姻亲或宗亲，一遇到选举就拉票，有的村主任的亲属担任村的会计、出纳，垄断了财权。一些村干部工作作风粗暴，法制观念淡薄，搞"一言堂"，甚至非法拘禁群众，查封、毁坏群众财产。⑤此外，村干部"村霸"作风、欺压村民的现象也存在。安徽阜阳市有个村支书，既是村的"一把手"，又是本姓"族长"。他利用权力，逼外姓村民长期给他种责任田，还强奸本村10多名妇女。⑥

（二）这一时期党治理基层腐败的措施

1989年6月，党的十三届四中全会召开，会议提出要大力加强党的

---

① 梁胜：《"村官"腐败莫小视》，《广西农村经济》1998年第6期。
② 梁胜：《"村官"腐败莫小视》，《广西农村经济》1998年第6期。
③ 周延明：《农村也有腐败现象》，《农村工作通讯》1994年第1期。
④ 刘天社：《乡村腐败现象透析》，《农村财务会计》1995年第1期。
⑤ 陈坤奎：《"村官"腐败不容忽视》，《人民政坛》1997年第9期。
⑥ 孙红旗：《防治村干部腐败：一项艰巨的任务》，《人民检察》1998年第5期。

建设，坚决惩治腐败。接着7月，中共中央政治局就讨论通过了《关于近期做几件群众关心的事的决定》，具体部署了惩治腐败这一大事。自1989年下半年开始，党和政府认真抓反腐败斗争，拉开了"廉政风暴"的序幕。1991年7月1日，在庆祝中国共产党建党70周年的大会上，江泽民同志指出："党风是关系到党的生死存亡的问题，如果听任腐败现象发展下去，党就会走向自我毁灭。"

1992年，中共十四大报告指出："廉政建设要靠教育，更要靠法制"，要"建立有效防范以权谋私和行业不正之风的约束机制"，要"充分认识到反腐败斗争的紧迫性、长期性和艰巨性。在改革开放的整个过程中都要反腐败，把端正党风和加强廉政建设作为一件大事，下决心抓出成效，取信于民。"

1994年，中共十四届四中全会通过了《中共中央关于加强党的建设几个重大问题的决定》，提出全党"要继续深入抓好党的作风建设，把反腐败斗争深入持久地进行下去。"江泽民同志在中纪委二次全会上指出："腐败现象是侵入党和国家健康肌体的病毒。如果我们掉以轻心，任其泛滥，就会葬送我们的党，葬送我们的人民政权，葬送我们的社会主义现代化大业。"

1997年，中共发布了《关于党政机关厉行节约、制止奢侈浪费行为的若干规定》。随后在全国范围内开展治奢兴廉行动，进一步制止领导干部乘坐超标车和狠利用公款大吃大喝歪风。各级纪检监察机关以减轻农民负担和建设工程项目为重点开展执法监察，严格清理涉农负担项目，对涉农案件，发现一起查处一起。

在这一时期的反腐败斗争中，也涌现出许多先进典型。1994年8月，中共中央纪律检查委员会和中共河北省纪委、省监察厅先后发出通报、通知，号召"广大党员和纪检监察干部，向中共河北省永年县纪委书记姜瑞峰同志学习，做反腐败斗争的勇士"。1994年4月，该县光子营村村民李海恩向姜瑞峰哭诉了他老伴儿被村支书毒打并诬陷被捕入狱的冤情。姜瑞峰迅速成立了专案组，展开调查，很快真相大白，村支书受到了党纪、政纪处分。①

---

① 王维新：《反腐败的勇士》，《党史博采》1995年第2期。

这一时期，农村为了加强廉政建设，普遍实行政务、村务公开。1997年5月，中纪委、监察部先后在天津宝坻召开"村务公开，民主管理工作座谈会"，交流和推广天津、河北等省市村务公开的经验。在农村，加强村务公开，是扩大基层民主、反腐倡廉的重要措施。

尽管这一时期，党和政府对于反腐败工作抓得比较紧，但是，仍然存在一些工作上的不足。例如：在农村反腐败过程中，"雷声大、雨点小"使腐败分子有惊无险。此外，上级领导怕受牵连因而掩盖下属丑行。再比如，对腐败分子怀着姑息迁就的心理，对其予以开脱或减轻处罚，缺乏警示效果。同时，伴随这一时期反腐败斗争的深入，不少地方的乡镇纪委加挂了监察室的牌子，但实际工作还存在一些问题，例如人员有限，分身乏术，难以兼顾纪检、监察两项职能。[①] 同时，农民群众民主参政的机制并不健全。乡村干部名义上是直选产生，实际上多是上级任命。因此，农民群众的民主意识有待培养和提高。[②]

总的来说，这一时期，特别是1995年之后，村干部腐败问题开始逐渐成为公众关注的焦点。党中央认识到，不注重防治农村基层的腐败，有可能导致村干部腐败的"蝼蚁之患"毁坏我国社会主义现代化建设的"千里之堤"。这一时期，连同打击村干部腐败在内的反腐败斗争被党中央提到战略高度来认识，专项清理活动有效开展，人民群众也积极参与到反腐败斗争中来。但是，不可否认的是，这一时期的反腐败斗争主要面向的群体仍然是中高级党政干部，针对农村基层干部的腐败问题进行治理尚未成为主流。

三 党的十五大至党的十八大之前（1998—2012）

（一）这一时期乡村"微腐败"概况

这一时期，村干部腐败的能量是惊人的。村干部经济犯罪呈上升趋势，直接侵害了农民群众的切身利益，引发群众的强烈不满。村干部腐败所引发的群众上访、举报，占到了总量的70%以上。例如，1999年，河南省安阳市郊区东里庄原"两委"任职期间的财务审计报告显示，村支

[①] 李志明：《乡镇要配齐专职监察干部》，《中国监察》1995年第9期。
[②] 管立基：《乡村干群关系紧张之我见》，《乡镇论坛》1989年第2期。

两委共欠外债 2000 多万元，挪用公款 477.5 万元；有 212.58 万元公款下落不明；非法卖出宅基地 48 亩，建楼 11 幢，留有私房 18 套，用公款近 200 万元购买手机 9 部、安装私人电话 11 部，购买轿车 8 辆，但不知"机"落谁手、"话"进谁家、"车"去何方、"房"属谁有。① 这一时期，村干部腐败的表现有如下情形。

第一，伴随着社会主义市场经济的进一步发展，农村经营性项目和工程项目普遍增多，但这些项目的承包往往由村干部拍板决定，个别村干部与包工头勾结，串通渔利。例如，2000 年黑龙江省巴彦县长春乡新建村建小学时，按市价，每平 450 元，由于村领导和建筑方私下勾结，把建筑工程造价提高到每平 500 元，该学校建筑面积不足 1000 平方米，但得到回扣 4 万余元，坑害了集体，肥了村干部。② 河南省淮阳县葛店乡孔王村原支书张维中，对各种经手事务都想尽办法贪拿好处。2008 年周口市重点工程"宁荷线"220 千伏高压输电线路工程经过孔王村，张维中领取 8 万元占地补偿款后，仅将其中 3 万多元发给群众，自己贪占近 5 万元。③

第二，农村集体修路挖渠、抗洪抢险、开发绿色企业基地等都由农民分摊义务工或积累工（简称"两工"）来完成。村干部完全掌握"两工"的使用权。少数村干部乱用"两工"，包括自家盖房占用"两工"，挥霍农户上交的"两工"款。④ 例如，2000 年黑龙江省巴彦县松花江江北村支部书记陈某先后建私房三座，每座建筑面积都在 300 平方米。其所用的车、马、人工，全部来由本村村民提供，建房款全部由该村支付。⑤

第三，多个村干部联手作案。例如：贵州省贵阳市乌当区新庄村的村、支两委干部集体腐败，侵吞集体款，套取私分国家征地补偿资金，涉案金额高达 1100 多万元，作案时间最长者达 10 余年。⑥

---

① 曾海山：《好村官为何路难行》，《法制日报》2000 年 1 月 24 日。
② 陈宝琨、李洪波：《农村内伤：村官靠腐败"致富"》，《检察日报》2000 年 11 月 12 日。
③ 曹树林：《河南专项行动惩治村官腐败》，《人民日报》2011 年 10 月 13 日。
④ 姜息元：《当前容易引发村组干部腐败行为的问题与对策》，《中国农业会计》1999 年第 1 期。
⑤ 陈宝琨、李洪波：《农村内伤：村官靠腐败"致富"》，《检察日报》2000 年 11 月 12 日。
⑥ 何云江：《贵阳新庄：村官"抱团"腐败，涉案金额上千万》，《新华每日电讯》2004 年 11 月 15 日。

第四，村级财务混乱、不公开，农村土地征用款被村干部私吞。①沈阳市东陵区前进乡望花村村委会主任徐某非法占有国家和集体财物1000多万元，并在土地转让中"做文章"违法获利多达3000余万元。②

第五，生活腐化，欺压百姓，"村霸"作风严重。深圳龙岗区平湖村党支部书记刘某的办公楼修得像皇宫，造价近5000万元。③云南省曲靖市奴革村20年党龄的村官顾某公开供养了三个"老婆"。浙江省温州市三里村村干部大肆挥霍土地流转补偿金，将村务会开到了西湖国宾馆。央视《东方时空》报道，2005年5月25日下午4点50分左右，一辆黑色红旗轿车经过107国道大荆收费站，工作人员要求交费，车里的人大声喝道，我们不交费，我们都是这里的村干部。④云南省新平县平甸乡拉其村村委会原主任张某与村民郭某因琐事发生矛盾，张某逼郭某当着村民面，向他磕三个响头。张某的妻子将郭某的妻子谢某的头发按在粪便上，逼谢某吞吃粪便。福建省惠安县涂寨镇涂寨村的"恶霸村官"郑某将他故去多年的亡父塑成金身佛像，封为"七省郑巡按"，供奉于村里的祠堂。村里谁家有红白喜事都要把其"亡父"请到家中供奉。⑤

第六，胆大妄为，套取侵占国家下拨的扶贫、救济、救灾等专项资金，贪污、挪用征地补偿款等。西部大开发战略的实施，为西部地区的农村发展带来机遇，也给少数村干部贪污腐败以可乘之机。2002年青海省检察院海东分院发出了《关于集中查办贪污、挪用土地征用补偿费犯罪案件的通知》。该院立案查处了互助县高寨镇东庄村原村委会主任范某挪用土地征用补偿费25万元的案子、民和县马场垣乡金星村原村委会主任马某贪污土地征用补偿费14万余元等6起贪污、挪用犯罪案件。⑥

第七，贿选成风，破坏农村基层民主。据《法制日报》报道，陕西省河津市下化乡老窑头村公开贿选村官案，有关责任人被严肃查处，没收贿选现金223.62万元。另据央视《共同关注》2004年报道，国家级全国

---

① 李维：《132个红指印揪出腐败村官》，《检察日报》2003年4月3日。
② 陈克立：《标本兼治 防范村官腐败》，《农民日报》2009年8月17日。
③ 潘其胜：《"村官腐败"的原因及惩治对策》，《新东方》2006年第6期。
④ 魏雅华：《"村官"腐败叩问制度缺陷》，《民主与法制时报》2005年8月16日。
⑤ 沈小平：《村官腐败如何治理》，《人民论坛》2006年第4期。
⑥ 李维：《惩治村官腐败 保证专款专用》，《检察日报》2003年4月6日。

扶贫县河北省涉县上巷村村官换届，竞选人王急义花了360万元贿选当上村主任。① 除此之外，全国其他地方村干部贿选都不同程度地存在，基层民主受到严峻挑战。

（二）这一时期党治理基层腐败的措施

1. 中央文件精神概览

江泽民同志在党的十五大报告中提出："反腐败要坚持标本兼治，教育是基础，法制是保证，监督是关键，通过深化改革，不断铲除腐败现象滋生蔓延的土壤。"1998年11月4日实施的《中华人民共和国村民委员会组织法》和1999年3月30日实施的《中国共产党农村基层组织工作条例》依法规定了村民自治、扩大农村基层民主，以此来规范制约村级"两委"权力，防止"村官腐败"现象的产生。2000年，全国人大常委会《关于宪法第九十三条第二款的解释》确认了村委会等基层组织人员在协助人民政府从事有关行政管理工作时具有国家工作人员身份，为有效预防和有力打击村干部职务犯罪提供了法律依据。

党的十六大以来，各级党委和政府认真贯彻落实中央的部署和要求，在农村基层党风廉政建设方面做了大量工作，取得了明显成效。2004年，《关于健全和完善村务公开和民主管理制度的意见》出台，其核心是落实农民群众的知情权、决策权、参与权、监督权；2005年，《关于做好村干部任期和离任经济责任专项审计的通知》规定，村干部在任及离任都要接受经济责任审计，并将审计结果向村民公开；2007年，《关于加强农村基层党风廉政建设的意见》，对农村基层反腐倡廉作出全面部署②；2008年，《中共中央关于推进农村改革发展若干重大问题的决定》指出了农村腐败的根本解决之策："推进农村惩治和预防腐败体系建设"；2010年，《村民委员会组织法》经第十一届全国人民代表大会常务委员会第十七次会议修订发布，其中第三十二条明确规定，"村应当建立村务监督委员会或者其他形式的村务监督机构"，"民主评议每年至少进行一次，由村务监督机构主持；2011年，《农村基层干部廉洁履行职责若干规定（试行）》为加强反腐倡廉法规制度建设、完善农村基层干部行为规范、促进农村基

---

① 魏雅华：《"村官"腐败叩问制度缺陷》，《民主与法制时报》2005年8月16日。
② 孙爱东：《中央为防"村官腐败"立新规》，《中国纪检监察报》2007年2月25日。

层干部廉洁履行职责的重要举措；2012年，由中纪委、中组部和民政部等12个部委联合印发的《关于进一步加强村级民主监督工作的意见》规定，村委会成员任期和离任都须接受经济责任审计，设立村务监督委员会，监督村集体财产处置权力。"①

2. 各地区出台措施简介

农村财务清理整顿工作成为这一时期治理村干部腐败的亮点之一。1998年下半年，福建省福清市检察院在该市的龙田镇实行"村账镇管"的制度。该镇41个村设立了由村干部、党员和村民代表组成的民主理财小组，每月1日至7日由村财务人员集中到镇里统一做账，有关账目须经村理财小组和镇"村财镇管办"逐项审核后方能入账，对不合理的、违法的开支亮起了"红灯"，发现在账目上弄虚作假的，一经查实就进行曝光直至移送有关部门追究责任。从1998年至2000年底，龙田镇实现了村干部职务犯罪"零发案"的目标。②

2003年，吉林省吉林市八道江区8个乡镇55个村级财务全部被"收缴"，委托乡镇财会人员进行检查后，在纪检监察部门的监督下审批，不合理支出一律"卡"住，各村的会计、出纳被"裁员"，仅此一项，每年可减少支出40多万元，同时可节省招待费250多万元。

这一时期，各地县纪委、监察局加大了乡镇纪委办案力度，实行县乡联办、部门联办、领导包案等措施，坚决查处违纪违法的村干部。

2001年以来，安徽省霍邱县纪委、监察局主动出击，先后抽调20余人次，组成11个小组，对8个乡镇的11个村财务清理进行重点执法监察。对违纪违法村干部的查处，在村干部群体中起到了很好的警示作用。

2006年，甘肃省庆阳市西峰区成立了由区审计局、农经局、监察局、反贪局等十个单位参加的农村财务清理整顿工作领导小组，制定了《西峰区农村财务清理整顿工作安排意见》，对全区2003年以来村组财务进行全面清理，共清理8个乡镇100个行政村，清理专项资金1200多万元，清理白条1543张，涉及金额153.45万元，查处违法违纪案件2起，已移

---

① 练洪洋：《坐实村官审计，整治农村腐败》，《广州日报》2012年11月7日。
② 张仁平、王轶：《村账镇管，欲贪不能》，《检察日报》2000年11月19日。

交有关部门处理。①

2006年年初，河南省巩义市检察院出台了《关于服务新农村建设、预防村干部腐败的意见》，文件规定：全院20个科室分包20个村，主要任务是加强对支农建设资金拨付和使用的监管，在农村基础设施建设、土地管理等领域开展职务犯罪预防；规范村务管理；组织村干部接受警示教育，提高村干部的廉洁自律意识。检察官与村干部"结对子"之后，帮助该村完善、制定了一系列财务管理制度、廉政建设制度，还经常给村干部上警示课，这一专项行动开展后，巩义市村干部职务犯罪发案率与上一年度同期相比下降了48个百分点。②

2007年，山西省忻州市五台县全县乡镇党委与村签订了党风廉政建设责任状，明确村干部党风廉政建设责任制的责任、执行检查考核办法、奖励和追究办法等内容。③

这一时期，村务公开制度在大部分农村初步建立，对群众关注的重要问题定期公开，接受村民监督。

2002年5月30日，广东省人大常委会修订了《广东省实施〈中华人民共和国村民委员会组织法〉办法》，该办法规定，村委会换届前应依法对村级财务和村委会主要负责人任期经济责任进行审计，并将审计结果向村民公布。④

2004年6月26日，浙江省武义县陈村选举产生了中国已知的首个"村务监督委员会"，由3名成员组成。2005年，宁夏回族自治区银川市金凤区推行村级配备"纪检干部"，引导村民把人品正派、办事公道、在村里有威信的党员选拔到"纪检干部"的位子上来。农民"纪检干部"的主要工作是将村级财务及时公开，让村民明白每笔资金的来历和用途。⑤ 类似的做法也出现在江西省都昌县，2005年，都昌县针对一些乡镇村务"假公开"的问题，采取群众推荐、本人述职、领导考核的办法，在全县公开选拔257位村级无职党员和村民担任村级党风廉政监督员。江

---

① 魏海龙：《西峰区强化监管措施防治"村官"腐败》，《陇东报》2006年8月11日。
② 李东红：《"巩义模式"力阻村官腐败》，《河南日报》2006年9月29日。
③ 王宝亮：《五台县建立五大机制严防村官腐败》，《山西经济日报》2007年6月24日。
④ 徐怀顺：《治"村官腐败"用啥招》，《中国纪检监察报》2002年7月5日。
⑤ 罗天柱：《治理"村官"腐败须有新招》，《西部法制报》2005年7月26日。

西九江县 2005 年起推行两轮票决制，即在全县村级组织中实行农村重大党务、重要村务由党员大会和村民代表会议两轮投票表决制度。这些措施有利于扩大决策民主，确保决策科学性，对村级财产的管理、使用实现有效监督。①

2007 年，广东省蕉岭县三圳镇芳心村启动设立了专门监督村委会的机构——村务监事会。监事会成员由老党员、老干部、老模范担当。工作内容包括村务公开、财务收支、重大事项、政策落实、意见处理等，让监督贯穿于村委会的村务决策、村务管理等过程中，对村务管理进行事前、事中、事后的全面监督。②

2010 年，福建省宁德市蕉城区纪委在原先 26 个区党建示范村（社区）设立纪检委员的基础上，又结合村级党组织换届，在全区 16 个乡镇 307 个村（居）党支部首创村级纪检小组，由党员大会选举产生 3—5 名纪检小组成员，成为农村党风廉政建设工作的有力抓手。该区金涵乡上金贝村每年开展一次至两次"村干述廉、村民询廉、群众评廉、组织诫廉"活动，对述职述廉的村干部进行民主测评。对在测评中存在问题的村干部，由镇党委书记或纪委书记对其进行诫勉谈话。诫勉谈话后仍不改正的，视情节轻重，按有关规定予以组织调整、免职或其他处理。③

这一时期，治理农村基层腐败的机制也多有创新。2005 年，成都市青羊区出台新举措，村干部工资不再由村级集体资产支出，而改由财政直发，村资产受委托由街道办直接监管或代管，一定程度上杜绝了村干部想"伸手"的冲动。④ 江苏省将村级干部队伍建设——如补充村干部队伍新鲜血液——作为预防该群体腐败的重要举措。2007 年，江苏省委、省政府出台了《关于选拔千名大学生到经济薄弱村任职的实施意见》，首批选拔了 1011 名大学生到经济薄弱村担任村官。⑤

2010 年，河北省承德市承德县着力创新机制，有效预防"村官"腐

---

① 胡锦武：《"村官"腐败：新农村建设要除"内伤"》，《经济日报》2006 年 5 月 1 日。
② 姚忆江：《监事会：村庄"纪委"防止村官腐败》，《南方周末》2010 年 2 月 25 日。
③ 颜凑、刘华华：《蕉城：凝聚监督力量，预防"村官"腐败》，《中国纪检监察报》2010 年 7 月 15 日。
④ 谭科、李德全：《制度防腐　村官薪酬财政发》，《成都日报》2005 年 5 月 11 日。
⑤ 颜玉华：《江苏遏制村官腐败的有效探索》，《中国老区建设》2011 年第 8 期。

败。该县建立农村集体财产清查登记备案制、资产资源处置民主决策制和统一招标制、部门对村级援助款物管理责任追究制、村级集体财富积累机制。对涉农补助资金实行"三专一封闭"管理,即专人、专户、专账,封闭运行;对家电下乡产品实行代垫直补制;建立农村低保核查审验制。[1]

浙江台州市利用现代影视技术开展廉政影视教育,专门设立了"廉情频道"和"廉情广播",播放《生死抉择》《大道如天》《撼天雷》等反腐倡廉影视片,村民们在村头、田头和床头就能受到教育,警示之声时时响在耳边,干部们就会时时注意廉洁自律问题了。同时,该市还通过廉政书屋、廉政书刊、廉政文艺、廉政动漫等群众容易接触、感知、喜爱的方式开展乡村廉政文化教育,营造良好的清廉乡村的文化氛围。[2]

综上所述,改革开放至党的十八大之前的三十余年来,我们党积累了丰富的反腐败斗争和廉政治理经验。第一,改革开放以来,特别是党的"十五大"以来,农村基层腐败问题已经逐渐引起了党中央的高度重视。党的反腐败斗争不再局限在治理高层贪腐,基层腐败的治理也被提上重要的议事日程。第二,将反腐败斗争寓于改革和建设之中。过去运用"群众运动"和"整党"的方式治理腐败,容易脱离法制轨道。改革开放以来,中国大力深化经济体制改革,完善社会主义民主,逐渐走上了一条依靠法制建设来反腐败的"康庄大道"。第三,不断完善有关基层反腐败的各层次立法,健全各项体制、机制。中共十一届三中全会以来,从中纪委到基层纪委全面恢复和不断壮大,为反腐败工作提供了充分的组织保障;从《村委会组织法》的顺利通过,到全国人大通过立法解释明确"村委会等基层组织人员在协助人民政府从事有关行政管理工作时具有国家工作人员身份",再到《村委会组织法》中设立"村监会"的规定,为有效遏制村干部腐败现象注入了一剂强心针。从此,治理村干部腐败不仅可以依靠"党纪",更加可以依靠"国法",为基层反腐提供了充分的法律依据和坚实的法律后盾。村务公开和村干部离任审计等

---

[1] 于德永:《承德县着力创新机制有效预防村官腐败》,《承德日报》2010年12月22日。
[2] 颜新文、翟思德等:《清廉和风润乡村——台州市开展农村廉政文化活动纪实》,《今日浙江》2010年第4期。

一系列体制、机制的不断推出，为治理农村基层腐败提供了丰富的制度保障。

第四节　党的十八大以来乡村廉政治理的回顾(2012年至今)

党的十八大报告提出："反对腐败、建设廉洁政治，是党一贯坚持的鲜明政治立场，是人民关注的重大政治问题。这个问题解决不好，就会对党造成致命伤害，甚至亡党亡国。"以习近平同志为核心的党中央坚持"全面从严治党"，坚持"老虎苍蝇一起打"，凡腐必反，除恶务尽。十八大以来的历年中央一号文件密切关注着农村基层反腐败问题。2013年中央一号文件指出："开展集中查办和预防涉农惠农领域贪污贿赂等职务犯罪专项工作，坚决查处发生在农民身边的腐败问题"。2014年中央一号文件明确指出"坚决查处和纠正涉农领域侵害群众利益的腐败问题和加重农民负担行为"。2015年中央一号文件提出"严肃处理违反党规党纪的行为，坚决查处发生在农民身边的不正之风和腐败问题"。2016年中央一号文件指出："着力转变基层干部作风，解决不作为、乱作为问题，加大对农民群众身边腐败问题的监督审查力度，重点查处土地征收、涉农资金、扶贫开发、'三资'管理等领域虚报冒领、截留私分、贪污挪用等侵犯农民群众权益的问题。"2018年中央一号文件指出："推行村级小微权力清单制度，加大基层小微权力腐败惩处力度。严厉整治惠农补贴、集体资产管理、土地征收等领域侵害农民利益的不正之风和腐败问题。"

一　这一时期农村"微腐败"的状况

2012年以来，农村基层党员干部违纪案件呈现以下特点：一是涉及村干部的案件所占比重居高不下；二是村干部违纪金额呈上升趋势。2016年，安徽省淮北市烈山区烈山镇烈山村原党委书记刘大伟挪用公款4700万元私开公司，侵吞村办企业1490万元股权，涉案金额达1.5亿元；三是共同违纪特征明显；四是违纪手段多样化；五是违纪多涉及土地和经济问题。①此外，大学生村官的腐败现象也众所瞩目。②还有村官"子承父业"，破坏村民自治的现象。③除了贪腐，部分村干部沦为"黑老大"。④村干部和上级领导以及开发商结成"腐败铁三角"的情况，也令人触目惊心。⑤

2012年12月，中央公布关于改进工作作风、密切联系群众的八项规定。中纪委监察部官网公布的数据显示，截至2013年9月30日，各省区市因违反中央八项规定精神问题而被处理的干部中，乡科级干部占95%以上。2012年，最高人民检察院发布信息显示，涉农惠民领域贪污贿赂犯罪发案数量多，村支书、村主任、村财务人员沦为贪占征地补偿款高危人群。涉农职务犯罪既严重影响了党和国家"三农"惠民政策的贯彻落实，也严重侵犯了农民切身利益，更严重阻碍了新农村建设的步伐。遏制村官腐败已经到了刻不容缓的时刻。

2013年上半年，广州市白云区立案查处81名领导干部，其中村社干部有43名，村社干部已经成为违纪违法的"重灾区"。⑥面对越来越多的扶贫项目和资金下拨到基层，村组干部频频将"黑手"伸向扶贫领域，利用种种手段来"拿回扣"。某一国家级贫困县申请了100万元资金修一

---

① 详见李占国《对村干部违纪零容忍——访台安县纪委副书记唐宝刚》，《民心》2016年第12期；另见江西专办员《村干部侵占集体土地经营权收益应引起重视》，《中国财经报》2015年8月11日。

② 2012年4月6日新华网报道，女大学生村官辜某在征地拆迁工作中，利用职权帮助亲戚、朋友多丈量房屋和地面附着物，套取国家征地补偿款80余万元，并从中获取回扣，最终被判有期徒刑5年。参见梁江涛《对大学生村官腐败的反思》，《村委主任》2012年第7期。

③ 担任10多年村支书在2014年再获连任。这种村官"子承父业"的情况在一些地方真实地发生着。这些"继承"村官职务的"村官二代"，并非靠自己的实力取信于民，而是凭借家族势力，通过贿买、经济威胁乃至人身胁迫等手段上位。这严重破坏了村民自治，使得农村基层组织软弱涣散。参见王钟《不能让村干部成为"土皇帝"》，《中国青年报》2015年12月29日。

④ 河北省保定市曲阳县七里庄原村支书刘会民，因贪污受贿上千万元并领导等级分明、成员固定、分工明确的黑社会性质犯罪组织等罪名，于2013年8月一审被判死刑。参见高泽华、赵艳红《聚焦"村官"腐败：村干部里的"苍蝇"怎么打》，《决策探索》2014年6月（上）。

⑤ 广州市冼村党支部书记兼冼村实业有限公司原党支部书记卢穗耕自1979年一直担任村支书，村中大小事务由冼氏家族来管理，他将村中土地低价卖予开发商，收取开发商回扣，与妻子都是外国籍，案发时逃往国外。参见《市长村官开发商结成"腐败铁三角"》，《中国青年报》2004年8月18日。

⑥ 吴冰、邓圩：《村官为何成腐败重灾区》，《人民日报》2013年7月29日。

座桥，经各级干部层层截留，最后真正用于工程的竟然只剩下7万元。①深圳甚至出现了20亿元身家的村干部。②

2015年7月21日，最高检新闻发言人表示，2013年至2015年5月，全国检察机关共查办涉农和扶贫领域职务犯罪28894人，占同期检察机关查办职务犯罪总人数的22%。③从2015年7月至2017年7月，全国检察机关将开展为期两年的集中惩治和预防惠农扶贫领域职务犯罪工作，集中查办一批影响惠农和扶贫政策落实，损害农民群众利益的贪污贿赂、渎职侵权等职务犯罪案件。④

2017年1月至12月，全国查处群众身边腐败和作风问题12.21万个，处理15.91万人，其中，涉及扶贫领域腐败和作风问题4.87万个，处理6.45万人。⑤

2019年1月29日，中央纪委国家监委网站对"监督曝光"栏目2018年曝光的829起群众身边腐败和作风问题进行了分析，具体情况如下：曝光总数829起，扶贫领域腐败和作风问题554起，黑恶势力"保护伞"48起，两项占总数的72.62%。涉及金额从几百元到上千万元不等，金额小到260元，大到3094万元。涉及总人数1408人，处级43人，乡科级688人，村（居）干部677人，分别占比3.05%、48.87%、48.08%。基层的乡科级、村（居）干部和群众打交道最直接、最多。从通报的数据看，被通报的乡科级、村（居）干部占比达96.95%，发生在群众身边的腐败和作风问题依然突出。⑥

2019年是脱贫攻坚进入决战决胜、攻城拔寨的关键节点。中央纪委

---

① 王军荣：《村干部"微腐败"需要"重惩罚"》，《共产党员》2016年10月（中）。
② 高泽华、赵艳红：《聚焦"村官"腐败：村干部里的"苍蝇"怎么打》，《决策探索》2014年6月（上）。
③ 戴佳：《2013年至今年5月，全国检察机关查办涉农和扶贫领域职务犯罪28894人——涉农资金管理使用环节案件多发》，《检察日报》2015年7月22日。
④ 戴佳：《最高检：将集中惩治和预防惠农扶贫领域职务犯罪工作》，《检察日报》2015年7月22日。
⑤ 杜晓、曹明珠：《惩治基层腐败须铲除哪些毒瘤》，《法制日报》2018年1月24日。
⑥ 《从具体人具体事着手　维护群众切身利益——对829起群众身边腐败和作风问题的分析》，中央纪委国家监委网站（http：//www.ccdi.gov.cn/toutiao/201901/t20190128_187854.html）。

国家监委党风政风监督室副局员刘岱在解答 2019 年纪检监察机关在整治群众反映强烈的腐败和作风问题方面的工作重点时强调，中央纪委三次全会提出三个"严查"，要严查基层干部违纪违法行为，严查黑恶势力"保护伞"，严查"村霸"、宗族恶势力和黄赌毒背后的腐败行为。[①]

综上所述，国家在廉政治理中始终把查处群众身边的腐败问题作为重要内容，当作一项护航乡村振兴战略的保障举措。希望通过廉政治理维护广大人民群众的切身利益，把全面从严治党不断向基层延伸，覆盖到"最后一公里"。

二 中央和各地惩治乡村微腐败的举措

2013 年 1 月，习近平同志在十八届中纪委二次全会上明确提出，腐败是社会毒瘤。如果任凭腐败问题愈演愈烈，最终必然亡党亡国。[②] 党的十八大以来，党中央坚持党要管党、从严治党，旗帜鲜明地推进党风廉政建设和反腐败斗争，成就显著。为了治理村干部腐败，从中央到地方构建了以严明党纪、"零容忍"惩治腐败、推进法治反腐、改革反腐败的体制机制等为内容的立体化反腐败体系。

（一）提升农村基层廉政治理的法治化水平

党的十八大报告指出："健全反腐败法律制度，防控廉政风险，防止利益冲突，更加科学有效地防治腐败。"中纪委向党的十八大所作的报告中也指出："制度更带有根本性、全局性、稳定性和长期性。要坚持把从严治党和依法治国结合起来，加强反腐败国家立法，健全反腐败法律制度。"2013 年，习近平总书记在中纪委二次全会上明确指出："要善于用法治思维和法治方式反对腐败，加强反腐败国家立法，加强反腐倡廉党内法规制度建设，让法律制度刚性运行。"2014 年，党的十八届四中全会将党内法规正式纳入中国特色社会主义法律体系。

党内法规不断完善。2011 年 5 月 23 日，中共中央办公厅、国务院办

[①] 《中纪委解答 2019 年整治群众身边腐败和作风问题重点》，人民网（http://fanfu.people.com.cn/n1/2019/0222/c64371 - 30895911.html）。

[②] 中共中央纪律检查委员会、中共中央文献研究室：《习近平关于党风廉政建设和反腐败斗争论述摘编》，中央文献出版社、中国方正出版社 2015 年版，第 5 页。

公厅联合印发了《农村基层干部廉洁履行职责若干规定（试行）》。党的十八大后不久，党中央就制定了《中共中央政治局关于改进工作作风、密切联系群众的八项规定》。2013年，中央又制定了《中共中央关于在全党深入开展党的群众路线教育实践活动的意见》。2015年8月，新修订的《中国共产党巡视工作条例》出台。2015年10月，中共中央印发了《中国共产党纪律处分条例》《中国共产党党员领导干部廉洁从政若干准则》。2016年11月2日，十八届六中全会审议通过了《中国共产党党内监督条例》。

国家立法不断健全。2018年3月11日，十三届全国人大一次会议第三次全体会议经投票表决，通过了《中华人民共和国宪法修正案》。在宪法第三章"国家机构"中新增一节"监察委员会"，确立监察委员会作为国家机构的法律地位。监察委员会从此成为反腐败工作的国家机关。通过整合行政监察、预防腐败和检察机关查处贪污贿赂、失职渎职及预防职务犯罪等工作力量，组建国、省、市、县监察委员会，同党的纪律检查机关合署办公，对党中央、地方党委全面负责，有利于健全党领导反腐败工作的体制机制，实现对所有行使公权力的公职人员监察全覆盖。

宪法修正案的通过，使国家监察体制改革于宪有据、监察法于宪有源，从而推动反腐败斗争的深入发展。2018年3月20日，第十三届全国人民代表大会第一次会议通过《中华人民共和国监察法》。《中华人民共和国监察法》明确了监察覆盖的公职人员包括基层群众性自治组织中从事管理的人员。这就将从前无法纳入法律有效管辖范围的"村干部"从此纳入了国家法律的调整之中。这不仅使得自党的十八大以来的党内监督得到有效加强，更为基层反腐败工作施加了国家法律的强有力的保障。

《中华人民共和国监察法》第十一条规定，县一级的监察委员会可以依法对村干部开展廉政教育，对其依法履职、秉公用权、廉洁从政从业以及道德操守情况进行监督检查；对涉嫌贪污贿赂、滥用职权、玩忽职守、权力寻租、利益输送、徇私舞弊以及浪费国家资财等职务违法和职务犯罪进行调查；对违法的村干部依法作出政务处分决定；对履行职责不力、失职失责的村干部进行问责；对涉嫌职务犯罪的，将调查结果移送人民检察院依法审查、提起公诉。该法同时赋予县一级监察委在执行基层反腐败工作时的相关权限。例如，在调查村干部职务违法和职务犯罪时，可以采取谈话、讯问、查封、扣押、冻结等措施；调查村干部严重职务违法或职务犯罪时，经监察机关依法审批，可以将被调查人留置；甚至还可以经严格批准，移交有关机关执行对村干部的通缉、限制出境等措施。2018年的宪法修正案和监察法的颁布与实施，标志着中国反腐败工作全面进入法治化轨道，也为治理村干部腐败提供了坚实的组织保证和强大的法律保证。

2019年1月召开的党的十九届中央纪委三次全会将"持续整治群众身边腐败和作风问题，让人民群众有更多更直接更实在的获得感、幸福感、安全感"作为重要目标。同时，三次全会工作报告在部署2019年任务时，明确提出"强化问题导向、有的放矢，分类解决、逐项推进"。[①]

（二）用"权力清单"治理乡村微腐败

推行村干部"权力清单"制度，对村干部依法依规承担的党务、村务管理权力进行梳理，以清单式、流程化的形式明晰固定，保证农村各项事务在阳光下规范运行。自党的十八大以来，各地探索运用"权力清单"的方式治理农村基层腐败问题，产生了很多有价值的方法和经验。

2014年，浙江省宁海县出台《宁海县村级权力清单三十六条》（简称"36条"），其内容包括"村级集体事项"和"便民服务事项"两大类，其核心精神为公开、监督、问责。一个公共项目超过5万元就要在乡镇公共资源交流中心公开招标。以往村里困难家庭申请低保，整个村子只有村长、村支书两人来决定，实施"36条"之后，低保名额由村民代表会议协商确定，全程监督。"36条"让村干部们知道了自己的权力界限，自其实施以来，全县已有121位村干部因顶风作案被处罚，同时，反映村干部问题的信访量同比下降80%以上，取得了良好的社会效果。[②]浙江余姚全市279个行政村全部公布村级权力清单，并分别制定了农村基层权力规范化运行操作手册，把许多原来没有明确边界的"微小权力"关进制度的笼子里。同时，通过数字电视、网络、手机和电子触摸屏，将各项村务运行和财务报销情况悉数公布，获得群众好评。[③]

[①] 胡晓、张琰：《贯彻落实中央纪委三次全会精神之六 坚决整治群众身边腐败和作风问题》，中央纪委国家监察网（http://www.ccdi.gov.cn/special/2019qglh/yw_2019qglh/201903/t20190302_189725.html）。

[②] 蒋欣、刘凯：《宁海"36条"为村干部限权》，《中国青年报》2015年5月12日。

[③] 吕玥、朱海兵：《余姚规范村干部权力》，《浙江日报》2015年4月14日。

2014年，广西武宣县试点村干部"微权力"清单制。由县纪委、县委组织部牵头，依照相关法规认真清理村级干部职责和权限，共梳理出三资管理、工程项目、公共服务等6大类30条村干部"微权力"，编制出村干部"微权力"清单，并出台了《武宣县村干部"微权力"清单规范运行管理办法》，厘清村干部的权力边界，着力解决村干部"要干什么""能干什么"的问题。①

2015年，河南漯河市郾城区村居组织创造了"阳光三权"体系建设，具体内容是指村居组织的"职权清单化、用权程序化、结果透明化"，其中的"职权清单化"的内容与浙江省宁海县的"36条"完全一致。"阳光三权"实施后，村居组织的权力清单化，公开透明，村里的"一把手"不能再起决定作用，把村组织的公共权力的行使纳入规范化和程序化轨道，有效避免了村干部权力的滥用。据郾城区纪委统计，"阳光三权"实施后，2015年该区农民上访数量减少了70%。②

2015年，青岛市纪委、市委组织部、市民政局联合出台了《从严管理村干部20条负面清单》以进一步加强对村"两委"干部的规范管理。这20条负面清单包括：贿选；向村民乱集资、乱摊派、乱收费等腐败行为。凡违反负面清单的，视情节轻重，由有关机关、部门依照职责权限，依法依规进行处理。涉嫌犯罪的，移送司法机关处理。③

2015年3月，广东湛江出台了《湛江市农村集体资金资产资源管理暂行规定》，明确提出要建立5个"笼子"锁紧"村官"之权。这5个"笼子"分别是农村集体"三资"信息化管理服务平台、资产资源交易服务中心、集体资金收支和财务管理平台、民主理财和监督管理平台、信息和档案管理平台等五大平台。《规定》还明确了各县（市、区）人民政府对农村集体"三资"管理工作负有直接责任；乡镇人民政府（街道办）

---

① 曾明、杨晓红：《广西武宣县试点村干部"微权力"清单制》，《中国改革报》2015年12月4日。
② 贺雪峰：《治村》，北京大学出版社2017年版，第186—187页。
③ 张晋、张文超：《"负面清单"盯牢"村官"——青岛出台20条从严管理村干部》，《青岛日报》2015年8月19日。

对农村集体"三资"管理工作负有具体责任。①

2016年初,河南省淮阳县为有效规范乡村权力运行、集中整治"微腐败",印发了《关于构建基层"微权四化"廉政体系的工作意见》及《实施方案》,在县委领导下,由县纪委牵头会同相关部门在全县开展了"微权四化"廉政体系建设。所谓"微权四化"是指"权力清单化、履职程序化、监督科技化、问责常态化"。2016年实施以来,淮阳县乡村治理取得了明显效果。一是方便了群众,提高了办事效率。例如2016年4月至12月,全县村级组织议事定事14628项,乡村干部代表群众办事4681人次,减少群众跑路18916人次,压缩办事时间21327天。二是干部作风贴近了群众,贴近了实际。三是遏制了腐败,保护了干部。四是保持了稳定,促进了和谐。五是彰显了效率,展示了前景。六是赢得了民心,巩固了政权。②

除正面清单外,推行"负面清单"制也成为规范乡村微权力的有效举措。浙江嘉兴嘉善县天凝镇洪溪村为规范村干部微权力的运行,经过多年探索建立了"重大村务八步公决制",成为基层社会治理的"洪溪模式"。除重大村务公决,该村还针对基层权力运行容易"任性"和易发生腐败的关键环节,进行"清单式"梳理规范,共梳理出11大类36项小微权力,编制了12项涉及三资管理、群众切身利益的权力运行流程图,并在宣传橱窗、电子显示屏公开展示。同时,该村还将"村干部86条负面言行清单""村干部防止利益冲突'八个严禁'""征地拆迁大会战'十个严禁'"等权力运行负面清单明列,引导村党员干部从自身日常言行着眼进行"量身高"、"找短板",从严从细抓好农村干部作风建设。③

"权力清单"体现了村民民主权利对村干部权力的制衡,真正让民主监督机制贯穿村官权力运作的始终。通过对村干部权力以清单的形式严格界定,明确职责、义务,每个村干部都清楚哪些该管、哪些不该管、应该

---

① 赤坎、关月:《加强"三资"管理,杜绝"村官"腐败》,《湛江日报》2015年3月5日。

② 联合课题组:《规范乡村权力运行是治理"微腐败"的治本之举——河南省淮阳县开展"微权四化"廉政体系建设的调查与思考》,《中州学刊》2017年第5期。

③ 杨茜:《嘉善这个村清廉建设美名扬》,人民网(http://zj.people.com.cn/cpc/big5/n2/2019/0109/c337202-32507722.html)。

管到什么程度。同时，这也把裁判规则、裁判权交给了村民，扩大了群众的知情面，更便于群众监督，让拥有权力的人在权限范围内、在阳光下正当行使职责，杜绝了滥用职权、乱作为、不作为的现象。此举是农村民主政治下权力制衡的一个典范。

（三）创新治理乡村微腐败的工作机制

陕西省安康市通过四个环节治理村干部腐败，取得良好的效果。一是创建县、乡、村三级便民服务网络，实行"一厅式办公、一室式受理、一条龙服务"。二是实行入户下访排查制度，定期组织基层干部进村入户，集中排查解决群众生产生活中遇到的困难，有效掌握村干部可能产生腐败的苗头。三是实行乡镇协作办案制度，集中力量查办发生在群众身边的腐败案件。四是实行重信重访复查复审制度，强化对纪检监察信访办案层级的监督，群众越级信访量大幅下降。①

2013年起，重庆市检察院第二分院为了提高辖区村社干部的廉洁从政意识，探索了三项工作机制：一是定期开展专项预防调查，发送有针对性的检察建议，加强源头预防；二是与当地政府涉农惠民职能部门建立预防信息联络机制，完善事前预防措施；三是开展巡回送法进乡镇、村社法治宣传活动，教育引导村干部依法行政。② 2015年8月20日起，浙江省宁海县试行村级集体开支消费卡制度，用"村务卡"严格控制村财务现金支出，从源头上遏制腐败。③

2017年，甘肃省定西市安定区把党风廉政建设作为农村目标责任书考核的重要内容，建立农村党风廉政建设责任追究制；严格落实村级财务审计制度，在每次村"两委"换届前，由乡镇组织专人对各村年度财务收支情况进行初审，区财政、农业审计部门进行复审，并将结果张榜公布，对有经济问题的村干部跟踪追究责任。④

2017年以来，新疆维吾尔自治区昌吉市玛纳斯县推行"一清二白"工

---

① 余娆：《安康："组合拳"遏制"村官"腐败》，《中国纪检监察报》2012年3月2日。
② 黄顺祥、付泽：《重庆二分院：让新任村干部先出"廉政汗"》，《检察日报》2015年1月20日。
③ 董小芳：《宁海：小小"村务卡"刷出廉洁风》，《宁波日报》2015年9月2日。
④ 李瑞丰、王玉明：《安定三项举措打造清正廉洁村干部队伍》，《定西日报》2017年10月23日。

作法暨村干部涉农重点事项报告制度。"一清"指报告审查要清楚,即将村干部涉农水电费缴纳情况、承包地情况、本人及直系亲属享受惠农政策情况列入村干部涉农重点事项申报清楚,由乡镇进行审核。"二白"指让群众明白,干部清白。为了执行这一制度,定期召开村级干部涉农重点事项清核工作现场会,村民向村干部公开"揭短""开炮",村干部当众检讨,现场退款。这一工作法极大地促进了村务公开,受到村民极大好评。①

2017年8月中旬以来,浙江省台州市横溪镇党委推出了"廉政夜谈"制度。该镇党委书记和纪委书记排出计划,利用两个月时间,对全镇43个村(社区)的支部书记、村委会主任和村监会主任进行一次廉政谈话。"廉政夜谈"的主要内容包括各村"三资"管理、扶贫资金利用、公益林补助发放等工作的廉政风险提示。镇党委书记和纪委书记利用晚饭后时间,到村里去谈话。他们还会到村支书、村委会主任和村监会主任家里走访,向家属了解村干部的日常工作、生活情况,引导家属当好贤内助、廉内助,与镇党委一起夯实"组织+家庭"的防腐墙。②

2017年以来,广东省积极探索建立巡视巡察上下联动、构建巡视巡察一体化格局。郁南县是广东省首个挂牌设立县级巡察机构的县。该县巡察办利用群众在乡镇集市人员相对集中的时机,专门设点开展巡察接访活动,开通举报电话和网络举报平台,制作专用举报信封。③

2018年1月11日十九届中纪委二次全会提出"要推动全面从严治党向基层延伸,严厉整治发生在群众身边的腐败问题"。2月5日,最高法等四部门发布关于依法严厉打击黑恶势力违法犯罪的通告,专家指出,这次扫黑除恶的着力点,除了打击黑恶势力本身,还要打击基层的腐败,查处"微腐败",加强基层政权建设、组织建设。

湖北省恩施州推进"律师进村,法律便民"社会治理新举措,从2013年至今经历了探索、完善、提升三个阶段,在全省率先实行律师参与信访案件化解、律师代理涉法涉诉信访案件申诉等工作,并发布了全国

---

① 廖冬云、李睿:《玛纳斯县推行"一清二白"工作法整治"微腐败"》,《昌吉日报》(汉)2017年9月5日。
② 蒋虎雄:《横溪:"廉政夜谈"给村干部敲警钟》,《台州日报》2017年8月29日。
③ 谭永丰、王少安:《万元危房改造补贴,村干部竟索要六千》,《中国纪检监察报》2018年1月28日。

首个县市级公共法律服务中心服务规范地方标准。律师参与乡村法律服务，引导老百姓遇事找法、用法，营造良好法治环境，有效促进乡村廉政法治建设，"探索出了一条卓有成效的法治落地的好路子"。①

（四）大力开展廉洁教育，加强对村干部的监督

自2011年开始，广东省惠州市即开展了丰富多彩的廉政教育活动，取得良好效果。廉政教育课堂注重平台整合，通过"听辅导报告、观专题片、阅电子书、行文化园"等一连串动作，形成廉政教育套餐。此外，村干部们还可以亲耳聆听村干部现身说法以及观看法院的庭审教育。② 类似做法还出现在了辽宁省本溪市③。

2012年11月，中纪委、中组部等十二部委联合印发了《关于进一步加强村级民主监督工作的意见》，提出：建立健全村务监督机构；加快建立村务监督委员会；规范村务监督机构成员产生方式；明确村务监督机构主要职责。该意见强调，到2020年，实现村级民主监督制度完善、监督形式丰富、民主评议有效、经济责任审计规范的目标，切实保障农民群众的知情权、参与权、表达权和监督权。

2013年5月，山东省莱芜市钢城区检察院在基层乡镇派驻检察室。2013年12月，广州市纪委常委印发《关于加强和规范村"两委"班子主要成员出国（境）管理的意见》，对村干部实施出国审批管理，全市2014名村干部的护照统一上缴。

2014年，山东省委组织部、山东省农业厅等6部门联合发出通知，在全省开展村干部任期和离任经济责任专项审计工作。审计内容包括财经法纪执行情况，集体资产、债务及权益的变动情况，任期岗位目标完成情况及经济责任评价情况。对存在侵占集体"三资"行为的村干部，责令其如数退、赔并依法追责。

2015年，湖北省云梦县将村主职干部教育纳入政治纪律和政治规矩专题教育活动范围，组织全县292名村主职干部集中开展警示教育活动，

---

① 唐红丽：《恩施州找到了一条法治落地的好路子》，中国社会科学网（http://www.cssn.cn/zx/bwyc/201510/t20151020_2503805.shtml）。
② 赵杨、陈惜辉：《廉洁教育成村干部"必修课"》，《南方日报》2015年6月19日。
③ 详见丛焕宇《本溪为新任村干部上反腐倡廉课》，《辽宁日报》2016年5月4日。

下发《纪律教育简明读本》《云梦县基层党员干部典型案例警示教育读本》280余套，教育村干部守纪律、讲规矩、廉洁履职。①

2017年以来，浙江省对农村党支部书记进行系统性教育培训。在教学培训内容上，还坚持"走出去"与"请进来"相结合。一方面，邀请上级党校专家或本地农村工作专家作专题讲座；另一方面，采用"你点菜、我下厨"的授课方式。即农村支部书记需要上什么课，解决什么问题，党校授什么课，为他们排疑解惑。同时，组织部门还专门制订了农村党支部书记年度教育培训计划，每年至少一次参加市级的集中培训，市镇两级累计集中培训时间不少于7天。通过系统性培训以提升村干部的综合素质。②

在全国不少地方，村里的大小事务在村务公开栏里被清楚明白地公布出来，并且畅通了村民监督渠道，村民可通过村务公开栏上监管部门的监督电话随时向纪委反映党员干部的违纪问题。"扶贫攻坚"是"十八大"以来的重点任务，有的地方的市、县纪检监察机关专门开设扶贫领域违纪问题举报专区，开通扶贫领域举报监督电话，对顶风违纪、向扶贫资金伸手的从重从快处理。③

综上所述，党的十八大以来，党和国家在治理村干部腐败问题上取得了突破性的发展。遏制腐败的高压态势持续保持。除了常规化的加强廉洁教育、加大对村干部腐败的监督惩罚力度之外，十八大以来的基层反腐败工作取得的成绩主要表现在以下几个方面：第一，全面从严治党的党规不断完善，监察委的成立为反腐败工作提供了充分的组织保证。第二，反腐败的专门立法《中华人民共和国监察法》也正式施行，标志着在惩治村干部腐败方面迈出了"史无前例"的一大步。第三，各地在实践中不断创新反腐败的工作机制，有效遏制了农村基层腐败的发展态势。但同时我们也要认识到，"全面从严治党永远在路上""反腐败永远在路上"。为此，我们必须深化标本兼治，创新体制机制，健全法规制度，强化党内监

---

① 安国忠：《云梦狠治村官腐败》，《孝感日报》2015年9月17日。
② 林仕川：《乡村振兴背景下农村党支部书记队伍建设研究——以浙江省Y市为例》，《中共南京市委党校学报》2019年第4期。
③ 邓静、张崇熙：《打通全面从严治党最后一公里》，《德州日报》2017年12月5日。

督。只有牢记反腐败的历史使命，才能不忘初心，砥砺奋进，最终取得基层反腐败的最终胜利。

本章小结

"月亮，月亮，挂在嘉兴南湖上；湖上，湖上，多少眼睛在仰望。"在过去近百年艰难坎坷的历程中，中国共产党反腐败的斗争一直贯穿其中。从1926年8月4日中国共产党颁布的第一个"反腐败通告"到2018年3月20日《中华人民共和国监察法》的正式施行；从新中国成立初期的"三反"、"四清"到今天国家和地方各级监察委的成立及其监察职能的全覆盖，我们党始终都在探索反腐治腐的路径和方法，在创造运动式反腐的同时，积极探索制度反腐的功能，并将运动式反腐和制度反腐相衔接，注重依靠制度反腐和机制治腐的实践。党的十八大以来，中国反腐败治理进入全新时期，不仅反腐败的力度得到空前强化，而且反腐败的范围更加广泛，特别是长期被忽略的基层腐败问题在这一轮治理中被纳入重要范畴，就连乡村村干部的腐败问题也俨然成为"微腐败"的"重灾区"，受到党和政府的高度关注。与此同时，新时期的治腐方略呈现出明显的法治化特征，即从以往的运动为主转向以法治为主的多种方法的综合运用。同时，党的反腐始终将维护人民群众和国家利益放在首位，并坚持依靠人民群众进行反腐和防止腐败。近百年反腐败的历史经验启示我们：一方面，必须坚定不移地完善党内法规，坚持全面从严治党；另一方面，必须不断健全基层反腐败的法律法规建设，提高乡村法治建设水平。党的十九大以来，在不断深化国家监察体制改革的背景下，反腐败斗争必将继续向纵深发展。在全面深化改革过程中，必须坚持全面依法治国、全面从严治党的有机统一，不断推进国家治理体系和治理能力现代化，从而实现对腐败"标本兼治"的目标。

第三章

乡村微腐败形成的学理解析

腐败系"政治之癌"。关于腐败的研究,过去主要流行于宏观视角的国家研究之中,且不同学科对于腐败的研究各有侧重,并给出了不同的理论界说,丰富了对腐败成因的理解。从20世纪80年代开始,中国社会进入转型发展的特殊时期,在生产关系和社会结构发生深刻变化的同时,以村干部腐败为主体的乡村微腐败问题开始凸显,并逐步演变成为基层腐败领域的"重灾区"。本书将基于学科视角和实践视角的双重维度予以分析,试图寻求对村干部腐败成因的学理阐释。

第一节 国外腐败研究的基本命题

近现代以来,特别是20世纪90年代以来,西方学术界越来越把腐败问题作为一个重大政治问题展开研究。西方学界对官员腐败问题的研究发现,有些国家官员腐败程度较高,给人留下深刻印象,而有些国家腐败程度却相对较低。于是,不同学者纷纷开展研究导致腐败产生的相关因素,提出了若干有重大启示和借鉴意义的学术观点。这些研究主要围绕以下几个方面展开。

一 腐败与政体关系

学者们认为,腐败与政体关系密切。通过数据和经验分析,他们认为,政体对腐败影响的因素有宏观层面和微观层面的。研究结果表明,宏观层次的研究关注民主政体、非民主政体的腐败程度差异,而微观层次的研究则回答了总统制和议会制度谁更腐败问题。在腐败与民主关系方面,

20世纪90年代以来,透明国际组织(transparent international,TI)利用世界各种组织机构对各个国家腐败感觉进行调查的数据展开整理和加工,得出各个国家腐败感觉指数(corruption perceptions index,CPI)。学者们采用腐败感觉指数来评价和分析各个国家的腐败程度和民主程度的关系。墨西哥大学Alok K. Bohara和Neil J. Mitchell认为,民主是一个多维概念,其核心要素是选举竞争和参与,理论上开展民主研究与腐败有着重要关系。[1] 哥伦比亚大学学者Hung-en Sung在《民主与腐败:一项跨国比较》中认为,通过自由之家(Freedom House)的政治权利指数(Political Rights Index)可以测量一个国家的民主程度,并由此构建了一个有效的民主概念。[2] 西方学者普遍认为,民主政体因素会增加腐败因素。学者Goldsmith认为,竞争性政治由于增强了对竞选资金的需求,从而成为可疑政治的腐败滋生地。[3] 学者Little和Johnston等人也认为,依托政党为基础的竞争、自由选举的政客们通过肆无忌惮的(un-scrupulous politicians)购买选票(vote-buying)和非法政党献金(illegal party financing)参与政治生活,并导致政治活动腐败盛行。[4] 当然,更多的学者通过腐败数据与民主水平数据直接认为,腐败与民主是负相关关系[5],民主越少,腐败越盛行,在权力缺乏分享、牵制平衡、责任机制和信息公开的国家,腐败程度明显要高。[6] 腐败意味着民主的赤字。[7] 学者Amundsen则认为,非民主制国家中腐败程度与非民主统治模式密切相关。[8] 由此可以看出,

---

[1] Alok K. Bohara, Neil J. Mitchell, Carl F. Mittendorff. Compound Democracy and the Control of Corruption: A Cross-Country Investigation, The Policy Studies Journal, Vol. 32, No. 4, 2004.

[2] H. E. Sung. Democracy and political corruption: A cross-national comparison Crime Law & Social Change, Vol. 41: 179 – 194, 2004.

[3] Goldsmith, ArthurA., Slapping the grasping hand: correlates of political corruption in emergency markets, American Journal of Economics and Sociology, Vol. 58 No. 4, 1999, pp. 866 – 883.

[4] Little, W. Corruption and Democracy in Latin America, IDS Bulletin 1996 (27), 64 – 70

[5] Sandholtz, W. andW. Koetzle Accounting for Corruption: Economic Structure, Democracy, and Trade International Studies Quarterly, Vol. 44 (1), 2000, pp.: 31 – 50.

[6] Doig, Alan and Robin Theobald, Corruption and Democratisation. London: Frank Cass, 2000.

[7] MarkE. Warren, What Does Corruption Mean in a Democracy? American Journal of Political Science, Vol. 48 (2), pp. 328 – 343.

[8] Amundsen, Inge, Political corruption: An introduction to the issues, Working Paper 1999: 7, Bergen: Chr. Michelsen Institute.

西方学者认为民主制国家腐败程度比非民主制国家腐败程度普遍要低，造成这一现象是因为①：竞选民主容易选出诚实政治家、独立司法体制可以震慑腐败分子、普遍性参与政治活动增加了公民监督政治家的机会，等等。有些学者在赞同上述观点的同时，特别强调一个国家持续民主对腐败的影响，他们认为民主体制越长，则腐败程度越低。比如，学者 Treisman 通过跨国研究强调，真正影响一个国家腐败程度的因素是这个国家民主体制持续时间的长短，长期民主体制的建构和运行大大降低了腐败的程度。② 学者 Hung-en Sung 通过腐败与民主三种可能统计方程式——直线方程、二次方程和三次方程的实践和理论分析再次证明，尽管民主化早期可能会出现腐败的暂时性高潮，但是从长远来看，民主化最终会减少腐败。③ 随着对腐败与民主体制关系研究的日益深入，学者们发现，不同民主制度国家腐败程度也存在问题，于是学者们开展了一系列民主体制与腐败关系的比较性研究，最为经典的是关于总统制和议会制度的差异性研究。波士顿大学教授 John Gerring 通过研究认为，议会制比总统制更有利于减少腐败。④ John Gerring 教授认为，议会制权力较为集中，可以减少政治权力体系中潜在的否决点的数量（potential veto points）。而与议会制相比较，总统制权力容易碎片化，分散决策权力，从而增加了行政官员腐败的机会。

二 腐败与国家结构

除了分析民主政体对腐败问题产生影响之外，部分学者也开始研究国家结构是如何对腐败问题产生影响的。以联邦制国家结构为例，有些学者认为，联邦政府在次级权力之间容易形成竞争，或者在不同层级之间容易产生竞争⑤，因而可以产生高效的政府。学者 Rose-Ackeman 认为，"在联

---

① 刘晖：《近年来西方腐败研究的理论与方法》，《兰州学刊》2009 年第 4 期。
② Blake, CharlesH., The dynamics of politica lcorruption: Re-examining the influence of democracy, Democratization 2006, Vol. 13 (1), pp. 1 – 14.
③ 刘晖：《近年来西方腐败研究的理论与方法》，《兰州学刊》2009 年第 4 期。
④ John Gerring, Political Institutions and Corruption: The Role of Unitarism and Parliamentarism. British Journal of Political Science, 2004. Vol. 34, No. 2. pp. 295 – 330.
⑤ Breton, A., Competitive Governments: An Economic Theory of Politics and Public Finance, Cambridge University Press, Cambridge, 1996.

邦制结构中，每个层级都拥有自己的警察力量，能减少他们法律执行机构的软弱"[1]，从而可以打击和遏制腐败。但是，部分学者却反对Rose-Ackeman教授的观点。学者Shleifer和Vishny均认为，联邦制国家由于中央权力和次级权力在公有资源上存在争夺和平衡，从而存在过度榨取的可能。[2] 学者Prud Home认为，高度自主权的地方由于存在私人与官员的相互作用更加亲密和频繁等问题，从而可能会极大地增加腐败的机会。[3] 同样，学者Bardhan认为，联邦制国家由于建立了一个多重否决权力体系，从而增加了腐败程度。[4] 1999年，学者Rose-Ackeman再次批判了联邦制对助长腐败行为的影响，"联邦制可能很容易给州和地方政治领导人用公共成本为自己谋利的机会"[5]。学者Treisman通过研究认为，在不考虑其他变量情况下，联邦制国家的腐败程度更高，这是因为，在上下层之间的分权导致了更为严重的贿赂问题的产生，这些不同层级的自治体竞相从经济行为体中榨取贿赂，从而导致过度放牧（overgrazing），这样就加重了人们对腐败的感觉。[6]

三 腐败与选举制度

选举是现代民主国家的基本特征。西方学者关注选举是否导致或者产生腐败主要结点是探讨腐败与选举关系，及何种选举制度更加促进腐败或

---

[1] Rose-Ackerman, S., Reducing bribery in the publicsector, In: Trang, D. V. (Ed.), p. 27. Corruption and Democracy: Political Institutions, Processes and Corruption in Transition States in East-Central Europe and in the former Soviet Union, Institute for Constitutional&Legislative Policy, Budapest, pp. 21 – 28, 1994.

[2] Shleifer, A., Vishny, R. W., Corruption., Quarterly Journal of Eonomics 108 (3), 599 – 617, 1993.

[3] Prud homme, R., On the dangers of decentralization, World Bank Research Observer 10 (2), 201 – 220., 1995. Tan-zi, V., Fiscal federalism and decentralization: a review of some efficiency and macroeconomic aspects., In: WorldBank, Annual World Bank Conference on Development Economics 1995, World Bank, Washington, DC.

[4] Bardhan, Pranab, Corruption and Development: A Review of Issues, Journal of Economic Literature 35 (September): 1320 – 46, 1997.

[5] Rose-Ackerman, Corruption and Government: Causes, Consequences, and Reform. NewYork: Cambridge University Press. p. 143, 1999.

[6] 刘晖:《近年来西方腐败研究的理论与方法》,《兰州学刊》2009年第4期。

抑制腐败?① 较多学者比较认同的观点是，选举有利于抑制腐败，因为真实有效的竞争性选举是民主重要部分，竞争性选举是抑制腐败的一个重要作用机制。如，学者 Diamond 和 Plattner 认为，更多公民参与政治生活，可以监督政治家，从而让官员保持忠诚和正直，为了确保自己在下次选举中胜选，落选者有动机和责任揭露现有获胜者滥用职权问题。② 当然，也有学者反对选举与腐败负相关的判断，他们认为，由于现有的选举是金钱选举，鉴于对竞选资金的需求，容易激发竞选者购买选票或者非法政党献金。③ 当投票成本过高，选举不确定性的逐年增加促使候选人从事寻租活动，他们往往会通过非法寻租活动，寻求超过对手的选举资金，以便未来保持选举的胜利。关于何种选举制度会减少腐败问题，以 Persson 为代表的学者们，通过比较 80 多个国家选举制度与腐败关系，采用选票结构、选取大小和选举规则三个层面的分析认为，与多数规则相比，比例代表制更容易受腐败寻租制度的影响，特别是与总统制结合在一起时，腐败程度较高。④

四 腐败与经济增长

与国内部分学者观点一样，西方学者也比较关注腐败与经济关系问题。早期，勒夫、亨廷顿等人认为，腐败润滑（grease）经济增长。勒夫认为⑤，在政府推进现代化任务的过程中，腐败可能会促进经济增长。这是因为，腐败为私营部门提供了一个增加自身影响力的渠道，从而增加了政府或社会支持度，扩大了影响。政府赞助的市场主体会因为得到政府支

---

① 刘晖：《近年来西方腐败研究的理论与方法》，《兰州学刊》2009 年第 4 期。

② Diamond, L. and M. F. Plattner (1993): The Global Resurgence of Democracy. Baltimore: Johns Hopkins University Press, 1993. Quah, JonS. T., Combating corruption in South Korea and Thailand, chapter 15 (pp. 245 – 256), in A. Schedler, L. Diamond and M. F. Plattner (eds.) The Self-Restrainin g State. Power and Accountabiltiy in New Democracies. Boulder, Colorado: Lynne Rienner Publishers, 1999.

③ Goldsmith, ArthurA., Slapping the grasping hand: correlates of political corruption in emergency markets, American Journal of Economics and Sociology, Vol. 58 No. 4, 1999, pp. 866 – 883.

④ ANA KUNICOVá, Susan Rose-Ackerman, Electoral Rules and Constitutional Structuresas Constraintson Corruption.

⑤ Leff, NathanielH., Economic Policy-Making and Development in Brazil, 1947 – 1964. New-York: Wiley, 1968.

持竞争力增强,这样,为了生存,小企业将会不断地提升自己的竞争力,否则就要退出生产部门。亨廷顿则认为,传统僵化官僚制度会妨碍经济的发展,而腐败能够通过企业家与官员的非正式接触提升企业效率和成功率。学者们不断地研究进一步发现,腐败有益经济增长的观点存在许多问题。学者 Mauro 等人的研究表明,人均收入增长率和腐败程度呈负相关。① 他们认为,由于腐败使政府支出机构偏向低生产性行为,从而会损害经济增长。同时,腐败比课税更扭曲,部分公共项目的提出和推进是因为腐败,而不是公共利益。② 有的学者进一步细化腐败与经济增长关系,他们认为,考量腐败与经济增长关系,必须要关注民主国家与非民主国家这一外部环境。学者 A. Cooper 和 Druryd 等人通过分析 1982 年到 1997 年期间 100 个国家的序列研究数据发现,民主国家的腐败对经济增长影响甚小;相反,非民主国家的腐败却严重阻碍经济增长。这是因为,民主国家能够减轻腐败对经济的破坏作用,民主国家的选举机制抑制了腐败对经济增长的破坏作用。因此,他们认为,民主国家的腐败行为与经济增长呈现非线性关系,民主国家腐败发生率低将会利于经济的增长。③

五 西方腐败命题的局限性及其启示

综上所述,西方学者基于不同视角研究腐败与各种制度变量间的关系,以期揭示腐败产生的原因。西方学者研究腐败形成的原因,主要基于国家层面,存在局限性,表现在:一是民主政体与腐败成因关联性的界定过于简单,世界上许多具备民主政体国家均存在腐败行为,不能把二者的关系简单对接;二是国家结构与腐败问题存在关联,但不是权力分层越多就越腐败,真正导致腐败产生的原因主要是权力监督机制的缺失;三是通过寻租理论界定腐败可以促进经济增长,显然存在经济和政治的不公问题,社会的发展不能因为促进了公共利益就允许通过寻租等腐败行为惠及一撮人的私人利益。尽管西方学者对腐败成因的研究存在诸多的片面性,

---

① Mauro, P., Corruption and growth, Quarterly Journal of Economics110, 681 – 712. 1995.

② Rose-Ackerman, Susan Wheni Corruption Harmful, Working Paper, Washington, DC: World Bank, 1996.

③ FabioMeńdez, FacundoSepúlveda, Corruption, growth and political regimes: Cross country evidence, European Journal of Political Economy, Vol. 22 (2006) 82 – 98.

但是对于认识基层腐败的深层原因具有较大的启发意义，具体表现在以下方面。

（一）基层权力制衡与村干部腐败密切关联

西方诸多学者一致认为，绝对的权力会导致绝对的腐败。为此，通过建构优良政体来限制权力过于集中，实现权力的彼此制约，是西方学者研究腐败问题最为聚焦的区域。从洛克，到孟德斯鸠，再到当今诸多国家民主政体的实践活动，人们一直致力于通过权力制衡来治理腐败问题。抛开民主政体是否一定可以遏制人的腐败不谈，通过加强基层权力的制约来遏制腐败，对治理村干部的腐败行为具有合理性，原因有三：一是村干部手中的权力具有自我扩张性，容易腐败；二是村干部手中的权力具备双重性，需要监督，容易腐败；三是村干部手中的权力过于集中，缺乏制衡机制，容易腐败。合理地设置基层干部权力制衡制度，将有利于遏制腐败。

（二）乡村现代化与村干部腐败密切关联

我国正处于乡村现代化的推进中，随着乡村经济的快速发展，作为乡村经济发展的引领者——村干部的价值观念有了巨大的转变。早期无私奉献带领村民发家致富的领头人，很多已变成了地地道道的"经济人"，在乡村土地流转等巨大利益的冲击下，许多村干部逐步走向腐败的泥潭，成为村中率先腐败的"先行者"。随着中央对解决"三农"问题投入的增加，在乡村现代化过程中，乡村集体财富呈现井喷式的增长。在巨大的物质财富诱惑面前，手中掌握较大财富分配权的村干部很容易利用手中的权力产生寻租行为，从而滋生较多的腐败行为。因此，在乡村监督制度不够健全的背景下，乡村现代化过程中村干部腐败行为的产生不可避免，需要及时治理。

（三）乡村选举制度与村干部腐败密切关联

西方学者认为，民主、竞争的选举制度可以抑制腐败。抛开西方社会选举的虚伪性和金钱性不谈，有效的选举行为将会选出可以"为民做主"的公职人员。通过公开、公正的选举制度的保证和程序化的推进，能够选出忠诚、正值的候选人、公职人员。随着我国选举乡村干部的制度日渐完善，许多地方通过海选等方式，能够选出一些贤人、能人成为村干部，带领村民走向致富路。依托村干部自身的技术、资金，以及奉献精神，不断地推进村社集体经济的发展，实现乡村振兴。事实上，一些没有经过公平竞争、合理的选举制度通过贿赂成为村干部的人，一旦上台或者掌握大量的村财富后，为了捞回选举时付出的贿赂钱财，在缺乏一定的奉献动机和文化理性心态下，更加助长了他们腐败的嚣张气焰。因此，建构合理的村干部选举制度将有助于遏制腐败产生。

第二节　乡村微腐败成因的多学科审视

村干部这一群体是20世纪80年代以来中国基层民主实验与制度实践的产物。总体说来，上述关于现代体制转轨的论述可在相当程度上为我们探究村干部腐败成因提供分析思路，即村干部腐败主要是由于中国农村在治理范式转换中的体制及其相关制度缺位、错位和越位所造成的。尽管如此，不同学科还是给出各有特色的学理解释。

一　政治学视角

在政治学科视野中，腐败即公权私有化或者说公权私用。从委托—代理视角看，村干部虽不是严格意义上的国家行政人员，但手中的权力却是公共权力无疑。由于受到诸多因素的影响，村干部作为村公共权力的实际操控者，掌握了大量的行政资源和社会资源，再加上乡镇行政中心对村干部身份的政治认定，这些都让村干部手中的权力俨然成为准行政权力，村干部在事实层面成为中国政治生活中最基层的行政官员，他们也是典型的政治人。村干部腐败显示的是基层政权组织、基层社会自治组织间的博弈与张力过程中的失序状态。作为骑跨国家行政体系与社会自治体系间的村干部，其贪腐的根源是现行体制的权威治理逻辑和国家与社会之间权利关系的模糊不清和规则混乱。[①] 因此，在研判村干部腐败成因时，从政治学视角去审视、探析村干部腐败行为产生的政治因素有着重要的学理意义。

（一）政治人德行堕落所致

中国儒学家对于政治的阐释，寄托了对礼仪等规范性道德的价值追

[①] 周庆智：《关于"村官腐败"的制度分析——一个社会自治的问题》，《武汉大学学报》（哲学社会科学版）2015年第3期。

求。思想家孔子曰："政者，正也。子帅以正，孰敢不正？"① 这里的"正"，就是儒家所追求的道德规范，治者的行为必须符合道德行为规范。古希腊时期，人们认为，政治是一种"公共的善"，这种"公共的善"既是人们从事政治生活的初衷，也是评价一个人德行的标准。思想家柏拉图认为，政治的本质在于"正义"，因此，在他的"理想国"中，它把智慧、勇敢、节制和正义定为从事政治人的四种美德。思想家亚里士多德也把政治与"最高而最广泛的善"对等，认为它是人们之间一种德性的结合。② 可以看出，尽管这种纯哲学思辨政治学观点不能从完全意义上解读政治人应该具备的品性，但也说明，从事村级政治、经济、社会发展的人——村干部，必须秉承"公共的善"价值标准开展自己的日常工作，这些民选出来、传达民意和上层政治意图、开展公共管理活动的干部只有具备高尚的德行才能够防止腐败的产生。但事实上，近年来，许多村干部产生腐败行为大多体现出德行堕落的特点。据统计，近年来，村干部腐败成员中几乎所有人都存在贪图享乐、价值扭曲问题。村干部腐败是掌权者滥用权力导致公共权力异化，他们的人生观、价值观扭曲，进而丧失道德和良知，约束村干部内在的"主观意志的法"丧失了存在的空间。③ 这表明，村干部正是因为德行堕落才逐渐滑入腐败的深渊。

(二) 政治体制建构不健全所致

如果说村干部德行缺失是村干部产生腐败的重要原因，是从政治人个体角度去探究腐败问题产生的根源的话，那么政治体制建构不健全则是村干部产生腐败行为的结构性问题。政治权力运行结构是一个国家推行政治权力、实行国家治理和社会治理的重要架构，良好的政治权力运行结构可以有效地开展国家治理和社会治理。村级单位是我国政治权力运行的最低端，尽管不是法律意义上的行政单位，但在村级开展工作中，村民、乡镇机构已经把村委会视为政府的行政机构（至少也是准行政机构），因此，村干部实际上也是村民心目当中的父母官，村干部行为必须或者应该受到乡镇等上级主管部门的监管和权力制约。但是，在1998年《中华人民共

---

① 《尚书·毕命》。
② 亚里士多德：《政治学》，商务印书馆1995年版，第3页。
③ 李慧：《反腐败理论框架的构建》，《山西大同大学学报》（社会科学版）2013年第6期。

和国村民委员会组织法》公布实施以后,依照这一法规规定,村民大会是村级组织单位最高权力机关,村委会是被选举出来组建的自治管理的核心机构,本质上受村民监督,国家层面的正式监督较少,其受到的监督乏力。① 同时,村级单位中,还存在村"两委"之间体制悖论。村委会和村支部通常称为"两委",共同管理村日常事务,二者正常的关系是村委会权力最大,村支部只是起到领导和指导作用,但实际上,许多村支部完全凌驾于村委会之上,由村委会中党员同志选举出来的村支部,几乎垄断一切,独断专行,肆意破坏村庄民主。一些地方实行"一肩挑",村的公共权力几乎被主要村干部掌握,村支部和村委会处于"一把手"(村支书或村主任)独自掌控状态,两委之间的权力监督失去了制度基础。因此,以往我国乡村政治体制结构很难为村干部手中的权力筑起制度的笼子,自然也很难控制村干部腐败行为的产生。

二 经济学视角

经济学视角用寻租、经济理性人假设来描述官员的自利动机与行为逻辑。从经济视角审视,村干部腐败的成因很大程度上是乡村非市场权力的存在和村干部腐败收益与代价不匹配双重因素叠加所造成的。

具体而言有三个层面:一是寻租行为,也即利用公共权力干预市场活动进行钱权交易;二是侵吞行为,也即利用转轨时期乡村土地流转、扶贫项目拨款等方面,在牵涉到集体财产关系调整和变化时,将集体或公共财产据为己有;三是暴利行为,也即通过违法手段在不完备市场经济体制中牟取暴利。导致这三种村干部经济腐败行为的主要原因,是计划经济向市场经济转轨时期,村干部手中公共权力制衡机制没有及时建构起来,部分村干部容易利用手中的公共权力来谋取私利,由此产生较多的腐败行为。在当前利益主导行为价值观得到普遍倡导的前提下,具有自利动机并掌握农村公共资源的村干部客观上就存在以权谋私的动机,在腐败成本、收益理性之间,他们选择个人利益最大化。②

---

① 《村干部腐败已"触目惊心" 位小权大缺少监督》,《法制日报》2008年10月21日。
② 段小力:《村官腐败的经济原因及预防对策》,《前沿》2009年第1期。

(一) 乡村市场体制发展的不成熟，易产生腐败行为

经济学界认为，腐败的前提是存在非市场的权力。市场曾经被称作"天使"，主要是基于它是最有效的资源配置方式。尽管如此，市场也有失灵时候，一旦失灵，政府的介入将成为必然，否则市场失灵所带来的经济危机将严重危害人们的利益和安全。但客观现实要求政府超然于市场并运用非市场权力对社会经济之航船进行纠偏以防触礁①，这就为村干部开启了一扇腐败之门。腐败是无孔不入、有机即寻的，当非市场化权力介入乡村市场之后，原本就不够成熟的市场体制在具备较大信息资源、财力资源和分配公共财物资源的村干部的介入下很难保证不产生腐败行为。当今许多村干部腐败行为，如在扶贫资金发放、项目下乡、土地拆迁赔偿等事宜开展过程中，由于存在信息不对称、市场运行不够成熟等因素，村干部腐败行为屡见不鲜，不断成为村级腐败问题多灾之区。因此，乡村市场经济体制建构的不成熟已经成为村干部腐败产生的重要原因之一。

(二) 村干部腐败收益与代价不匹配，导致腐败蔓延

学者布坎南的公共选择理论认为，村干部作为理性的经济人来看，其职业特点决定了"钱权交易"的易致性。② 因此，村干部在行使村公共权力时存在理性选择的利益考量。一般来讲，村干部腐败的收益包括有形收益和无形收益。有形收益，是指村干部在一定时间内的合法收入和非法收入之和。无形收益，是指名誉和职权带来的便利。而村干部腐败成本，或者代价、风险一般包括三部分③：一是心理代价，即村干部实施腐败收益所要付出的各类心理负担，比如提防、担惊受怕、良心责问等。二是机会代价，即是村干部做出腐败决策时将要面临的失去必得利益的风险，如制度特权、较高的薪金收入、身份优势和灰色收入等。三是惩罚代价，即村干部腐败行为暴露将要遭受的惩罚，如党纪政纪处分、撤职、法律法规制裁等。三种代价会随着村干部腐败次数、腐败程度、腐败时间呈现差异性特点。心理代价会随着腐败次数增加而递减，腐败的村干部会逐渐练就一副脸不红、心不跳的"本领"；机会代价有上限，是村干部掌握权力时的

---

① 邱志文：《腐败问题的求解：经济学与政治学视角之比较》，《桂海论丛》2009 年第 3 期。
② [美] 布坎南：《自由、市场与国家》，中国经济学院出版社 1998 年版。
③ 邱志文：《腐败问题的求解：经济学与政治学视角之比较》，《桂海论丛》2009 年第 3 期。

隐性收入和显性收入的总和；惩罚代价由惩罚度和查处率来决定。由于许多乡村地区往往存在权大于法、情大于法、有法不依、执法不严等因素影响惩罚度，导致腐败惩罚代价较低。党的十八大之前，由于碍于政府情面，或者上下级包庇等形式的掣肘，许多村干部涉事、违法、腐败多是大事化小、小事化了。低的查处率和低的惩罚度，导致村干部因为腐败行为承担的代价几乎为零。代价与收益对比中扩大了腐败的净收益，从而成为村干部腐败行为强劲的诱因。

总之，从经济视角看，村干部腐败行为，是一种成本和风险低于收益的交易活动，特别是村级部门公共权力处于缺乏有效监管背景下，村干部追逐个人利益最大化，通过寻租行为扩大自己私利将是很难遏制的。

三 文化学视角

新经济社会学者弗雷斯特泽（Freisitzer，1981）认为，一个社会腐败程度与人们之间的信任形式和道德规范有关，某些文化模式所支撑的价值观和道德准则会助长腐败行为的产生。因此，腐败问题的产生很大程度上和社会文化有着紧密的关系，考察村干部产生腐败行为的原因必须从他们所处的文化背景出发。

（一）农村传统文化中糟粕助推村干部腐败行为的产生

腐败是一种历史现象，古今中外，概莫能外，以至于学者王亚楠断言，中国二十四史就是"一部贪污史"[①]，中国历朝历代帝王的覆灭都深受腐败的影响。中国有着悠久的传统文化，其中流传至今的糟粕部分依然深深地影响着官员行为，村官腐败问题也和传统文化中的糟粕有着莫大联系。

首先，传统文化中"家文化"扭曲村干部手中公共权力运行的方向。中国的"家文化"意指，以血缘、家族为纽带，以父系为原则，以家族中尊卑、长幼有序身份规定人的行为规范，把一整套家族家法上升为全体中国人必须遵守的、占据主导地位的思想体系。[②] 这种思想文化体系通过

---

① 李松：《牛栏关不住猫》，新华出版社2017年版，第1页。
② 储小平：《中国"家文化"泛化的机制与文化资本》，人大复印报刊资料《文化研究》2004年第2期。

身份关系、道德伦理、认知模式等调节、支配中国人、组织和社会的思想体系。① 中国的家族文化在社会中占据核心地位。台湾学者杨国枢认为，家族不但成为中国人之社会生活、经济生活及文化生活的核心，甚至也成为政治生活的主导因素。黑格尔认为，"中国纯粹建筑在这一道德（家庭关系）的结合上，国家的特殊性便是客观的'家庭孝敬'。"② 可见，家族文化深刻影响着中国人思想和行为。而且一旦中国人通过如学者杨国枢所认为的"泛家族化"的三个历程，也即家族结构泛化、家族伦理泛化和家族为人处世原则化，将会把家族中伦理、规范、法则等延展到社会层面，从而形成了中国人传统的政治生活规则。在中国乡村这一领域，"家的文化"影响村干部手中公共权力运行方向显得尤为明显。其主要体现在：一是村干部手中公共权力受困于个人感情；二是村干部之间的监督缺乏刚性；三是村级公共制度的运行缺乏刚性。

其次，传统文化中"官本位"文化造成村民的惧官心理。③ 村干部腐败行为之所以长期存在，很大程度上是村民不敢，或者不愿意监督所致。传统文化中"官本位"文化塑造了村民对村干部恐惧、害怕的心理，形成了官员绝对掌控的思想观念。其具体表现在：一是承认村干部的村级绝对支配权；二是"官"作为衡量人生价值的最高标准；三是村干部手中权力运行的任意性。④ 一旦村民长期对村干部及其手中权力产生恐惧心理，村干部行使公共权力的随意性将会极度膨胀，腐败行为自然形影相伴。

再次，传统儒家文化中"轻制度，重内省"思想导致村干部权力监督机制的缺失。在整个中国封建帝制下，传统儒家文化一直以来用一整套结构化伦理塑造中华民族的心理结构和民族特征，作为中华传统文化内核渗透到民众的心中。体现在政治层面上，儒家政治思想过于关注人的"王道"、"德治"思想的培养，而比较忽略制度和法制的建构。比如，孟

---

① 陈崧：《五四前后东西文化问题论战文选》，中国社会科学出版社1995年版。
② 黑格尔：《历史哲学》，王造时译，上海书店出版社1999年版。
③ 贾贤良：《略论腐败现象的传统文化成因》，《长江大学学报》（社会科学版）2012年第1期。
④ 贾贤良：《略论腐败现象的传统文化成因》，《长江大学学报》（社会科学版）2012年第1期。

子在《孟子·离娄上》中认为,"规矩,方圆之至也。圣人,人伦之至也。欲为君,尽君道;欲为臣,尽臣道,二者皆法尧舜而已矣。"荀子在《荀子·称道》中也认为,官员应该"上则能尊君,下则能爱民"。因此,儒家思想家们非常注重行政人员"德行"的塑造和培养对公共权力运行的影响。应该来讲,在早期社会结构简单、信息输送缓慢的农耕社会中,依赖于权力拥有者自律行为来保证行政权力运行的公共性,不产生腐败行为是有一定的作用。但随着时代的发展,社会结构和社会管理均呈现复杂化的趋势,单单依赖于"德行"的自律行为显然无法遏制官员的腐败行为,也应该需要构建刚性的制度反腐才可能筑牢权力的笼子。事实证明,当今村干部腐败行为的大量出现,在很大程度上不仅是村干部"德行"的丢失,更是村干部权力缺乏制度约束,以至于他们利用公权谋私利,产生腐败行为。

最后,传统文化中的等级观念导致村民主体意识缺失。村民主体意识是指村民对自身在社会或国家中的支配和主导地位的认识,是公民意识的核心和现代民主政治的国民心理基础。[1] 长期以来,村民深受我国封建专制制度中等级文化的熏陶,等级意识和臣民意识较为浓厚,形成了阿尔蒙德所界定的"臣民政治文化"。在这种文化环境下,乡村被逐渐塑造成以等级为前提的社会政治权力分配和界定管理模式,权力拥有者高高在上,村民则长期被工具性圈定在社会底层,并最终形成了下级对上级绝对的忠诚和服从,进而造成村民对村干部手中公共权力的监督也失去了国民心理基础,历史文化系统和国民心理解构了村民主体意识,助推了村干部腐败行为的产生。

(二)乡村法治文化的缺失助长了村干部腐败行为的产生

农村法治文化建设是一项长期重要的工作,是实施乡村振兴战略的一个重要组成部分。2014年党中央出台的《关于全面深化农村改革加快推进农业现代化的若干意见》文件中也提出,"加强农村党风廉政建设,强化农村基层干部教育管理和监督,改进基层干部作风,坚决查处和纠正涉农领域侵害群众利益的腐败问题和加重农民负担行为"。农村反腐败工作

---

[1] 贾贤良:《略论腐败现象的传统文化成因》,《长江大学学报》(社会科学版)2012年第1期。

是一项长期艰巨而严酷的任务,在社会领域涉及道德和文化的引领。[1] 自古以来,我国村民民风淳朴,乡村文化建设也体现了中华民族传统美德,提倡"为官清廉、造福一方"一直是考核地方行政人员政绩的主要标准之一。但随着社会转型期腐败现象的频频出现,腐败行为逐渐在文化心理上得到"默许式"的认同,村干部腐败问题在人们的潜意识中逐步发展成为"正常"或者"人人习以为常的事情"。这在一定程度上为腐败行为的滋生提供文化心理土壤,使得村干部腐败行为逐渐成为乡村建设中一种社会风气和生活模式。在现实腐败文化意识上,人们逐渐认为腐败不可避免、认可腐败行为和羡慕腐败行为[2],从而增强了村干部腐败行为心理意识,弱化村民监督意识。由此带来的乡村法治文化环境也出现价值偏向:课题组在 H 省 E 州 M 市调查知,在乡村,人们遇到需要解决的问题时,更倾向于先"找关系",解决不了的然后上访、信访,法律途径往往是最后的选择。2017 年我国实地信访举报达 273.3 万件次之多[3],网上信访同比上升 79.4%[4]。全国信访量一直走高,地方信访、上访形势也不容小觑。以课题组收集到的 M 市 L 镇 2017 年度信访情况及其处理结果为例,M 市 L 镇 2017 年 1—12 月,累计接访 642 起 1005 人次(见表 3—1)。立案受理录入阳光信访平台 42 件,其中:省转 8 件,州转 2 件,市局转 25 件 53 人、该级首接件 7 件 97 人,引入法律程序的 5 件 29 人,一般咨询访 540 件 609 人。参与人民调解 8 起,到村指导调解 10 起,州电台反馈线 1 件 1 人,热线电话 35 件 215 人,H 省委第三巡视组驻 M 市期间交办 1 件 1 人。从信访案件的类别看:涉及土地、山界林权权属争议纠纷仍居首位;精准扶贫、农村低保、村干部纪律作风等问题有所上升;重点工程建设、农民工资、劳动保障等问题较为突出;家庭邻里纠纷、涉法涉诉、历史遗留等问题有所下降。同时,自 L 镇开展"接访、下访、陪访"活

---

[1] 魏斌冠:《村民自治背景下的新农村廉政文化体系构建》,华中师范大学,硕士学位论文,2015 年,第 1 页。

[2] 江彩云:《从社会文化心理视角审视腐败认同意识》,《中央社会主义学院学报》2011 年第 3 期。

[3] 《中央纪委通报 2017 年全国纪检监察机关纪律审查情况》,资料来源,人民网:http://politics.people.com.cn/n1/2018/0111/c1001-29757612.html。

[4] 《全国信访局长会议 2017 年网上信访同比上升 79.4%》,资料来源,央视网:http://news.cctv.com/2018/01/24/ARTI7GbGBx7ZdSnvVcOiT2mq180124.shtml。

动以来，该镇共接待来访群众427人次，领导接访403人次，书记陪访10次。由此可见，上访、信访方式仍然是村民解决矛盾纠纷的首选方式。上述情况表明，在乡村，人们"办事依法""遇事找法""处事用法""化解矛盾靠法"的法治氛围尚未形成，法治文化在乡村社会还处于弱势状态。

表3—1　　　　M市L镇2017年1—12月信访情况

累计接访			
642起共1005人次	录入阳光信访平台	共42件	省转8件
			州转2件
			市局转25件53人
			该级首接件7件97人
	引入法律程序	5件29人	
	一般咨询访	540件609人	
	州电台反馈线	1件1人	
	热线电话	35件215人	
	省委巡视组交办	1件1人	

资料来源：L镇信访办公室年度总结资料。

利益至上、暴富心理、"讲狠"心态在农村还不同程度存在，再加上农村党组织能力不足、有效的考核机制缺失、社会修复能力的弱化以及监督分配制度不完善等因素叠加，愈加导致了村干部腐败行为的增长。因此，充分重视农村法治文化建设迫在眉睫。

四　社会学视角

现代社会学理论认为，腐败问题是一个社会结构性问题，腐败问题的产生不单是个人原因，也受社会结构因素的影响。在当前中国社会结构转型时期，农村社会的发展变化、结构转型对村干部腐败行为的产生将会产生较大的影响，运用社会结构分析方法深入剖析村干部腐败的产生原因将具有较大的解释力。具体表现在以下方面。

（一）社会结构巨变加剧村干部腐败行为产生

20世纪80年代以来，伴随家庭联产承包责任制、村民自治制度的确立与推行，中国乡村社会结构也开始发生深刻改变。国家对乡村直接地、整体性地控制开始减弱，"国家同时把应该支付给农村的基本公共开支（社保、医保、教育）转嫁到被农民重新均分的土地上。"① 取消农业税以后，乡村体制的改革一度继续沿着这个方向推进，撤乡并镇、合村并组、减少乡村干部、取消村民小组长、"七站八所"推向市场等，客观上造成基层政权的"悬浮"。② 在此背景下，计划经济时代乡村共同体的属性受到冲击，村庄和村民分化加剧，呈现出"原子化"特征，导致乡村社会由"半熟人社会"③ 迈向"半陌生人社会"。"半熟人社会"不仅描述村民之间联系厚度的减弱，也关涉到集体行动能力和村庄整体价值生产上的困难。而这里的"半陌生人社会"，意在描述村民之间——哪怕是同一生产小组内的"熟人"——利益需求上的分化以及心理上的"陌生人化"趋势。随着农村社会结构发生根本性变化，乡村社会流动加快，许多地区大量年富力强的人远离故土，外出打工，"三留守"人员是现在农村普遍存在的社会人口结构，村庄能人外溢严重，农村干部老年化和青黄不接现象普遍存在，长期固化的村干部、村委会人员更换比较困难，农村能够实现民主监督村干部公共权力运行的人员也相对较少，从而增加了村干部腐败行为的发生。

（二）社会角色错位导致村干部腐败行为产生

社会学认为，任何人都在不断地扮演不同角色，而不同角色又使得人们被赋予的责任和处理问题的方式存在差异性，人处在社会角色结构中，社会角色结构规约人的行为，也建构人的思想，人一旦角色失调或者错位就容易产生不当行为。村干部作为村民选举的公共权力执行者，一旦丢失公共角色，腐败行为将会必然产生。当下，部分村干部存在角色意识薄弱、角色领悟偏差、角色实践失范等问题。④ 村干部是村民选举出来的代表村民的领路人（村民心中也认为是准官员），手中掌握的行政权力自然体现出公共性。因此，掌握村级公共权力的村干部扮演着重要的社会角

---

① 温铁军：《告别百年激进》，东方出版社2015年版，第87页。
② 朱政、徐铜柱：《村级治理的"行政化"与村级治理体系的重建》，《社会主义研究》2018年第1期。
③ 贺雪峰：《新乡土中国》，北京大学出版社2013年版，第3—10页。
④ 张磊：《政治社会学视角下官员腐败的诱因及防治》，《法制与社会》2016年第1期。

色,他们必须努力地体现出自身应该承担的角色责任,履行角色规范,避免角色迷失。但现实中许多村干部违法乱纪行为频出,角色担当意识薄弱,部分干部竟然成为基层黑社会人员,把公共权力内化为自我私欲掠夺的工具,基层准公共性角色荡然无存,村干部腐败行为自然在所难免。村干部除了应该具备公共性角色意识之外,还应该学会主动领悟角色责任和践行角色行为。村干部这一社会角色在其所处的社会关系中,自身包含着一整套权利、义务的规范与行为模式,它是人们对具有特定身份的村干部的行为期望。[①] 村干部在自身行为角色扮演中,必须通过自身价值观、技能和知识形成自我角色认知,再结合社会对村干部角色期待来塑造自我角色。村干部是民选"官员",是为村民服务的"官员",是党和政府传达政策最为基层的窗口,是底层民意上传的渠道。因此,村干部不能够高高在上,而应是甘为孺子牛的人,一旦他们角色认识错位或者不清楚,自然其所形成的角色领悟将会出现偏差。当今,很多村干部的腐败行为的产生很大程度上是因为他们形成对上不对下的角色领悟,长期脱离人民群众,把村民的事情看成负担,替民办事自然就要索取好处费,腐败行为在部分村干部心中是顺理成章的事情。这是角色领悟出现问题的必然结果。当然,一旦村干部出现角色意识薄弱和角色领悟偏差,自然在践行公共行为时候会出现角色实践失范,他们喜爱嘴上说一套,暗地做一套,经常在公共场域中高谈反腐阔论,实际行为上却背离民意,践行贪污之事。因此,村干部腐败行为的产生很大程度上是由他们建构社会角色时出现角色错位所导致的。

(三) 熟人社会导致村干部腐败行为的产生

社会学家费孝通先生认为,中国人大多生活在一个"差序格局"中,这种"差序格局"折射出人们是生活在"熟人社会"之中。村干部大多生活在充满人情关系的"小环境"——乡村里面,熟人关系错综复杂,在落实公共政策过程中他们一直是处于熟人编织的关系网之中,由此难免会偏袒熟人,产生腐败行为,村干部腐败方式中的"优亲惠友"就是直接体现。同时,村干部的农民身份决定了他不得不从事农业劳动和生产,这是他们养家糊口的主要保障。而许多村干部家的农活单靠自己的力量是

---

① 郑杭生:《社会学概论新修》(精编版),中国人民大学出版社2008年版,第118页。

难以完成的,需要请村庄里的人帮忙,而一些有求于村干部的村民往往会很乐意帮忙,他们往往不要村干部给工钱,而是将其(所帮之忙)作为日后向村干部争取政策或资源的资本和条件。我所在的村庄属于西部贫困地区,这种现象就十分突出,几任村支书都大面积种植烤烟,大部分劳动都是请村庄里的人帮忙完成的。这种"熟人+劳力资本"的模式势必会影响村干部公正用权,在执行政策和分配公共资源时往往会偏向给村干部帮忙的人,表面上是一种回馈,实质上是利用公共权力作交换,进而产生腐败行为。再加上狭小的熟人空间也让村干部时刻面临着腐败分子编织的腐败关系网的困扰,受到从众心理和攀比心理进一步诱导,村干部腐败行为则进一步增多。

由此可见,"关系"和"人情"很大程度上制约着农村基层廉政治理。人与人之间,免不了工作和生活在各种各样的关系中。有"关系",就必然有"人情"。有"关系"与"人情",就必然存在难以掌握和坚持好公务理性与私人感情界限的现象。某些时候,群众需要办事时,可能就会出现因感情好、关系不错而及时办理或者灵活处理(有时甚至是违规违法的)的现象,而关系一般或没有交情的就严格按照所谓原则和程序拖沓办事,甚至出现"胁迫性村官腐败"。[①]

五 法学视角

村干部腐败问题长期难以治愈,除了上述村干部源于性格腐败特质、自我德行不足等原因之外,很大程度上和惩治村干部腐败行为的法律、法规等制度性建构的缺失有关。习近平总书记提出:"要善于用法治思维和方式反对腐败,加强反腐败国家立法,加强反腐倡廉党内法规制度建设,让法律制度刚性运行。"[②] 如何利用法律思维方式筑起一道村干部不敢腐的防腐的法律之墙,已成为当下遏制村干部腐败行为产生的重要利器之一。当前,从法学视角看,影响村干部腐败行为产生的主要原因是在治理村干部腐败问题时,存在"无法可依"、"违法不究"和"执法不严"等

[①] 杨守涛:《农村基层廉政建设的系统构建与有效运行》,《中共福建省委党校学报》2019年第6期。

[②] 习近平:《在党的十八届中央纪委第二次全会上的讲话》2013年1月22日。

现象。

(一)"无法可依"让村干部敢于腐败

在腐败治理的法律建设方面,过去存在严重缺失的状态。学者蒙慧、任鹏丽发现,我国不仅缺乏一部全国性的反腐败的专门法以及配套的反腐败单行法律法规,并且反腐败存在党纪党规与国家法律不协调问题,同时与他国先进的法治反腐缺乏合作。[1] 除反腐败法律制度缺失之外,已有的法律制度亦缺乏整体性。比如学者王剑认为,我国法治反腐法律依据层级不一致,缺乏统一性,在反腐败的制度方面,制度规定偏重于事后惩罚,对事前和事中的预防重视不足。[2] 从立法角度审视反腐败,国家立法主要限于《行政监察法》、《刑法》和《刑事诉讼法》等基本法律,无法完全应对腐败蔓延的广泛性、腐败行为的复杂性、腐败规制的特殊性的现实状况。[3] 村民自治还处于发展完善阶段,自治过程中的规范性、程序性比较欠缺,也就是说,村民自治制度实施中的非制度化现象普遍存在,导致许多地区自治水平不高,村民民主管理难以有效推行,村干部腐败行为无法及时得到村民的监督。仅仅依赖于村干部自身的德行和村规民约来抑制村干部的腐败行为,显然无法消除村干部腐败的侥幸心理。以往"无法可依"必将进一步增强村干部腐败心理动机的产生。

(二)"执法不严"助推村干部腐败心理成长

良法是建构法治国家的基础,但是良法能否落地实施需要执法人员的严谨工作态度和秉公执法的精神。当下,随着依法治国理念的不断强化,我国从各个领域开展了富有成效的法律制度的建构,在诸多的法律制度建构中,其中涉及村干部腐败治理问题的法律条文,大多掩藏于一些普通法律条款当中,这些法律条款成为我国治理"苍蝇式腐败"的重要法律依据。但是,在实际的法律执行过程中,村干部由于长期生活在基层,和地方政府、村民有着千丝万缕的关系,很多事情的解决,特别是村干部腐败问题,不是依赖于法律,而是开展"选择性"治理腐败。有些地区为了

---

[1] 蒙慧、任鹏丽、李新潮:《法治反腐:价值意蕴·现实困境·路径选择》,《云南社会主义学院学报》2015 年第 1 期。

[2] 王剑:《法治反腐的价值体现及路径探析》,《云南行政学院学报》2015 年第 2 期。

[3] 吴建雄:《国家监察体制改革的法治逻辑与法治理念》,《中南大学学报》(社会科学版) 2017 年第 4 期。

遮丑，或者出于维稳，在依法治理村干部腐败时，并不是"零容忍"，而是依据现实需要或者小集团利益需要进行选择性反腐，从而给民众、村干部形成一种"执法不严"的思维逻辑。洛克认为，如果法律不能被有效执行，那就等于没有法律；一个没有法律的国家和政府，这是政治上一件不可思议的事情，非人类的能力所能想象，而且是与人类社会格格不入的。① 这种"执法不严"式反腐行为，一方面会让那些处于腐败当中的村干部助长腐败心理动机，另一方面会让处于观望状态的村干部主动地加入腐败行列当中，诱使他们腐败动机进一步增强。对于村民来讲，对村干部腐败行为"执法不严"，让村民误以为村干部腐败行为具备合法性，在以后处理村干部腐败行为时，存在取证难、区分罪证难、获取证词难等问题，严重干扰或者制约依法治理村干部腐败问题的实施功效。

（三）"违法不究"加剧村干部腐败行为产生

村干部是村里主要管理者和经济发展的带头人、引领者。一个村庄的稳定发展大计和村干部能力有很大关系。地方政府一般不会去随意调查一个村干部，针对村民举报村干部的腐败行为，往往采取息事宁人的态度处理问题。之所以如此，一是考虑一些村民故意举报，扰乱社会秩序；二是怕调查村干部会引起村干部的忧虑，使其以后在工作中畏手畏脚。因此，对于村干部腐败行为，违法了但不一定严究。② 这一状况会带来两方面的消极后果。一方面会催生更多的村干部腐败行为的产生。村级组织并非一产生就会有腐败行为发生，很多村干部在当选后都立志要为村民谋利造福，只是随着时间的推移和周围环境的影响慢慢地开始松懈，特别是村组织主要负责人（村支书或村主任）的行为具有示范效应，一旦他们的腐败行为得不到及时有效的惩治，其他成员就会效仿，使更多的人涉足腐败行列。另一方面会误导广大村民，认为不追究村干部腐败行为是上级政府的意见，上级政府有意保护村干部，自然村干部的行为（哪怕是腐败行为）都具有合法性，因为在普通群众心中上级政府的支持是重要的政治基础，要么具有合法性，要么具有合理性，村民自然放松甚至放弃应有的民主监督权力，从而进一步助长了村干部腐败的嚣张气焰。

---

① ［英］洛克：《政府论》（下篇），叶启芳译，商务印书馆1997年版，第132页。
② 顾书进、石勇：《村官腐败职务犯罪的四种原因》，《江苏经济报》2016年1月13日。

六　行政学视角

村干部腐败的实质是村干部扭曲手中公共权力的公共性，进行公权私有化，谋取个人私利。其产生的原因除了上述文化、社会、政治、经济、法律因素之外，对村干部权力运行管理出现缺位也是导致村干部腐败行为产生的原因之一。腐败与行政存在关联性，其具体表现在：一是二者的实施和完成均依赖于公共权力；二是二者均存在于政治领域；三是二者实施的后果均影响公共利益。因此，从行政管理视角审视村干部腐败问题有着合理性。可以说，现如今村干部腐败行为产生很大程度上也是因为现有行政管理体制对村干部管理的缺位或者不力所导致的结果。

（一）合法性上级管理部门缺位

村级行政管理主要牵涉到村级政权组织在为民谋福利中不断地通过公共权力的行使来进行一系列的工作，比如开展乡村基础设施建设、推进扶贫工作开展、推进城镇化建设等工作。随着乡村振兴战略的不断推进，村干部的作用越来越重要，村干部手中的权力范围越来越广，根据权责对等原则，村干部的责任越来越大。一旦权力监督机制缺失，或者上级管理部门疏于监督，村干部很容易产生腐败行为。因此，这需要上级主管部门对村干部日常行为开展监管，以防止村干部腐败行为的产生。但从行政管理角度上看，村级管理部门在国家法理上并不是一级行政组织（最低层管理部门），而是基层群众自治组织。因此，从行政管理合法性上，村干部并不必然听从上级管理，有时甚至以广大村民的名义（行使自治权）变相执行政策或者抵制上级安排的工作，这就容易造成村干部手中权力垄断性和独断性，垄断性越大，就越容易滋生腐败行为。再加上税费改革以前，国家对农村各种税费的收取离不开村干部的支持。特别是农村社会维稳任务重，长期实行"社会治安一票否决"，很多维稳任务在很大程度上也是依赖于村干部去执行和落实，从而更进一步导致上级部门对村干部违法、腐败行为存在睁一只眼闭一只眼现象，客观上纵容了村干部腐败行为的发生，为一些村干部腐败行为开启了方便之门。

（二）下级合法性监督不到位

按照《村民委员会组织法》中的相关规定，决定村干部权力的法理基础是村民代表大会，村民委员会、村干部都是村民代表大会选举产生，并受其监督。因此，村干部和村民之间存在委托—代理关系，村民有权通过合法程序选举或罢免村干部。这不仅可以防止公权力被滥用、私用等腐败行为的滋生，也可以不断地震慑村干部，防止其手中"绝对权力产生绝对腐败"现象的产生。因此，发挥村民民主监督作用，体现《政府论》当中公民对上级管理部门敢于说"不"的责任和权利，是村民应该具备的责任和权利，通过行使村民权利促使村干部履职尽责。但现实情况表明，我国许多乡村村干部选举存在贿选、霸选等不良现象，使得村级组织自治权力弱化，不能充分体现民意，也最终发挥不了村民代表大会的作用。这一点可以从村干部平常行使权力的时间和重点情况得到证实（见表3—2）：根据村干部问卷调查统计，在问及"村干部权力行使时间和重点"的四个选项中，1）自治权时间多于公共权力时间占15.7%；2）公共权力时间多于自治权时间占45.2%；3）优先行使公共权力占27.0%；4）优先行使自治权占12.1%，这里的公共权力是指自上而下的管理权，第二选项（45.2%）和第三选项（27.0%）具有一致性，二者合计达到72.2%，这表明村干部非常注重自上而下的公权力的行使，而对村民赋予的自治权力并不重视，导致村民自治权难以有效落实。

表3—2　　　　　　　　　　权力行使时间和重点

	响应 N	响应 百分比	个案数的百分比
自治权时间多于公共权力时间	74	15.7%	22.9%
公共权力时间多于自治权时间	213	45.2%	65.9%
优先行使公共权力	127	27.0%	39.3%
优先行使自治权	57	12.1%	17.6%
总计（N）	471	100.0%	145.8%

正是在上述自治程度弱化的背景下，一些乡村权力"合法"地被强势村干部（村霸）甚至黑势力攫取，部分村干部演变成为地方"村霸干部"，这些位小权大缺少监管的村干部是"从事公务"的人员，但又不是公务员，故而纪委的纪律之杖也很难奏效（监察法实施以前），而"党政干部"监察的规矩也很难箍套上，从而导致村民监督村干部大多处于虚

位状态，容易滋生腐败行为。①

总之，村干部行使的公共权力具有双重性特征，即自上而下的管理权和自下而上的自治权，村干部行使权力一旦缺乏上级政府部门的监管和委托代理人——村民（或村民代表大会）的监督，就会在两种权力之间选择性行使，以实现自身或利益集团利益的最大化。当自上而下监督的不足和自下而上监督的弱化同时出现时，共同叠加助推了村干部手中公权力的垄断性。公共权力垄断性越强，相对应的被管理者可选择性就越小，引发村干部腐败的机会就越大。

七　心理学视角

分析村干部腐败成因，我们不难看出，为了谋取私人利益，村干部滥用公共权力是村干部腐败最为明显的特征。诸多学者从"经济寻租""成本—收益"等理论视角揭示了村干部腐败的外因，学者们的分析有着诸多的理论意义和可信性。其实，造成村干部腐败行为有三个必要条件：公共权力（物质条件）、腐败动机（心理条件）和腐败机会（制度条件）。其中，腐败动机是腐败内因，也即心理条件。② 村干部腐败行为的产生总是在一定的腐败心理的影响和支配下发生的，没有腐败心理就没有腐败行为。一般情况下，村干部腐败行为与腐败心理具有高度一致性。因此，本研究认为，探析村干部腐败的成因，也必须从心理学的视角加以审视。

（一）个体特质缺陷催生村干部腐败行为

一般来讲，人的心理和人的个性密切相关、高度统一。村干部是否腐败，是否会自发产生腐败动机，与其性格、情感、情绪、信仰等个体心理特征密切相关。在同样的时空背景下，部分村干部出现腐败行为，与村干部的心理因素有着密切联系性。一旦村干部价值倾向或者性格结构中出现敛财、贪婪和好色等腐败动机，村干部就会走向腐败。因此，探析村干部腐败原因，必然要分析当下村干部的性格特质现实状况。

---

① 李刚：《村干部防腐倡廉与监督》，金盾出版社2010年版，第18页。
② 李东：《腐败心理分析与腐败预防对策研究——基于基层纪检工作的视角》，西南财经大学，硕士学位论文，2012年，第2页。

性格是一个人在生活中逐渐形成的，包括信念、信念体系、思维和想象。[1] 人的性格特征主要包括：勇敢、勤奋、自私等主要心理特征。性格包含倾向性因素和结构性因素，倾向性因素主要是指人的心理活动的选择性，以及对事物不同态度的体验和行为模式。一旦村干部利益至上，或者狂妄自大、贪慕虚荣、不讲原则，如若遇到外部刺激和诱导，就很容易产生腐败动机。而性格的结构性因素主要是指村干部对现实的态度、意志特征、理智特征等方面。从长期反腐和查处村干部腐败事件中发现，许多村干部之所以走上腐败的道路，在很大程度上是和村干部目空一切、恃强凌弱、虚荣浮躁密不可分的。受村委会监管不力、上级管理不善等诸多因素的影响，许多村干部存在着工作手段简单粗暴、行为方式蛮横武断、贪婪成性等结构性现象，从而进一步催生了村干部腐败行为的产生。如果说村干部性格特质中由于受到利益诱惑而催生了腐败行为能够及时得到制度制约，抑或通过自我意志、信念调节自身行为，也或许能够抑制村干部腐败行为，但是从上面管理学、政治学等视角分析看，制度制约存在诸多缺失。此时，村干部抵制各种利益诱惑的意志力、自我德行的建构等软性的机制则成为限制腐败行为产生的重要节点。可是，综观诸多村干部腐败案例可以发现，许多村干部存在"一言堂"、大权独揽、生活腐化、自我控制力低下等特征。村干部德行堕落、法律意识淡薄和自我控制力下降等性格特征最终使部分村干部走向腐败深渊。

（二）不良心理认知催生村干部腐败行为产生

人的行为大多是受观念的支配，正确的观念可以产生正能量，推动社会和自身的发展；而错误的观念不仅毁掉自身的发展前景，也会导致社会文明的衰落。村干部腐败行为大多是从认知的扭曲开始的。应该来说，认知腐败是腐败行为的心理基础，认知腐败治理的成效攸关腐败治理的成败。[2] 由此，要想探析村干部腐败的成因，探究村干部腐败认知机制则尤为重要。英国政治学家霍布斯认为，任何腐败都是某种认知腐败的产物。当前，村干部不良心理认知主要是："相对剥夺感"困扰、错误的角色认

---

[1] 许欢：《官员腐败心理与预防控制研究》，武汉大学，博士学位论文，2014年，第56页。
[2] 汝绪华：《官员认知腐败的心理机制与防范》，《学术界》2017年第3期。

知和不良的心理需求。① 从"相对剥夺感"上看，社会心理学认为，"相对剥夺感"是村干部产生腐败的重要因素之一。所谓"剥夺感"，是人们的心理上的一种主观感受，指人们要得到与实际能得到的差距性感受。随着市场经济的逐步形成，社会结构不断调整，乡村治理面临诸多问题，村干部管理工作日益复杂、艰难。但是相对于很多行业来说，村干部经济收入、社会地位却日渐下降，沦为乡村中的低收入者和缺失权威的人。这种"相对剥夺感"让村干部产生诸多抱怨和不满，他们通过两种方式反击否定性感受：一是通过消极怠工、发牢骚发泄情绪；二是通过腐败等途径弥补自我损失。在这种心理驱动下，通过手中公权力换取私人利益、缓解不满情绪、获得心理上平衡成为许多村干部不二的选择。心理学认为，村干部是通过选举产生的拥有公共权力的社会个体，其对自身角色认知是否正确，会影响他们使用公权力的去向。受传统"官本位"思想的影响，许多村干部对手中权力产生错误知觉心理，普遍认为自己是特权阶层，应该享有一定的特殊待遇，通过权力捞取利益是理所当然的事情。这种错误角色认知不断地支配村干部价值判断，指引他们的行为不断趋向腐败境地。从不良的心理需求看，人的意志行动总是源于人内心的需求，并由需求引发动机。按照马克思主义的观点，人的需求可分为个体需求和社会需求。村干部是村中公权力执行者，其身份要求他们应该以满足社会共同需求为出发点和目标。但是，部分村干部却极度膨胀个体需求，忽视社会需求，通过手中的公权力谋取私利。受个体需求无限性和不满足性的影响，村干部腐败问题很难在短期内得到根治。村干部在以物质满足为特征的不良心理需求和不良环境下双重叠加下，不断地费尽心机寻求获利的机会，长期处于一种强烈的欲望和不安当中，从而不断地诱发其腐败的犯罪动机。一旦腐败机会出现，村干部将会迅速地将腐败动机转化为腐败行为，从而催生现实当中大量村干部腐败现象。

（三）腐败心理成本预期低催生村干部腐败行为

南非学者罗伯特·克利特认为，如果一个人觉得腐败所得减去腐败风险（道德损失＋法律风险）大于其工资收入＋廉洁的道德满足时，腐败

---

① 许欢：《官员腐败心理与预防控制研究》，武汉大学，博士学位论文，2014年，第56—71页。

行为就会产生。① 也就是说，一旦人们觉得腐败成本远远低于腐败风险，无论多大的激励和廉洁道德教化都无法制止人们的腐败行为的产生。当前，整体上看，村干部对于腐败成本预期相对较低，他们对于腐败行为的法律风险和道德风险均存在侥幸心理，预期较低。从法律风险上看，腐败法律风险是由于腐败曝光可能受到法律惩罚，许多人员根据国家的相关法律条款，可以清晰地了解自己腐败所承受的法律后果，包括失去职位、权力、名义等。一般来说，腐败曝光率与腐败风险成正比，但由于存在腐败曝光率不可能是全部的侥幸心理，部分村干部在多次腐败行为没有被揭穿之后，会逐渐增加腐败心理动机；再加上，现今对村干部腐败行为的界定、量刑还尚存在诸多的空白和难度，导致村干部面对利益诱惑时总是坦然接受，腐败法律风险较小必然使得村干部腐败行为屡禁不止。从腐败道德风险上看，腐败会产生道德风险丢失的可能。腐败当事人进行腐败行为后（尤其是初次腐败者），往往会产生一种罪恶感，这种罪恶感主要源于腐败当事人原有的教育和文化涵养所具备的价值观。判断一个人的腐败成本和腐败当事人道德水平有很大的关系。道德素养高的人，其腐败成本估算会相对高一些。从诸多村干部腐败的案例中发现，所有村干部腐败均存在村干部自身在腐败过程中丢失或降低道德底线的现象。近年来，乡村法治文化建设的缺失以及村干部自身文化、道德素质的低下在一定程度上成为他们走向腐败的重要外部因素。腐败道德风险低下，或者腐败当事人道德损失的计算低，就会加深村干部腐败行为心理动机的产生。

本章小结

腐败的成因问题具有复杂性和多变性。西方学者对这方面的研究得出了较多结论性的观点，主要从不同视角研究腐败与各种制度变量间的关系，包括腐败与政体、国家结构、选举制度和经济增长等因素对腐败产生的影响，以期揭示腐败产生的原因。很显然上述分析主要基于宏观层面得出的结论，但我们认为，西方的观点和结论主要是立足于资本主义社会的制度背景和环境之下形成的认知论，还不足以用于完全解释非西方国家的

---

① 许欢：《官员腐败心理与预防控制研究》，武汉大学，博士学位论文，2014年，第73页。

实践问题。尽管如此，这些既有研究对我们认识、分析基层腐败仍有较强的启发意义。在理解何以腐败这一基本问题时，基于不同的学科视角进行审视，更加符合全面系统的分析方法。本研究立足于中国乡村社会现代化进程中较低的制度化水平下为何会产生较高的腐败发生率，正是乡村治理现代化要着力解决的现实问题。我们分别从政治学、经济学、文化学、社会学、法学、公共管理学、心理学等学科视角探究村干部腐败的形成渊源，从学理层面解释乡村微腐败为什么能够产生乃至蔓延，从理论认知的层面辨析腐败产生的根源，为有效治理腐败奠定理论认识基础。

第四章

乡村微腐败形成的现实缘由

在前面的章节中,我们基于多学科视角阐释了腐败的学理动因,并据此对村干部腐败的原因进行了规范性分析。本章将从实践维度对村干部腐败成因进行经验性研究。总体而言,实践形态中的村干部腐败成因极其复杂,基于单一学科、单一视角、单一方法都难以充分解释其机制。其中最主要的原因有两个:一是中国不同地域行政村的自然、社会差异极大,类型多元;二是当代中国农村处于持续的社会变迁之中,村庄流动性、异质性不断增强。由此决定了不同地域、不同类型、不同转型阶段村庄的村干部面临的具体社会情境千差万别,其腐败行为方式、动机迥然不同。这些情况也是新时期乡村廉政治理需要面对的客观现实,只有认清其特点和规律,方能有的放矢采取有效举措治理微腐败。

本章借鉴党纪国法关于预防和惩治国家干部腐败体系的论述,结合党开展党风廉政建设的丰富实践经验,尝试从思想价值层面、制度层面、行为层面以及环境层面等因素在社会变迁的趋势中把握村干部腐败成因的一般性特点。具体而言,即通过"思想认知层面"的论述,从村干部、村民与村庄奉行的文化与观念体系中揭示村干部腐败的思想诱因;通过"法律制度层面"的论述,从村庄治理情景中国家立法、自治制度的缺失、缺陷和缺位揭示村干部腐败的制度因素;通过"收益成本层面"的论述,从腐败的村干部行为特征及其面对的外在主体行为互动中揭示村干部将腐败意愿转化为腐败事实的行为机制;通过"机会诱因层面"的论述,从更加中立、客观的角度把握村干部腐败形成的激励水平低下、贪腐机会诱惑增长的双重强化机制。从以上四方面的内在要求探寻出乡村微腐败的基本运行逻辑,从而为有效推进乡村廉政建设找到治理方略。

第一节 思想认知层面

"想"与"不想"是一个思想问题,它决定一个人的行动指向,是一个人内心价值观的重要呈现。人生价值观决定人生态度、人生态度决定人的行为表现。村干部腐败首要的原因应从腐败者奉行的价值观念层面寻找。

一 思想问题表现

腐败的村干部首要的共同特点是缺乏对"腐败"正确的价值认知,主观上追求腐化堕落的生活。这里包含两种情况:一是"不知而为之",即在不知正确的行为标准和法纪尺度是怎样的前提下主观腐败;二是"知之而为之",即虽明了规则却因价值观受到扭曲主观上仍然追求腐败。随着教育、文化水平的普遍提升和基层党风廉政建设的推进,"不知而为之"的主观腐败减少,"知之而为之"的主观腐败增加并占多数。总体上,这些"想腐败"又表现为视公权为私器的特权思想、不择手段追求金钱的暴富思想、贪图感官刺激的享乐思想、盲目攀附比较的补偿思想。

(一)特权思想

一是表现为缺乏民主意识。多数腐败的村干部都有较为严重的家长作风,人治思想根深蒂固,缺乏对村庄治理"四个民主"的尊重,大权独揽,爱搞"一言堂",大事小事自己说了算,视公权力为私人特权,或者在民主议事和决策上表面一套、背地一套。二是表现为法治观念淡薄。腐败的村干部,普遍缺乏现代法律知识,不能正确认知自身的职责,缺乏对自身行为法律后果的准确判断,当然也不具备依法治村的意识和能力。部分村干部遇事不找法,解决问题不用法,化解矛盾不靠法,相反,有的甚至以言代法、以权压法,俨然一副"土皇帝"的姿态。三是表现为模糊公私界限。腐败的村干部在家庭、家族和村干部的角色处理上缺乏准确、清晰的界限,视集体财物为私人财产,不讲程序,随意处置。

(二)暴富心理

一是表现为部分村干部的竞选动机就是为了私利。对于这部分人来讲,当村干部是为发家致富、光宗耀祖而非村庄集体利益,也正因如此,他们为了保证自己能够竞选上，不惜花大价钱贿赂上级和选民，而一旦这类人当选势必迫不及待地要通过各种手段捞取好处，赚回贿选成本。二是表现为部分村干部利用手中权力捞取个人财富。这部分村干部潜心挖掘手中权力变现的机会与可能性，渴望快速致富，追求财富、荣誉，常常为此铤而走险，或私设名目巧取豪夺、或倒卖村庄集体资源占为己有、或用公权直接支持私人产业。于他们而言，"村干部"是一种可以致富的身份，意味着在村庄内分配公共资源的优先机会、意味着在市场经济中一夜暴富的发展机会。

（三）享乐主义

与追求暴富心理相联系的常常是贪图享乐的动机，这部分村干部奉行及时行乐的人生信条，他们羡慕并追求开宝马、坐奔驰、吃海鲜、泡桑拿的奢靡生活，比阔气、讲排场，往往成为村庄奢靡风气的始作俑者。在他们的人生观中，诸如节制、勤俭、朴实等传统美德消失了，代之而起的是过上比周围人更炫的生活才能标榜事业成功与人生美满。为支持灯红酒绿、纸醉金迷的生活，他们视职业伦理和党纪国法于无物，不惜积极贪腐。

（四）补偿心态

绝大多数村干部选择腐败还有一个重要的原因，就是存在严重心理失衡。在看待个人所得与个人地位、工作付出的问题上，不能准确把握当前所得与长远所得、物质利益与精神利益、个人利益与集体利益的关系，纠结于个人得失、眼前利益，认为收入与付出严重不匹配，甚至对集体和国家产生愤恨不平的心理，萌生了利用手中权力和各种机会为自己捞好处，来补偿自己的劳动付出，并在相当程度上认为个人腐败具有合理性。一部分村干部，看到本村村民外出务工、经商、求学所取得的成就，愈加认为个人为村庄集体利益的付出阻碍了自身应有的事业发展，自诩为村里贡献大、回报太少，从而为腐败找到心安理得的依据。一部分村干部，直奔发财致富目标而来，为弥补竞选成本，抓紧时间在任期内捞取好处，信奉"此时不用，过期无效"的权力观。

二 思想病症分析

主观上选择腐败的村干部所秉持的特权思想、暴富心理、享乐主义、补偿心态,首先是与该群体自身的文化素质低下、理想信念缺失直接相关,还与转型中国农村复杂的社会生态环境和农村党风廉政建设不严实密切相关。

(一)腐败者自身因素

村干部的腐败行为显示出较强的个人裁量行为,这与村干部个人道德意识与行政伦理观、知识及能力两方面的因素是分不开的。[①]

1. 较低的文化教育水平

当代中国村干部群体,主要来自村庄内部,受教育程度普遍较低,基本上以中学文化为主。根据课题组村干部问卷调查关于"村两委班子成员教育背景"的统计结果,某自治州村干部教育背景情况(见表4—1)从高到低分别是:高中44.1%、初中34.5%、大学14.9%、小学6.2%、文盲0.3%。

表4—1　　村干部问卷调查关于"村两委班子成员教育背景"

	响应 N	响应 百分比	个案数的百分比
大学文化	110	14.9%	31.0%
高中文化	326	44.1%	91.8%
初中文化	255	34.5%	71.8%
小学文化	46	6.2%	13.0%
文盲	2	0.3%	0.6%
总计(N)	739	100.0%	208.2%

再以2016年某县在职村干部学历状况为例,该年度全县300多个村(居)中,村两委干部平均年龄51岁,46岁到55岁占比47%,高中(中专)及以上学历906人,占53.1%;其中,村支部书记中高中(中专)以上学历占74%。[②] 据武汉市江夏区农村换届选举后统计,全区318

[①] 杨慧子、赵娜:《论村官的责任控制——"基层官僚"理论视野下的探究》,《经济视角(下)》2011年第8期。

[②] 刘钊、冯经伟:《从村干部中选拔乡镇领导班子　成员遭遇学历年龄"尴尬"》,参见 http://www.dzwww.com/shandong/sdnews/201609/t20160913_14903483.htm。

个建制村，共选举产生新一届村委会成员1167人，其中具有高中文化程度的487人，占41.73%。某地现有1600余名专职村干部，大专以上学历482人，不足1/3，村里绝大多数会计、出纳对财会业务一知半解，由于缺乏法律素养，抓工作只能靠权威、靠感情，甚至靠恐吓，普遍缺乏规矩意识、纪律意识、自律意识。[①] 这种文化教育水平构成，深刻影响到中国村庄治理，也为村干部腐败埋下了内在隐患。一是政策认知有偏差。不少村干部不能及时、深入而准确地学习、理解和领会党和国家的政策，办事情往往停留在一知半解、主观猜测的基础上，在认知上存在许多与党和国家政策不相符合的错误。二是观念认知较落后。知识结构与社会认知更容易停留在本土性、地方性和传统性层面，不能与时俱进，更容易受到不良社会风气、糟粕性传统文化的影响，显示出较强的"江湖"气息和不当做派。三是缺乏基本的法律素养、缺乏现代民主意识，在泥沙俱下的社会环境中缺乏足够的辨析能力和约束能力，往往是犯了错误还不自知，或是明知后果严重却不能自控，进而一步步滑向违法犯罪的深渊。四是角色伦理把握不准确。许多村干部不能正确区分公与私的界限，骨子里还存在着当"土皇帝"这样类似的观念，把本应带领村民建设村庄的职责看作可为可不为的事情，或者把履职当成个人贡献而沾沾自喜，或据此索要好处，放弃为胜任岗位的学习和能力提高，表现出较低的岗位胜任力，工作上疲于应付，更有甚者放弃发展建设重任而醉心于资源分配，玩权弄术，乐此不疲。

2. 衰退的道德理想信念

部分村干部的腐败主要源于村干部缺少"公德"，缺乏坚定的理想信念，并没有在内心树立为社会主义建设事业奋斗和为人民服务的宗旨意识，即使在入党环节及学习党和国家的政策环节，可能初步具备这种信念，但"基础不牢"，经受不起利益的诱惑，在泥沙俱下的社会变迁中，忘记"初心"，价值观受到冲击、扭曲。理想主义、艰苦奋斗、大公无私均让位赤裸裸的现实主义、及时享乐和揽功诿过。

[①] 吕周宁：《村干部"微腐败"现象分析及对策建议》，《读写算·教研版》2016年第19期。

(二) 村庄文化环境因素

腐败的村干部个体自身思想上的病症绝非孤立的现象,这在相当程度上折射出其所在农村的文化环境状况。村民整体的受教育水平及流行于村庄内的文化观念、道德认知、精神追求既构成乡村社会内在的价值体系,又引导着作为村庄成员的村干部、村民的行为。

1. 衰减中的农村文化教育水平

总体而言,农村文化教育水平要远远落后于城市,文盲和半文盲主要分布在农村地区。特别是在青壮年通过务工、经商、读书向城市和发达地区近乎单向流失后,村庄文化教育水平迅速下滑,这使得中国农村呈现出一系列衰败迹象,为村干部腐败提供了土壤。在中国中西部广大农村地区,留守村庄的村民被称为"386199 部队":妇女、儿童和老人。这部分群体疲于应付农业生产和家庭生计问题而无暇顾及村庄集体事务,缺乏积极参与村庄公共事务、有效监督村干部行为的时间、意愿和能力。因外出务工,一些乡村的"中坚"力量缺失,村庄文化影响力弱。以恩施州第六次人口普查为例:这次人口普查,全州户籍人口为 3975661 人,常住人口为 3290294 人。在全州常住人口中,具有大学(指大专以上)程度学历的 168537 人;具有高中(含中专)程度学历的 406420 人;具有初中程度学历的 1167815 人;具有小学程度学历的 1091009 人(以上各种受教育程度的人包括各类学校的毕业生、肄业生和在校生)。[①] 恩施州属于贫困地区,区域发展程度不高,城乡差别明显,即使全州城乡人口不分开计算,受高等教育的比例仅占 5% 左右,而小学文化的人口占比高达 33% 以上,如果城乡分开计算,农村小学文化程度的比例更高。由此可见,乡村文化环境还无法有效支撑现代化管理思想、方法、模式在乡村的正常运行,难以形成与时代同行的诸如法治文化、民主意识、公正廉洁等文化氛围和文化空间。

2. 熟人社会里自有的规则意识

当代中国农村,总体还是处于熟人社会或半熟人社会状态,"生于斯,长于斯"决定了人情关系作为村庄运行规则的优先性。村民选举、

[①] 恩施州统计局:《恩施州 2010 年第六次全国人口普查主要数据公报》(2010 年 5 月 10 日)。

村务管理、村民监督等各个治理环节无不透射出人情关系及其网络的重要性。这种情形费孝通先生在《乡土中国》中讲得非常形象,人们处理彼此关系时,面对冲突会避免彻底撕破脸皮,留有余地,面对利益竞争时会倾向于按照亲疏远近的感性规则来做选择,从而形成"差序格局"。[①] 并且,正如朱苏力讲述的"秋菊打官司"表明的事实那样,这种社会资本构成会消解或抵御统一的国家法律规则在乡村的运行。这也决定了不能简单地从国家权力体系和国家法律规制的角度来理解村干部腐败问题。

在"差序格局"中,村干部、村民的价值观显示出特定的逻辑,至少在以下方面助长村干部腐败的发生:一是为意图贪腐者提供了当选机会。村民选举行为背后的评判标准并非绝对出于能力、素质的考量,而是掺杂了家族、宗亲等感情成分,导致才智、品性等标准居于次要地位,难以通过选举挑出德才兼备的村干部人选。更有甚者,在部分村庄,宗族势力形成派系,操纵选举,选举本姓中头面人物以确保本姓氏族人在村里的地位和影响力。选举中为当选不惜给乡镇政府施加压力,打压其他宗族候选人,或公然进行"拉票""贿选"。二是助长了村干部以权谋私的动力。村民选择投票给与自己关系更近的候选人,包含了理性的利益计算,是寄希望于后者当选后能为自己更多谋取好处。存在这样动机的村民,对村干部腐败行为当然存在极高的包容度。甚至来讲,如果当选者未能兑现这种隐性的期待和承诺,还会让投票者留下不讲义气、不讲情理的印象。因此,这种心态的流行助长了村干部以权谋私行为,看似双赢的局面却无时无刻不付出损害村庄集体利益的代价。同时,密集的亲缘关系网络也为村干部客观公正的治理行为带来极大挑战,稍有不慎就会出现偏差。近年来披露的大量的村干部腐败案件中,有不少村干部就是因为在例如分配低保名额、贫困救济资源时偏私于亲属(被称作"优亲惠友")而被检举揭发。而精明的村干部还发现,有选择性地对集体资源实行偏向分配,可以为巩固权力地位提供支撑,他们把资源向自己的支持者倾斜,以扩大自身的支持者队伍。三是阻碍了村民监督意愿的生长。村庄作为熟人社会,讲面子、留有余地的观念盛行,村民们面对村干部明显不公和有违道德、法律的行为时,首先是存有极高的包容度,对贪污腐败行为睁一只眼闭一只

[①] 费孝通:《乡土中国》,北京大学出版社2012年版,第41—42页。

眼,不愿得罪于人,倾向于私下的道德批判而极少采用公开指责的方式。即使有时出现了村民反腐行为,也往往是由法律外的社会和文化因素所驱动。例如换届选举后骤然增长的贿选检举揭发和信访行为很可能是落选方斗争的延续,举报村干部不公行为和贪污行为也极有可能是出于对自我利益受损产生的愤恨不平而非针对腐败行为本身。

3. 畸形的尚力思想泛滥

好的村干部应当清正廉明、公道正派、遵纪守法,这种形象在抽象的国家制度设计中应该是没有问题的。但问题在于,村民们是否采用这套标准来评价村干部呢?显然乡村中正在流行的文化观念并非如此。许多村民在评价村干部时往往会将"能力"置于比"德行"更优先的位置。这种能力往往被解读为"摆得平"、"会做工作"、"善于搞关系"、"能要到资源、项目",这些具体表达背后包含着两重不同的意涵:一是特定的村干部能为自己谋取到想得到的利益而获得的肯定性评价,二是超越于具体私利而对村干部实力的庸俗性判断。无论是哪一种具体内涵,都有一个共同特点,即去道德化评价,崇尚实力。正因如此,村民们对村干部(其实也包括国家干部)的贪污行为、村霸行为才有极高的包容度,不少村民对村干部评价的出发点与国家正式规制并不在同一个层面。有极少数村民过度崇尚乡里财富能人,甚至偏执地认为富人当选村干部后不会损公损失。[①] 对于另外为数不少的村民而言,村干部腐不腐败无关紧要,获得村民所认可的标准是:村干部能不能善于处理关系,为村里谋取发展资源,能不能在村民有事时出面解决,即使这种能力往往通过不合法不合规的手段来实现。[②] 相反,不少村民认为那些循规蹈矩但却没有手腕和关系的村干部是平庸的、无能的,对比之下他们更愿意支持那些虽然手段不干净但却有"能力"的村干部。这种去道德化的尚力思想,在相当程度上表明了村民们事业上的进取心态和家庭教育思想,他们自身期待并教育子女要出人头地,类似于"当官发财"的心态在农村相当有市场。试问,在这

[①] 龚上华:《农民思想意识流变视域中的乡村治理:基于改革开放以来长三角地区的实证分析》,浙江大学出版社2015年版,第176页。

[②] 纪程:《话语政治——中国乡村社会变迁中的符号权力运作》,中国社会科学出版社2011年版,第143页。

种观念流行的村庄,村干部腐败不正贴合村庄的文化环境吗?

4. 消极的传统文化遗毒

一是崇尚权威。不少村民缺乏现代公民意识,小农意识仍然根深蒂固,缺乏主动和积极参与集体事务的意识和意愿,习惯于权威者的安排,表现出较强的政治冷漠心态。他们将村庄发展前景寄希望于贤能者——好官身上,而没有充分意识到自身参与、监督对塑造合格的治理者的建构意义和重要性。这种心态制造出的是消极的、被动的村庄政治参与格局。与此相伴生的是畏官心理,不得罪包括村干部在内的能人成为农村流行的厚黑学,"民告官"则被视为离经叛道和非正常之举。

二是轻视权利。不少村民缺乏现代权利观念,从不积极主动摸清自己的权利内容,更不积极主动地维护自身权利。明哲保身的私利心态严重,当村干部腐败行为没有明显侵害个人及其家庭权利时就持旁观心态,"各人自扫门前雪,休管他人瓦上霜"、"事不关己,高高挂起"。即使明知自身利益可能或实际受损时,也信奉多一事不如少一事的避事心态,用法律武器维护自身权利,反对村干部腐败行为,往往意味着利益冲突严重到不可调和的地步,法律维权成为最后的选择。

5. 村庄集体精神的快速衰退

村干部腐败得以发生在相当程度上表明村民监督的失效和乏力。无论是村民潜在的监督意识还是实际监督能力,都与村庄集体精神和集体行动能力直接相关。吴叶新指出,从个性品质来看,村民安然恬和与乐天知命的性格品质是导致诉求能力不高的主观原因,也是导致村民参与社会管理热情不高的重要因素。[①] 而村民们不愿管,村干部行为在村庄内部就缺乏直接的监督约束,其结果是村民自治变成的"村官自治",村干部权力受限减少为其腐败制造了空间。正如阿克顿勋爵所言:权力倾向于腐败,绝对的权力导致绝对的腐败。

村民自治制度是对人民公社体制解体后农村治理权威真空的反映。从生产关系角度来看,村民自治制度是与家庭联产承包责任制同步推进和发展的。村民的劳动生产以家庭为单位进行,使得村民们将大量的时间用于

---

① 吴新叶:《城市化进程中的农村社会管理研究》,上海人民出版社 2014 年版,第 89—90 页。

各自的劳作生产，相比公社时代，集体事务及其互动空间大为减少，农村居民日益原子化，集体意识越来越淡薄。而随着工业化、城镇化水平的提升，农村青壮年流向城市和工业部门，使得村里难以组织起经常性的集体行动，甚至于不少农村出现换届选举时大量委托投票的现象，集体行动能力越来越弱。随着非农业经营所得占农村家庭收入比重的普遍而快速地提升，越来越多的农村精英的日常生活远离农村，对村庄事务的关心意愿、关注频率都下降了，这为村干部腐败提供了更加随意的空间和更多的机会。

（三）变迁社会中的负面思潮

无论是腐败的村干部自身在观念上的认知，还是其所处的村庄社会文化环境，都深刻地折射出时代变化的印记，在社会转型期深受各种负面思潮荡涤，加剧形成扭曲的观念和态度，滋长了腐败思想和行为。

实利主义心态流行。改革开放带来人们的观念的极大解放，首要的是人们的利益意识的普遍觉醒。但与此同时，利益意识的碎片化、极端化倾向也十分明显。一切为了利益成为流行的价值取向，诸如攀比奢靡、拜金主义、钱权交易被视为理所当然。腐败亚文化滋生流行。农村朴素、节俭的传统文化受到现代化的深刻冲击而无法自守。在农村社会风气恶化和道德水平下降的趋势中，生长出支持腐败、容忍腐败、渴求腐败的错误认知，有学者将其归纳为"腐败亚文化"。[①]

相对主义取向流行。伴随社会转型期是多元价值观的传播和交织，新旧价值观念彼此竞争，一方面造成了文化的繁荣景象，另一方面制造了价值选择障碍。较低的受教育水平，使这部分村民面对应接不暇的流行文化缺乏足够的辨别能力和定力，从而庸俗地选择相对主义价值观，以避免绝对化可能招致的错误风险。这使村民面对村干部腐败行为时，在德才之间做出偏颇性评价，未能给予国家法律法规足够的重视和尊重。

（四）农村党风廉政文化建设因素

农村党风廉政文化建设方面存在的不足，也在相当程度上导致了村干部的腐败。这突出地表现为农村党员干部党性意识下降、宗旨观念淡薄和思想迅速滑坡。腐败的村干部，为谋私利而顾国家利益、人民利益于不

[①] 张洪：《必须充分认识"腐败亚文化"的危害》，《中国党政干部论坛》2005年第7期。

顾，忘记了作为一名党员应有的党性修养，没有全心全意为人民服务的宗旨观念，贪功好名，唯利是图。于他们而言，党员身份是走向权力舞台的通行证，是捞取个人好处的工具。具体而言，包括以下几个方面。

1. 廉政教育不足

农村党员干部的政治素养受制于受教育水平，党性意识先天不足，宗旨意识淡薄，未能摆正与普通人民群众的关系，脱离群众，心中无民。而且他们往往不重视政治理论学习，没有意识到继续党风廉政教育的重要程度，主观懈怠，知识结构与政治素养落后于时代、落后于形势。部分基层政权和村组织放松了党风廉政教育活动，错误地认为农村廉政教育不重要，重农村稳定、重农村经济发展，忽视了基层党建中廉政建设的极端重要性，因而在农村开展的党风廉政建设活动中存在形式主义和走过场情形，不严不实的情况比较严重。

2. 基层组织建设弱化

一些基层组织党员干部队伍老化，年龄结构不合理，甚至出现断层现象，导致这些农村党建事业后继无人的困境。有的村级组织虚化严重，未能选优配强带头人，基层组织不健全，缺乏应有的凝聚力和战斗力，不能发挥战斗堡垒作用。根据村干部问卷调查统计，某自治州360名村干部的年龄结构如表4—2所示：30岁以下占4.4%；31—40岁占19.2%；41—50岁占41.7%；51—60岁占30.3%；61岁以上占4.4%。总体看，与以往相比正在趋向合理化，但青年人的比例还是偏低。同时，本课题组对调查村干部中党员的年龄进行了专门统计，结构比例分别是：30岁以下党员人数占调查党员总人数的11.74%；31—50岁党员人数占调查党员总人数的35.15%；50岁以上党员人数占调查党员总人数的53.85%。50岁以上的党员占了多数，尽管很多老党员工作勤勉，但总体上面临年龄老化、精力有限、开拓精神不足的问题。

表4—2　　　　　　村干部问卷调查关于"两委班子年龄特征"

	频率	百分比（%）	有效百分比（%）	累计百分比（%）
30岁及以下	16	4.4	4.4	4.4
31—40岁	69	19.2	19.2	23.6

续表

	频率	百分比（%）	有效百分比（%）	累计百分比（%）
41—50 岁	150	41.7	41.7	65.3
51—60 岁	109	30.3	30.3	95.6
61 岁及以上	16	4.4	4.4	100.0
总计（N）	360	100.0	100.0	

3. 村干部作风建设软化

在有的村级组织中，不搞民主决策，官僚主义严重，有的村干部习惯于遇事个人说了算，搞"一言堂"，违背民主集中制的基本原则。有的村级组织中，不讲党性、不讲纪律，用人情观念而非党纪党规来指导组织生活和民主决策，常碍于情面，对违纪违规的同志纵容、忽视，不敢直接进行批评教育或向组织反映，要么导致腐败已成事实或累积到造成极其严重的后果，要么只讲和气、相互包庇形成一窝式腐败。除官僚主义比较严重外，一些村干部的形式主义问题也较为严重，实功虚做，弄虚作假，干部的先进性和表率作用得不到体现。村干部作风建设不力直接影响乡村廉政文化的形成与发展。

第二节　法律制度层面

客观而论，村干部腐败反映了国家正式制度未能构筑起预防和惩治腐败的严密隔离墙这一事实。总体上，这可以归结为现行制度不健全；具体而言，则指向三个层面：制度缺失、制度缺陷和制度缺位。制度缺失，表达的是尚未建立起全面预防村干部腐败的制度体系，存在制度空白，需要通过加强立法等方式推进制度供给。制度缺陷，表达的是若干现行制度由于不适应客观情势变迁而致使其预防和惩治腐败的效力下降、功能弱化，需要适时加强制度改进和优化。制度缺位，表达的是由于制度执行主体方面的因素而致使制度及其效力存在但却未能发挥应有的作用。郑永年认为，反腐败需要同时做两件事，一是反腐败的制度建设，二是根据制度反腐败。他还认为，中国反腐败建制不是太少，而是太多，构成了可称为"内部多元主义"的局面，即体制内有太多的反腐败机构，党、政、军、人大、政协都有自己的反腐败机构。问题在于这些机构缺乏协调，责任不明，致使反腐败没有效率，反而给腐败很多机会。① 由此表明，新时期反腐败和廉政治理加强各种配套制度建设尤为必要。

一 刑法身份有缺失

国家刑法对村干部身份认定经历了未规定、模糊规定到有限规定的历程。1979 年《中华人民共和国刑法》尚未提出贪污贿赂罪名，将国家工作人员利用职务上的便利贪污公共财物的行为列为"侵犯财产罪名"，并将适用对象进一步扩展到"受国家机关、企业、事业单位、人民团体委托从事公务的人员"，三年后"八二宪法"才确认村民自治制度，因此此款规定自然未能预料到村干部群体在刑法上的适用问题。在实践中，村干部实际存在的腐败行为由于缺乏明确的法律依据难以进入司法程序。

1988 年 1 月，全国人民代表大会常务委员会出台了《关于惩治贪污罪贿赂罪的补充规定》，提出"国家工作人员、集体经济组织工作人员或者其他经手、管理公共财物的人员，利用职务上的便利，侵吞、盗窃、骗取或者以其他手段非法占有公共财物的，是贪污罪"、"为谋取不正当利益，给予国家工作人员、集体经济组织工作人员或者其他从事公务的人员以财物的，是行贿罪"。② 1989 年最高人民法院、最高人民检察院在关于执行《关于惩治贪污罪贿赂罪的补充规定》若干问题的解答中对贪污罪、受贿罪的主体解释如下：

> 贪污罪中所指"其他经手、管理公共财物的人员"包括：刑法第一百五十五条中规定的"受国家机关、企业、事业单位、人民团体委托从事公务的人员"和基层群众性自治组织（如居民委员会、村民委员会）中经手、管理公共财物的人员。受贿罪中所指"其他

---

① 郑永年：《未来三十年：改革新常态下的关键问题》，中信出版集团 2016 年版，第 80、83 页。

② 参见中国人大官方网站：http://www.npc.gov.cn/wxzl/gongbao/1988-01/21/content_1481041.htm。

从事公务的人员"，是指国家工作人员、集体经济组织工作人员以外的依照法律从事公务或者受委托从事公务的人员。

可见，1988年全国人大对贪污受贿罪的补充规定对村干部腐败行为的认定是模糊不清的。贪污罪中针对的只是村干部中具体经手、管理公共财务人员，如会计而非整个村干部队伍。受贿罪中对村干部是否应纳入其中则直接回避了界定。

1997年由第八届全国人民代表大会第五次会议修订通过的《中华人民共和国刑法》明确提出了贪污贿赂罪，规定如下：[①]

第三百八十二条　国家工作人员利用职务上的便利，侵吞、窃取、骗取或者以其他手段非法占有公共财物的，是贪污罪。受国家机关、国有公司、企业、事业单位、人民团体委托管理、经营国有财产的人员，利用职务上的便利，侵吞、窃取、骗取或者以其他手段非法占有国有财物的，以贪污论。

1997年刑法对国家工作人员认定如下：

第九十三条　本法所称国家工作人员，是指国家机关中从事公务的人员。国有公司、企业、事业单位、人民团体中从事公务的人员和国家机关、国有公司、企业、事业单位委派到非国有公司、企业、事业单位、社会团体从事公务的人员，以及其他依照法律从事公务的人员，以国家工作人员论。

此次修订的刑法基本延续了1979年刑法对象认定的范围，未能明确将蓬勃发展的村民自治组织中工作人员及其管理、经营集体财产行为纳入其中，将规模庞大的村干部群体排除在职务犯罪主体之外，这给中国基层司法实践造成了极大的困扰。实践中，公安机关、检察机关在村干部经济

---

① 参见中国人大官方网站：http://www.npc.gov.cn/npc/lfzt/rlys/2008-08/21/content_1882895.htm。

犯罪问题的管辖上存在争议，公安机关认为事实上村干部系委托从事公务人员，其管辖应归检察机关，而检察机关却以村干部属于群众自治组织而不应归为国家工作人员范畴而拒绝管辖。

全国人民代表大会常务委员会后来在立法解释中指出："1997年刑法实施后，有关部门反映，实践中村委会等农村基层组织的人员利用职务上的便利，非法侵占、挪用公共财物，索取、收受他人财物的情况很多，对于这些人员实施上述行为的，应当如何处理，一些部门的意见很不统一，建议全国人大常委会就此类人员是否属于国家工作人员，实施上述行为是否构成犯罪，应当如何适用法律予以明确。"①

2000年4月，全国人大常委会经过对刑法有关规定的讨论，提出了关于《中华人民共和国刑法》第九十三条第二款的解释释义：

村民委员会等村基层组织人员协助人民政府从事下列行政管理工作，属于刑法第九十三条第二款规定的"其他依照法律从事公务的人员"：

（一）救灾、抢险、防汛、优抚、扶贫、移民、救济款物的管理；

（二）社会捐助公益事业款物的管理；

（三）国有土地的经营和管理；

（四）土地征用补偿费用的管理；

（五）代征、代缴税款；

（六）有关计划生育、户籍、征兵工作；

（七）协助人民政府从事的其他行政管理工作。

村民委员会等村基层组织人员从事前款规定的公务，利用职务上的便利，非法占有公共财物、挪用公款、索取他人财物或者非法收受他人财物，构成犯罪的，适用刑法第三百八十二条和第三百八十三条贪污罪、第三百八十四条挪用公款罪、第三百八十五条和第三百八十六条受贿罪的规定。

全国人大常委会出台这一解释，实际上"只是明确了村委会等村基层组织的人员在哪些情况下可以依照刑法第九十三条第二款的规定，以国家工作人员论"。也即通过列举的方式，指出了村干部只有在协助政府从事行政管理过程的七种腐败情形下才视同公务人员并适用刑法相关条

---

① 参见中国人大官方网站：http://www.npc.gov.cn/npc/flsyywd/xingfa/2004-10/20/content_337786.htm。

款。在实践中,村干部除了协助政府从事行政管理工作外,还存在着大量的其他职务行为,这些处于村级自治管理中的行为,也存在着与贪污受贿罪同质的若干腐败行为,如侵吞村级集体资产、乱征乱派、吃拿卡要等。由于对村干部刑法身份规定的有限性,司法机关难以介入发生在自治管理职能中的村干部腐败行为,这种立法形式并没有堵塞村官腐败的"大堤"[①],造成农村干部职务犯罪打击乏力[②]。针对发生在自治管理领域的村干部腐败行为,如利用职权侵占集体财物、挪用集体资金的,是以"职务侵占罪、挪用资金罪"论处,对应地由公安机关立案侦查。也即针对同一对象,根据腐败行为发生的领域,区别定性并分别由不同机构行使管辖权,事实上构成了双重管辖机构,使得行政管辖权的责任界限模糊,容易导致管理混乱局面。[③]

从《解释》的七个条款来看,前六条"对情状的具体边际界定也存在较大的弹性空间",而且第七条即"协助人民政府从事的其他行政管理工作"这一兜底条款所留的争议空间太多。[④] 并且,从村干部职务行为来看,并非所有行为都可以明确区分为协助政府的公务行为和自治管理行为,当两种行为同时发生时,例如村干部腐败行为既包括国家公共财务也又包括村集体资产时,如何准确计算其数额并进行量刑呢?

二 民主选举制度不健全

选举中的腐败是村干部腐败的源头。在村民委员会选举过程中,存在着采取暴力、贿赂、威胁、利诱、作假等各种非法手段,干扰村民委员会正常选举活动、妨碍村民行使选举权与被选举权的问题,甚至是利用黑恶势力、宗族势力来胁迫村民的投票行为。这些行为与腐败存在天然联系,一旦有类似行为的候选人当选为村干部,这些人极有可能在工作中不讲规

---

① 乔德福:《新农村建设中村官贿选防治机制创新研究》,《郑州大学学报(哲学社会科学版)》2010年第3期。
② 邹德萍:《小村官大腐败》,《党政干部学刊》2006年第7期。
③ 徐宏:《村官刑法身份困惑的社会学思考》,《南京大学学报》(哲学·人文科学·社会科学版)2013年第6期。
④ 徐宏:《村官刑法身份困惑的社会学思考》,《南京大学学报》(哲学·人文科学·社会科学版)2013年第6期。

矩、不守法律，利用手中权力捞取资本，走向腐败深渊。①

上述破坏行为中，贿选本身就是腐败行为。小到请客吃白饭、买烟送礼，大到明码标价专卖选票，在经济发达的地方和城郊农村其贿选金额不断攀升，甚至出现高达成百上千万元。贿选是村干部腐败的"重灾区"之一，是选举制度的异化和基层民主的毒瘤。② 当前村民委员会选举过程所暴露这些问题，与村民委员会选举规制本身不健全有直接关系。具体表现为以下几点。

（一）缺乏可操作性的专门性选举法规

1988 年《村民委员会组织法》关于村干部选举的条款规定共计六条693 字，涉及选举对象、任期、选举与被选举资格、选举程序、投票规则等制度规定，但此规定过于粗线条而缺乏可操作性。③ 2010 年，全国人大对《村民委员会组织法》进行了部分修订，专章规定了村民委员会的选举问题，内容扩展到十条计 1536 字。此次修订，较 1998 年《村民委员会组织法》的规定更加细致，增加不少新的制度规定，但仍然存在程序规范不足的问题。村民自治制度是我国的一项基本政治制度，村民委员会选举是我国基层民主的生动实践，现行《村民委员会组织法》对村民委员会的选举规定不够系统、不够全面、不够清晰④，导致实践中村民委员会选举存在着随意性，与该项制度的政治重要性和严肃性不相符合，更为重要的是为意图腐败的机会分子当选村干部和维持其权力地位留下的制度漏洞。

（二）《村民委员会组织法》对村干部贿选概念界定不清

1998 年《村民委员会组织法》第十五条列举了村委会选举中三种不正当手段：威胁、贿赂、伪造选票。此种规定，一是没有提出贿选的明确含义，使得认定贿选行为本身就存在较大的争议空间；二是没有详尽包含

---

① 范柏乃、冯木林、周晶：《我国乡村贿选及其治理对策研究》，《行政与法》2008 年第 2 期；钟宪章、顾阳：《预防和治理"村官"腐败刍见》，《中国井冈山干部学院学报》2012 年第 6 期。
② 盛明富：《"贿选"：民主进程的毒瘤》，《工人日报》2001 年 8 月 2 日。
③ 参见中国人大官方网站：http://www.npc.gov.cn/huiyi/lfzt/cmwyhzzf/2009-12/18/content_1530494.htm。
④ 唐鸣、陈荣卓：《村委组织法修改：问题探讨和立法建议》，《社会科学研究》2006 年第 6 期；唐鸣、赵鲲鹏：《村委组织法的修订所取得的进步》，《社会主义研究》2011 年第 1 期。

所有的不正当选举行为，使得某些村干部事实上也采取了不正当选举行为得以当选，如欺骗、虚报选举票数，找不到法条依据来追究其责任。2010年修订的《村民委员会组织法》规定的不正当行为表述为"暴力、威胁、欺骗、贿赂、伪造选票、虚报选举票数"。对比前、后两版《村民委员会组织法》条款，都没有明确界定贿选行为。《中华人民共和国村民委员会组织法条文释义》中将贿赂解释为"利用金钱、财物或者其他物质利益诱使或收买村民、候选人或有关选举工作人员，以使村民违反自己的真实意愿参加选举或在选举工作中进行舞弊活动的行为。"但这一规定仍然存在不足，例如期权式腐败中存在的贿赂时间空间与当次选举存在的错位问题、非特质利益交换问题等。

（三）贿选惩戒制度建设滞后

《村民委员会组织法》第17条规定："对以暴力、威胁、欺骗、贿赂、伪造选票、虚报选举票数等不正当手段，妨害村民行使选举权、被选举权，破坏村民委员会选举的行为，村民有权向乡、民族乡、镇的人民代表大会和人民政府或者县级人民代表大会常务委员会和人民政府及其有关主管部门举报，由乡级或者县级人民政府负责调查并依法处理。"这一规定存在两个缺陷。

1. 贿选受理与查证责任划分不明确

理论上乡镇人民代表大会、乡镇人民政府或县级人大常委会、县级人民政府及其主管部门都有接受村民举报的责任，未能进一步指出这几个部门履责的优先性。而且，将查证责任主体规定为县乡人民政府，受理主体与查证主体不一致，当乡镇人民代表大会或县级人大常委会受理举报后，如何移交给查证机关，其程序如时限、具体方式等内容都没有明确规定，极有可能导致作为非查证主体的受理主体消极履行受理举报责任。

2. 司法救济与法律惩处机制不明确

首先，把村级贿选等破坏民主选举的纠错机制界定为"群众举报＋县乡政府、人大及有关部门的调查处理"，未能直接而明确地将国家司法救济与介入纳入其中，导致国家机关有权受理和查证贿选行为并确定当选无效，却难以处理贿选行为。其次从履职能力来看，五个受理机关和两个查证机关与司法机关相比，缺乏专业的侦察技术能力，面对复杂的贿选案件调查、取证、量化都可能遇到障碍。

3. 将纠正不正当行为的路径起点规定为"村民有权举报"

问题在于将救济破坏选举的行为的主体设定为村民，实质上默认了民事法律准则，把纠偏责任主要压到村民身上，过于乐观估计了乡村社会中村民的监督意识和能力，无形之中也弱化了基层政府的监督责任。最后，对村级层面的贿选行为缺乏刚性的法律惩处依据。《刑法》第256条规定的破坏选举罪由于针对的是乡镇以上的选举，并不适用于村级选举，而《民法》《行政法》《行政诉讼法》《行政复议法》中也没有针对村委会贿选作出相应规定，因此也没有形成对贿选者足够的法律威慑力。

4. 选举程序与选举方法不规范

现行选举程序只规定了候选人产生及选举投票程序，缺乏一种提倡候选人之间公平、公开、透明的正当合法的拉票机制和制度化平台①；并且在透明度、公开度、规范性和民主程度上也未能充分考虑村民民主素养、信息不对称等问题，在各个环节都为贿选留下了发生的空间。例如在候选人提名环节，利用村民民主意识不强、主动提名积极性差和信息不对称"做文章"，选前"跑风漏气"，把握提名先机，致使村民民主提名的权力难以实现；在确定候选人环节暗箱操作，安插"陪选"，钱权交易；在委托投票环节，对委托意愿的真实性验证、委托手续的严肃性考虑不够，有可能出现多头委托、委托手续不全、虚假委托等情形；在流动票箱的设置上，虽确实更加便民，但未能充分考虑到乡村社会人际关系网络及其互动的复杂影响，为村民真实的投票意思表达制造了障碍，同时也为暗示、监视、作假舞弊提供了机会。②

5. 选举罢免实施困难

罢免村民委员会成员的要件包括三个方面：动议人数的门槛、罢免理由、罢免表决规则，具体如表4—3所示：

---

① 《农村基层民主中的贿选问题应引起重视——对全国31个省241个村3447户的调查研究》，参见徐勇主编《中国乡村政治与秩序》，中国社会科学出版社2012年版，第43—45页。

② 乔德福：《新农村建设中村官贿选防治机制创新研究》，《郑州大学学报》（哲学社会科学版）2010年第3期。

表4—3　　　　　　　　罢免村民委员会成员的要件

	动议人数	理由陈述	表决规则
1998年村组法	本村五分之一以上有选举权的村民联名	动议村民提出罢免理由；被提出罢免者有权提出申辩意见	1. 村委会召开村民会议； 2. 占有选举权的村民过半数投票
2010年村组法	本村五分之一以上有选举权的村民或者三分之一以上的村民代表联名		两个过半数： 1. 参加投票的须占登记参加选举的村民过半数； 2. 占投票的村民过半数

比较两版村组法可以发现：后者增加了村民代表联名的动议规则，并在表决规则中作出了更加严谨的规定。但是，此种规定并不能充分保障村民民主罢免权。原因在于规范性制度规定与制度实现环境之间存在适应性冲突：（1）动议与表决行为事实上都是公开行为，且从单个有提出罢免意愿的村民到达到动议发起门槛数间缺乏保护性程序说明，在实践中联名行为容易受到各种阻拦变得难以顺利实现；（2）动议与表决所要求的人数门槛要求村民具有鲜明的民主观念，并能有意识地采取民主罢免的方式来撤掉不合格的村干部，换句话说，实践中只有村民愿意为此采取较为一致的集体行动才能使该项制度规定充分运作起来，这与村庄自有的熟人社会逻辑不相符合，也过于高估村民集体行动的能力。同时，罢免的会议由村委会召开，在存在着村委会"塌方式腐败"的情形下，此种规定无异于腐败的村干部自己罢免自己而致使村民们的罢免权得不到实现。此外，《村民委员会组织法》亦未能就罢免理由作出明确说明，有可能使得罢免制度设计成为村庄权力斗争的工具而推动制度纠偏应有的功能意义。

三　民主管理制度不健全

（一）民主决策架构问题

2010年《村民委员会组织法》规定，村级治理的民主决策架构包括三个方面：赋予村民会议决策权力核心地位；规定村民会议决策事项范畴；规定村民委员会、村民会议、村民代表会议决策议事规则。村民会议决策权力核心地位主要体现在村民会议同村民委员会、村民代表会议的关系上，即村民会议审议村委会工作报告、评议村委会工作，可以撤销或变更村民委员会和村民代表会议不适当的决定。《村民委员会组织法》规定了凡涉及村民利益的九方面事项必须经由村民会议，主要涉及村集体资产分配、土地及其相关收益处置、本村公益事业建管事宜；从议决规则来看，都采取绝对多数表决制。但明显该架构中，相对于村民委员会，村民会议与村民代表会议人数更多，并且由于其功能发挥上具有非常设性，导致其决策能力、决策效率都远远不如村民委会员。有学者认为，现行村组法第2条预设了村委的权力中心地位，加上村民会议召开程序的复杂性，为村委专权埋下了种子。[1] 正如奥尔林在《集体行动的逻辑》里揭示的那样，组织规模越大，达成一致意见的能力越低，且随着组织规模扩大，"搭便车"的人也越多。该架构中未能对村民参与民主决策作出约束性规定，使得议决所需的多数难以获得制度保障。其结果是多数时候的民主决策都可能是村干部做决策，村民的知情权、参与权容易名不符实，使村干部腐败有了潜在的可能。[2] 该架构中对民主决策事项范畴采取列举式表述，一方面无法保证制度规定跟得上实践发展涌现的新的决策事项，另一方面为选择性议决某些事项的行为提供了空间。

（二）村务公开制度建设滞后

1998年《村民委员会组织法》通过列举方式规定了村民委员会应当公布的事项，包括由村民会议议定事项及其实施情况、计生政策落实方案、救灾救济款物的发放情况、水电费的收缴情况、涉及本村村民利益和村民普遍关心的其他事项；村委会及时、真实公布上述事项的要求和纠正程序。这一规定：（1）具有鲜明的时代特征，由于规定事项过于具象注定难以适应客观形势变化；（2）规定太过于粗线条，对公布的方式、载体、时限、细致程度、真实性查证程序都没有明确说明，导致该规定的可操作性低；（3）设定了纠偏程序中村民的主体责任，对基层政府的责任规定性不足。这一状况直到2004年6月由中共中央办公厅、国务院办公厅下发《关于健全和完善村务公开和民主管理制度的意见》才大致得以扭转，该文件就村务公开的内容、程序、时间、形式、组织保障机制均作

---

[1] 赵振军：《村官腐败的症结在哪里》，《中国乡村发现》2007年第4期。
[2] 曾文权：《创新监督体制保障村民自治》，《经济与社会发展》2008年第2期。

了更明确的规定。

（三）村级财务管理规范性严重不足

村干部腐败主要是经济问题，涉及土地征用补偿及分配、集体产业经营及其收益、村集体债权债务、税费改革及农业税减免政策、村内"一事一议"筹资筹劳、新型农村合作医疗、种粮直接补贴、退耕还林还草款物兑现，以及国家其他补贴农民、资助村集体的政策落实情况、村集体公共项目等多个方面，这些都与村级财务管理制度不健全直接相关。（1）缺乏统一的、专门性的村级财务管理制度规定，《村民委员会组织法》对村财务管理制度提出了公开、民主理财和加强审计的规定，对村级财务人事分工、组织架构、程序等众多关键财务管理环节缺乏应有规定，致使村级财务管理实质无法可依，良莠不齐，容易导致账目混乱不清晰。（2）《村民委员会组织法》中对村委会成员的财务知识、能力没有规定，只在民主理财和村务监督小组中作出了类似的规定，村财村管将直接面临人员的兼职性、非专业性等管理弱项，为村干部腐败打开了方便之门。

四 综合监督制度不健全

村干部腐败动机、具体腐败表现形式有可能存在差异，但其原因则一般都可以归结为村干部权力未能受到有效监督，导致村干部有机会运用村庄公共权力成功谋取私利。从制度来看，现行《村民委员会组织法》确立了一个以村级民主监督为主，同时辅之以基层行政监督的监督体系。《村民委员会组织法》第二条规定："村民委员会是村民自我管理、自我教育、自我服务的基层群众性自治组织，实行民主选举、民主决策、民主管理、民主监督"，同时还规定通过建立村务监督委员会或者其他形式的村务监督机构，负责村民民主理财，监督村务公开等制度的落实情况，通过村民会议和村民代表会议对村干部进行民主评议，这就确定了民主监督是村干部监督的最基本、最常规的监督形式。《村民委员会组织法》第三十五条规定："由县级人民政府农业部门、财政部门或者乡、民族乡、镇的人民政府负责组织"对村干部的离任审计，这设定了政府行政监督的路径。《村民委员会组织法》还规定村民在村委会履职上存在问题时，有权向乡、民族乡、镇的人民政府或者县级人民政府及其有关主管部门反映，有关人民政府或者主管部门应当负责调查核实，这就为村民和政府协力实施对村干部监督搭建起制度桥梁。然而，这一监督体系在制度设计上还存在以下缺陷，使得村干部权力难以真正有效地得到监督。

（一）村级监督机构难以挑选出合适的成员

现行《村民委员会组织法》规定：村务监督机构的成员"由村民会议或者村民代表会议在村民中推选产生，其中应有具备财会、管理知识的人员。村民委员会成员及其近亲属不得担任村务监督机构成员。村务监督机构成员向村民会议和村民代表会议负责，可以列席村民委员会会议"。这一制度设计理念中奉行了民主原则（民主推选）、回避原则（村委会成员及其近亲属不得担任）、专业化原则（应具备财务、管理知识），但仔细推敲这三大原则实现的可能性并不高。首先，在村委员成员外民主推选村民担任村务监督机构成员，其制度意图需要具备两个条件：能选出有监督能力的村民、推选机构本身能够不受村委会及其成员把握而自主运行，实际上可以选择的对象在小范围内往往是有限的，且现行村委会往往可能凭借已有的支持基础和议程控制的优势实施有倾向的推选过程。其次，回避原则更是与多数中国村庄的社会资本构成情况相悖，在许多宗族势力盛行的小型村庄，沾亲带故是村庄人际关系网络的基本构成情况，要想在一个熟人社会里完全按照此条原则来组建监督机构太过困难。最后，与民主推选原则一样，在有限的人力资本中严守专业化原则在多数村庄也不太现实。

（二）政府监督的腐败预防功能太弱

在现行监督体系设计中，政府监督最有力的方式是离任审计，但离任审计最大的功能只能发挥在事后，即使最后发现了腐败，但村干部腐败已成事实，对村民、村集体的损害业已造成。虽然村民有权向政府举报村干部的不端行为，但正如前面分析的那样，这种规定属于民事主义假定"民不举，官不究"，受制于熟人社会情境中人情意识，效果有限。乡镇政府与村委会是指导与被指导的关系，二者日常互动的层面主要在于工作对接，现有制度设计中并没有将乡镇政府的行政监督列于与工作指导并驾齐驱的位置，这也使得基层政府缺乏对村委会及其干部的刚性监督压力和责任感。即使基本实现了"村财乡管"的财务监督机制，但只是停留在票据规范、报销规范等事后性环节上，还没有建立预算监督、日常监督、事后审查这一完备的财政监督体系。

第三节　收益成本层面

我国不断加强和改进农村治理的制度供给,以推进国家治理目标在广大农村地区的有效实现。在此背景下,无论是在税费时代还是在后税费时代,广大农村的村干部群体在总体上能够有效贯彻党和国家的治理意图,带领中国农民发展农业生产、维护农村秩序、配合政府工作,基本实现了生产发展、生活富裕、安定有序的目标。虽然,目前农村治理的法律规制还在一定程度上存在缺失、缺陷和缺位的问题,还是为村干部腐败形成外在的、中观的客观因素,但腐败的村干部在其行为存在着制度约束力的情况下,把腐败意图变成现实行为后果,往往经过了一番理性计算,这就不得不论及村干部腐败行为特征、外在规制行为的执行力和微观的社会环境问题了。

一　微腐败的隐蔽性强

村干部腐败行为具有腐败获利的小微性、腐败行为辨识的模糊性,从而使得村干部腐败行为具有较强的隐蔽性。

(一) 腐败获利的小微性

总体而言,村干部获利的小微性是受以下因素制约的:第一个是获利空间的有限性。中国多数村干部所治理的村庄物理范围小、村庄公共事务少,村干部控制的资源有限,致使村干部腐败行为的能量空间小。在国家正式行政体系之中,行政层级与治理范围成正比,行政层级越高,其集聚和支配的国家资源也越多。行政村处于国家行政权力末梢——乡镇——之外,所能集聚和分配的公共资源十分有限,这决定了村干部腐败所能获利的能量空间的上限。第二个限制其获利空间大小的因素还在于村庄治理能力。比照国家能力(引胡鞍钢),其分配能力建立在财税汲取能力的基础上。纵观当代中国乡村治理变迁,长久以来,农业部门是作为国家工业化战略的资源汲取对象和领域,在20世纪中后期,广大乡村的资源积累通过纵向自下而上输送到国家体制之中,以支持工业化的现代化发展战略所需要的资本积累。在农业生产力有限的情况下,单个农村所能提供的生产积累是十分有限的,并且国家为保证这一有限的资源得到有效汲取,在

60年代至70年代，还不惜将乡村直接行政化，建立人民公社体制。在这一体制中，资源分配典型描述是"三级所有"。在自下而上的纵向的资源汲取体制中，村庄虽处于国家发展战略的次要和服从地位，但其资源供给者的地位却是十分重要的，在资源提取的过程中，强化了国家权力在乡村社会的渗透和存在感，提高了国家动员能力；同理，村干部由于是执行汲取战略的关键一环，如征收三提五统、配合计划生育工作、人口统计，其权力小但其角色也十分重要。在计划经济制下，村干部所能发挥的自主空间小，且受到国家权力的高强度关注，腐败发生的风险高、机会小。但自80年代以来，随着国家发展战略的调整，工业化和城市偏向政策得到逐步调整，"三农"问题得到中央层面的高度关注，逐步确立起自上而下的资源流向体系，国家自2001年来开始摸索试点取消农业税，到2006年全面取消农业税这一转变标志着乡村和农业不再作为被汲取的对象，相反，国家在工业化、城市化战略取得相当富余的基础上开始"工业反哺农业、城市支持乡村"。在这一段时期内，村庄治理能力弱化了，特别是影响到村干部权威塑造。第三个限制了村干部腐败能量空间的因素在于村庄公共事务的自治特性。20世纪80年代以来，村民自治在使村民获利民主权利的同时，也使得国家权力放松了在乡村社会的直接的、高强度的基础设施建设、公共事务供给。除了像电力、教育等少数无法由乡村自身供给的公共事务外，在相当长一段时间内，多数村庄公共事务的供给、管理、运行主要由村庄通过集体解决，如水利设施、道路、饮用水、卫生等。这些事务被视为村民自治管理的内容，主要依靠村民自行解决或村集体组织提供。在有限的财力下，村集体曾较为有效地开展动员，通过集体劳动提供了较低层次和水平的村庄公共事务建设和服务。近十多年来，国家开始逐步加大在农村的资源投入，特别是逐渐担负起村庄公共设施资金的主要供给者角色，通过项目制，在全国农村实施各种类型的"村村通"（道路硬化、卫星电视、互联网、饮水工程、太阳能设备等），才逐步扭转这一趋势。然而，国家权力的强势回归，却具有明显的绕过基层权力构筑基础权力的特点。也就是说，乡镇干部和村干部虽获得参与国家资源纵向分配的权力，在提升影响力的同时，却也不得不受到国家权力运作的限制，如惠农资金向户精准分配、公共项目招投标制，这些都限制了村干部所能发生的腐败空间。

(二) 腐败行为辨识的模糊性

一般而言，腐败行为都包括可以直观辨认的一面和难以准确及时辨认的模糊面。这既有观念认知上的原因，也与腐败方式的进化更新有关。许多人对腐败认知比较单一，比如多数人一提到腐败就是贪污受贿，或认为贪得少就不属于贪污，而不清楚完整的腐败概念，自然也就不能自觉地辨别各种腐败行为。就村干部腐败的表现形式而言，侵占村集体资产、行贿、权钱交易、生活腐化堕落、为家人朋友谋取私利、吃拿卡要等众多行为都是腐败，如果只有片面的腐败认知概念，就会导致村民把许多日常的村官腐败行为当成合理合法的行为，也就没有批判和反对的可能性了。与早期村干部从村民身上"捞油水"式直接腐败相比，随着社会经济的发展和变迁，村干部腐败也有了更多"高明"的手腕了，例如采取中间人组织利益交换、通过做假账假报告套取国家资金、期权式腐败交易等方式，这些腐败行为往往没有直接的个人利益受损者，腐败行为不会招致利益受损人的对抗。

二 微腐败的成本偏低

西方经济学认为，人们的行为都是基于"成本—收益"的理性计算。收益越大，人们从事某项行为的动力越强，若同时承担的风险、成本越低则会把从事某项行为的动机变成现实。从此角度观之，村干部腐败行为与腐败获得机会及其收益增长的同时违法成本却未相应增长有密切联系。在现有的制度供给条件下，存在以下因素导致村干部腐败行为未能得到有效扼制。

(一) 国家正式规制长期存在偏差

长期以来，政府反腐败的焦点在于国家机关干部和城市，村干部和农村腐败问题在有意无意间被忽略了。农村作为自治领域，国家通过民主选举、民主管理、民主监督的自治制度设计来极力推动村庄内部的腐败预防。因此，村民自治制度推行初期才未将村干部腐败行为纳入国家刑法规制范畴，直到村民自治制度实行近十年后刑法才作出相应调整。而且，这一调整是通过列举的方式规定了村干部在协助人民政府从事公务的七种行为，这也意味着同样是职务便利非法占有村集体资产、索取村民财物等行为并不适用于刑法第九十三条规定的"其他依照法律从事公务"的行为。

并且，随着严峻的反腐压力的增长，纪检、检察等反腐机构的精力一般用于针对国家公职人员腐败的大案、要案上，对于农村基层腐败案件关注度不高，对涉案金额小的村干部腐败不够重视。同时，刑法规定的村干部身份包括七种协助政府行政时的"从事其他公务的人员"和其他"非国家工作人员"，其违法犯罪行为分别对应于检察机关管辖和公安机关管辖，职能交叉客观上造成管辖冲突或管辖空白，影响到案件的及时发现、受理、查办，易助长村干部腐败的侥幸心理。

(二) 微腐败惩戒力度执行偏软

针对村干部的腐败行为，有通过党纪处理的方式，如给予党纪处分、严重警告、开除党籍等；有通过国家处理的方式，如量刑、没收非法所得等；还有在实践中灵活使用的其他方式，如罢免、退还、赔偿等。在操作中，对于村干部的违纪违法行为，除非情节特别严重、手段极其恶劣，一般会采取相对从轻处置的惩治方式，这势必造成违法所得与违法追究的成本严重失衡，降低了法律权威的震慑力，助长了别有用心者的冒险心理。例如按法律规定，农村基层组织人员贪污不足 5000 元，职务侵占不足 1 万元的不能立案，只能移交当地政府有关部门查处。而针对涉案金额较小的村干部违法行为，调查成本却非常高，因此相关部门往往倾向于弄清基本事实，并采取法律外的教育和纪律处分方式。正如罗伯特·克利特加德在对大量发展中国家腐败案例研究的基础上得出的结论那样，在被惩戒概率小的情况下，因腐败收益增长而刺激的权力腐败可能性就越大；用公式表达即：腐败行为 = 腐败所得 − (道德损失 + 法律风险) > 工资收入 + 廉洁的道德满足。[①]

(三) 存在乡、村两级干部利益共谋

村干部受乡镇政府的工作指导，与乡镇干部的工作对接最为频繁，乡镇政府也是受理、查证村民举报村干部腐败行为的主要负责机构，因此从理想状态来讲，乡镇政府能够较好地防控和纠正村干部的腐败行为。但实践中基层政府这一功能往往失灵，部分乡镇干部与村干部形成利益同谋，乡镇的国家干部，极力推动心仪的人选成功当选村干部，在腐败收益中分

---

① 何增科：《美国学者克利特加德谈发展中国家的反腐败斗争》，《国外理论动态》1993 年第 30 期。

成分赃,在乡镇政府受理、查证、处置村干部腐败时制造障碍、"跑风漏气"、上下打点。而后者也极力向前者靠拢,以换取更多的腐败机会和更安全的保障。

三 权力制约力度有限

从权力特性来看,权力作为一种可交换的社会资源,具有可交换性的特点。权力的可交换性,是指权力作为一种外在型的能力,在一定条件下,可以通过权力使用中易位权力主体动机与职责要求,获取额外收益,典型的如将手中的权力视作"商品"而非服务客体的责任来使用,搞权钱交易。权力导致腐败,绝对的权力导致绝对的腐败。要防止权力被滥用,必须建立对权力全方位的制衡体系。

从权力特性与权力运行来看,村干部手中日益扩大的公权力得不到有效监督和制约是村干部腐败的基本成因。根据《宪法》《公务员法》《村民委员会组织法》的相关规定,村干部所掌握的权力由村民自治制度框架下村民选举赋予,村干部使用权力时又与国家权力相配合,从而获得明确的公权力属性。作为一种公共权力,村干部权力在村民民主监督、村委会内部监督、政府监督失衡的情况下,本身又出现权力增长的态势,势必造成村干部权力的失控状态,在一定范围内出现绝对化,导致了触目惊心的村干部腐败现象。[①]

但在我国,由于村民委员会是一种群众性自治组织,主要依靠村民们的民主管理和民主监督,又由于我国农村的社会经济文化条件仍很落后,农民的民主权利意识还很淡薄,农民护权能力低下,权利受到侵害后无能为力、不知道该怎么办的现实状况,很难形成对村官权力的有效制约,村官腐败现象的发生也就在所难免。

(一)村民民主监督能力的有限性

1. 缺乏主动监督的观念基础

只有在村民具有强烈的民主意识、法治观念的前提下,村民才能针对村干部的腐败行为,才能具备自觉的监督意识,才能主动地行使监

---

① 张汉昌:《"村官腐败"现象的产生原因、社会影响及治理对策研究》,《当代法学》2000年第6期。

督权利，也才会形成较强的公共利益意识，而不轻易接受小恩小惠诱惑出卖珍贵的选举权，愿意积极参与为村庄公共利益采取的集体行动。实际上，贿选中的交易、村庄民主参与的冷漠、个人利益优先等村民行为表现，其根源还是在于村民缺乏对民主权利的深刻认知，崇尚权威，缺乏现代法治观念，轻视权利，从而助长和纵容了村干部的腐败，村民变成机械地接受村干部组成的村委会的领导而不实施主动监督，为村干部滥用职权大开方便之门。①

2. 受制于复杂的村庄社会结构

费孝通先生在《乡土中国》中用"熟人社会"来描述中国传统农村复杂的人际关系网，或血缘、或地缘、或姻亲，不是沾亲带故，也是非亲即故。熟人社会里的成员有其内在的行为逻辑，村民们处理自身或村庄事务时主要考虑和谋求"关系"状况，如遇事首先想到的是能否找到熟人来解决，通过建立关系、打通关节，积极寻找私人关系可以解决的捷径，为"关系"亲密者不惜僭越规则、营私舞弊，乃至徇情枉法。显然，在熟人社会中，"关系"在某种程度上是优先于"规则"的，也即熟人社会中的村民行为逻辑中"关系"是优先于国家法律的。当代中国农村，大体上还是熟人社会，至少还是"半熟人社会"，费孝通先生逾半个世纪前对中国农村的考察所得出的结论在解释当代中国农村社会时仍有解释力。村庄复杂的社会结构阻碍了村民们积极主动从国家法律和现代民主制度着眼来对抗作为熟人的"村干部"。

从地域差异上看，虽然我国南北中部农村存在差异，但却显示出村庄结构层面中村民制约村干部权力的弱点。村庄结构是指"以熟人社会为基础的村庄成员之间的关系状况和行动能力"。村庄结构也可以大致等同于村庄社会结构，"是指由村庄内部成员社会关系网络构造的结构性特征"②。贺雪峰在其《村庄类型及其区域分布》文章中指出，由于自然地理的差异性、社会历史发展状况的不同，不同地域或同一地域内不同村庄

---

① 杨慧子、赵娜：《论村官的责任控制——"基层官僚"理论视野下的探究》，《经济视角（下）》2011年第8期。

② 贺雪峰：《论中国农村的区域差异——村庄社会结构的视角》，《开放时代》2010年第10期。

往往所形成差异性较大的人情社会关系网络。贺雪峰在研究中国农村南北中的区域差异的过程中，提出可以依据村庄结构区分成南方农村、北方农村、中部农村。① 贺雪峰依据血缘基础和各地区人们行为、观念、消费等方面的经济社会分化状态，概括出"村庄结构"分为"团结型""分裂型""分散型"三大类及其地域分布，如表4—4所示：

表4—4　　　　　　　　村庄结构及其地域分布

	经济社会分化程度	
	中、高	低
团结型	珠三角、闽东南、浙东南	赣、桂、粤北、湘南、鄂东南
分裂型	京津唐、鲁	华北、西北
分散型	长三角	长江流域、东北

具体而言，南方农村多聚族而居，宗族力量强大，形成团结型村庄；华北农村内部有互不相关的众多"门子""门派"，相互竞争形成分裂型村庄；长江流域的农村缺乏建立在强有力的血缘基础上的行动结构，呈现出原子化状态，形成分散型村庄。团结型村庄更接近于传统"熟人社会"，基于强烈的血缘基础认同感，村干部得到的情感支持基础也更强，村民缺乏对村干部民主监督的意识和动力。分裂型村庄，会显示出强烈的选举竞争和村民监督，但容易因为权力斗争动机而使民主监督走样。有学者在实证研究的基础上指出，存在派系竞争的情况下，村委会选举中操纵选举的腐败行为尤为突出。② 在分散型村庄，虽然可能受益于血缘基础薄弱而更易形成理性的、平衡的权力制约关系，但在现代民主、法纪观念薄弱的环节下，更容易造成"事不关己，高高挂起"的弱集体行动状态，进而失去权力制约能力。

---

① 贺雪峰：《村庄类型及其区域分布》，《中国乡村发现》2018年第5期。
② 孙琼欢：《派系政治——村庄治理的隐性机制》，中国社会科学出版社2012年版，第158—161页。

(二) 乡镇权力监督能力的有限性

1. 监管力量不匹配

"上面千条线，下面一根针"，乡镇政府处于国家行政权力末梢，行政事务繁重，行政精力主要应对常规的行政事务，致使党风廉政建设、反腐败工作在一定程度上被弱化。同时，随着撤乡并镇进程中乡镇规模的扩张，乡镇管辖的行政村地理距离、数量、面积都在增长，而相应的乡镇纪检监察力量配置并未同步增长，导致乡镇缺乏监管村干部腐败行为的能力的弱化。基层政府选择村干部人选重才轻德。

2. 监管执行不严厉

在中国治理体系中，乡与村的关系十分紧密，可以说乡离不开村，村离不开乡。有的乡镇干部人情观念重，法纪意识薄弱，对于村干部的腐败行径不敢坚持原则、不敢硬碰硬，投鼠忌器，不能及时制止村干部的不当行为，致使这些村干部在反复试探中，增长了腐败之胆，一步一步走向更大的深渊而不能自拔。[1]

3. 行政管理有依赖

基层政府所执行的繁重的行政管理任务，在实践中高度依赖于村干部的配合和支持。在征收农业税费时代，乡镇政府与村委会形成明显的"行政化关系"。[2] 张静将村干部被国家行政化从而成为基层政府的"跑腿"者的现象概括成"国家经纪"。[3] 乡镇干部工作做不做得下去、干得好不好，往往依赖于是否与所辖村村干部互动上的顺畅程度。当与村干部关系交恶，或村干部表现的支持并非表里如一、或支持力度不强，都可能导致相应的工作难以及时、有效地完成。为此，乡镇干部面对选举产生的村干部时，需要积极构建与村干部良好的私人关系，并在必要时给予村干部特定的支持，甚至是对村干部腐败行为的包庇；而另外一些乡镇干部，为获得能协助有效执行工作的村干部，不惜在村民选举中做手脚，甚至支持虽有能力但德行有差的村民当选村干部。有学者将现行的这种乡镇干部

---

[1] 江广：《"小官巨腐"是怎样炼成的》，《浙江人大》2014 年第 8 期。

[2] 尤琳：《中国乡村关系——基层治理结构与治理能力研究》，中国社会科学出版社 2015 年版，第 126—130 页。

[3] 张静：《基层政权——乡村制度诸问题》，浙江人民出版社 2000 年版。

与村官之间的关系称为村干部对乡镇干部的"逆保护"。① 此种关系下,乡镇政权缺乏对村干部进行严厉监督的动力。

(三) 村干部权力性质与身份边缘化的双重性并存

法理上,村干部作为自治体系的成员,并不是"官",其权力的正当性来源是村民选举,其权力约束应由村民集体发挥民主力量来解决;但在国家治理体系中,国家权力对乡村的渗透、覆盖是国家建构不可或缺的面向。现行体制下,村干部权力来源具有"双重性",即村干部既是通过村民民主选举授权的"当家人",也是国家权力依赖的行政"代理人"。行政授权虽然以一种隐蔽性的方式存在,但村干部却是实实在在的"干部"。作为行政授权的乡镇政府的态度,对村干部是否当选、连任有指向性的意义,是村干部在村庄内权威塑造的重要来源,一般情况下村民也乐见于本村干部与乡镇政府能有效沟通,以为解决村民个人事务和村集体发展利益争取机会。村干部身处国家权力体系与社会权力体系的交接点上,这种实质上存在的"双重性"权力来源和腐败行为,反映了治理体制中国家与社会、官治与民治的冲突。② 这一矛盾导致村庄内部事务治理的复杂化,国家公权和社会治权边界不清,给公权在"自治"旗号下寻租获利留下了巨大空间。③ 更为严重的是,村干部身份上的这种双重特性无形之中造成了该群体与乡镇政府、农民的情感疏离,日益成为"国家与村庄社会双重边缘者的、日益被结构化的双重边缘群体"。④

(四) 乡村治理模式结构性间的转换为村干部腐败创造了机会⑤

现代国家建设为获得财税基础、控制社会的目标,不断将国家权力深入乡村,新中国成功实现该目标的同时却阻碍了乡村社会自治的发育和增长,乡村社会成员被席卷进以国家权威为中心的规则体系中,习惯了行政权威治理、弱化了自治能力。改革开放以后,为弥补国家权力退出后的治理真空,在从计划经济向市场经济转型过程中,农民自主探索自治方式,

---

① 郑明怀:《乡村政治研究中的"保护——逆保护"》,《桂海论丛》2009 年第 2 期。
② 周庆智:《关于"村官腐败"的制度分析——一个社会自治问题》,《武汉大学学报(哲学社会科学版)》2015 年第 3 期。
③ 王冠中:《乡政村治格局下"村官"腐败的原因及对策》,《理论导刊》2009 年第 11 期。
④ 吴毅:《双重边缘化:村干部角色与行为的类型学分析》,《管理世界》2002 年第 11 期。
⑤ 唐学亮:《结构性视野下的村官腐败及其治理问题研究》,《犯罪研究》2012 年第 2 期。

以适应分产到户和自主经营的方式。一方面，国家将行政权力收缩至乡镇，但对乡村秩序依然靠着隐蔽的科层制架构管理着乡村社会；另一方面，国家权力始终稳固地保持着基层党组织权力对农村治理的领导地位，甚至为克服村支两委的矛盾而采用党政"一肩挑"的制度设计。

国家权力对乡村自治权力的监督上显示出一种并不对等的制度运行状况。村干部日常工作的相当大的精力用于协助政府开展工作，包括曾经的征收"三提五统"、计划生育、政策宣传、矛盾调解、治安管理等各个方面。这使得村民事实上处于国家权力频繁的影响下，而国家权力却极力推行由村民采取举报村干部不法行为、相关国家机构受理查证的方式来回避直接、主动的权力制约。

第四节 机会诱因层面

现代管理科学和微观经济学十分关注组织激励问题，管理学中经典的"霍桑试验"证明行为者在被关注的情况下可以表现得更出色；而建立在微观经济学基础上的制度经济学提出选择性激励对于克服集体行动困境的重要性；马斯洛需求层次理论，则将人们的需要清晰地区分为生理需求、安全需求、社交需求、尊重需求和自我实现需求。这些新的理论界说，展现出人本主义与理性主义色彩，论证了个体的正当利益存在和实现的重要性，并为组织管理深刻地展示了激励功能的必要性。因此，从人本的、中立的利益视角来考察村干部腐败成因十分有必要。正如贺雪峰在其《新乡土中国》一书中指出的那样："村干部也是人，他们有独立于以上双重身份的个人利益所在。"[①]

一 激励因素不足

平心而论，村干部腐败的成因有客观性的一面，主要表现为缺乏外在的、持续的、强有力的激励机制。现行制度下，村干部物质待遇水平低、政治晋升机会几为空缺、精神荣誉机制几乎空白，村干部的工作动力源不够，依赖于道义责任感、道德耻辱感和监督、惩戒制度两方面的作用来保

---

① 贺雪峰：《新乡土中国》，北京大学出版社2013年版，第182页。

证村干部行为不越轨、不贪腐就略显单薄,并不足以充分而有效地应对日益增长的腐败机会的诱惑。

激励村干部履职尽责的资源或手段主要包括:物质层面、精神层面和发展层面。从物质层面来看,主要是指经济报酬和社会保障两个方面;精神层面,主要是指声誉地位和荣誉表彰;发展层面,主要是职业前景。纵观当代中国乡村治理进程中,村干部激励机制的不健全和激励实施的不充分,从表面看是为村干部腐败提供了口实,从深里看则透射出几分无奈和心酸。在村干部正当利益得不到保障的前提下,村干部更加倾向于充当赢利型经纪而非保护经纪人[①]、"霸天"型村干部[②]。

(一)物质待遇长期偏低

1998年《村民委员会组织法》第九条规定:村民委员会成员不脱离生产,根据情况,可以给予适当补贴。这表明,在原有的制度设计中,村干部是不脱离农业生产的农民,其维护个人和家庭再生产的主要经济来源还是在于农业,国家只给付较低的标准的补贴。在税费时代,村干部的物质待遇基本上是以"误工补贴"的形式发放的(徐勇,1997)。从资金来源看,又主要是从村民缴纳的税费和村集体经济发展中提留的部分和村级管理费中支付的,这就意味着,村干部的"工资"的实际支付人是村民及村集体。从表现上看,这种付费方式是与自我管理、自我教育、自我服务的自治制度相匹配的,但实际上存在较大的矛盾。因为村干部的"双重代理人"身份,要用相当大的精力协助基层政府开展工作,理论上政府应该为村干部给付相应比例待遇,但实际上基层政府并没有为此买单,作为依靠转移支付的吃饭财政的基层政府也没有能力支付村干部的报酬。不仅如此,基层政府还通过掌握村干部工作绩效的评价,进而掌握着村干部待遇的标准,也就使得村干部更倾向于国家权力的代理人角色而非村集体代理人角色。无形之中,政府向村集体经济、村民事实上形成了隐性的财政负担转移,加重了农民的负担。并且,基层政府对村干部待遇标准的界定,往往缺乏对村干部履职情况、各村各年村集体经济和农业生产状况的充分掌握,导致这种标准往往并不被村干部、村民所认同,前者就有可

[①] 沈诞生:《村政的兴衰与重建》,《战略与管理》1998年第6期。
[②] 于建嵘:《农村黑恶势力与基层政权退化——湘南调查》,《战略与管理》2003年第5期。

以寻求灰色收入以弥补付出与收益关系上的不平衡心理。贺雪峰等人研究了 20 世纪 90 年代后期华中农村村干部的待遇后发现,众多的灰色收入是村干部工作积极性的重要来源,基层政府虽然知道这一情况,为使村干部配合工作而选择性无视。① 西北农林科技大学王征兵教授课题组针对陕西省长武县昭仁、地掌两乡调查发现：2003 年全乡农民人均纯收入 1410元,村支书、村主任的经济报酬是前者的两倍,但被调查的干部中有 94% 的村干部却认为这一报酬水平偏低。②

农村税费改革对原有的村干部物质冲击巨大。依靠吃饭财政的乡镇政府本身无力承担农村税费取消后村干部物质保障问题。王征兵提出村干部的收入应分为三个部分：一是因担任村干部所获取的工资收入；二是利用职务便利获取的非法收入,即"灰色"收入；三是从事与村干部角色无关的生产经营活动（如养猪、种粮）所获取的正当收入。农村税费改革后乡、村两级基层组织收入大大减少,没有了各种罚款、摊派等预算外收入和自筹资金,乡（镇）村政权的运转压力大大增加。特别在农村很多集体经济比较薄弱的地方,村级政权组织的运行主要靠乡镇对农业税附加的返还,村干部的工资都发不下来,有的即使能发下来也是微乎其微。而村里的办公经费和各项管理费更是没有着落,这大大损害了村干部的工作积极性,许多村干部逐渐对村里事务失去了信心和兴趣,开始将主要精力转向自家的致富上。③ 这造成不同地域乡村干部选举时出现截然不同的景象：经济发达地区和城郊农村,富人积极参与竞选,富人治村、能人治村、高价贿选；偏远地区、经济落后地区,村民的村干部竞选意愿低,村干部年龄结构断层,甚至出现当选村干部拒绝出任和履职的情况。2009年,中组部在出台《关于加强村党支部书记队伍建设的意见》中才明确提出村干部建立健全激励保障机制,其中的基本内容就是保证村干部合理的经济待遇,"按照不低于当地农村劳动力平均收入水平,确定村党支部书记的基本报酬",建立村党支部书记业绩考核奖励制度；为在职和正常

---

① 贺雪峰、王习明：《村组干部的更替与报酬——湖北 J 市调查》,《北京行政学院学报》2002 年第 2 期。
② 宁泽逵：《中国村干部激励机制研究》,西北农林科技大学硕士学位论文,2005 年。
③ 孙浩杰、王征兵、汪蕴慧：《农村税费改革后村干部激励问题探讨》,《经济问题探索》2005 年第 5 期。

离任的村党支部书记办理养老保险,提供体检、生活补助等福利,具体办法由各地根据实际情况确定。2010 年《村民委员会组织法》第六条规定:对村民委员会成员,根据工作情况,给予适当补贴,这实质上确认了脱离农业生产的、符合竞选条件的村民当选村干部的合理性。研究结果表明,通过提高村干部工资报酬待遇及其兑现率能明显提高村干部的工作积极性。①

(二)精神激励严重匮乏

在村民自治制度框架下,能够成功当选村干部本身就表明候选人在村民心目中的威望和认可度,是带着同意的权力授予,村干部也因此获得天然的权威。从需求层面来看,能满足村干部个人社交、尊重和自我实现三大需求,从而为村干部发挥自己的才能,在村庄治理中发挥带头人作用提供了初始的精神激励。理论上,村干部通过兢兢业业为村民提供服务,通过克己奉公、诚信友善塑造良好的道义形象都有助于获得村民的信誉和积极评价,形成村干部合规行为的持续精神激励。并且,长期以来国家权力忽略了单独设计一套荣誉激励机制,这意味着获得持续精神激励的输入的动能来自村干部自身的自律和主动追求,外在动力输入严重不足。

精神激励与物质激励在变化社会中可以相互转化。在经济待遇低下或村干部自认为付出与收获不成正比时,实利主义倾向必然压倒理想主义。在市场经济条件下,社会成就的标准是功成名就,人们越来越习惯于用金钱多寡来衡量个人成功。村民在选择和评价村干部时,也越来越看重村干部的创富能力,相应地,道德评价式微。把能力等同财富造成两个重要后果:一是提高了候选人的经济门槛,使得富人、能人为代表的经济精英压倒其他类型的村庄精英;二是推高竞选成本,经济精英为胜出愿意也善于使用金钱购买选举支持,使得江浙发达地区的部分村庄,竞选花费高达成百上千万元。普遍重视金钱和实利的社会,造就的是人们的炫富心态,激励了村干部的短期行为、逐利倾向。

(三)发展空间长期固化

村干部作为"双重代理人",国家一方面高度倚重于村干部协助开展

---

① 王征兵、宁泽逵、Allan Rae:《村干部激励因素贡献分析——以陕西省长武县为例》,《中国农村观察》2009 年第 1 期。

社会治理，另一方面坚定地从经济待遇、社会保障、人事关系等各方面将村干部限定在"国家机关工作人员"以外的"其他人员"。随着"公务员制度"的全面推行，国家机关工作人员的招录设定了明确的学历门槛、严格的考录程序，在管理上执行标准的人事财政编制制度、党管干部制度。国家机关干部和村干部，虽然都称为干部，但却是完全两类不同的群体。因此，可以说：村干部是干部，也不是干部。国家机关干部，即公务员分为领导干部序列和非领导干部序列，职级上领导干部依次分为乡科级正副职、县处级正副职、厅局级正副职、省部级正副职、国家级正副职共计十级，并建立严格的逐级提拔和更严格的破格提拔制度，组织部门通过职级晋升调配建立起强烈的政治激励，以保证公务员的忠诚和履职尽责。而长期以来，村干部的发展空间被锁定在村庄层面，一般村委会成员可以从非主职干部干到主职干部，即从一般村委会成员变成村主任或村支部书记，这样其绩效无法政治激励，干多干少、干得平庸还是干得卓越从发展机会上来讲并没有显著差异。2008 年，为响应党的十七大关于完善公务员制度的会议精神，中组部研究后制定并公布了《从优秀村干部招录乡镇公务员实施意见》，决定面向任职 3 年以上的选聘到村的高校毕业生和优秀村党组织书记、村委会主任招录乡镇机关公务员，并提出对少数特别优秀的村党支部书记和村委会主任学历和年龄可按程序申请放宽。2009 年，中组部出台《关于加强村党支部书记队伍建设的意见》，正式提出要"拓展村干部发展空间"，提出"加大从优秀村党支部书记中选拔乡镇领导干部、考试录用乡镇机关公务员、招聘乡镇事业编制人员的力度。积极推荐政治素质好、参政议政能力强的村党支部书记作为各级党代会代表、人大代表、政协委员人选"。毋庸置疑，此举确实从村干部中招录了一批才华出众的基层公务员，实现了村干部政治发展空间历史性的突破，有助于激励村干部干劲和干事。但现有村干部队伍中，多数人年龄结构偏大、文化水平低，能言善道、执行能力强的优势并不能直接转换成公务员招录中的行政能力测试和申论科目考试能力。事实上，这一制度的出台，最主要解决的是大学生村官的出路问题，这一点通过《从优秀村干部招录乡镇公务员实施意见》这一文件就可以看出来，文件中提出"今后，乡镇机关补充公务员，应逐步提高从优秀村干部中考录的比例"，同时要求"选聘到村任职的高校毕业生录用率要达到 70%"。也就是说，对于大多数村干部而言，其政治发展空间在考录形式不变的情况下并无缘该制度红利。组织激励方面存在的明显"天花板"会强化成员的短期行为；对于这些村干部而言，"权力不用，过期作废"，用权力换取发展资源的腐败行为就不足为怪了。

二 腐败诱因增多

1980年，广西宜州合寨产生了第一个民选的村委会；1981年，国家在全国推广这种村民自治制度；1982年，国家将这一制度写进宪法。无论是时间节点的选择，还是这一制度本身所具有的改革意涵，村民自治制度都应置于改革开放的大背景中进行考察，更应关注到村干部腐败与社会转型进程中乡村社会诸变化的复杂互动关系。换言之，村干部在转型社会中表现出易于腐败的特性，与其面临的物质诱惑机会增加、权力扩张密切相关。

（一）物质腐败诱惑的增长

随着腐败机会的增加、腐败收益的攀升，机会主义分子不惜投入重金竞选，而经不住巨额利益诱惑的村干部容易铤而走险，村干部腐败走向高发态势。[①]

在税费时代，国家执行的是工业化战略和城市偏向政策，因此实施的是从农业部门汲取资源用以支持工业和城市发展，国家自下而上提取资源。关于税费时代的村干部角色，徐勇将其概括为：要粮（收公余粮）、要钱（收三提五统和集资费）、要命（搞计划生育）。[②] 由于公余粮缴纳、缴税直接面对基层政府，在村干部层面缺乏腐败机会；而村腐败主要发生村民缴费和协助开展计划生育的过程中。缴费包括缴"三提五统"[③]和集资收费，"三提五统"属于乡、村两级自收自支的款项，国家并未出台统一征收标准，导致越贫困的农村被征收的标准也越高，20世纪90年代中

[①] 唐鸣：《让"村官"告别腐败重灾区》，《中国社会报》2014年8月29日。
[②] 徐勇：《村干部的双重角色：代理人与当家人》，《徐勇自选集》，华中理工大学出版社1999年版；《县政、乡派、村治：乡村治理的结构性转换》，《江苏社会科学》2002年第2期。
[③] 三提五统即"三项提留、五项统筹"，是人民公社分配制度的遗迹。三项提留指村级组织的管理费、公积金和公益金三项，五项统筹则是指乡镇政府用于乡村道路、农村教育、计划生育、民兵训练和优抚等五类公共事业的费用。

期以后地方在征收过程中出现盘剥搜刮的乱象。① 最为混乱的还数集资收费，由于缺乏明确的标准，乡、村两级随意调整集资名目和征收标准，农民负担十分繁重，不少地方出现激烈的农民抗争行为，而村干部则在村级财务管理混乱的情况贪污挪用。此外，在协助计划生育的过程中，村干部利用信息优势，通过隐瞒真相、包庇、敲诈等手段，从违背计划生育政策的村民那里获利。农民的负担多重呢？2002 年赵阳、周飞舟依据农业部 1999 年采集的全国 6 省 12 县 820 个农户的抽样调查数据进行统计概算：人均农民负担总量在 100 元左右，约占农民人均纯收入的 7%，其中农业税、三提五统和集资收费分别占负担总量的 29%、58%、13%。② 大致说来，税费时代村干部腐败主要来源于面向村民的乱摊乱派收益，腐败收益总量相对于整个而言还并不算高，可腐败的领域和机会相对固定。

2006 年全面取消农业税，中国进入后税费时代。国家不再从农村和农业汲取资源，反而提倡工业反哺农业、城市支持农村的发展战略，国家自上而下向乡村社会源源不断输入资源。国家的资源输入，主要通过两种方式来实现：（1）绕开基层政府，将各种惠农资金直接支付到农民手上，基层政府从汲取型变成了悬浮型③；（2）通过市场化的方式来开展"项目下乡"，大力改善乡村基础设施、建立农村社会保障体系。国家输入的资源量远远超过税费时代同期向上输出的量，村干部在参与国家资源在村庄的分配进程中，其腐败机会、腐败形式、腐败收益发生了全面改变。随着新农村乡村、美丽乡村和乡村振兴战略的开展，国家将在较长时间段内持续对农村大规模输入资源，伴随而来的是基本农田建设、水土保持、饮水、卫生、道路硬化、农业补贴、乡村信息化等各个领域的建设项目，村干部腐败的机会大为增长；村干部腐败的对象从村民转向猎取国家资源，表现为截留、谎报冒领、套取项目资金等新的形式；而一个项目动辄数十

---

① 周飞舟：《从汲取型政权到悬浮型政权：税费改革对国家和农民关系之影响》，《社会学研究》2006 年第 3 期。

② 周飞舟：《从汲取型政权到悬浮型政权：税费改革对国家和农民关系之影响》，《社会学研究》2006 年第 3 期。

③ 周飞舟：《从汲取型政权到悬浮型政权：税费改革对国家和农民关系之影响》，《社会学研究》2006 年第 3 期。

万元、上百万元，村干部腐败的单次收益大为增长，腐败的村干部能一夜"暴富"。

与此同时，那些接近市场、靠近城市和经济发达地区的农村和拥有特定经济发展资源的农村，伴随着村集体经济发展和资源开发，村级层面掌握和积累了大量的公共资源，村干部腐败获利机会和金额往往惊人，出现"小官巨腐"的现象。进一步讲，这部分农村是工业型、近城镇型、资源型农村；而据贺雪峰估算，这样的农村占比不到全国村数量的百分之十。[①] 考虑到全国有60多万个行政村，这一数字仍然十分庞大。农业型农村，村干部腐败机会来自日益增长的国家资源输入；非农业型农村，村干部腐败不仅来自国家资源输入，还来自村庄内部经济发展带来的土地增值、产业利润，腐败面向的对象从农民、国家还扩展到在农村从事项目开发建设的商人群体。例如，在城乡接合部，村干部利用土地寻租，与商人钱权交易，甚至亲自组建地产开发公司，违规变卖、流转村集体土地，获取巨额收益。[②]

（二）权力扩张但制约有限

自20世纪80年代以来，国家、基层政府、乡村的权力关系发生持续、深刻的调整。国家通过财政的专项转移支付，试图突破原有的科层架构和遏制市场带来的分化效应，从而一种新的国家治理体制——项目制产生。[③] 项目制改变了纵向权力互动关系，在财政上切断了乡镇政府与村庄间的责任关系，使得广大农村地区的村级公共事务无法得到有效保护和协调；同时随着财权上移强化了县级政府及其职能部门的权力，使得县与所辖各村之间缺乏畅通的信息渠道、上下信息不对称、县级政府科层化趋势加强。上级部门牢牢掌握着农村农业投资项目的"发包权"，基层干部工作重点变成"跑步争项目"，乡镇干部自身容易滋生"寻租"行为[④]；而村干部在乡镇政府的指导下"跑项目""接项目"，由于寻租链条的存在，

---

① 贺雪峰：《究竟什么样的村才有贪腐空间》，《中国乡村发现》2016年第2期。
② 万银锋：《城乡接合部的"村官"腐败问题及其治理》，《中州学刊》2015年第8期。
③ 渠敬东：《项目制：一种新的国家治理体制》，《中国社会科学》2012年5期，第113—130页。
④ 聂华霖、李泉等：《中国西部三农问题通论》，中国社会科学出版社2010年版，第332页。

资源配置往往倾向于寻租村庄。[1] 基层干部工作重心变成在国家权力体系中，基层政权对所辖农村情况最为了解，也是监督村干部最直接、最低成本的力量。然而，随着县乡村权力格局的变化，县的权力扩张、镇对村干部控制手段减少，村干部受到非直接的监管虽然增多但却收效甚微。

改革开放以来，国家治理由大包大揽的"总体性支配"转向以科层化、市场化为路径的"技术治理"，通过各种项目加强和推进"三农"事业发展，并为此投入了巨大的资源，然而这些项目并没有完全收到预期的效果，出现半途而废、反复折腾、村干部贪污腐败等现象，使得村民们爱恨交加。在后税费时代，国家权力绕过基层政府，加大了"项目下乡"，以强化在农村的基础性权力。然而，"项目下乡"执行的市场化方式，增强了经济精英的活动能力、创富机会和影响力，在与村民互动和对促进村民自治上效果并不明显，反而强化了村民自治的"去政治化"[2]；村庄精英对村庄治权的掌握更加紧密，普通村民在村庄公共生活中的话语空间缩小，村庄权力格局失衡，形成"资源消解自治"[3]的困境。这就降低了村民民主治理与民主监督能力，为经济精英（富人）攫取更多经济腐败收益提供了机遇。更吊诡的是，国家实施的涉农项目在下乡的过程中，强化了基层政府（组织）的自利性，围绕国家项目指标分配、项目申报、项目实施，乡村精英结盟形成日益固化的庇护结构、精英俘获[4]，将基层政府与村、基层干部与村干部引入谋求"项目"的"分利秩序"之中[5]，甚至为乡村混混介入乡村项目提供了机会[6]，以此来消解国家权力的权威性。

---

[1] 余航：《支农惠农资金流失浪费研究——基于村庄和农户的微视角》，中国农业出版社2014年版，第98—101页、第224—258页。

[2] 袁明宝：《"去自治化"：项目下乡背景下村民自治的理想表达与现实困境》，《江西行政学院学报》2015年第3期。

[3] 李祖佩：《"资源消解自治"——项目下乡背景下的村治困境及其逻辑》，《学习与探索》2012年第1期。

[4] 李祖佩：《项目制基层实践困境及其解释——国家自主性的视角》，《政治学研究》2015年第5期。

[5] 谭诗赞：《"项目下乡"中的共谋行为与分利秩序》，《探索》2017年第3期。

[6] 李祖佩：《"项目进村"过程中的混混进入》，《青年研究》2016年第3期。

总之，村干部权力在国家、地方政府与社会关系调适进程中，不断扩张，但却未同步得到有效限制，从而显示出乡村治理困境。首先，国家权力在基层的"悬浮"[①]使国家在加大对农村资源投入的过程中并没有获得对称性的权威能力和监督能力[②]；其次，基层政府可用以监督的资源及其分配权的减少、深度卷入争取项目的利益同盟而致使其对村干部权力监督的中立性、自主性、有效性下降；最后，乡村社会自身在市场经济的冲击下出现民主治理的衰落，体现为：精英地位的强化，普通民众的民主参与精力、参与意愿和参与效能下降[③]，以个体主义优先的"无公德个人"[④]泛起则进一步显示出村民民主监督能力的衰退与危机。有学者将这一困境总结为：国家进场治理的有效性悖论、集体缺场中乡村权力失控、村民离场中的社会基础崩解。[⑤]

本章小结

微若一村之干部腐败，大到国家立法、社会变迁、新旧思潮涌动，中到组织设计、管理规范、村庄结构变动，小到个人待遇、人际互动、观念素质变化，都可能影响到村干部想腐败的心思萌动、能腐败的空子形成、敢腐败的斗胆选择和易腐败的精心计算。在本章节前述内容中，借鉴党规国法关于预防和惩治国家干部腐败体系的论述，我们尝试从思想观念、组织制度、行为机制、现实机会等四个层面把握村干部腐败成因，由此可以发现村干部腐败的成因十分复杂但有清晰的生成逻辑。

在解释"为何想腐败"的思想诱因时，在个体层面，主要考察了村

[①] 周飞舟：《从汲取型政权到"悬浮型"政权——税费改革对国家与农民关系之影响》，《社会学研究》2006年第3期。

[②] 张勇、张巍：《论当前农村基层权力"悬浮"的危害与解决》，《湖北社会科学》2010年第8期；张勇：《农村基层权力"悬浮"之本源与解决路径》，《理论视野》2010年第9期。

[③] 杜鹏：《项目造"点"与村庄精英更替——以广西陈村为例》，《华中农业大学学报（社会科学版）》2016年第1期。

[④] 吴理财：《个体化趋势带来多重挑战：乡村熟人社会的重构与整合——湖北秭归"幸福村落"社区治理建设模式调研》，《国家治理》2015年第11期。

[⑤] 张红阳、朱力：《"权力悬浮"背景下乡村治理无效性的根源——基于华北D村自来水工程建设史的分析》，《学习与实践》2017年第3期。

干部个体文化教育水平、理想信念和畸形观念；在组织与制度层面，主要考察了农村党风廉政存在的问题；在环境系统层面，主要考察了村庄文化小生境和社会变迁负面思潮的消极影响。从腐败的村干部群体来看，这些村干部首要的共同特点是缺乏对"廉洁自律"的正确价值认知，甚至有村干部在主观上追求腐化堕落的生活。究其原因，这既与该群体自身的文化素质低下、理想信念缺失直接相关，又与转型期中国农村复杂的社会生态环境、部分农村地区党风廉政建设存在不严不实的现象密切相关。另外一些村干部则因为在泥沙俱下的社会思潮中，忘记了"初心"，价值观受到冲击、发生扭曲，未能经受住钱权诱惑而走向犯罪深渊。

在理解村干部"何以能腐败"制度成因时，本章从法规约定、组织结构和制度运行三个层面分析国家相关规制存在的缺失、缺陷和缺位问题。客观而论，村干部腐败现象反映了制度层面尚未能构筑起严密预防和惩治腐败的隔离墙这一事实。总体上，这可以归结为现行制度不健全，具体而言，则指向三个层面：制度缺失、制度缺陷和制度缺位。制度缺失，表达的是尚未建立起全面预防村干部腐败的制度体系，存在制度空白；制度缺陷，表达的是若干现行制度由于不适应客观情势变迁而致使其预防和惩治腐败的效力下降、功能弱化；制度缺位，表达的是由于制度执行主体方面的主观因素而致使制度及其客观效力虽存在但却未能得到严格有效的执行。

在理解村干部"何以敢腐败"行为机制时，本章着手考察了村干部腐败行为特征及对意愿—行为间转化起制约作用的成本与权力约束度问题。也即，腐败村干部的行为在获利小微性、可辨识度低的情况下，如果行为后果面临的可能成本与现实权力约束度低，腐败意图变成现实行为后果这一过程具有经济理性。

在理解村干部在经济社会发展的特定过程中"何以易腐败"的刺激因素时，本章着手考察了村干部群体实际接受的激励现状和腐败发生的资源机会、权力机会的增长问题。现行制度下，村干部物质待遇水平低、政治晋升机会的天窗效应明显、精神荣誉机制几乎空白，导致了村干部的工作动力不够。如果仅仅依赖于道义责任感、道德耻辱感等精神层面的力量和预防、监督、惩戒等制度方面的作用来保证村干部行为不越轨、不贪腐，则不足以应对日益增长的腐败机会的诱惑。村干部在社会转型期表现出来易于腐败的特征，是与其面临的物质诱惑机会增长、权力扩张密切相关的。

第 五 章

乡村廉政治理的法治逻辑

自中华文明诞生以来，我国不断探索与总结出了一系列具有中国文化特色的治理方式，如德治、自治、法治等，这些治理方式在不同的历史时段、社会情境均发挥过积极作用。然而，揆诸治理理论与实践的发展史，令人遗憾的是：一方面，迄今为止，学界对于究竟何种方式可以最为有效地治理诸如村干部腐败等基层腐败存在争论；另一方面，相较于其他治理方式，借由法治来治理村干部腐败，究竟有无可能从理论层面来证成其必要性与可行性却始终为学界所忽略。[①] 职是之故，在本章中，我们拟以学理分析为基础，结合我们在田野调查中收集到的具体资料，尝试对村干部腐败的法治化治理路径展开必要性与可行性论证。

第一节 中西权力腐败治理的理论发展史

本节论证理论之必然。村干部虽然不属于严格意义上的国家公务员，但是其是通过村民选举产生，行使公共权力、管理公共事务，同时享受一定的政治与经济待遇，代表特定社区利益。[②] 换言之，村干部虽是一个较为特殊的群体，然对于政治学意义上的公共权力的行使，使其与国家公务员又有着本质上的类似性。由此，借由法治来"规制"这样一个特殊的

[①] 需要说明的是，本章所讨论的主题是法治化治理村干部腐败的必要性与可行性，由此，法治是作为一种动态意义上的治理方式与技术呈现的。根据法律社会学与法律人类学学界有关"行动意义上的法"的经典表述，结合中国场域法的适用与实施的历史情境，本章所讨论的法治的"法"的渊源不限于国家制定或认可的成文法，还包括党法党规等具有约束力的特殊规范。

[②] 孙秀林：《村庄民主、村干部角色及其行为模式》，《社会》2009 年第 1 期。

群体，追根溯源，我们适可从早期人类政治文明的理论史中找到理论渊源。

一 西方权力腐败治理的理论发展史

谈到人类的早期政治文明，我们会很容易地联想到发端于幼发拉底河与底格里斯河流域的美索不达米亚文明，其最为突出之处除了孕育自身的文明形态外，还对周边民族与国家文明的产生起到了促进作用。① 希腊文明的形成与发展便受到了此种文明的影响。虽说希腊的哲学文明让后人领略到了哲学之于生命的价值与意义，但是希腊的政治文明却为我们描绘了一幅精致的有关权力运用、权力规制的图谱，这幅图谱的底色就是法治。

在当前学界可以确认的有关早期古希腊的各种史料中，苏格拉底、柏拉图与亚里士多德有关政治与权力的论述为我们理解那个特定时代的权力蓝图提供了素材。西方历史上最早且最为著名的辩士苏格拉底，其死亡之事一度被认为是西方哲学领域的重大事件。② 不过，在对其死亡的政治学意义进行探究的过程中，我们可以发现，是权力的运用与规制的规则决定了其有关死亡的选择。以一种民主的法治化的方式来规制权力，却不对民主本身的结构要素予以进一步科学化分析，结果必然是形式主义法治化的悲剧。如果说苏格拉底的死亡意在提醒我们对法治化与权力之间的关系应保持审慎的警醒的话，那么柏拉图有关正义的探究则为我们具体认知法治与权力的关系提供了新的理论视角。在柏拉图看来，法与正义基本同义，其核心是"各司其职"，以此为基础，柏拉图进一步强调，行使公权力的特殊群体应该带头践行正义观，如若不然，则有腐败的风险，这种风险很可能就是城邦政治堕落的罪魁祸首。③ 作为柏拉图的学生，亚里士多德更为注重理论的实践理性。与柏拉图从早期的人治到晚年的"次优选择"——法治不同，亚里士多德认为，人类从本性上来讲，就是一个政

---

① 陈恒：《美索不达米亚遗产及其对希腊文明的影响》，《上海师范大学学报》（哲学社会科学版）2006 年第 6 期。
② 孙磊：《哲人与城邦——重新思考苏格拉底之死问题》，《现代哲学》2013 年第 2 期。
③ 朱清华：《再论柏拉图的正义与幸福》，《江苏社会科学》2012 年第 1 期。

治动物。① 政治权力的运用如果不受限制，必然就会导致腐败。如何去防止这种消极结果发生，亚里士多德认为，最好且最有效的方式便是法治。② 在亚里士多德看来，所谓法治，主要有两层含义：一是为所有民众所制定的法律，其本身应该是优良的；二是法律一旦公布，应该受到公民们的积极遵守。③ 通过法治化的方式来防止行使公共权力的特殊群体对于公共权力的滥用，便制定各种详细的法律规则来有效规制行使公共权力的群体，是亚里士多德法治理论的一个基本出发点。不过，虽说苏格拉底、柏拉图与亚里士多德均从各自生活时代即希腊城邦的政治实践中，提炼出了有关法治对于规制特殊群体权力滥用的功能性理论，但是希腊城邦发展后期，历史材料向我们讲述的故事却是权力凌驾于权利之上，腐败横行，城邦文明完全被埋葬在现实的权力争斗中。

　　罗马文明的诞生与发展完全受到了希腊文明的影响。④ 在古罗马帝国的发展过程中，尤其是帝国后期，随着买官制度的盛行，那些通过买官得以上任的新官员，不断从百姓处搜刮钱财，底层群众民不聊生，由官员的个人腐败，再发展至集体性的制度性腐败，其构成了罗马帝国衰亡的主要原因之一。⑤ 透过罗马帝国晚年衰败史的局部影像，我们尽管不能完全洞悉其衰败的内在机制，但可以确信的是，古罗马著名政治学家西塞罗有关"权力—腐败"、"自由—共和"的相关理论，对于修补影像中的瑕疵具有很重要的学术价值。西塞罗将国家视为人民的事务。⑥ 在西塞罗看来，法治不仅可以保护公共利益，而且可以防止权力意志对人民意志的侵犯。⑦ 为此，在其有限的政治生涯中，西塞罗不断将自己有关于此的想法投于实践，然囿于特定的时代情境，注定了失败的命运。但无法否认的是，其有

---

① 田道敏：《亚里士多德"人是政治动物论"的完善主义阐释》，《河南师范大学学报》（哲学社会科学版）2016年第4期。
② 石茂生：《论法治概念的实质要素——评亚里士多德的法治思想》，《法学杂志》2008年第1期。
③ [古希腊] 亚里士多德：《政治学》，吴寿彭译，商务印书馆1965年版，第199页。
④ [美] 布雷斯特德：《地中海的衰落》，马丽娟译，中国友谊出版公司2015年版，第463—470页。
⑤ 康凯：《制度性腐败导致罗马帝国的衰亡》，《探索与争鸣》2013年第8期。
⑥ 杨俊明：《道德沦丧与罗马帝国的衰亡》，《史学理论研究》2013年第4期。
⑦ 齐延平：《论西塞罗理性主义自然法思想》，《法学论坛》2005年第1期。

关借由法治来治理权力腐败的思想对于罗马政治进程的历史影响。总的来说，相较于公共权力，西塞罗更为关注的是公共利益的实现，他将法治视为治理公共权力腐败最为恰当方式的思想明显受到了古希腊政治学家的影响。

需要注意的是，诚如前述，虽说柏拉图的理论创造力非凡，不过，从腐败治理的理论想象层面来看，亚里士多德则明显更胜一筹。亚里士多德提出的"法治"二层论为后世理解法律治理方式的本质提供了方向，同时，对于借由法治的方式来治理腐败也提供了理论框架。西塞罗借由法治来实现对公权力规制的理论建构明显是受到了亚里士多德的影响，只是，作为古罗马的官员，其比亚里士多德更有机会将理论运用于实践，遗憾的是，古罗马帝国最终与古希腊文明一样，战争的逻辑打破了法治的美好想象。

中世纪后期，随着文艺复兴与启蒙运动的兴起，"人"开始被唤醒。[①]与之相应，由早期教会腐败到世俗政权腐败的"景象"亦在欧洲大地不断出现，通过教会法与普通法的方式来制约腐败，着实对治理腐败助益甚多。那些倡言自然法的启蒙思想家们，一面高举着思想解放的大旗，誓要与传统的借由神权来腐败的教会集团战争到底[②]，一面又以被赋予了自然理性意义上的法治来与世俗政权腐败宣战。[③] 不过，作为欧洲的代表，英国中世纪后期的官员，一直是通过"任命制"方式产生[④]，任命权由国王掌握，由此方式产生的官吏，不仅懒政怠政，更有甚者，则公开买卖官爵。自然法意义上的法治在这段时间里未能完全奏效，直到十九世纪制定出《公共机构腐败行为法》，此后英国的官员腐败问题才得到有效遏制。[⑤]

由早期希腊文明中有关法治对治理公共权力腐败的理论设想，到古罗马时期以西塞罗为代表的政治学家的理论实践，我们看到了一个"理

---

① 卿文光:《论希腊理性与近代理性的若干差异及其缘由》，《哲学研究》2004年第7期。
② 陈家琪:《法的精神：启示神学与政治神学》，《江苏社会科学》2005年第2期。
③ 孟广林:《"王在法下"的浪漫想象：中世纪英国"法治传统"再认识》，《中国社会科学》2014年第4期。
④ 傅思明、郑强:《英国法律体系研究》，载刘海年、李林主编《依法治国与法律体系建构》，中国法制出版社2001年版，第432—433页。
⑤ 邱学强:《国家命运：反腐攻坚战》，中央编译出版社2015年版，第305—309页。

论—实践"的完整逻辑论证,在这种论证的背后,潜藏着的是一个根本的学理逻辑:治理公权力滥用的最佳路径是法治。

综上所述,法治思维在人类历史的长河中源远流长,并着力于对公权力的运用与行使进行规制,反映出法治这一治理方式所具有的特殊能量,特别是针对腐败这一顽疾的治理,法治显然是其他任何途径都无法替代的选择。

二 中国权力腐败治理的理论发展史

与西方世界很早就注重通过法治方式来治理腐败问题相较,传统中国,无论是官方,还是民间,对待腐败问题的态度与处理方式更显多样化,但无论怎样,其处理方式的背后也包含着深刻的法治理论的实践逻辑。

自春秋战国时期以来,中国古代公共权力的享有与运用基本都掌握在特定且人数较少的贵族手中,贵族的权力涉及政治、经济、文化与生产、生活的各个方面。这样一种特定的权力图谱,让中国古代的权力运用过程始终面临着比西方同时代更大的风险。虽说史料的有限性无法为我们还原出一个精确的古代早期权力腐败的过程,但是,可以确定的是,战国后期,贵族阶级日益腐败是个不争的事实。[①] 贵族集团的腐败,逐渐引起人们的不满。人们开始对传统的"天命神权"观念展开反思,一股主张"夫民,神之主也"[②] 的人本主义思潮渐渐涌现。以李悝、商鞅、韩非等为代表的思想家从"以人为本"的人本观出发,相继对法治在社会秩序中的作用做了详细探究。[③] 比如,李悝在其所著《法经》中提出了"不别亲疏,不殊贵贱,一断于法"的主张。[④] 韩非强调"刑过不避大臣,赏善不遗匹夫"[⑤]。商鞅则认为,国之所以治者三:一曰法,二曰信,三曰

---

① 吕思勉:《中国通史》,华中科技大学出版社 2016 年版,第 36 页。
② 《左传·桓公六年》。
③ 郑杭生、胡翼鹏:《严刑峻法,因情而施:社会运行的强制规范——春秋战国时期法家社会思想研究》,《学习与实践》2009 年第 3 期。
④ 何勤华:《中国法学史(第一卷·修订版)》,法律出版社 2006 年版,第 80 页。
⑤ 《韩非子·有度》。

权。① 在他们看来，法是治国的必要利器，法治是保障平等的规范工具。将贵族与庶民同时置于法治之下，可以在践行社会治理的过程中，有效防范与规制贵族因为权力滥用而产生的腐败。

短命的秦朝，二世而亡，其社会矛盾的尖锐化无不与其权力统治阶层的腐败有关。② 进入两汉时期后，以董仲舒为代表的思想家创设了一套"德主刑辅"的新型治理理论，其以先前历史上的治理实践为例，认为周武王、周公旦等正是借由德治才实现了天下大治。③ 然而，纯粹的德治离开了法治，作用往往极为有限。由此，德法（刑）兼用才是治理的根本逻辑。董仲舒的这种治理思维深深地契合了中国古代文化的内在特质，自其之后，中国政治与法学的叙事开始将"德主刑辅"作为立法与司法实践中的理论出发点。与之相伴随的是，国家统治者不仅注重有意无意地将法与德分开，在政绩中对官员提出更高的道德要求以及在涉及滥用公权力犯罪时对其予以更严厉的处罚，而且法治作为一种限制公权力，尤其是限制官员滥用权力的技术手段，开始被写入国家成文法。以至于到了唐朝，无论是在处理庶民犯罪，还是惩治官员腐败等方面，成文法典中均可以找到准确适用的条文。比如，《唐律》中有关"赃罪"的规定共有六种，其中有四种犯罪的主体为官吏。从《唐律》中有关这几种犯罪的定罪量刑可以看出，国家对官吏犯罪的态度大体表现出如下几个特征：第一，官员利用公权力来实施违法行为，是对公权力本身的侵犯，其应该受到法律的惩处；第二，官员是一个特殊的群体，其不仅是知识精英，同时代表的还是国家形象，因此，对其犯罪应该从重处罚，以此来凸显国家公务人员这一荣誉的崇高性；第三，对于官员犯罪虽然需要从重处罚，但是在处罚过程中必须要考虑到该官员的官品、与皇族的关系及对地方治理的贡献，这会有意无意地表现出"官—民"结构内部的实质不平等。唐朝对待官员犯罪的态度及惩罚滥用公权力的方式方法直接被后来各封建王朝之立法、司法所借鉴。

---

① 《商君书·修权》。
② 曹英：《制度性腐败：秦帝国忽亡的原因分析》，《江苏社会科学》2004 年第 2 期。
③ 朱腾：《略论汉代皇权观的儒学化——以汉代德主刑辅思想演进的政治背景为切入点》，《北方法学》2013 年第 4 期。

可以说，中国古代与西方古代在有关公职人员利用公权力腐败这一问题场域所采取的对策既有相似性，又有差异性，但在本质上都是一致的，亦即都将历史上经典的法治理论作为治理这一问题的理论基础。不过，需要说明的是，与西方传统法治理论受"亚里士多德范式"支配不同，中国古代的法治理论始终未能从实质上突破对皇权的控制，法治的治理对象局限于官员与庶民。皇帝是天子，受命于天，替天治理，岂能受世俗意义上的法治所左右？在这样一种被"情境化"了的法治思维理念下，中国传统法治与德治就很容易被混合在一起了。但是，无论中西差异究竟多大，我们都不容否认，在治理公权力腐败的过程中，法治作为一套基础性理论所起到的指引作用是无穷大的。

第二节 田野调查场域中乡村微腐败的实证分析

本节论证现实之必然。如果说历史给我们带来的是有关过去事实重构的想象，或者说是对经典传统理论实践的审视，那么，现实带给我们的却是一种更为理性的功能与价值的思考。接下来，就让我们回到现实，以现实需要为逻辑起点，来对村干部腐败的治理路径问题展开实证分析。

一 乡村微腐败的具体个案透视

众所周知，"村干部腐败"作为一个具有中国特色的政治学术语，其概念的形成与发展始终离不开中国政治的总体演进过程。由此，在思考与之相关的诸问题时，我们必须要结合中国特定的政治特征、文化背景与历史传统，将"村干部腐败"的治理方式与技术在中国政治场域的现实表现完整地勾勒出来，从而来论证究竟法治化方式有无合理性与优越性？

在讨论这一问题之前，让我们先来看看2017年发生在湖北西部民族地区的几起典型真实案例[①]。

案例一：2016年9月，B县Q镇X村党支部书记、村委会主任

[①] E州纪委：《关于9起扶贫领域不正之风和腐败问题典型案例的通报》，http://www.es-lzw.gov.cn/2017/0927/588814.shtml，最后访问时间：2017年12月16日。

在该村易地扶贫搬迁工作中，违规增加扶贫搬迁集中安置对象，为其亲属取得较大房屋面积，同时还违规为不符合条件的对象申报易地扶贫搬迁分散安置房。

案例二：2016年11月至2017年7月，B县D镇S村党支部书记彭某挪用该村易地搬迁户自筹资金12万元，直到2017年7月才将资金上交到财政专户。

案例三：2016年7月至2017年5月，X县X乡B村党支部书记、村委会主任刘某在该村易地扶贫搬迁安置房评议分配事项中优亲厚友、弄虚作假，为其亲属谋取易地扶贫搬迁安置房一套。

案例四：2015年11月至2017年2月，X县C乡X村党支部书记、村委会主任朱某在低保评审核对过程中存在把关不严问题，造成该村两名低保对象死亡后，其家属继续领取低保专项补助资金。

通过如上案例，不难看出，其共同点在于：村干部利用手中的权力，为自己或其亲属谋利，结果是腐蚀了党在基层的治理根基，损害了党和政府的形象，给国家和人民带来了直接的经济损失。这样的案例，在近些年来有关村干部腐败问题的讨论中数不胜数。那么，对于这些给党和国家带来不利影响的腐败，在实践中是怎么处理的呢？以及其处理效果又是怎样呢？

在如上几个案例的处理方式中，E州纪委大都采取了"党内警告处分""留党察看""开除党籍"等，无疑，采取这些方式具有较大的震慑力，对相关当事人也有着一定的告诫。不过，在我们的调研过程中，我们发现，相较于党内纪律处分，在农村群众看来，通过国家法的方式来明确村干部腐败的性质与处理方式，可以更有效地保证农村社会的稳定性。

2017年8月，我们课题组成员在东部地区Z省H市城北城乡接合部的Y村、Q村、L村的调研过程中，就村干部腐败的治理方式问题对如上三个村的几十位村民进行了访谈，其中，如下几位村民的回答较为具有代表性，大致可以包括绝大多数村民的主要观点：

> 村干部是我们自己选出来的，本来应该就是代表我们村民利益的，但是，如果他们没能代表我们的利益，存在贪污等情况的话，我

认为，还是交由法院去审判。法院按照法律来审判啊！国有国法，村干部腐败影响的不仅仅是他们自己所在的村子，还影响到党、政府、国家的面子（形象）。按照法律来处理，我觉得是非常好的方式。①

怎么说呢？我们村以前一直是本区经济发展的先进村，共有纺织厂6家，外来务工人员最多时有3000多人。还记得，大概10多年前，当时我们村计划要在村东头建个纺织品交易市场，这本来是个让大家都很高兴的事情。谁知，最后交易市场却没建起来，一调查，才晓得是村干部把上面拨下来的款子私吞了。村民们知道具体情况后，都非常气愤。大家都认为，这些贪污的村干部应该被抓起来。虽然说，我们不是很懂法，但是，在这种情况下，我们都相信法律，因为相对于什么谈话、改过自新，法治方式最公正。②

村干部关键是要为村民办事。从我小时候记事时起，我们村的村干部就以全心全意为村民服务为宗旨，所以我们村一直以来就没有发生过村干部腐败的事情。但是，在我们隔壁村就不一样了，他们村的几个村干部联合起来，在拆迁过程中捞好处，最终被人举报了。其实，我认为，对于这些村干部腐败，我们一定要把他们送到法院去，如果只是给他们一些警告、反省，必然不能起到很好的效果。我不知道国家的法律中有没有专门针对村干部腐败的处罚措施，如果有的话，那就应该照此规定执行。如果没有的话，建议可以制定一部。总之，用国家的法律来治理村干部腐败，应该会有很好的效果。③

虽然我们村这么多年来，还没有发生过村干部腐败，但是，我还是经常在与朋友的交流中提到这样的案例。我认为，现在国家监管的比以往要严格很多，村干部想要贪腐，不可能像以前一样地明目张胆，想拿就拿。比如，我的舅舅所在的那个村去年就曾发生过一起村干部贪腐案件，村干部都是通过拉帮结派、送村民经济利益当选的。他们当选后，就一同谋划着如何套取国家的钱和从村民那里捞钱。后

---

① 2017年8月12日，李芳成访谈录（按照学术惯例，我们对访谈过程中涉及的地名与人名均作了化名处理，下同，特此说明）。
② 2017年8月12日，李陈双访谈录。
③ 2017年8月13日，陈晓峰访谈录。

来，这些村干部都被调查了，但我听说处罚得有点轻。我认为，像这样情况，就应该让法院运用国家法律、法规来审判，然后严格按照法律规定来裁决。如果不依法来处理村干部腐败的话，以后这样的案件还会发生。①

在H市城北农村的调查，让我们切身地感受到：一方面，村民们对村干部腐败极其痛恨，认为其不仅破坏了农村的社会秩序，损害了村民们的现实利益，还伤害到了村民感情；另一方面，村民们基于自己有关国家法律、法规的有限认识及对村干部本身就处于一个"优势地位"的"先验"判断，大都认为应该通过更为科学且严厉的国家法来处理村干部腐败，由此，才可以真正地达到公平的目的。

那么，村民们基于其知识与经验的判断，可否构成我们确信这一命题的正确性，即之所以采用法治方式来治理村干部腐败，其根本缘由在于国家/社会治理的现实需要。村民们渴望通过法律来对村干部腐败予以严肃处理是否会夸大法治在这一问题解决过程中的作用与价值呢？很显然，这个问题不太好回答。然而，在此，如果我们尝试换一个视角，亦即我们来探究一下"法治本身的作用与价值与村干部腐败之间是否存在交汇之处"？或许，会对此问题的解决有所助益。

二 乡村微腐败个案实践中的法治价值

要理解法治的价值，首先必须得要从法（律）的含义谈起。究竟什么是法（律）？虽然自古以来，法理学家及法律史学家围绕此主题产生了诸多争论，但至今为止，对此问题还是未能形成一个确切的答案。② 由于不同学者或学派基于不同的学术立场及论证路径，法（律）的定义本身便被披上了一层神秘的主观主义"面纱"。然而，基于不同学派之间的最大公约数，我们还是大体可以抽象出法（律）的本质属性：法（律）是一套规范体系，或是由国家制定，或是由国家认可。法治便是通过由国家制定或认可的规范体系来治理的方式与技术。法治的作用首先彰显的便是

---

① 2017年8月15日，方波访谈录。
② 雷磊：《法律概念是重要的吗》，《法学研究》2017年第4期。

法的作用。在这样的一种可被学界普遍接受的学理逻辑之中，我们不难发现，法治作为一种治理路径，其与村干部腐败之间定然可能存在的几个交汇点。

（一）法治的规范性

法治具有规范性，其可以清晰地对村干部的腐败予以结果意义上的评估。与改革开放初期我国村干部腐败的总体性内在结构、特质不同，当前我国村干部腐败已然不再呈现出外在性、明显性，很多腐败都与中国特定的改革背景相关，如土地征用、农村基建过程中的好处费、侵吞上级拨付款等。[①] 这些腐败行为大都较为具有隐蔽性，形式上通常都完整无缺，如该开的票据按要求开了，支出明细也有据可查等。这也要求我们必须清醒地认识到，在一个技术可以实现形式合法性的时代，对于腐败的判断与评估需要采用新的更为灵活准确的方式。

近些年来，围绕政府法治建设的效率与价值而兴起的法治评估，其虽以政府为主导，以法治实践为评估对象，但其对腐败程度及根除腐败的关注则将法治与腐败直接关联在了一起，政府职能及各项行政管理体系也由此渐渐迈入了法治化轨道。如前所述，村干部腐败与政府公务人员腐败在本质上存在类似性，即都是通过运用公权力为自己或他人谋利。如何对这些腐败进行分类并以量化的方式具体呈现，法治指数评估完全可以实现。早在 2008 年 6 年，国内最早的有关法治评估标准的"余杭法治指数"诞生，在该指数的构成要素中，尤为重要的一项指标就是"村干部腐败指数"。法治的规范性，尤其是构成法治基础的成文法条的意义"伸缩空间/解释范围"可以转化为技术意义上的数字，这些数字针对"村干部腐败"的类型、程度及影响再形成一份有关腐败指数的报告，从而让腐败一目了然。

2017 年 1 月，我们课题组成员在 Z 省 H 市 Y 区调研期间，就"借用法治指数的方式，对村干部腐败展开数字意义上的清晰评估是否具有意义与价值"这一问题，在 3 个镇、16 个村相继访谈了 126 位镇民、村民，其中有 98 位回答"有意义"，16 位回答"意义不大"，8 位回答"不好说"，4 位未做正面回答。其中在对"为什么觉得有意义"这一问题展开

[①] 赵秀玲：《村干部腐败的社会文化因素探析》，《东岳论丛》2016 年第 7 期。

进一步追问时，有88位回答"因为法治具有规范性，相对较为清晰，而且是事先就已经以规范的方式存在了"。

通过如上调研数据，不难看出，大部分镇民、村民都认为将村干部的腐败与法治联系起来，再以数字化的方式具体呈现出腐败的程度与结果，是一种较为科学的方法。借由法治化的路径来治理村干部腐败，可以被理解为是现实需要使然：法治的规范化已经成为政府、官员及广大群众的普遍共识，法治规范化可以有效地保证对村干部腐败治理的效率与公平。

(二) 法治的指引性

法治具有指引性，可以为村干部最大限度地避免走腐败主义道路指明方向。在近两年的调研过程中，无论是在东部地区、中部地区还是西部民族地区，我们都会发现，村干部腐败一直是地方政府、群众感兴趣的话题。一方面，虽然从中央到地方，相继出台的各项政策与措施都对腐败划出了底线，表现出的是强烈的对于腐败的"零容忍"态度；另一方面，以村干部腐败为代表的"微腐败"却不断以新的形式出现，"小官巨贪"、贪腐形式更为隐蔽等便是例证。

那么，在面对村干部贪腐这一问题时，从防治主义视角出发，法治化是否具有必要性呢？有关此问题的论证，我们可从法治具有的指引性价值层面展开探讨。不容否认，法治理念与技术自诞生以来，一直秉持着康德意义上的"实践理性"，为后来人运用同样的条文裁决同样的事实提供了基础。虽然说条文内在的稳定性与社会情境的变动性会不时地产生矛盾，但不论怎样，条文/规范意义的法治还是可为行为提供一种"可以""应当""不得"等的指引。

显然，在全面推进依法治国的进程中，法治已经成了国家、社会治理的主要工具。由此，对村干部贪腐的治理也从过去的"人情化治理"逐渐向"法治化治理"迈进。作为通过法治来对村干部腐败进行治理的典型化个案，其会为正在履职的村干部提供指引，他们或是将其作为反面典型，不断提醒自己不要走与其同样的道路，他们或是将其作为对比的依据，查看自身存在的不足，并逐渐改正。不论怎样，在此过程中，有两点需要我们关注：一是村干部腐败的法治化治理会清晰地呈现出法治意义上的处理结果，这个结果具有广泛的可接受性，对村干部而言，意味着

"一旦这样做，必然会出现同样的结果"；二是通过法治化方式来治理村干部腐败，会不断给村干部这个群体释放出一个明确"信号"——对于村干部腐败，法治可以有效地处理。

2017年6月，我们课题组成员在H省西部民族地区的H县，就法治化治理村干部腐败问题进行了广泛调研。在H县W乡，我们对13位村干部进行了深度访谈，其中如下几位的回答较为具有代表性。

> 我担任村支书已经有3年多了。这3年来，有这么几点，让我感受特别深刻。第一，村干部的重要性，尤其是村干部怎样才能对全村发展担当责任；第二，村干部腐败是个不能回避的问题，现在国家政策好了，各项扶贫、拨款、投资都有了，村干部一旦有私心，那就为腐败开了口子了；第三，现在中央和地方都在强调法治，用法律的方式治理村干部腐败，看到那些已处理的村干部腐败案例，基本都是按照法律方式进行的，为我们如何做好村干部的本职工作提供了指引。①

> 我们必须得承认，现在有些村干部腐败问题真的是触目惊心，动不动就贪污几百元乃至上千万元，要知道那可都是国家、老百姓的钱啊。现在与以往不一样，现在的很多村干部腐败都要曝光，曝光是让大家都知道他/她到底贪污了多少，为什么要贪污以及贪污后怎么处理的。我们村现在几乎每一到两周都会看一部反腐宣传片，从这些宣传片中，我还是感受到国家对法治的强调。用法治的方式来解决村干部贪腐问题，清清楚楚，同时还为正在担任村干部的群体提供了一个参照，让他们不要去贪，要学会用法治的思维去办事。②

> 我一直觉得治理村干部腐败还是用法治得好，用人治的方式难免出现有问题不解决的情况。比如说，某个村干部这次贪污了多少，用法律来对他的贪污进行处罚，这不就会给未来的村干部们一个提醒吗？当了村干部就是要考虑村民的利益，要考虑村子的稳定与发展，不能只想着自己去捞好处，一旦讨好处了，等待他/她的就是法律的

---

① 2017年6月15日，向大山访谈录。
② 2017年6月16日，覃晓余访谈录。

惩罚。毕竟，有很多法治的案例已经给你提过醒了。所以，在我看来，用法律来治理村干部腐败可以间接地告诉其他村干部什么是不能干的，干了又是什么后果等。①

此外，我们在 H 省的 X 县、L 市、B 县的调研过程中，在问及有关法治化与村干部腐败之间的关系的问题时，有很多村干部、村民都表示，法治化可以有效地指引村干部对腐败性质及违法犯罪程度的认识，法治化治理村干部腐败具有较强的现实必要性。现实需要决定了法治化作为一种治理村干部腐败的技术路径的价值与意义。反过来，正是因为法治本身作为一种独特的超越于德治、自治的治理方式，对于治理腐败的发生、发展具有的显著功用，法治化作为一种治理村干部腐败的必要性手段也就毋庸置疑了。

第三节　乡村廉政治理过程中的党法作用与实践

本节论证党法之必然。如果说借由国家成文法来治理村干部腐败已然成了学界与实务界的普遍共识的话，那么，在中国的特定语境下，国家成文法究竟包不包括党法？换言之，党法作为一套规范体系，其是否内在地就蕴含了治理村干部腐败的法理依据？有关此问题的讨论与分析，还得要从两个层面同时展开：法的分类理论与中国共产党的政治发展史。

一　党法的法律位格

早在 20 世纪 80 年代末期，在有关法的分类的理论体系中，党章、党规等党法到底属不属于法的范畴，就在学界引起争论。有学者认为，党法是一个不科学的概念，其不应被纳入法的范畴。② 有学者从马克思与恩格斯的经典著作中寻根溯源，认为恩格斯是最早将党章与党法在概念意义上予以等同的学者，不仅如此，其还从中国政治发展史的特定视角出发，强

---

① 2017 年 6 月 16 日，张云方访谈录。
② 艾梅：《"党法"是一个不科学的概念》，《中共福建省委党校学报》1988 年第 7 期。

调改革开放初期，邓小平也在中央会议上提到过"党法"这个概念，由此来反驳认为党章、党规等不是党法的论断。① 还有学者认为，从中国政治制度的发展实践层面考虑，党与法应该分开，党就是党，法就是法，党与法之间既有共性，又有差异性，但是应始终确保党对政法工作的领导。②

迄今为止，有关"党法究竟是不是法？"的争论，无论在实务界，还是理论界，都广泛存在着。但是不容否认的是，近10年前，"软法"（soft law）概念的提出，引起了学界对党法性质的重新思考。有学者认为，要理解党法的概念内涵，必须要从中国政治与法学的具体特质出发，尤其是理解党法这一具有中国特色的政治学与法学概念时，必须要结合中国共产党的发展史来展开讨论。③ 不容否认的是，揆诸中国共产党的发展史，1938年10月12日至14日，毛泽东在中国共产党第六届中央委员会扩大的第六次全体会议上做了《论新阶段》的政治报告，其中在谈到张国焘破坏纪律的行为时，提出"为避免再次发生张国焘事件，让党内关系走上正轨，必须要制定详细的党内法规"。④ 毛泽东同志于此次会议上提到的党内法规的概念后来被邓小平同志所引用，当前学界，基本就"党法的概念最早是由毛泽东同志提出"达成了共识。⑤ 毋庸置疑，党法是规制党员行为的重要法律渊源，是党员的行为规范准则。然而，有必要再回顾一下中国特定的政治制度设计及历史背景：1921年中国共产党成立，经过28年的艰苦奋斗后，带领全体中华儿女建立了新中国，并成为执政党，形成了中华人民共和国是由中国共产党领导的社会主义国家的新特征。凡此过程，一言以蔽之，是人民选择了中国共产党。中国共产党自成立之日起，就肩负着"实现人民对美好生活的向往"的历史重任。中国共产党为党员制定的准则、规章必然于道德层面有着更高的要求。不过，党法作为党员的行为规范准则，其与村干部腐败的法治化治理之间又

---

① 朱其高：《如何理解"党法"的概念——与艾梅同志商榷》，《理论学习月刊》1989年第2期。
② 郁忠民：《"党法分开"——政法体制改革的必然要求》，《党政论坛》1989年第1期。
③ 王光森：《邓小平党法关系思想及其现实启示》，《中共福建省委党校学报》2013年第11期。
④ 《毛泽东选集》第二卷，人民出版社1991年版，第528页。
⑤ 刘长秋：《软法视野下的党规党法研究》，《理论学刊》2012年第9期。

存在着何种必然联系呢？申言之，村干部腐败的法治化治理过程中党法的位置究竟何在？

（一）党法的性质

党法是一种特殊类型的法，或者更准确地说，党法是一种软法，在中国政治实践场域，其始终发挥着重要的作用与功能，村干部腐败治理的法治化必然始终包含着党法治理的因素。党法的设计理念涵括了对党员腐败治理的全过程，只是，与作为硬法的国家法始终关注从外部来规制反腐不同，作为软法的党法更多地关注的是党员内部的腐败，亦即党法的内在理念是通过柔性的机制、具体的方式来反腐。[①]"柔性"是党法反腐的重要特征，但这并不必然意味着其对于腐败治理的从轻主义，而是处理方式的多样性。借由腐败程度、反腐败强度和腐败风险的新型腐败分析框架可以得出，当前中国腐败程度虽已明显降低，但腐败现象的顽固性、腐败风险的高水平依然存在。[②] 面对这种特殊的腐败现象，传统的国家法治理，虽然会发挥一定的功效，却不能从根本上把腐败风险降低到一个极低的程度。在国家法之外，善于运用党法来处理党员腐败问题是一个较为理性的选择。关于此结论，课题组的调查结果亦得到证明。根据村干部问卷调查统计，关于"避免村干部腐败的有效方法（可多选）"的四个选项分别是"加强农村党建"、"加强法治相关知识"、"加大干部培训力度"、"加强农村廉政文化建设"，选项结果分别占比 30.3%、23.1%、25.6%、21%（见表5—1）。

表5—1　　村干部问卷调查关于"避免村官腐败的有效办法"

	响应 N	百分比	个案数的百分比
加强农村党建	322	30.3%	89.7%
加强法治，增强相关知识	246	23.1%	68.5%
加大干部培训力度	272	25.6%	75.8%
加强农村廉政文化建设	223	21.0%	62.1%
总计（N）	1063	100.0%	296.1%

---

① 刘长秋：《反腐败的法律保障研究》，《理论学刊》2014年第9期。
② 过勇：《十八大之后的腐败形势：三个维度的评价》，《政治学研究》2017年第3期。

调查结果表明村干部对通过"加强农村党建"方式来预防村干部腐败具有较高的认同感。中国的政治特征——中国共产党是执政党——决定了党法的作用。虽说,从形式上看,村干部腐败治理与党法之间存在着密切关联,党法作为执政党为其党员们制定的规范体系,具有高于法律的规范性特征,正因如此,才有"把纪律挺在前面"的现实要求。然而,从实质层面来进一步探究,我们必须要回答的问题是,村干部腐败治理与党法的联系是通过何种内在机制关联在一起的。有关此问题,我们以为,可以从"党法的立法理念"寻到答案。

(二)党法的立法理念

自古以来,没有脱离了政治的法律,法律离开了政治也就失去了法本身的意义。[①] 如果说国家法的最为外在的特征是规范性的话,那么党法则是政治性。党法是通过党内立法的方式,以党章、准则、条例等方式来规范党员、党组织的行为,政治纪律、政治立场、政治原则等是贯穿于党法的内核。不过,与国家法一样,党法也存在着一套完整的立法理念。比如,在《中国共产党章程》中,我们可以发现,其有关党的建设必须坚决实现的要求中,便有"坚持解放思想与实事求是、坚持民主集中制、坚持从严管党治党"等表述;在《关于新形势下党内政治生活的若干准则》中,也有"密切联系群众、发扬民主集中制、严明党的纪律"等表述。这些表述在字里行间为我们透露出一个重要的立法理念,那就是严肃的纪律性。可以说,正是对严肃纪律的始终不渝地坚持使得中国共产党经过近100年的发展,至今还保持着先进性。

虽说,村干部作为一个特殊的群体,除了村支部书记以外的其他人员都可以由非党员人士组成,但是在实践中,有两个现象值得我们注意:一是近些年来村干部中党员比例越来越高。"根据村干部问卷调查统计"(见表5—2):在调查的355份有效问卷中,村干部中党员占比达98.6%,这足以表明村干部队伍中党员是绝对主体。调查得知,原来许多不是党员的村民在担任了村干部之后,基于自己的工作开展需要及对党的性质的深入认识,大多都愿意并且最终加入了中国共产党,此时,党法的立法理念对于指导他们的行动就具有了直接的指导意义;二是党法的严肃纪律性秉

---

① 李龙:《党法关系是全面依法治国的核心问题》,《红旗文稿》2017年第13期。

持的是"最高道德标准"原则,要求所有党员不能腐,这一原则在平时的各类政治学习中,又被不断地传递给各个基层党员。久而久之,那些村干部,都会因为或是本身是党员村干部,必须以这些党法原则为标准来规范自己的行为,或是本身不是党员,却是村干部,村干部的行为标准应该始终向党员标准看齐,只有党才是最先进的,要成为优秀的村干部必须要以先进的标准来要求自己。在这样一种现实主义的逻辑实践中,我们不难理解,党法的立法理念对于村干部的纪律标准有着深刻影响。申言之,党法立法理念的内在要求,为村干部腐败治理的党法化提供了可行性与必要性路径。

表5—2　　村干部问卷调查关于"村支两委中党员人数"

	频率	百分比（%）	有效百分比（%）	累计百分比（%）
0人	1	0.3	0.3	0.3
1人	3	0.8	0.8	1.1
2人	12	3.3	3.4	4.5
3人	86	23.9	24.2	28.7
4人	76	21.1	21.4	50.1
5人	104	28.9	29.3	79.4
6人	34	9.4	9.6	89.0
7人	26	7.2	7.3	96.3
8人	8	2.2	2.3	98.6
9人	5	1.4	1.4	100.0
总计	355	98.6	100.0	
缺失值（系统）	5	1.4		
总计（N）	360	100.0		

然而,理论的合理演绎往往因为缺乏实践的检验而显得不够科学,只有得到实践检验的理论才可以说更为接近科学。职是之故,2017年8月,我们课题组成员在Z省H市的Y区、X区、S区共计36个乡镇,就"党法的严肃性纪律性对于村干部腐败治理的意义与价值"这一问题对一些基层公务员展开了调查,我们通过个人访谈、集体座谈、问卷采集等方式进行,结果普遍认为党法的严肃性纪律性对村干部腐败治理具有重要价值

和意义。此外，我们还就此问题对一些乡镇政府的公务员进行了访谈，其中如下几位的回答较为具有代表性：

> 党章、党规、条例等党内法规是我们党员同志的行为准则与准绳，其意义不言而喻。这些党内法规都将党的历史传统上就存在的严肃的纪律写了进去。对于腐败问题，我们党从成立的那天起，就比较关注。通过严肃的纪律，让所有行使公权力的人员时刻牢记为人民服务的宗旨，那些占村干部大多数的党员村干部一旦腐败，就要接受党法的约束。①
>
> 我本身就是一名共产党员，同时也是一名乡镇公务员。在我看来，党法党规的主要目的就是规范党员的行为。在我们镇东边的一个村，去年就发生过一起村干部腐败案件，后来就是按照党法党规进行的处理。对于这种处理方式，大家可以普遍接受，心服口服。理由很简单，党法比国法更严格，因为中国共产党是执政党，是先进性的代表，党员的道德素养应该以党性的方式体现出来，而这一素养要比纯粹的一般道德高出许多。所以，我还是觉得党法党规也是法，党法党规对于治理村干部腐败具有重要的价值。②
>
> 我们基层公务员的工作性质就是"5+2"、"白加黑"，经常要去下面村里开展工作。自从党的十八大以来，我们镇共计12个村，有81名村干部，其中党员比例已经达到了90%以上，对于党法党规的学习既是我们提升自我素养的一个重要渠道，也是平时工作的一个重要组成部分。要说现在村干部对党法党规一点不了解，那绝对是不可能的。党法党规给我的最大感受是权威性与严肃性，尤其是对纪律性的要求那是非常高的，这一点对于治理甚至防止村干部腐败都有着积极作用。③

通过如上几位公务员的访谈记录，可以很清晰地看出，党法对于党员

---

① 2017年8月16日，方理长访谈录。
② 2017年8月16日，楼城丁访谈录。
③ 2017年8月16日，周志祥访谈录。

行为规范的重要性。村干部作为行使公权力的群体，其既有与党员这一政治身份交叉之处，也有类似于普通村民的纪律相对自由之处。但是，有一个非常重要的事实是不能忽略的，即当前村干部群体中的党员比例已经占到了极高的比例，且这一比例还在不断递增。在这样一种特定的历史实践背景下，党法的"严肃的纪律性"的立法理念，既是村干部行使公权力时必须得参照的纪律准绳，也是村干部远离腐败、杜绝腐败、不敢腐败、不能腐败的精神法典。基于此般理论推导与实践检验，我们可以说，党法内在的立法理念，的确可以为村干部腐败治理的路径提供原则指引。

二 党法的法治实践

党法在当前治理村干部腐败中究竟有没有被运用过？相较于国法，其被运用的比例是高还是低？党法对于村干部腐败治理的效果究竟怎样？凡此问题，关涉的都是党法在村干部腐败治理中的实践问题。先看课题组根据中纪委监察部网站通报案例统计，从2015年5月至2017年12月，总共（随机）选取了2218个村干部腐败案例（表5—3），受到"党纪处理"的有2193人次，达到98.9%，从已经处理的结果表明，党法的法治实践已经普遍化和常态化。

表5—3　　中纪委监察部网站通报案例统计"党纪处理"

	频率	百分比（%）	有效百分比（%）	累计百分比（%）
党纪处理	2193	98.9	100.0	100.0
缺失值（系统）	25	1.1		
总计（N）	2218	100.0		

课题组成员的实践调查也证明了党法在实践中的运用。2017年6月中旬，我们在H省西部民族地区的X县、J县、L市就党法的治理实践展开了调查。其中，我们搜集到了过往5年近50起通报与处理村干部腐败问题的案例，现列出较为具有典型代表的几起。

案例一：J县H村村干部向某利用职务之便，多次收受托其办事村民的红包，红包金额少则200元，多则1000元，共计3800元。后来，H 村所在 G 镇党委给予了向某党内严重处分。

案例二：J 县 E 村村主任杨某（非党员）利用职务之便，多次收受村民红包。后来，E 村所在 G 镇党委给予了杨某通报批评。

案例三：L 市 K 乡 Q 村党支部书记陈某，违反财经纪律，谋取个人利益，K 乡党委后来给予了陈某党内严重警告处分。

案例四：L 市 G 镇 T 村党支部书记殷某组织村干部公款旅游，G 镇党委给予了殷某党内严重警告处分。

案例五：X 县 F 镇 B 村党支部书记钟某，利用公款送礼，X 县纪委给予了钟某党内警告处分。

案例六：X 县 F 镇 C 村党支部书记刘某，违规整酒，借机敛财，X 县纪委给予了刘某党内严重警告处分。①

如上罗列出来的 6 起典型案例，只是我们搜集到的 50 份案例中的一个组成部分。不过，基于典型性的原则，我们选出来的这些案例大致可以反映出整个我们搜集到的案例的一般性特征。在这些案例中，我们可以清晰地看到，村干部腐败问题的处理过程基本都是循沿党法的规定性展开的。甚至一些不是党员的村干部，其涉及腐败问题的处理方式也是上级党委给予了通报批评。虽说在我们国家传统法的分类理论中，没有将党法这一概念/渊源纳入，当然这也是学界产生争论的原因之一，但是在我们国家的治理实践中，尤其是在有关公权力腐败的治理实践中，党法却始终在发挥着积极作用。2017 年 6 月，我们在 H 省 E 自治州人民政府法制办公室、自治州监察局调研期间，对这两个单位的相关部门负责同志向某、周某进行了访谈，向某已在法制部门工作近 30 年，有着深厚的理论功底，周某在监察部门工作 16 年，对党法有着非常深入的理解与研究。我们的访谈始终围绕着"党法的实践运用"这一主题，下面两段问话式的访谈记录，便是对他们有关此问题观点的简要总结。

问：您觉得当前我国的党法在治理腐败，尤其是村干部腐败方面

---

① 如上材料分别来自 X 县、J 县、L 市的纪委监察部门，在此，我们谨向如上各单位及工作人员表达诚挚谢意。

究竟有没有发挥作用？

向某答：首先我们必须要了解一个背景。那就是，从党的十八大至今，短短五年左右时间，中央出台或者说修订的党法党规就已经有50多部了，很显然，这充分显示了党对纪律、制度的高度重视。既然中央都如此重视党法党规，地方当然也应该重视了。在我们州，虽然我在政府法制办工作，常年围绕州委、州政府的中心工作，履行参谋、助手与顾问工作的职责。但我们在有关州法治建设的总体规划中，特别是建设法治政府的工作中，还是要积极学习、了解、考虑到党法党规的规范意义与实践效能。近些年来，我们在去州下面的县市，尤其是乡镇调研的过程中，经常可以听到依照党法处理村干部腐败的案例。村干部腐败是对法治秩序的破坏，对党与政府法治工作的开展形成了阻碍。我认为，未来党法在治理村干部腐败案件中会发挥越来越重要的作用。①

问：您可否结合您的多年工作经验，就当前我国党法在有关腐败，尤其是村干部腐败方面的治理实践谈谈您的看法？

周某答：有关这个问题，我是这样来看的：一个非常明显的特征，相信我们大家都能深切地体会到，那就是习近平同志担任总书记后，不仅对从严治党、扎进制度笼子提出了新要求，同时对党内法规的体系建设也做出了具体部署。不过，虽然以习近平同志为核心的党中央高度重视并强调纪律的重要性，但还是有不少同志铤而走险。比如说，2015年1月初，我们实名通报了13起干部违纪违规问题典型案件。在这13起中，有9起涉及村干部腐败问题，在对这9起村干部腐败的处理中，我们基本都援引了党法党规。按照党法党规的规定，我们给予了违规违纪当事人"警告"、"严重警告"等处分。需要注意的是，这些违规违纪当事人对于我们援引党法来处理都表现出心服口服。在与这些违规违纪当事人谈话的过程中，我们可以非常明显地感受到他们对于自己违纪违法行为的悔意，很多同志都主动提出，无论处理结果怎样，都愿意接受，并表示自己一定要加大对党法党规的学习力度。不容否认，当前我国的党法体系建设已经获得了很

---

① 2016年6月10日，向大勇访谈录。

大进展，但还存在一些制度空白之处，如何改善修复这些空白，在我看来，一方面，肯定是要加大对党法的立法、执法理论研究，提升理论的广度与深度；另一方面，肯定是要借由党法在治理中的实践，进一步检验并改善党法的科学性与规范性。总之，党法严于国法，党法在治理村干部腐败中已经并将会继续不断地发挥重要作用，因为这是由党法的内在性质决定的。①

除此之外，我们在 Z 省 H 市、L 市，A 省 S 市有关村干部腐败问题的调研过程中，不仅搜集了诸多有关党法治理村干部腐败的现实案例，而且在与相关党政部门工作人员交谈的过程中，我们都明显地感受到：借用上述 H 省 E 州监察局周某的话来说，即"党法在村干部腐败治理中已经并将继续不断地发挥重要作用"。从这一点来说，我们便无法否认也不用去质疑党法的实践作用。

党法的理念是用来指导党法的实践的，反过来，党法的实践又不断为党法理念的臻于完善提供现实主义素材。在村干部腐败治理这一具体的实践场域中，党法的内在本质规定性，决定了其必然要援引党法来处理，与此同时，之前由党法处理的案例的方式、方法及技术也为后来案件的处理提供了可行性参照。

第四节　新时代法治观与乡村廉政治理的内在关联

本节论证时代之必然。自党的十八大以来，以习近平总书记为核心的党中央作出了"全面推进依法治国"的战略抉择，为党和国家的各项工作纳入法治轨道指明了方向。当前，"法治化"逐渐成为上至中央、下至地方有关治理路径中的首选。不仅如此，2017 年 10 月，党的十九大报告中提出了"我国已经进入社会主义新时代"的重要论断，并将"坚持全面依法治国"明确为新时代坚持和发展中国特色社会主义的基本方略之一，强调要将法治化的场域覆盖到中华人民共和国境内的各个地区。在十

---

①　2016 年 6 月 13 日，周成新访谈录。

九大报告中,"法治"先后被提及了55次。然而,众所周知,法治化的重点和难点在基层,尤其是西部"老""少""边""穷"地区,只有实现了这些地区的法治化,才能助推国家全面实现治理体系与治理能力现代化,才能为新时代有关法治建设的战略目标实现提供基础保证。

一 新时代法治观对乡村廉政治理的路径要求

围绕习近平总书记在党的十九大报告中提到的"新时代"的重要论述,学界及实务界也及时就各个学科的理论与实践如何适应"新时代"做出了新的思考。在有关法治化这一问题上,有学者认为,将当前中国历史时段的法治化特质定义为"法治中国的新时代"是尤为合适的。[①] 我们课题组成员,对此观点也深表同意。接下来,我们拟以"法治中国的新时代"为分析背景,以其内在要求作为参照,来详细论证法治中国新时代的内在要求如何为村干部腐败治理法治化提供制度上的必要性与可行性。

新时代法治观是一种新型的、以服务于社会主义事业为目标的治理观,其核心是党领导下的社会主义法治建设,其理念是保持治理者与被治理者之间的良性互动,最终实现共同借由法律治理的新格局。与传统法治观不同,新时代的法治观更加强调党对法治的全面领导。比如,党的十九大报告中就明确提出了"成立中央全面依法治国领导小组,加强对法治中国建设的统一领导"。在这样一种现实主义的逻辑进路中,我们理解新时代的法治观,就应突破传统法治的静态主义、国家主义思维,将法治与国家治理、党政治理、社会治理有效结合起来。具体就本课题研究的主题而言,我们尤其应关注法治与从严治党的内在关联。党的十八大以来,以习近平总书记为核心的党中央反腐力度史无前例,无论是高级官员的腐败,还是基层公务人员的腐败,以及农村村干部的腐败,党中央的态度均很明确:零容忍。党的十九大报告基于过往五年反腐的总体性成效,在肯定党的十八大以来反腐成绩的同时,对反腐形势进一步作出了"反腐败斗争形势依然严峻复杂"的科学判断,并明确了"一定要巩固压倒性态

[①] 张文显:《新思想引领法治新征程——习近平新时代中国特色社会主义思想对依法治国和法治建设的指导意义》,《法学研究》2017年第6期。

势,夺取压倒性胜利"的目标。

在新时代确定的"新判断"与"新目标"的基础上,认识村干部腐败法治化治理的性质,必然要有新的视角。不过,本课题认为,厘清如下两点对于认识与把握新时代确定的"新判断"与"新目标"极为重要:一是村干部腐败本身是个较为复杂的问题,其不仅涉及基层社会治理,还关涉到党政治理。国家法虽然较为具有权威性、稳定性与明确性,但在处理不少村干部腐败问题时还不能起到最为有效的作用。由此,只有把国家法与党法结合起来,才能更为有效合理地让村干部腐败问题得到解决。二是村干部腐败往往在腐败方式与腐败后果上与高级官员的腐败存在显著差异,一般而言,村干部腐败大都以收受请托人红包、利用手中权力为自己或家人谋取利益、截留或私吞上级单位财政拨款、在精准扶贫中借机敛财等为表现形式。这些贪腐行为通常表现的方式相对较为隐蔽,结果往往只是对本村经济、社会发展产生影响,这种客观现实的存在,让村干部腐败现象很容易被忽略,至少很难得到极大关注。村干部腐败本身的复杂性与腐败方式的隐蔽性,呼唤着新的法治观的出场。新时代的法治观,作为一种以法治为基础的综合治理观,恰好可以满足村干部腐败治理法治化的根本要求。这是因为:首先,以党的十九大报告精神为基础,以习近平总书记新时代中国特色社会主义思想为理论出发点而建构出来的新时代法治观,关注到了当前中国各类治理的复杂性与隐蔽性,同时这种关注还透过各种方式逐渐为人们所知晓;其次,在当前的各类治理实践中,尤其是村干部腐败的治理过程中,人们相信纯粹的法治治理还存在一定的瑕疵,但不论怎样也不容否认法治的优先性与突出性地位。强调法治,坚持法治中国的根本立场,确保治理过程中的法治化是新时代法治观的根本出发点。与此同时,在以法治为首选治理方式的过程中,始终关注法治与其他方式,比如德治、自治等的关系,是新时代法治观的本质要求。村干部腐败治理需要一种新型的法治观,新时代的法治观则是这种新型法治观的体现。在我们的访谈中,我们同样可以感受到人们对新时代法治观有关村干部腐败治理效果的期待与自信。有受访者认为,中国特色社会主义新时代的重要表述中对法治的要求与理解也应有新时代的历史特质。还有受访者认为,进入中国特色社会主义新时代后,法治化治理应该在治理内涵方面有新的认识。在我们课题组成员看来,新时代做出的新判断与新目标,是以一个重要命题作为基础的，即"现代国家必然是一个法治强国，法治强国的根本治理路径/方式是借由法的治理"。

二 新时代法治观对乡村廉政治理的技术要求

以上述论证思路为基础，有关村干部腐败治理这一具体问题的分析，我们可从两个层面来认识：一是新时代法治观要求村干部腐败治理必然践行法治化的技术。换言之，村干部腐败治理的法治化是新时代法治化的必然要求。纵观改革开放以来我国治理实践的发展史，从依靠法制宣传，学习法制思维到理解法治内涵，实践法治治理过程，就村干部腐败治理这一场域而言，法治作为一种技术或手段，被适用的时间较短，有很多学理体系、实践方式还处在摸索阶段。但是，新时代这一论断的提出，尤其是新时代法治观的确立，为村干部腐败治理的法治化提供了可行性。新时代的法治观，作为一套国家层面的治理理念，正在不断从中央渗透到地方，村干部腐败治理的法治化刚好契合新时代法治化的基本精神。二是新时代法治观为村干部腐败治理的法治化创新提供了可行性。新时代法治观强调法治在国家、社会、中央、地方等不同场域与层级的治理优越性，将法治作为政治建设的重要组成部分，凸显法治的目的是服务于社会主义事业。在这样一种观念指导下，村干部腐败的治理必然围绕社会主义事业的伟大目标而展开，在具体的治理过程中，以法律为准绳，结合物质文明与精神文明建设的具体要求，创新治理过程中治理者与被治理者之间的关系，保持治理者与被治理者之间的良性互动，最终实现新时代法治观理念下的共同治理格局。在理论研究层面，我们认为新时代法治观是一种新型的、以服务于社会主义事业为目标的治理观，其可为村干部腐败治理提供学理意义上的必要性与可行性。那么，在实践中，又是怎样被理解的呢？带着这样的问题，我们课题组成员在党的十九大胜利闭幕后不久，前往全国多个地方进行了调研，无论是在东部发达地区、中部经济发展水平一般的地区，还是西部经济较为落后的地区，我们调研后获得的结论都表明，在全国各地的村干部腐败治理实践中，新时代法治观的内在理念正在不断渗入，认为通过法治来治理村干部腐败既有必要又绝对可行。比如，在对东部地区一位乡镇公务员的访谈中，他的回答则基本涵盖了大多数乡镇公务员的主要观点。

新时代是一个重要的论断，它体现了我们党对历史的深入认识及对中国发展的精确判断。新时代法治观与党的十八大提出的法治观，在理念上是一脉相承的，其要求面对社会复杂的各类矛盾应有法治层面上的认识。在村干部腐败这一问题上，新时代法治观要求首先得认识到村干部腐败的性质，特别是其可能造成的影响，其次是要承认法治治理的功能与价值。新时代法治观本身就包含着社会治理、基层治理要用法来治理的意思。按照法律来治理村干部腐败，不敢说一定是最让人满意的方式，但至少可以说是必要的方式，同时也是可行的方式。离开法治来谈村干部腐败治理，我觉得就偏离了新时代法治观的内在要求。[1]

新时代的法治观是一种契合中国文化特质的法治观，其要求在不断发掘中国传统法律文化的基础上，创造适合中国政治、经济、文化与社会建设需要的法治理论与实践。村干部腐败治理的过程，恰恰就是实现新时代法治观的过程。改革开放初期，基于当时的法律法规体系尚未完善、群众法律意识较为淡薄的历史背景，村干部腐败问题一时难以有效解决：一方面，许多腐败行为游离于法律规范与道德规范的制度约束之间，性质模糊不清；另一方面，村干部腐败容易与集体经济、集体利益挂钩，形式上为公，实质上谋私，实质被形式所遮蔽。到了20世纪90年代末期，依法治国的表述开始进入国人的视野，人们开始重新审视法治与法制之间的关系，有关村干部腐败问题开始由在法制框架下谈腐败的形成机制而转向腐败结果的治理方式。自党的十八大以来，以习近平总书记为核心的党中央高瞻远瞩，从中国特定的社会、经济、政治、文化背景出发，结合中国传统治理经验，提出了法治的新观念。在这种法治的新观念背后，凝练着的是新的法治观的要求：契合中国特质。如前所述，在我们有关本课题的调研过程中，我们能够时刻感受到基层社会对村干部腐败的痛恨及对法治化治理村干部腐败的渴望。不过，我们也要清醒地认识到，理解中国的法治，尤其是村干部腐败治理过程中的法治，还要结合中国的政治特质来展开。这是新时代法治观对包括村干部腐败治理等基层治理的内在要求。不

---

[1] 2017年12月10日，胡麦成访谈录。

容否认，基层群众虽然对法治化的村干部腐败治理路径非常赞成，但对于法治过程中的具体技术却不太关心。究竟在法治化治理村干部腐败的过程中，是机械地按照形式主义法治，还是弹性地将形式主义与实质主义法治结合起来治理？按照新时代法治观的内在要求，很显然其是要求我们将形式主义与实质主义法治观综合起来考虑，注意对传统法律文化的吸收，从而创造出一套适合中国乡村场域的治理经验。

党的十九大报告中清晰地阐释了法治国家、法治政府与法治社会之间的有机联系，并对法治国家建设的时间表也予以了明确规划。[①] 无论法治建设的场域怎么划分，目标如何厘定，其核心是以习近平新时代中国特色社会主义思想为统领，以新时代法治观为指导路径。新时代法治观对社会治理的要求是以法律为基础的综合治理，在治理过程中紧密结合传统中国文化中的治理理念与技术，从源头上去预防村干部腐败的发生与发展，从而渐进地建构一套不敢腐败、不愿腐败、不能腐的新机制。可以说，正是新时代法治观的内在要求中蕴含了传统中国治理的方法与技术，当前我们在探讨村干部腐败治理路径问题时才会有意识地将其与新时代法治观关联起来，新时代法治观要求村干部腐败治理要走一条中国特色的法治化之路。

本章小结

本章主要论述乡村廉政治理的法治逻辑问题。以村干部腐败为主的乡村微腐败的治理究竟选择什么样的方略才能从根本上得到有效解决，法治方式只是手段之一。法治化的方式治理村干部腐败究竟有无必要和可能，其价值和意义何在？本章分别从理论发展的逻辑、实践需求的逻辑、党法要求的逻辑和时代选择的逻辑等方面回答了法治化手段的必要性和可行性，为有效治理村干部腐败问题坚定了道路选择的自信心。我们有关村干部腐败治理问题的思考始终是以理论演绎为出发点，梳理理论的发展史，陈述理论的是与非，以为判断与理解问题的实质提供知识素材。不过，我

---

① 胡建淼：《习近平新时代中国特色社会主义思想对依法治国基本方略的全面深化》，《国家行政学院学报》2018 年第 1 期。

们在勾勒相关理论发展史的过程中却并未完全沉迷于从理论到理论的逻辑推理进路，而是不断关注理论在历史及当前实践中的具体适用。村干部腐败治理的法治化，固然可从中西传统法治理论中找到相关依据，但如何才能保证治理的有效性，则不是仅凭纯粹的理论、有限的调查数据即可论证的，其还需要我们在分析与阐释相关法治理论的过程中，注意中国共产党有关治理理论与经验的探究过程。通过近年来我们课题组成员在全国各地有关村干部腐败问题的实证调研，确实，我们有理由坚信，在中国共产党的坚强领导下，以习近平同志为核心的党中央定会带领我们不断迈向更加具有中国特色的法治新征程。届时，有关村干部腐败治理问题的认识、理解或许会更加多元。但无法否认，其一定还是会将法治作为解决有关于此问题的最为重要的方式与技术之一，因为，法治已经被深深地嵌入中国国家与社会治理理论的发展史中了。

第六章

乡村廉政治理法治化的功能

之所以把以村干部腐败为核心的乡村"微腐败"治理纳入法治化轨道，这是由法治路径所具有的特殊功能所决定的。所谓功能，是指事物和方法发挥的有利的作用与效能。对于"功能"这一词的基本解释，可以理解为效能、功效（Function），满足对方所需要的属性、才能（Ability）。而对于这一词的引证解释，又可理解为技能、有才能的人、物品的使用价值。因此，从一般意义上来讲，功能是实现某种目的或达到某种效用的行为模式。而法治的功能本属法理学及法史学的研究范畴，各个不同历史时期的思想家、法学家都论述过法治的作用。尤其是马克思主义法学，从本质上揭示出法治的功能，明确指出法的功能是人民的意志影响社会生活的体现，国家权力运行过程的体现，是社会生产方式自身力量的体现，法能否发挥立法者预期的作用，不是取决于立法者的主观愿望，而是取决于所立之法反映的生产方式是否具有生命力。据此，法作为一种行为规范是较为客观公正的，以法律规范的形式来引导人民，评价人的行为，不会因人而异，普遍适用于任何人，具有普遍意义，同时指引人们明白什么行为是允许的，什么行为是禁止的，如何行为才是正当的、有效的，具有教育、指引等功效。

古希腊哲学家亚里士多德认为："法治应当包含两层意义，一是已成立的法律获得普遍的服从。二是大家所服从的法律本身是制定得良好的法律。"[①] 由此可以看出，法治化是指一种社会状态，无论是组织还是个人都应该在法律规定的范围内行使自己的权利。法治在中国有着深厚的历史

---

① ［古希腊］亚里士多德：《政治学》，吴寿彭译，商务印书馆 1965 年版，第 199 页。

基础，早在夏、商、西周时期就出现了以天命和宗法制度为核心的法律思想，但因当时生产力发展水平有限，人们的认识能力有限，所以法治化的主客观条件都不充分。而在我国春秋战国时期，正式确立了古代意义的"法治"，当然这与现在的法治还存在很大区别，春秋战国时期，封建势力不断上升，他们要求建立一个统一的高度集权的统治者来维护封建阶级的利益。于是在战国时期魏国的李悝编纂了中国第一部成文法典《法经》，《法经》的诞生象征着封建势力的崛起，同时也意味是法治观念在我国的形成并不断壮大。而在唐朝时，中国的法律体系已经较为完备，形成了中华法系。1840年鸦片战争后，中国逐渐沦为半殖民地半封建社会，封建社会的法律体系逐渐瓦解，不少进步人士学习西方国家的制度，变法图强，要求实行君主立宪制、民主共和制等，这些尝试在中国很快就失败了，但是也积极地传播了西方的先进思想，使法治化的思想在中国更加普及。中国共产党领导的新民主主义革命结束了两千多年的封建主义社会和半殖民地半封建社会，逐渐走上了社会主义法治化国家的道路。1954年制定了第一部中国历史上社会主义宪法，奠定了中国治国理政的基础，然而中国的法治化道路也不是一帆风顺，在"文化大革命"之后，中国共产党总结了之前的历史教训，高度重视社会主义法治建设，明确了法律的权威，加快社会主义法治建设进程。从党的十五大将"依法治国"确立为党的基本方略，到党的十六大将"社会主义法制更加完备，依法治国基本方略得到全面落实"作为全面建设小康社会的重要目标，再到党的十七大作出"加快建设社会主义法治国家"的战略部署，都为法治建设奠定了良好基础。特别是党的十八大以来，国家将"全面推进依法治国"作为"四个全面"战略部署的重要内容全方位实施，并在党的十九大报告中全面总结我国社会主义法治建设的成功经验，提出了要保障人民民主，必须加强法治建设，必须使民主制度化、法治化。显然，历史的发展逻辑表明，法治越来越成为治国理政的重要方略！

以法治方式治理乡村微腐败自然是顺应时代潮流的新要求。乡村发展离不开广大的村干部，村干部虽然没有正式的编制，但是在农村是集多种身份、角色、权力于一身，其行为一旦违背党的政策和法律要求，就会严重损害广大村民的利益，近年来不断披露的众多村干部腐败案件就是佐证。以法治路径治理村干部腐败问题，具有其他方法不可替代的优势，必然会产生特殊的功能。本书认为法治化治理村干部腐败的功能主要表现为规范功能、引领功能、维护功能和保障功能等四个方面。

第一节 规范功能

英国思想家洛克明确提出:"个人可以做任何事情,除非法律禁止;政府不能做任何事情,除非法律许可。"[1] 法治,是给公民以最充分的自由,是给政府以尽可能小的权力。法治社会的真谛在于:公民的权利必须保护,政府的权力必须限制,与此背离的就不是法治社会。而对于治理村干部腐败而言,法治化就意味着要明确村干部的权力范围,透明权力的运行过程,同时要保障村民的权利,提高村民的权利意识以及对权力的监督意识,使法治手段的规范性在治理村干部腐败的实践中得以体现。具体来讲,法治的规范化功能表现在以下四大功效。

一 指引功效

法的指引功能是指法作为一种行为规范,为人的行为提供一种既定的行为模式,指引着人的行为可以这样行为、必须这样行为或不得这样行为,从而影响行为者本人的行为方向。对治理村干部腐败问题而言,法治方式的指引功效突出表现在通过不断完善村民自治制度,合理地引导村民、村干部行使自己的权利和权力,通过规范的宣示和指引,使人们可以沿着法律设定的预期轨道方向,安排自己的行为。同时,当既定规则被违反时,法律会做出反应,规制和惩罚违法主体。通过法治化的治理,基层民主自治制度不断健全,可以让村民了解到村民民主自治的每一步流程,引导村民按照法律规定行使自己的权利,参加村民大会,决策村里的重大事务,而村干部也能通过法治化治理认清自己的立场,认识自己权力的边界,在法律的指引下行使权力。同时,有效实施村民自治,加强村民自治制度的运行规范和落实力度,引导村民在村委会选举中充分、自由地行使民主选举权利,选取合格的公认的代表,完善村民大会等民主管理平台,不断扩大村民的知情权和监督权。法治的规范性指引村民对自己的"当

---

[1] [英]约翰·洛克:《政府论(下)》,叶启芳译,商务印书馆 2011 年版,第 150 页。

家人"要把好入口关,选出公道正派有能力的人担任村干部。在村民自治的基础上不断扩大村民的权利,明确村干部的权力边界,大大减少村干部滥用权力的机会,从而实现最大限度减少村干部腐败的目标。

二 教育功效

在广大农村进行法治宣传教育,普及法律知识,树立法律权威,强化规矩意识,对广大村民以及村干部都具有基础性的教育功能。通过法的实施,法律规范对人们今后的行为产生直接或间接的诱导影响,有利于提高村民的法律意识和参政能力,打破长期存在于农村的封建思想、宗族观念等的不良影响。村干部也会因法治实践提高自己的法治水平和政治素质,审慎用权,真正做到为村民服务。此外,以法治手段治理村干部腐败还有利于提升村民的法律监督意识,履行好监督职能,正确认识自己的权利与义务。还有,在农村用法治手段来解决村干部的违法违纪问题具有很强的示范效应,一些村干部长期我行我素,有的甚至叫嚣"谁告我就叫谁死",导致一些村民敢怒而不敢言。以法治腐,既是对腐败行为的规范处理,又可以弘扬法治精神和法律权威,增强广大村民的法治认同感,从而助力于乡村法治文化的形成。

三 评价功效

法治强调法作为一种社会规范,具有判断、衡量行为是否合法或有效的作用。在我国广大农村地区,由于很多村民受教育程度还不高,很多人不知法、不懂法,无法判断村干部的行为是否合法,甚至有些村干部自己都没有认识到自己的行为已经属于腐败,"我当官不就是为了捞两个吗"就是此种情形的真实反映。以法治化方式治理村干部腐败问题,对村干部的行为有了一个评价的标准,村民能按照法律要求对村干部进行监督和评价,村干部也能按照法律规定进行自我监督和自我评价。甚至对于那些履职尽责不当的村干部,村民也能按照法律行使罢免权,遏制腐败的苗头。同时法的评价作用也可用于对村规民约的评价,村民通过法律将不合法的村规民约剔除,按照法律规范制定更好维护自己权利、促进村民和谐和乡村发展的村规民约。在当下农村土地转让开发的加速发展期,农村经济活动日益频繁,村民面临了更多新的问题,有些村干部利用村民对村干部权力认知不清，对法律制度了解不深，以权谋私，损害公共利益。而通过法治化的方式治理村干部腐败及处理村级事务，使村民对法律更加了解，认识到自己手中的权利，能够有效判断村干部的行为是否违法，客观评价村干部的行为。

四 预测功效

法治化之预测功效主要是指根据法对人们某种行为的肯定或否定的评价及其必然导致的法律结果，换句话说，人们能够事先预计到自己行为的后果，从而选择自己的行为取舍和方向。在我国农村地区进行基层民主选举时由于地方宗族势力、黑恶势力的影响，贿选事件时有发生。通过不当方式当选的村干部是实施腐败行为的主要来源。广大村民由于法律意识不足，认为只能通过给予村干部"好处"才能实现自己的利益。而在法治化方式下，通过对贪官的惩治，对地方恶势力的打压、对贿选操选的处罚以及对行贿行为的治理，同时对清正廉洁，效绩良好的村干部进行正面宣传，实现行为人以法律对行为的肯定和否定评价中预先了解到自己实行不法行为会产生的不利后果，从而杜绝实施违法犯罪行为，达到有效遏制贪腐现象发生的目标。

综上所述，法治的规范功能，就是让人们知道"什么能做"、"什么不能做"，"什么是禁止的"、"什么是受惩罚的"，从而要求社会成员要遵守这些行为规则。通过法治方式治理村干部腐败，其规范功能为村民以及村干部确立了一种行为规则。同时，法治的规范功能也重新整合了农村的利益，防止部分村干部只顾自己的利益，农民的利益无法得以实现，平等保护每个人的合法权益。以法律为准绳协调各种利益关系、维护社会公平正义，有利于在尊重个人权益基础上构筑全社会利益共同体。因此，法治是整合社会利益的最有效机制，法律制定和实施的过程实质上就是社会利益的整合过程。

第二节 引领功能

习近平同志在中共十八届四中全会第二次全体会议上的讲话上指出："小智治事，中智治人，大智立法。治理一个国家、一个社会，关键是要立规矩、讲规矩、守规矩。法律是治国理政最大最重要的规矩。推进国家治理体系和治理能力现代化，必须坚持依法治国，为党和国家事业发展提供根本性、全面性、长期性的制度保障。"[1] 十八大以来党和国家坚持依法反腐，对腐败"零容忍"，村干部腐败问题治理成效显著。在乡村治理的过程中以法治的方式治理村干部腐败问题，将引领乡村法治思想建设、文化建设、社会建设以及崇尚法治的良好民风。

一 引领乡村法治思想建设

法治化治理村干部腐败的过程中，法治化思想深入人心是至关重要的保障因素。由于传统的封建思想对于乡村社会仍有较大影响，村民的法治思维还没能真正树立起来，这就需要通过法治化模式引领乡村法治思想建设。首先，法治思想建设的过程中必须把党的领导贯彻落实到法治乡村建设的全过程和各方面，因为法治思想建设必定是一个长期而复杂的过程，完成这一使命离不开党的领导。在当下，就是坚持习近平新时代中国特色社会主义思想的指引，推进乡村法治思想建设。为达此目的，培育社会主义法治精神具有基础作用。社会主义法治精神就是现代价值追求与我国传统文化观念在特定的历史背景、社会主义制度框架和社会治理环境的综合作用下日渐形成的社会精神状态[2]。只有在村民心中较好地培育起法治精神，并使其熔铸到内心中、根植于头脑里、落实到行为上，才能为法治建设提供精神动力和社会基础。其次，法治思想建设也需要与传统的优秀的村规民约相结合。乡村传统的村规民约虽然有其不规范的地方，但是仍然有它存在的合理之处和历史价值。在漫长的历史长河中，村民利用自己的智慧创造出了解决实践问题的有效经验，并逐渐发展成为普遍认同的村规民约。所以，在乡村治理的过程中要将社会主义法治精神与传统村规民约中的精华部分相结合，以便让村民们更好地理解和接受。在治理村干部腐败问题的过程中，将法治思维和理念贯穿其中，让法治思想深入群众心

---

[1] 习近平:《习近平关于党风廉政建设和反腐败斗争论述摘编》，中国方正出版社 2015 年版，第 133 页。

[2] 杭丽华:《乡村文化建设中的法治精神培育问题探析》，《齐鲁师范学院学报》2015 年第 3 期。

里。村干部腐败问题从根本上来说就是村干部首先在思想上出现了偏差，理想信念缺失，法律意识淡薄。思想上的问题就要从思想上解决，法律要求是底线约束。以法治方式解决村干部腐败问题关键在于运用法律的强制迫使村干部守住底线，在此基础上不断提升他们的思想素养。村干部也需要主动参与到乡村法治思想建设中去，学习了解党和国家颁布的政策方针、法律法规，只有努力提高自身的理论水平，才能引导村民完成法治思想建设任务。

总之，法治思想建设就是从思想根源上认识法治的重要性和腐败的危害性，树立起拒腐防变的坚强意志，让村干部不想腐败、不愿腐败。同时，法治思想建设还需要培育村民的法治观念和守法理念，提高村民的法律素养，用法律武器维护自己的合法权利，提高依法监督的能力。

二　引领乡村法治文化建设

党的十八届四中全会明确指出，"必须弘扬社会主义法治精神，建设社会主义法治文化"。由此，建设社会主义法治文化成为依法治国的重要内容。历史和实践都证明了文化的重要性，一个国家需要厚重的文化底蕴作为支撑，文化力量终将会转化为物质力量助推国家现代化建设步伐。法治文化建设对社会价值导向具有重要作用，有助于树立人们认识法治、学习法治、崇尚法治的观念。农村许多地区在法治文化建设方面一直较为薄弱，缺乏法治文化的生成环境，村干部在具体办事过程中习惯于采用传统手段，人治色彩较浓，认为随意拿点、要点、占点都是应该的。以法治方式治理村干部腐败等问题可以在一定程度上引领乡村法治文化建设。一些传统文化在乡村有着重要的影响，随着时代的发展传统文化也顺应时代发生改变，但其中不乏一些落后的文化现象伴随传承，例如：一些封建迷信、愚昧、庸俗的文化现象，所以还需要不断深化对一些落后乡村文化的改造，引导其符合新时代的要求。新时代依法治国战略的全面推行，社会正经历着由"人治"向"法治"的转变，这不仅是党和政府治国理政思想的转变，也需要广大人民群众观念的转变，并用法治的方式来思考和解决问题。在乡村，依然有很多人对"法治"没有充分的了解，这体现出法治文化的缺失。用法治方式规范村干部行为，尤其是依法治理村干部的腐败问题，对于塑造乡村法治文化建设具有很强的引领示范效应。一方面,乡村法治文化的建设需要干部引领。村干部作为乡村治理的"领头人",其身份具有双重性,不仅是乡村法治文化建设的参与者、组织者,而且也是受教育的对象。村干部不断加强自身的法律知识的学习,才能引领整个乡村的法律文化建设。"打铁还需自身硬",只有当村干部自己有较高的法治文化水平,对法律产生敬畏感才能面对诱惑不为所动。另一方面,乡村法治文化建设需要形式创新。为了建设人民群众喜闻乐见的法治文化,提高人民的接受度,可以开展多形式多途径的建设。现如今,很多乡村面临同样的问题就是大量的劳动力向城市流动带来的乡村人口缺失,很多留守在乡村的人都是老人、妇女和孩子,他们对法治的认识和理解都较为困难。全民普法教育是法治文化建设的重要形式,在法治宣传的过程中需要制作通俗易懂的宣传材料,包括书籍、宣传展报、电视节目等,诸如《人民的名义》等一批优秀的反腐倡廉电视剧受到人们的追捧,起到了良好的法律宣传效果。通过形式创新,让普法教育深入学校、深入基层,使各年龄阶段、各行各业、各地区的人都能受到良好的法治宣传教育,提升乡村法律文化建设水平。

三 引领乡村法治社会建设

在依法治国的进程中,必须注重法治社会建设。法治社会建设的主要目标是:"弘扬社会主义法治精神,建设社会主义法治文化,增强全社会厉行法治的积极性和主动性,形成守法光荣、违法可耻的社会氛围,使全体人民都成为社会主义法治的忠实崇尚者、自觉遵守者、坚定捍卫者。"[①]乡村法治社会的建设包括三个方面的重要内容:首先是制度层面,要不断完善基层法律体系的建设,健全的法律体系是基础。其次是思想层面,让民众在思想上对法治产生信赖与认同并在生活中遵守法律。最后是秩序层面,要求政府与社会各界协作维系法律的运作,确保法律的良好运行。[②]法治决不能简单地等同于法律治理,此"法"是一切规范的总和,包括国家颁布的法律法规、党法党规和其他社会组织机构的规范,它们一同制

---

① 习近平:《中共中央关于全面推进依法治国若干重大问题的决定》,《人民日报》2014年10月29日。

② 江必新、王红霞:《法治社会建设纲论》,《中国社会科学》2014年第1期。

约人的行为。建设法治社会需要人人参与，乡村社会是法治建设较为薄弱的地方，村干部和村民是乡村法治建设的主体，村干部更是乡村法治建设主体的关键力量，其言行直接影响乡村法治社会建设进程。乡村往往是一个人情社会，人情的运用在生活的方方面面都有所体现，比如遇事不找法而是先找关系、走后门，奉行"朝中有人好办事"、"有钱能使鬼推磨"等庸俗信条，这些都将是法治社会建设的一大障碍。当然，建设法治社会不是斩断一切"人情"，正常的合理的人文情怀要支持和保留，把人情的运用和法治要求结合起来，让法律的理性引领乡村人情世故的正常发展。除了人情问题，在乡村社会中很多人对法律怀有畏惧感，甚至是谈"法"色变。这与我国传统文化中的"畏诉"和"耻诉"思想有关，认为打官司是不吉利、不光彩的事情。所以首先要转变思想，让人们认识到法律是维护自身权利的武器，让民众了解法律知识并且积极地运用法律。

由于社会的复杂与多元，村民将随时面对各种新的问题，以往单纯地依靠村规民约解决问题已经不适应时代的发展了，这要求不断完善多层次的法律治理体系[①]，针对各种不同情况多层次、多领域地创新各种机制处理民众的困难，让民众充分感受到法治化治理带来的益处，从而提升人民对法律的信赖度。村干部腐败问题一直是村民们关注的焦点问题，依法治理村干部腐败不仅会提高法律的权威，而且会增强村民对法律的信仰，进而自觉地运用法律来解决现实问题，这是法治社会形成的最基本标志。一些村干部势力大，有的甚至发展成黑势力、恶势力，村民敢怒不敢言，如果用法律手段对他们予以扫除和惩处，势必会增强村民对法律的敬畏和信仰，让村民意识到依照法律途径解决问题才是最有效的途径，增强基层民众对法律的信心，从而真正做到"办事依法、遇事找法、解决问题用法、化解矛盾靠法"的行为方式，让村民在现实案件办理过程中直接感受到公平与正义就在身边。由此，当村民面对村干部的腐败问题时，便可运用法律武器解决问题，并发挥自下而上的监督作用。

四 引领崇尚法治的好民风

民风是一个地区在某种价值取向下引导的普遍流行的社会行为，体现

[①] 方世荣：《论我国法治社会建设的整体布局及战略举措》，《商法研究》2017年第2期。

了一定时期内人与人之间的关系，良好的民风有利于社会长治久安。现如今农村的经济发展水平不断提高，乡村人民的生活水平也有了很大提升。但是值得警示的是，有些乡村在经济不断发展的同时，一些不良的社会风气普遍存在，比如赌博、崇尚迷信、好吃懒做、等靠要、不比创业比贫困等，这些不良风气严重制约了乡村的发展，加剧了社会矛盾，不利于乡村振兴和国家的长治久安。良好的社会风俗并不是一朝一夕可以形成的，而是需要通过一件件小事的改变，影响人的思维和行为。调查得知，乡村的社会风气往往与村干部的行为表现有关，创业型村干部一般都能团结班子、引领村民干事创业，形成良好风尚。而一些腐败的村干部难以凝聚人心，干部与群众矛盾大，社会风气差。

良好风俗的形成需要有榜样的引导，党的十九大报告要求各级党组织和全体党员带头尊法学法守法用法。优良民风的建设也需要发挥党风带民风的作用，邓小平同志曾经说过："端正党风，是端正社会风气的关键"，"只有搞好党风，才能转变社会风气，才能坚持四项基本原则"[1]。优良的党风必将引领优良民风的形成，发挥党风带民风的过程中要发挥基层党员的作用，党员是党风建设的实践者和引导者，党员需要在基层法治化进程中起发挥作用。在这一过程中要特别注重发挥村干部的作用，村干部是由村民自主选举产生的为村民谋福祉的基层干部，是基层建设的重要力量，要从根本上解决村干部腐败问题还是要从村干部本身入手。让党员和村干部在法治化进程中起到带头作用和模范作用，通过不断提升自我法治意识，引领广大群众自觉参与到法治化建设中去。党员和村干部要不断提升自己的法律素养和道德思想水平，将廉洁永存心中，拒绝诱惑；党员和村干部要承担起基层法治宣传工作的重任，基层党员和村干部与村民之间的联系应是最为紧密的，在法治宣传过程中可以根据不同的情况因材施教。一个好的村干部可以受到村民的尊重和爱戴，他的行为会被效仿，对于建设良好民风有着重要示范作用。依法惩治乡村各种违法犯罪行为，尤其是惩治村干部的腐败行为，对营造崇尚法治的良好社会风气，具有极大的促进作用。

综上所述，引领功能为乡村治理法治化创造出好的环境，法治思想和

---

[1] 《邓小平文选》第二卷，人民出版社1994年版，第219页。

法治文化的塑造又助力于乡村法治社会建设，而法治社会的建设又有利于形成崇尚法治的良好风尚，在这样的大环境下，腐败就失去了滋生的土壤。因此，要想从源头上遏制乡村腐败现象，就必须运用法治化方式治理村干部腐败问题，她犹如一缕清风，吹散乡村腐败的阴霾，让清廉的阳光普照乡村大地。

第三节　维护功能

法治作为一种公认的规范性治理方式，一旦获得人们的信赖就会在实践中发挥积极的功能，除了上述的规范、引领功能外，还能有效调节社会关系，化解社会矛盾，打击黑恶势力，维护乡村秩序，增强人们的安全感、获得感，这些作用的发挥集中体现在法治的维护功能上。在精准扶贫、乡村振兴、美丽乡村建设的过程中，法治的维护功能无疑发挥着重要作用，具体表现在维护乡村社会公平正义、维护乡村和谐稳定、维护乡村秩序良性运行等方面。

一　维护社会公平正义

法最基本的功能就是维护社会的公平正义。德国哲学家考夫曼认为，法律的最高价值是正义。[1] 公平和正义是人类社会追求的永恒主题，同时也是社会发展进步的主要标尺。以法治化的方式处理社会公共事务，就是法律维护功能在现实社会中的具体体现。因此，用法治方式治理当下的村干部腐败问题，就是维护和塑造公平正义的良好乡村秩序的法治实践。在当下的乡村治理中，由于基层民主制度还有一些不成熟的地方，尤其是在选举的程序化、正规化方面不完善，致使一些地方民主公平的环境遭到破坏，村民的不公平感上升。在选举中，竞争者为了打败对方，往往置法律于不顾，利用各种手段操纵选举，贿赂乡镇政府主要人员，给村民许诺或施以好处，甚至用诋毁、伤害竞争对手等手段来赢得选举。可以肯定地说，许多村干部腐败就是从贿选开始的。

村干部的贿选现象，导致村民的严重不满，影响社会公平正义。贿选

---

[1] ［美］考夫曼：《法律哲学》，刘幸义译，台湾五南图书出版公司2000年版，第153页。

是村干部腐败的开始,解决村干部腐败,应从源头上加以防范,源头在哪里?对于村民自治制度中的选举制度,解决村干部怎么来是关键。调查得知,在关于村干部选举方式方面,以往并没有形成一个成熟的制度化的统一的方式,目前主要有村民直选产生的,有上级(乡镇)政府直接任命产生的,也有上一届村委主要负责人内定培养对象的,等等,不同的方式产生出的村干部所负责对象和工作指向不同。显然,由于乡村治理的根本政治制度在实践中存在非制度化的因素,为村干部腐败提供了机会和条件,一般村民也无力左右选举走向与局势,只能被动地接受不公平的结果。解决的办法就是法治!

党的十八大报告指出:必须坚持维护社会公平正义。这不仅表明了社会公平正义的重要性,而且为社会治理重要内容指明了方向。为达此目的,必须要建立起维护社会公平正义的制度体系,具体包括权利公平、机会公平、规则公平为主要内容的社会公平保障体系,为营造公平和谐的社会环境提供制度保障,让人们时时处处都能感受到公平正义的良好氛围。在乡村,公平正义的社会环境十分必要,它直接关系到广大民众对党和政府治国理政效果的亲身感受。乡村干部的腐败属于老百姓身边的腐败,就必须用法治的方式治理村干部的腐败问题,解决村干部选举的非制度化因素,从村干部产生的源头上消除腐败隐患,遏制腐败动机,维护村民的权利。村干部腐败法治化治理正是维护公平正义的体现,形成法制保障体系,为全体村民提供平等的机会,为乡村发展创造公平的环境。

二 维护农村和谐稳定

习近平总书记在农村改革座谈会上全面阐释农村改革、发展、稳定的重大课题时指出,农村稳定是广大农民切身利益,要坚定不移维护农村和谐稳定,努力让广大农民学有所教、病有所医、老有所养、住有所居。这一重要论述既浸透着总书记的人民情怀,又凝聚着总书记对中国共产党执政之基的关键点和路径的战略思考。当前影响农村和谐稳定的因素之一即村干部与村民关系的矛盾。党的十八大以来,不断查处的村干部腐败案例众多,涉案金额巨大,从几万元、几十万元、几百万元、几千万元甚至过亿元等大案触目惊心,群众深恶痛绝。村干部的腐败行为发生在村民身边,不仅直接伤害村民的感情,而且大大降低了政府威信,成为破坏农村经济发展和社会稳定的重要因素。由村干部腐败引发的群体性上访事件屡见不鲜：青海某村的村干部大肆侵占村民利益，造成540名村民联名上访；内蒙古自治区某村村干部肆意弄权，致使百名村民集体上访；长沙市从2009年至2011年的三年时间中，因村级财务问题引发的集体上访数，分别占农村集体上访数的45%、66%、75%。① 村干部腐败问题引发了官民矛盾激化和情绪对立，"村干部"成"村霸"，一些村民只能铤而走险，2015年2月，石家庄高营村党支部书记何某被村民贾某用射钉枪杀死，两人的纠纷源于强拆和补偿款不到位。② 由此带来的违法犯罪成了农村不稳定的重要因素。

村干部对维护乡村社会稳定具有直接的功效，廉洁为民的村干部群众拥护，可最大限度地化解矛盾，维护乡村稳定。腐败霸道的村干部群众厌恨，成为矛盾产生的病原体，破坏乡村稳定。因此，用规范的法治方式惩治腐败，既可树立法律的权威，又可增强党和政府公信力，有利于强化党组织的领导力，维护群众的切身利益。

三 维护乡村良性秩序

乡村振兴离不开良好的乡村秩序，或者说，良好的乡村秩序是乡村振兴的应有之义。在历史的长河中，乡村秩序既有井然的时候，也有混乱的时候。在传统农耕社会，维护乡村秩序主要靠宗教、传统礼俗的教化与约束，广大乡村是皇权与绅权共治的。基层社会的组织主要依靠宗族。"大家族扩展，以至于笼罩传统社会中其他一切制度。"③ 但近代以来，伴随着西方列强军事入侵，西方的文化及其价值也强势登场，当时的中央政府不仅没有能力构建国家的主流意识形态，也无力管理广大的乡村社会，优秀传统文化难以传承，其教化功能日渐式微，在社会动荡的生存环境中，传统礼仪道德的约束力越来越弱，甚至被抛弃，乡村社会秩序混乱，缺乏稳定的生产和生活环境。新中国成立以后，乡村秩序以国家的强制力全面

---

① 苏淼：《农村社会转型期防治"村官"腐败的对策思考》，《学习论坛》2012年第7期。
② 郭宛：《"村官"为何成"村霸"？警惕农村干部官僚化》，《腾讯评论·今日话题》2016年10月第3691期。
③ 费孝通、吴晗：《皇权与绅权》，岳麓书社2011年版，第97页。

重构，国家力量全面延伸到乡村。人民公社体制在村一级的建制（"支部建在大队上"；"三级所有、队为基础"），使其在服务于国家政权对乡村的整体控制上，极为成功。①

改革开放后建立起市场经济，打开了尘封的乡村社会格局，在促进农村人员大量外流的同时，一些享乐主义、拜金主义思想不断渗入农村。当时为了"抓住发展机遇"，没有对思想方面的蜕变引起足够的重视，"导致错误引导下的享乐观念和异化价值理念不断涌入村庄，带来了农村高度的信仰危机和集体生活的缺失，导致了传统的礼、孝文化的丢弃"②。在传统文化没落、西方不良文化不断渗透的情况下，中国农村的法治文化缺少本应有的地位和空间。

与此同时，在20世纪90年代之后，一些地方宗族势力逐渐复兴，依靠血缘、家族文化为纽带联系起来并逐渐形成相应的势力，对乡村社会治理与发展产生着重大影响。不可否认，一些地方宗族在传统文化传承、维持村庄秩序方面有时也发挥着一定的作用，但总体来看，宗族势力对乡村发展的负面影响更为突出。调查得知，宗族势力在村民自治的过程中影响力不容忽视，尤其是在选举中干预选举、破坏选举、贿选等情形比较普遍。同时，影响村务的日常管理、在村庄中排斥打压非族内村民。可以说，宗族势力的形成对乡村文明特别是法治文化的建设产生较大的阻碍作用。

随着"乡政村治"阶段的到来，国家也逐渐放宽了对农村的控制，如上文所说，农村法治观念的淡薄和传统文化的阶段性缺失，一些地方黑恶势力趁机抬头，与少数地方干部或村干部联合起来攫取乡村管理权力，形成新时期的"经纪体制"模式，导致乡村社会腐败蔓延，危害村民人身安全，破坏乡村秩序。有些地方村干部管理变成"村霸"管理。根据中纪委网站信息：浙江省金华市雅镇塘二村党支部原书记黄某的口头禅是"谁敢告我，就让谁死"。当地形容他是"一双拳头，一帮兄弟，十里八

---

① 朱政、徐铜柱：《村级治理的"行政化"与村级治理体系的重建》，《社会主义研究》2018年第1期。

② 刘涛、王震：《中国乡村治理中"国家—社会"的研究路径——新时期国家介入乡村治理的必要性分析》，《中国农村观察》2007年第5期。

村,昆娘①最大"。四川凉山彝族自治州高枧乡张林村原主任张某的口头禅:"我的地盘我做主。"江苏省东海县罗庄村党支部原书记高某被称"蚊子支书",曾气焰嚣张地说"我连个苍蝇都不是,你们查我简直就是大炮打蚊子!"等等。这些村霸干部的腐败已经严重影响乡村秩序,甚至影响到农村基层政权的稳固。为此,中共中央、国务院发出《关于开展扫黑除恶专项斗争的通知》。最高人民检察院印发《关于充分发挥检察职能依法惩治"村霸"和宗族恶势力犯罪积极维护农村和谐稳定的意见》,要求各级检察机关与党中央保持高度一致,坚决依法惩治"村霸"和宗族恶势力刑事犯罪,重点打击为"村霸"和宗族恶势力充当"保护伞"的职务犯罪。特别是对沦为"村霸"的村干部必须依法严惩。②

　　实践证明,维护乡村秩序的方式方法不同阶段各不相同,但最根本的是要解决长期性和稳定性的问题,为此,法治的方式必然会担负起这一重要职能。运用法治手段维护乡村正常秩序,促进乡村社会健康发展,维护人民群众合法利益,既是法治方式自身优势,也是时代进步的体现。

第四节　保障功能

　　法治作为治国理政的重要方略,在全面依法治国进程中具有基础性、保障性作用。目前就乡村而言,乡村振兴是阶段性目标,是乡村治理现代化的必由之路。乡村振兴离不开法治保障,乡村振兴的核心主体村民(含村干部)既是参与者又是受益者,他们的合法权益必须得到法律保护,如此才能有效调动广大村民参与乡村振兴建设的热情和力量。村干部作为村民的一部分,一些腐败行为严重阻碍乡村治理的有序推进,损害村民切身利益,损害村干部长远利益,破坏乡村振兴大业。因此,只有把村干部腐败问题的治理全面纳入法治轨道,才能更好地发挥法治固根本、稳预期、利长远的保障作用。

---

① 当地习俗,家事由娘说了算,故当地群众给黄加昆起绰号为"昆娘"。
② 郑风田:《对沦为村霸的村干部必须严惩》,《人民论坛》2017年第4期上。

一 保障村民合法权益

"当今时代是权利的时代。"① 在民主政治法治化的过程中,权利是一个至关重要的概念,正是因为村民权利与政治权利的存在,才使得村民能够自由、平等地参与各类民主政治事务。理查德·塔克认为,格劳秀斯在《战争与和平法》中事实上是第一次以权利的话语而不是以法律来重新构造真实的法律体系,是所有的现代法典的真正鼻祖,现代法典以各种各样的权利为中心。② 康德更是明确指出:"政治必须服从于权利。"③ "民主政体的基本内涵就是用宪法这一根本大法的形式把已经取得的民主事实确认下来,用法治的精神发展和完善这种民主事实,以此保障村民权利。"④ 因此,在政治制度法治化的过程中,应当以权利的视角来构建具体的制度。具体来讲,法治化治理村干部腐败的出发点和落脚点应当是村民权利的保障和规范,进而实现以村民的权利保障制约村干部的权力僭越。

村干部腐败治理过程中的村民参与涉及不同主体的多项权利,涵盖了村民的政治权利、人身权利、经济权利以及社会权利。从微观上看,首先表现为参与主体政治权利的行使,包括村民的言论自由权、参与权和监督权,其中监督权又包括"批评权、建议权、申诉权、控告权、检举权、国家赔偿请求权等"⑤;其次权利主体行使权利过程中会出现自己或他人的人身权利(人身自由权、生命健康权和人格尊严权)受到威胁的情形。在村民参与腐败治理的过程中,各种权利相互交织、错综复杂,必须对其进行深入分析,厘清各项权利,将其纳入法治化轨道。

村干部腐败的主要类型之一便是侵害村民利益。⑥ 比如在低保户确认、贫困户识别、危房改造资金发放等方面,一些村干部利用职务之便,违规为自己家属和亲友办理手续,或在惠农资金发放时向村民收取一定的

---

① 王云霞:《印度社会的法律改革》,《比较法研究》2002 年第 2 期。
② Richard Tuck, Natural Right and Theories: Their Origin and Development, Cambridge: Cambridge U. P., 1979, p. 66.
③ Immanuel Kant, "Perpetual Peace: A Philosophical Sketch" in his Political Writing, Hans Reissed. Cambridge U. P., 1991, 93, p. 125.
④ 周叶中主编:《宪法》,高等教育出版社、北京大学出版社 2000 年版,第 183 页。
⑤ 王新生:《中国民主政治法治化研究》,人民出版社 2014 年版,第 30 页。
⑥ 杨群红:《新形势下村官腐败的类型、特征及治理对策》,《中州学刊》2016 年第 12 期。

"好处费"。这种腐败的危害性就是直接侵害村民的切身利益。中纪委2016年5月通报的141起不正之风和腐败问题案件中,有十多起属于这类问题。较典型的案例是宁夏回族自治区西吉县苏堡乡张撒村原党支部书记何某,先后违规给自己和3个儿子办理8个低保指标。同时,以截留、克扣、收取"好处费"等为特征的"雁过拔毛"式腐败、"回扣式"腐败比较普遍。再如陕西省山阳县十里铺镇一村主任为村民申请低保后,困难群众来领取时,先要缴500元的好处费,否则"一律免谈"。毫无疑问,这些腐败行为直接侵害广大村民的合法权益,损害村民的切身利益,传统的方法难以持久发挥监督作用,这就为法治手段的介入提供了现实需求。由于村干部腐败直接侵害的是村民的权利,用法治手段治理"微腐败"既是对腐败行为的有力打击,又是对村民合法权益的最持久的保护。

二　保障村干部合法权益

法治化手段不只是保护村民的权益,对村干部的权益同样具有保障功能。从对村干部贪腐行为生成的逻辑分析不难看出,村干部产生贪腐行为往往受到内部和外部因素的刺激。这里的刺激不仅有自身的,也有他人的(即外在的)刺激,但各种刺激都与村干部的切身利益紧密相关,因为追逐利益是村干部贪腐的原动力。就村干部的利益属性来看,首先,追求个人利益产生的贪腐需要。一方面,村干部的薪酬水平总体偏低。根据学者张露露等的调查结果,多位村干部的月薪维持在1500元左右,年收入约2万元(这里需要说明,各地标准不一样,村干部之间主职与副职、一般委员不一样),如果家里没有其他的收入来源,这样的收入要满足全家人正常的生活运转是比较困难的;另一方面,村干部的社会保障相对不足,后顾之忧缺乏保障。尽管现在的养老和医疗保障与过去相比是有较大进步,但无法给人们一种可靠的安全感。所以,偏低的报酬和匮乏的保障状况往往成为刺激村干部贪腐的内在动力。

其次是他人利益刺激促成的贪腐需求。这是指为亲戚、家族成员和特定关系人谋取利益成为村干部产生贪腐需要的主要外在驱动。比如,很多村干部要想在选举中获胜,或者争取连任,往往依靠的是其家族成员、亲戚朋友和特定关系的人组建起的"选举联盟"的支持,一旦选举获胜,其价值就不仅仅是村干部个人的能力体现,而是整个"选举联盟"的功劳，因此村干部在接下来的工作中，就会时时考虑回报"选举联盟"的成员。由于村干部的实际工资不足以满足"回报"所需，自然就会在乡村事务处理过程中，主动寻求腐败对象和资源，比如低保户、贫困户、拆迁补偿标准、危房改造补贴等指标成为村民争相获取的资源。作为选举联盟成员的亲人和特定关系人无论是否符合评定标准，都更容易获得这些福利。因此，村干部的贪腐需要往往源于这种内外利益的双重驱动。[1]

村干部从受内外刺激到产生贪腐需要，从萌生贪腐动机到实施贪腐行为，最终实现既定的贪腐目标，是一次完整的贪腐行为生发过程。然而事实往往是，村干部巨贪的背后是贪腐行为的不断循环往复。从已经披露的村干部腐败案例分析，一些村干部的贪腐行为无一不经历了从量变到质变的过程，即从第一次腐败时的胆战心惊，到过程中的习以为常，直到最后阶段的恣意妄为，都呈现出渐进性、膨胀性特征。之所以这样，一是与村干部晋升空间相对狭小且长期"为官一村"密切相关。没有上升空间打击了一些村干部的工作积极性。"上面千条线，下面一根针"的繁重压力滋长了他们的工作惰性。"在村里窝了一辈子，退休前捞两个也算是补偿"是这种心理的典型表现。二是乡村治理场域尚缺乏长效反腐机制。"刮风"式的执纪问责，不仅会助长个别党员领导干部敷衍了事的不良心理，还往往使各种违法乱纪行为在风声最紧时收敛，风声过后便卷土重来，甚至变本加厉。因此，要从根本上杜绝村干部产生贪腐新需要，必须构建村干部反腐长效机制。[2]

针对上述种种原因，构建法治化的反腐机制以维护村干部合法权益具有重要的作用与意义。一方面，法治方式的规范性与稳定性有利于村干部规避腐败风险，明确什么能做什么不能做。无论是内生动机还是外在刺激，都不能僭越法律的界限，这是底线思维，是对公民的基本要求。在依法治国背景下，在法治反腐的实践中，村干部不仅在思想上不断得到教育和影响，而且会在行动上考虑触犯法律的后果，进而作出理性选择，不因

---

[1] 张露露、王露蓉、夏书明：《敛财术是如何炼成的？村干部的贪腐逻辑与治理之道》，《文化纵横》2018年第3期。
[2] 张露露、王露蓉、夏书明：《敛财术是如何炼成的？村干部的贪腐逻辑与治理之道》，《文化纵横》2018年第3期。

眼前利益而毁坏长远利益和家庭利益。另一方面，依法完善并保障村干部的权益。诚然，与越来越成熟的监督体系相比，村干部的相关配套保障措施还不完善，在岗时的低待遇、离岗后的弱保障等问题，无疑会影响村干部干事创业的积极性。依法反腐的另一面就是依法保障，对贫困地区村干部要监督和保障制度并重实施，最大限度降低腐败诱因，确保为贫困山区乡村振兴提供人才支持。为此，本研究认为对于村干部腐败的法治化治理，应将村干部的待遇、发展空间等方面的权利予以明确，这样有利于保障村干部的合法权益，从而增强他们干事创业的激情，减少他们的后顾之忧。

三 保障乡村振兴目标实现

新时代乡村振兴目标战略在《中共中央国务院关于实施乡村振兴战略的意见》（2018年1月2日）中作了明确规定："到2020年，乡村振兴取得重要进展，制度框架和政策体系基本形成。农业综合生产能力稳步提升，农业供给体系质量明显提高，农村一二三产业融合发展水平进一步提升；农民增收渠道进一步拓宽，城乡居民生活水平差距持续缩小；现行标准下农村贫困人口实现脱贫，贫困县全部摘帽，解决区域性整体贫困；农村基础设施建设深入推进，农村人居环境明显改善，美丽宜居乡村建设扎实推进；城乡基本公共服务均等化水平进一步提高，城乡融合发展体制机制初步建立；农村对人才吸引力逐步增强；农村生态环境明显好转，农业生态服务能力进一步提高；以党组织为核心的农村基层组织建设进一步加强，乡村治理体系进一步完善；党的农村工作领导体制机制进一步健全；各地区各部门推进乡村振兴的思路举措得以确立。到2035年，乡村振兴取得决定性进展，农业农村现代化基本实现。农业结构得到根本性改善，农民就业质量显著提高，相对贫困进一步缓解，共同富裕迈出坚实步伐；城乡基本公共服务均等化基本实现，城乡融合发展体制机制更加完善；乡风文明达到新高度，乡村治理体系更加完善；农村生态环境根本好转，美丽宜居乡村基本实现。到2050年，乡村全面振兴，农业强、农村美、农民富全面实现。"

实施乡村振兴战略，法治是保障。但乡村振兴，离不开村干部作用的有效发挥。因此，对村干部腐败问题的法治化治理，是实现乡村振兴法治保障的具体体现。

首先,村干部腐败法治化治理,有利于为乡村振兴提供人才保障。村干部是乡村振兴的基层"领头人",是带领村民干事创业的关键队伍,他们的行为直接影响甚至决定着乡村振兴目标的实现程度。以法治手段治理村干部腐败行为,不仅可以确保对少数人的腐败行为予以有效惩治,而且也为村干部的行为取向指明了方向,即不可违法!否则就会被惩治。法律的权威必然对村干部产生威慑作用,由此助力村干部努力依法办事,依规管理,减少腐败风险,从而纯洁乡村振兴的基层干部队伍。

其次,村干部腐败法治化治理,有利于为乡村振兴提供组织保障。加强农村基层党组织建设是乡村振兴的应有之义,村干部往往是乡村党组织的核心成员,党组织的战斗力和堡垒作用的发挥需要群众公认的党员干部来引领,主要村干部的行为在很大程度上代表着基层党组织的形象。因此,对于乡村干部腐败行为运用法治手段予以规制,可以推行村级"小微权力"清单制度的形成与实施,可以提升惩治乡村微腐败的力度和信度,有效遏制侵占惠农资源、集体资产、土地征收等领域损害农民利益的腐败势头,从而使得人民群众加大对于村干部的满意度与信任感,增强基层党组织的引领作用和堡垒作用。

再次,村干部腐败法治化治理,有利于为乡村振兴提供制度保障。村民自治制度是我国实现基层民主的重要制度安排,村干部在村民自治的过程中发挥着重要作用,其完善程度是衡量乡村民主水平和质量的重要尺度。同时,许多地方的村民会议、村民代表大会和村民小组也在乡村自治中发挥出越来越重要的作用。对于村干部腐败行为的依法治理与规范,有利于村民积极参与腐败治理与村里面的公共事务,发挥村民的集体智慧,更好地推进农村群众性自治组织建设,健全和创新乡村党组织领导的村民自治制度。

最后,村干部腐败法治化治理,有利于为乡村振兴提供思想文化保障。要达到"农业强、农村美、农民富"的乡村振兴目标,需要全面、协调和可持续的发展,需要形成具有鲜明特色的文明乡风,最终塑造出保障乡村发展的思想文化。当前乡村建设过程中,针对少数村干部出现腐败行为,就应该运用法治思维和法治方式予以解决,因为对基层腐败行为的法治化治理,不仅有利于增强村干部的法治观念、法治意识,将政府涉农各项工作纳入法治化轨道,而且在法治化治理过程中,村民通过亲身所感,也能不断提高自己的法治素养,从而增强广大农民尊法学法守法用法意识,积极推动法治乡村建设工作。

第五节 强制功能

强制功能是法治的核心功能,是指以国家强制力保障实施,制裁、惩治贪腐行为,弘扬法治权威,并对潜在的违法违纪行为形成威慑效应,促进惩恶扬善社会风尚的形成。这种强制作用的对象主要是违法者的行为,法的强制行为不仅在于制裁贪腐行为,还在于预防贪腐行为,增进社会成员的安全感。以往在针对村干部腐败问题时,较少纳入法治化的轨道,主要从纪律、职务任免等方面予以处理,导致村干部腐败治理的力度不够,难以形成有效的威慑力,自然就谈不上影响力。而如果将村干部腐败问题全面纳入法治化治理模式下,使得腐败贪污的村干部得到了真正的惩治,不但可以使违法的人员得到制裁,同时通过严格的执法和监督,也可以有力地震慑那些潜在的贪腐干部。因此,本研究认为法治对于治理村干部腐败的强制功能主要表现在惩治、威慑和形成惩恶扬善的社会风气等方面。

一 惩治作用

惩治就是对村干部的贪腐行为依法进行处罚,严格按照法律法规治理腐败的行为方式。依法惩腐、推进法治,是我们党秉持的基本治国理念,是人民群众的殷切期待。党的十八大以来,党中央强力反腐,"老虎""苍蝇"一起打,反腐治腐的成效举世瞩目,人民群众欢欣鼓舞。新时代乡村振兴需要良好的乡风文明与之相伴,基层腐败成为必须铲除的社会毒瘤。村干部作为乡村振兴的重要主体,其作用的发挥自然关系到乡村发展的水平。少数村干部长期任职,习惯性抱有"小贪不算贪、大贪才是腐"的病态心理,逐渐走上腐化变质的邪路,利用手中的公共权力谋取私利,损害公共利益,有的甚至欺压群众,导致村民敢怒而不敢言。在这样的乡村氛围下,党组织要获取人民群众的信任,最好的最直接的方式就是对腐败行为进行制裁,对腐败分子予以打击。惩治贪腐村干部,维护村民的合法权利,以法律为依据构建冲突解决机制,把矛盾和纠纷引到法治轨道上加以解决，避免或减少矛盾激化和社会冲突。同时，通过惩治功能的有效发挥，打击了邪恶势力，凝聚了社会力量，向人们昭示了法律惩恶扬善的功能。有专家指出，惩戒威慑是法治反腐的首要功能。改革开放以来，我们党不断加大反腐败斗争力度，但腐败现象依然频发、多发的势头仍未能有效遏制。究其原因，与反腐败过程中法律威慑功能递减密切相关。① 打击犯罪，保护人民，自古就是国家治国理政的重要职责，是执政党取得人民支持的重要途径。党的十八大开启了全面从严治党的新时代，党中央强调有案必查、有腐必反、有贪必肃，持续保持查办案件的高压态势。有资料显示，从党的十七大到十八大的五年时间中，年平均查处的腐败人数约为14.5万。而2013年、2014年、2015年、2016年查处的腐败人数分别是22.3万、27.5万、37.6万、49.4万，年增加人数分别是7.8万、5.2万、10.1万、11.8万。② 以上数据反映出党的十八大以来国家反腐败的力度空前，效果显著，而且反腐败的方式也呈现出新的变化，即对腐败的治理从过去的运动式转向法治化轨道，有腐必除，除腐务尽的社会氛围初步形成，法治治腐的惩戒作用很好地得到呈现。

二 威慑作用

惩治作用主要是针对已经发生的腐败行为进行的治理手段，而威慑作用则是针对潜在的还没有发现的腐败行为或已有的腐败意愿形成的影响力。有效的影响力可直接降低腐败意愿，消除腐败动机，或减少腐败行为，甚至主动交代腐败问题，争取从轻处理，最终达到治理腐败的目的。法治的强制功能中，惩治和威慑是一个问题的两个方面，惩治是威慑的前提，没有惩戒就没有威慑，只有强有力的惩治才能有强有力的威慑力。惩治是针对过去的违法行为，威慑则是面对现在和未来的，通过惩治而达到威慑效果。党的十八大以来我国反腐治腐的力度不断加强，惩治效果进一步凸显。随着反腐败的力度和广度全面

---

① 吴健雄：《国家监察体制改革的法治逻辑与法治理念》，《中南大学学报》（社会科学版）2017年第4期。

② 任建明：《十八大以来我国反腐败成效及对未来发展的广泛影响》，《广州大学学报》（社会科学版）2017年第8期。

铺开，威慑作用更加明显，让党员干部特别是领导干部心存敬畏，放弃侥幸心理，让意欲腐败者在带电的高压线面前不敢越雷池半步。大量事实证明，腐败案件发案率的高低，取决于社会上某一时期滋生腐败的因素同抑制腐败的因素的较量。增强发现腐败的能力，将会改变腐败者的心理结构，抑制趋从他人腐败的心理。村干部腐败问题过去往往没能引起高度重视，认为法律管不着，致使许多惩治体制内的腐败案例的威慑作用很难在村级干部中产生积极影响力。当前，随着反腐败斗争向基层和小微领域延伸，对村干部腐败的惩治必然威慑到更广泛的村干部队伍，对他们产生警示作用，对法的功能产生敬畏！始终保持查办案件的高压态势，使腐败分子最大限度地受到党纪国法的制裁，就能震慑那些心存侥幸的人，使其不敢犯罪，从而发挥特殊的预防作用。

三　惩恶扬善

法治方式的强制功能还有助于惩恶扬善的社会风尚的形成。法治反腐的强制功能除了对腐败行为和腐败意愿产生治理影响力以外，还有助于在全社会形成惩恶扬善的社会风尚。惩恶，就是对犯罪行为进行惩处，对村干部的违纪违法行为进行惩治，不让违法犯罪行为逍遥法外，防止村干部侵害村民合法权益，同时也警示村干部不能逾越法律红线。扬善，就是明确告知村民法律是保障自身权利的利器，在法律允许范围内实现自身利益、保障自身权益不受侵犯。充分发挥法律惩恶扬善的功能，有利于在农村树立守法光荣、违法可耻的良好风尚，有利于帮助村民树立合法得利、违法必惩的价值导向，扶正祛邪。具体表现在，一方面，通过强制功能的有效发挥，惩治贪污腐败的村干部，增强村民通过合法的途径对有贪污行为的村干部进行检举，最大限度地调动村民的积极性，对农民特别关心的、涉及农民根本利益的重大案件从严处理，及时把案件办理情况反馈给村民。只有通过严厉的惩处，才能让贪污腐败分子感受到党委政府治理村干部腐败的决心，才能更好地发挥法的震慑作用，更好地维护广大农民的根本利益。另一方面，依法治理村干部腐败行为，可打破村干部为自己利益而设置的关系网、土政策，为乡村市场创造公平、公开、自由、和谐的社会环境，提供稳定的社会预期，引领和保障乡村经济社会持续健康发展。最后，通过强制功能的有效发挥，最终也能够引领整个乡村社会的良性发展。依法治理村干部腐败，体现的是人民的共同意志和共同利益，反映了村民的根本意愿，有利于建成具有法治文化内涵的乡村文明。

本章小结

本章研究法治化治理乡村微腐败的功能问题，其目的是进一步论证法治方式的优越性与价值所在。自古以来，中国治理国家的方式甚多，但凡国家昌盛时期，往往都是国家制度较健全、法律较完备的时期。从丰富的民族发展史当中不难发现良好的制度与法治对社会的积极作用。今天的中国正处于中华民族伟大复兴的征程中，用法治思维和法治方式治理国家和社会问题，既是优秀传统文化的延续，更是党在新时期治国理政的必然选择，不仅是国家层面的需要，而且乡村治理同样离不开法治化的方略。尤其是针对乡村微腐败问题的治理，仅靠传统的方式作用十分有限，唯有坚决贯彻党的"全面依法治国"的战略部署，充分发挥法律和制度的威力，乡村振兴才有保障，因为法治化具有其他方式不可替代的独特功能：法治化的规范功能可以确保治理腐败的持续性走向；法治化的引领功能可以确保乡村腐败治理的正确方向；法治化的维护功能可以确保乡村各方面秩序的良性运行；法治化的保障功能可以确保乡村治理目标的实现；法治化的惩戒功能可以彰显法治方式的权威和影响力，进一步展示法治方式的独特魅力！正是因为法治化方式治理腐败具有上述功能与作用，把乡村微腐败问题的治理纳入法治化轨道，不仅更显必要和可行，而且凸显一个社会文明进步的程度。

第 七 章

乡村廉政治理法治化路径

以法治化方式治理乡村"微腐败"问题，不仅是新时期廉政治理的内涵要求，而且是党的建设的本质要求，更是社会文明进步的重要体现。关于法治化的内涵，本书绪论中指出，是指运用国家法律法规和党法党规等规范体系对公权力的运行和公民权利的保障进行全面规范，形成用法治思维和法治方式分析和解决问题的治理结构与治理能力的技术呈现。村干部腐败作为"微腐败"的重要领域，只有将其纳入法治化的框架内予以规制，方能获得可持续的治理效果，并为有效推进乡村廉政治理提供可靠的制度保障。当前，基于乡村发展的多重目标诉求，特别是从贫困治理向振兴治理的转型时期，必须创新乡村治理体系，提升乡村治理能力。为达此目标，应首先明确新时代乡村治理体系的宏观架构，并在此基础上，渐次推进治理乡村"微腐败"的法治化体系和法治化的治理能力，厘清治理乡村"微腐败"的法律规制，最终形成有效治理乡村微腐败的法治化路径，达到乡村廉政治理法治化的目标。

第一节 新时代乡村治理体系的宏观建构

党的十八届三中全会把"推进国家治理体系和治理能力现代化"作为国家战略高位谋划，为乡村廉政治理指明了方向。有效治理乡村"微腐败"问题，增强村干部干事创业的引领力，激发乡村社会的发展活力，是乡村社会现代化的应有之义。党的十八届四中全会进一步提出全面推进依法治国，加快建设社会主义法治国家，推进基层治理法治化的目标。党的十九大又针对基层社会作出"乡村振兴计划"的重大战略部署，强调

"加强农村基层基础工作,健全自治、法治、德治相结合的乡村治理体系",以及"加强社区治理体系建设,推动社会治理重心向基层下移,发挥社会组织作用,实现政府治理和社会调节、居民自治良性互动。"① 不难看出,执政党在国家顶层设计的层面,试图搭建国家治理体系的新骨架,并且原则性地勾勒出国家治理体系在基层展开的理想图景。正因如此,面对治理村干部贪腐的问题,必然要求将其置于基层法治和基层治理体系的框架之中进行整体性思考,通过提升乡村廉政治理水平来加强和改进党的领导,处理好基层社会"自治、法治、德治"的关系,形成一套经得起实践考验的治理方案。在此基础上,进行基层组织建设和制度改造,完善和优化治理的体制机制,最终致力于塑造一套具有可操作性的评估体系。并且,嵌入法治的治国方略和治理框架之中,不断验证治理微权力、微腐败的实效,不断佐证公权力运作的合法性与正当性。

一 党领导下的基层法治与基层治理体系的关系

在全面推进依法治国的背景下,基层治理法治化是必然的方向选择。在我们这个时代,法治话语具有不证自明的正当性。诚如美国法学家布雷恩·塔玛纳哈(Brian Tamanaha)所言:"面对诸多新的不确定性,在一点且只在一点中出现了一种超越所有裂痕的普遍共识:'法治'有益于所有人。"② 但与此同时,也不得不承认,除了其核心部分:公权力应当受法律的约束,法治的内涵晦暗不明;在不同的社会结构、制度环境和文化环境中,法治国家、法治政府应当如何,也充满争议。"'法治'这个短语由于意识形态的滥用和普遍的过度使用已经变得意思不明。"③ 正因如此,在当下中国的基层治理体系与基层法治建设过程中,面对乡村微腐败的治理问题,首要的任务是澄清中国法治的主体性内涵,处理好党的领导与法治的关系,将"自治、法治、德治"的资源在治理体系中结构化,

---

① 习近平总书记于2017年10月18日在中国共产党第十九次全国代表大会上作的报告《决胜全面建成小康社会 夺取新时代中国特色社会主义伟大胜利》。

② [美]布雷恩·Z. 塔玛纳哈:《论法治:历史、政治和理论》,李桂林译,武汉大学出版社2010年版,第1页。

③ Judith N. Shklar, "Political Theory and the Rule of Law", Allan C. Hutchinson and Patrick Monahan, eds., The Rule of Law: Ideal or Ideology, Toronto: Carswell, 1987, p. 1.

形成稳定的治理框架,强化治理微腐败的动力机制,进而追求法治化的、科学化的、制度化的基层权力运行体系。

在我们看来,基层治理体系的内部构造,应当遵循:党的领导,统揽全局;以法治为主体框架,突出依法行政、依法监督的总体方略;辅以自治与德治的治理资源,强调自治、德治与法治的有机结合、相辅相成。可将其称为:党领导下的"一体两翼"结构。将村干部腐败的治理,置于这样一个治理体系中,或可破解科层体制内部纵向监督的能力不足和成本高昂,突破传统治理技术的瓶颈——例如,依赖运动式治理、群众运动、信访上访等,走出因基层代理人腐败导致的"国家政权的内卷化"[1]的困境。并且,在此基础框架内,将村干部腐败治理问题"具化",力求进一步形成若干制度性的子系统:一是预防村干部腐败的治理体系,完善事前监督,重在防微杜渐;二是控制村干部腐败的治理体系,强化体制监督,意在限制权力;三是惩治村干部贪腐的治理体系,塑造多层次的问责机制,突出惩前毖后。一言以蔽之,将党的领导、法治、自治和德治的多维度资源熔为一炉,构造稳定的基层治理体系和基层法治框架,建设治理体系的动力机制和长效机制,在阳光下解决人民群众反映强烈的村干部腐败问题。

二 乡村"微腐败"治理必须强化党的统领地位

坚持和改善党的领导,把党的领导贯穿于依法治国的全过程,是当代中国最深刻的制度变革的根本政治保障。党的十八届四中全会指出:"党的领导和社会主义法治是一致的,社会主义法治必须坚持党的领导。只有在党的领导下依法治国、厉行法治,人民当家作主才能充分实现,国家和社会生活法治化才能有序推进。"如前所述,欲在基层治理体系中治理村干部腐败问题,并将其导入法治轨道,重视基层治理的法治化,首要的问题是处理好党的领导与法治建设的关系。诚如习近平总书记所言:"党和法治的关系是法治建设的核心问题。全面推进依法治国这件大事能不能办好,最关键的是方向是不是正确、政治保证是不是坚强有力,具体就是要坚持党的领导,坚持中国特色社会主义制度,贯彻中国特色社会主义法治

---

[1] [美]杜赞奇:《文化、权力与国家》,王福明译,江苏人民出版社1996年版,第66页。

理论。"① 在中国特色社会主义法治理论中,"要坚持党的领导、人民当家作主、依法治国有机统一,把党的领导贯彻到依法治国全过程。"② 这是毋庸置疑的。问题是,面对繁杂的、琐碎的基层治理事务——如治理村干部贪腐,如何切实落实和加强党的领导,并且将其法治化和建制化。这要求我们将较为宏观的法治理论与实践,以及"坚持党的领导"的政治性话语,置于基层社会具体的社会环境与制度环境之中,转化为具有可操作性的治理体系、运作动力机制,并探索基层法治的形成路径。这一路径在我们的现实调查中也得到了证明。根据课题组"村干部问卷调查统计",当问及"避免村干部腐败的有效方法"的选项中:(1)加强农村党建占30.3%;(2)加大干部培养力度占25.6%;(3)加强法治及相关知识占23.1%;(4)加强农村廉政文化建设占21%。可见,村干部自身也认为,加强农村党建工作是治理村干部腐败的重中之重的举措。

新时期乡村廉政治理关系到决胜脱贫攻坚成果的巩固、关系到小康社会的实现程度、关系到乡村振兴的发展速度,因此,廉政治理是党治理国家的主要内容,加强党对乡村廉政治理的领导,是新时期解决"三农"问题、推进乡村社会健康发展的最大的政治保障。那么,如何加强党对乡村廉政治理的领导?作为基层党组织,首先是要明确责任,即明确乡村廉政治理是地方党委的主体责任。习近平同志指出,"落实党风廉政建设责任制,党委负主体责任,纪委负监督责任"③。其次,知道责任,即党委的主体责任包括哪些内容要求。习近平在十八届中纪委三次全会上系统阐述了党委主体责任的具体内容,包括党委(党组)集体责任、党委(党组)书记的责任和党委其他班子成员的责任。党委(党组)集体责任包括干部选拔、纠正损害群众利益、权力运行监督制约、领导支持纪委履职、管班子带队伍等5个方面的责任。党委(党组)书记作为第一责任人,要做到"重要工作亲自部署、重大问题亲自过问、重要环节亲自协

---

① 《关于〈中共中央关于全面推进依法治国若干重大问题的决定〉的说明》(2014年10月20日),《中国共产党第十八届中央委员会第四次全体会议文件汇编》,人民出版社2014年版,第78页。
② 习近平:《习近平谈治国理政》,外文出版社2014年版,第146页。
③ 《十八大以来重要文献选编(上)》,中央文献出版社2014年版,第505页。

调、重要案件亲自督办。"① 其他班子成员要切实履行"一岗双责"。最后,强化履责监督,各级党委和"一把手"要勇于担当,主动履职,对不担当、慢作为、乱作为的行为和现象从严从快处理,优化问责机制,强化问责力度。习近平同志指出,各级党委(党组)"要对承担的党风廉政建设进行签字背书,做到守土有责,出了问题,就要追究责任"②。

因此,在治理乡村微腐败的进程中将党的领导落到实处,关键在于要明责、知责和问责,将基层党组织嵌入治理村级事务的各个阶段、关节点和制度架构中,亦即上文所提到的预防贪腐、控制贪腐和惩治贪腐等各个环节。具体地说,至少有以下几方面是重要的。

(一)尊重现有政法体制的制度积累与创新,以基层党委、人大为中心开展治理乡村微腐败工作

如侯猛总结的,当代中国的政法体制是在历史的演进中逐渐形成的,它主要包括两个方面:在条块关系中,以块块管理为主的同级党委领导体制;在央地关系中,党内分级归口管理和中央集中统一领导体制。③ 在基层社会治理工作中,块块为主的党委领导体制是主体部分,一是通过中心工作的工作机制,区分中心工作与常规工作,"集中力量办大事";二是面向中心工作,整合条块关系,调动资源,提高对中心工作中具体问题的敏感性和反应力,进行重点治理;对于常规工作,则根据具体治理目标,运用传统治理工具,追求一定的治理效果。④ 因此可以说,基层党委对落实党中央反腐败工作的决心、贯彻反腐败工作的总体部署,设定治理乡村微贪腐的定位、治理目标和治理资源的投入与运用,以及产生治理效果,巩固和发展反腐败斗争压倒性态势,都具有决定性的影响。换句话说,在村干部腐败治理及其法治化探索中落实党的领导,必然要求对治理事务本身有深刻的理解,抓住村干部腐败治理的重点和难点,在现行政法体制中

---

① 中共中央纪律检查委员会、中共中央文献研究室:《习近平关于党风廉政建设和反腐败斗争论述摘编》,中央文献出版社、中国方正出版社2015年版,第64页。
② 中共中央纪律检查委员会、中共中央文献研究室:《习近平关于党风廉政建设和反腐败斗争论述摘编》,中央文献出版社、中国方正出版社2015年版,第62页。
③ 侯猛:《当代中国政法体制的形成及意义》,《法学研究》2016年第6期。
④ 基层党委、政府统筹全局,进行基层社会治理、执法运作机理的相关论述,参见朱政《基层执法的形态、运作机理与法治径路——以E市控制违章建筑执法为例》,《云南社会科学》2017年第4期。

恰如其分地定义治理目标，整合治理资源，将其纳入基层党委的常规工作中，设定组织机构，并进行相关制度建设，形成乡村廉政治理和反腐败的长效机制。

另外，党的十八届六中全会、十八届中央纪委七次全会和党的十九大提出，深化国家监察体制改革这一事关全局的重大政治体制改革。那么，必然要求在现行政法体制中，围绕党的纪律委员会、监察委员会健全廉政治理和反腐败的领导体制。"从组织形式、职能定位、决策程序上将党对反腐败工作的统一领导具体化，决策指挥、资源力量、措施手段更加集中统一，党领导的反腐败工作体系更加科学完备。"① 可以预见，经过国家监察体制改革，尤其监察委的成立将进一步健全国家专责监督机构。同时，国家监察法的颁布实施，将更加增强党对反腐败工作的权威性。质言之，从现有制度设计到深层次的体制改革，都是为了适应新形势下廉政治理和反腐败斗争的客观规律和现实需要，并突出党对廉政治理和反腐败工作的集中统一领导。

（二）善于运用法律治理的常规工具，并整合执政党的政治性治理技术，形成治理的合力

首先，应当肯定法律规制是治理村干部贪腐的常规治理工具，构成治理体系的主体部分。从法律渊源理论出发，法律治理工具不仅包括各级立法机关的法律规范，也包括党纪党规。事实上，党纪党规是当代中国法的重要组成部分，并发挥着极为重要的作用。"党内法规体系是中国特色社会主义法治体系中的'担纲者'，是中国特色社会主义法治体系的保障力量。法律规范体系、法治实施体系、法治监督体系、法治保障体系的有效实现，都离不开中国共产党通过党内法规体系所提供的有力政治保障。"② 如果再做细致的区分，"就执政党党规的效用来说，则可以分为处理执政党内部事务的党规，与作用于国家治理的党规"③。显然，它属于法律规制的常规工具。当然，对于村干部腐败治理来说，还需要在国家监察体制

---

① 《国家监察体制改革试点取得实效——国家监察体制改革试点工作综述》，《人民日报》2017年11月6日。
② 陈柏峰：《党内法规的功用和定位》，《国家检察官学院学报》2017年第3期。
③ 卓泽渊：《党规与国法的基本关系》，《中共杭州市委党校学报》2015年第1期。

改革的大背景下，将相关的党纪与国法做统筹考虑，形成内部协调的有机整体。其次，继承、发扬执政党的优良传统，整合政治资源，恰当运用传统政治性的治理工具，辅助法律治理。在长期的党的发展历史上，逐渐积累了一套独特的和有一定效果的预防腐败、党内监督和惩戒的治理工具，体现了党的光荣传统。通过在新时期、新的治理体系中的恰当设计，完全应当得到重视，也完全可能收到好的治理效果。例如，党的思想政治教育，是预防村干部腐败的常规机制；重要的可能是，如何在现有实践之上，创新基层党组织活动的方式，激活制度的活力，避免形式主义，将工作"做实"。再如，对于轻微违纪的党员，认真开展提醒谈话、诫勉谈话，贯彻《中国共产党党内监督条例》中的相关谈话制度，并创新工作机制，恰当运用、延伸至某些非党员村干部，真正做到惩前毖后、治病救人。对于已经违纪违法的党员干部，坚持落实党的纠纷制度、忏悔制度，在法律治理的前提下，强化政治教化与道德教化。"忏悔制度的正当性不是来自法律的规定，而是来自共产党员的特殊身份以及党治国家体制下教化之道的需要。忏悔有利于纯洁干部队伍、实现个人和社会道德纠偏以及政党自身合法性的建构。"[①]

（三）正视乡村微腐败治理的复杂性，在追求权力运作灵活性与回应性的同时，重视合法化论证，实质性地促成基层法治

相比较而言，法治的思维是规则导向的，而治理思维则更偏向于问题导向。前者，围绕法律规范展开思考，重视权利义务的清晰界分，强调公权力运作的程序性和作用的边界；后者，围绕治理问题展开思考，更接近于后果主义和实用主义的立场，更看重治理的实效，强调解决具体问题。公正地说，在党的十八届四中全会提出"全面推进依法治国"的大背景下，基层社会治理的传统方式与基层法治建设目标之间，的确可能蕴含着潜在"张力"[②]。一方面，在基层社会特殊的社会环境和制度环境中，各类主体的权利义务的界定较为模糊，权利形态不规则，并且存在大量地方

---

① 梁永成：《重新理解党纪治理技术：党治国家视角下法治与德治的关系互动》，《法律与社会科学 2017 年年会论文集》（上册），第 325 页。

② 朱政：《国家权力视野下的乡村治理与基层法治——鄂西 L 县网格化管理创新调查》，《中国农业大学学报（社会科学版）》2015 年第 6 期。

性规范（民间习俗、习惯法等）；另一方面，国家权力运作有其特殊性，往往要求具有回应人民群众需求的反应力与灵活性，不断满足人民群众日益增长的多方面诉求（尤其是涉及民生方面的诉求），迎合其维权意识，从而往往不得不依赖超常规操作，容易遭遇媒体和人民群众的质疑与挑战。

举例来说，村干部在生活细节上的轻微违纪或"微腐败"，前面章节提到的一种常见腐败形式——违规参与请客吃饭、超常规的人情往来等[1]，常常在治理上面临公权力运作的规范性问题。在我们所在的武陵山地区，当地纪委通过印发"红头文件"（《治理违规整酒的规定》《纪委监察局关于严防"整酒敛财风"反弹的通知》）治理干部和群众请客吃饭和人情往来等问题，一度遭到舆论和群众的质疑。典型的说法是："请客吃饭是我个人的事，政府管不着。"同样的道理，治理村干部贪腐、规范村干部的言行，必然需要面对以下难题：如何将违纪违规与微妙的、界限不清的人情往来进行合理区分？如何将对权力的监督嵌入村干部的日常工作生活之中，而又不侵扰其私人领域的社会生活？进一步地讲，如何在党员与公民双重身份下，拟定党纪国法治理技术的运作限度？如此等等都透露出村干部腐败治理法治化的困难。

在我们看来，在坚持党的领导的前提下，明确地提出依靠法律治理的常规工具，在此基础上整合执政党的政治性治理技术，探索治理村干部贪腐的法治径路。这要求从实际情况出发，正视村干部腐败本身的复杂性，有效回应这种复杂性的冲击；强化对公权力运作合法性的论证，同时追求、兼顾治理的有效性与合法性。在基层法治建设中，"面对合法性与有效性的冲突，公权力应当在有所作为的前提下，时时自省、处处审慎……这种公权力的谦逊，不一定要教条地设定为分权与监督……在基层社会的特殊语境中，或许它更应当表现为对各种'争议'保持敏感，正视问题，化解矛盾。"总而言之，"妥善处理国家权力运作的合法性与有效性的冲突问题，有效应对基层法治的复杂性，有助于在实质意义上促进基层法治

---

[1] 这一类的"微腐败"是基层村干部腐败的一种典型形态，具有很强的代表性。还可参见《基层"微腐败"典型案例剖析》，中国方正出版社2016年版，第63—65页、第99—102页、第159—162页、第176—179页。

的生成"。①

三 推进法治、德治与自治"三治"融合

党的十九大提出,"加强农村基层基础工作,健全自治、法治、德治相结合的乡村治理体系",以及"实现政府治理和社会调节、居民自治良性互动。"② 追根溯源,这是主张整合多元的治理资源,充分发挥政府、社会和自治各方面的制度优势,相互取长补短,形成治理合力。对于村官腐败治理问题,则要求将预防贪腐、控制贪腐和惩治贪腐的各个阶段、各个环节,置于法治、德治和自治相互交织的环境中,在国家公权力、社会权力和村民自治良性互动中展开,编制一套"无死角"的反复网络。从学理上说,法治、德治与自治的关系,可以定位为:法治为主体,德治、自治从旁相助,三者之间相互支撑、相辅相成。

(一)法治与德治的关系

一般认为,"道德与法律从历史上的浑然一体,到近现代的相对分立,再到与社会主义法治中国实践中的相辅相成,是一个'正反合'的辩证发展过程,是在不断扬弃中获得'统一'的升华。"③ 因此,不仅不能将法治与德治对立起来,而且应当看到法治追求的良法善治本身蕴含了道德属性。另外,法治与德治的有机结合依然是主次有序的。我们说的"法主德辅",绝非否定德治的重要教化作用,而是指在治国方略和治理结构上,法治更适合作为主体。因为,法治内含限制公权力滥用的核心价值,并且法治通过规则治理,为人们设定相应的权利义务,因而更具有可操作性。

(二)法治与自治的关系

《宪法》和《村民委员会组织法》明确规定村民委员会为基层群众性自治组织。从这个意义上说,自治是法定的,是在法治框架内的自治。并

---

① 朱政:《基层法治的实践生成——以鄂西地区仪式性人情异化的治理为切入点》,《法商研究》2016年第4期。

② 习近平总书记于2017年10月18日在中国共产党第十九次全国代表大会上作的报告《决胜全面建成小康社会 夺取新时代中国特色社会主义伟大胜利》。

③ 戴小明、朱政:《道德与法律究竟是一种什么关系》,《光明日报(理论版)》2015年4月2日。

且，法律治理须臾不能离开自治，两者互为补充。因为，法律治理不是全知全能的，不可能做到"包打天下"；大量的事务通过法律治理，成本高、收益低。更重要的是，法律治理通常遵循科层体制的运作逻辑，具有保守、僵化和形式主义的"反功能"特征①；而村民自治则天然地趋向于组织扁平化、乡土化，其突出的制度优势在于处理乡村生活中细枝末节的"小事"。诚如潘维所言，"无论古今中外和国家大小贫富，科层体制都不可能单独治国，人民自治向来重于科层之治"②。因此，不难理解，2014年中央"一号文件"依然再次要求探索村民自治的有效形式，将村民自治设置在合适的层次上。从根本上说，这是因为，法治与自治无法两相取代，只能互相借力，各自发挥其所长。

当然，仅仅指出法治与自治相互补充，还是不够的。在当下中国的乡村，村民（居民）的运作状况，普遍难以令人满意，在实践中显得比较虚弱、徒有形式，治理效果不佳。有学者认为村民自治已经沦为了"村委会自治"③，有的地方甚至沦为"村干部自治"，甚至有人惊呼"村民自治走进了死胡同"④。因此，应当认识到村民自治不是无条件的。因而，需要在法治与自治的交互架构中，"明确村民自治不是放任自流，不是弃而不顾；村民自治必须是有组织的自治。实践也表明，农民无组织，根本无法自治。而组织农民自治的责任，必须由基层党组织承担"⑤。组织、发动群众是党的执政权的根基与实质内容。"有组织的群众就成为人民。共产党不出头组织，其他势力就会来组织，因为群众渴望有组织。"⑥

（三）自治与德治的关系

党统揽全局，以法治为主体搭建治理框架，辅以自治和德治资源，相

---

① ［美］布劳、梅耶：《现代社会中的科层制》，时宪明、邱泽奇译，学林出版社2001年版，第139页。
② 潘维：《信仰人民：中国共产党与中国政治传统》，中国人民大学出版社2017年版，第4页。
③ 吴毅、杨震林、王亚柯：《村民自治中"村委会自治"现象的制度经济学分析》，《学海》2002年第1期。
④ 冯仁：《村民自治走进了死胡同》，《理论与改革》2011年第1期。
⑤ 朱政、徐铜柱：《村级治理的"行政化"与村级治理体系的重建》，《社会主义研究》2018年第1期。
⑥ 潘维：《信仰人民：中国共产党与中国政治传统》，中国人民大学出版社2017年版，第147—148页。

互支撑,形成合力。而自治与德治之间,是相互交融的,是互为内涵的。一方面,自治的实质内容,是人民群众在基层党组织的组织动员下,充分发挥"四个民主"——民主选举、民主决策、民主管理、民主监督,围绕村庄(社区)建设,开展自我服务、自我教育、自我管理,回应民生中的"小事",弥补科层体制在处理细微村务上的能力不足与不经济。无疑,村民自治必然主张一种群众性参与的德行生活。这种德行品质是在参与实实在在的村务开展和治理工作中萌发与培育的,或可促成现代社会的公民意识。"蕴含着现代公民治理意识与公民精神的草根社区自治组织自身要有足够的能力来帮助社会实现自我治理。"[①] 从这个意义上说,这也符合现代社会治理的主体性内涵。[②]

另一方面,德治要求村庄自治的过程中,重新建构"熟人社会"或"半熟人社会",回归"首属群体"[③] 的社会组织,重视民风民俗,进而唤起人们的村庄记忆与情感。在传统乡村社会,"高度发展的仪式与文化习俗成为维系人们情感与传统的纽带。"[④] 对于处在社会剧烈转型期的当下中国乡村,在村庄越发"原子化"[⑤] 的情势下,德行治理具有凝聚社区内聚力的重要性,关涉到农民集体行动能力和村庄价值形成的空间。

具体到村干部腐败治理的领域,应当明确:法律治理是主体框架,依法监督既是基本原则和总体方略,也是公权力运作的底线;辅以道德教化,可以提高预防村干部腐败的能力,形成不敢腐、不能腐、不愿腐的德行环境,巩固惩治腐败的成效,降低治理成本;强化村民自治,则可以从村干部选人、用人开始强化群众监督,把好村干部入口关,赢得群众信任,增强村干部的归属感、责任感和荣誉感。正因如此,我们将"三治"

[①] 梁莹:《公民治理意识、公民精神与草根社区自治组织的成长》,《社会科学研究》2012年第2期。

[②] 关于"治理"意涵的详细梳理,可参见[法]让—皮埃尔·戈丹:《何谓治理》,钟震宇译,社会科学文献出版社2010年版。

[③] 美国社会学芝加哥学派,将社会群体分为"首属群体"与"次属群体"。其中,"首属群体"较为接近传统乡村;而"次属群体"接近城市。前者是同质性的村民社会,内聚力和集体行动能力较强。参见[美]查尔斯·霍顿·库利《社会组织》,中国传媒大学出版社2013年版。

[④] 何雨:《社会学芝加哥学派:一个知识共同体的学科贡献》,社会科学文献出版社2016年版,第353页。

[⑤] 贺雪峰:《新乡土中国》,北京大学出版社2013年版,第3—10页。

的结构概括为：党领导下的"一体两翼"结构，充分发挥多元治理资源的组合优势。

第二节　建构乡村廉政治理的法治化体系

一如上述，我们主张，乡村微腐败的治理是一个系统性的工程，应当致力于形成党领导下的"一体两翼"构造，亦即坚持基层党组织的统一领导，统揽全局；以法治为主体框架，突出依法行政、依法监督的总体方略；辅以自治与德治的治理资源，强调自治、德治与法治的有机结合、相辅相成。具体地说，它包括以下三个板块：其一，重建乡村廉政治理的法治化体系，对规范基层"微权力"的运行搭建结构框架；其二，加强乡村廉政治理的法治能力建设，研讨治理体系运作的动力机制，为制度的有效运转创造条件、提供保障；其三，探索治理乡村微腐败的法治化径路，不仅是为了将现有的治理实践纳入法治轨道，也力求基于基层反腐败的个案，提炼出具有一定普遍法理意义的乡村社会法治建设经验，初步形成一些法治原则和思想认同，从而丰富中国特色社会主义法治理论。

本章的这一部分，首先讨论上述第一个问题，即乡村廉政治理体系的构建问题，主要围绕乡村微腐败问题的治理体系建构这一中心问题展开。在我们看来，乡村微腐败问题的治理体系包括三个子系统：预防体系、控制体系和惩治体系。下面，将一一展开详述。

一　建立预防乡村微腐败的法治体系

习近平总书记在十八届中央纪委二次会议上指出，"全党同志要按照党的十八大的部署，坚持以邓小平理论、'三个代表'重要思想、科学发展观为指导，坚持标本兼治、综合治理、惩防并举、注重预防方针，更加科学有效地防治腐败，坚定不移把党风廉政建设和反腐败斗争引向深入。""把权力关进制度的笼子里，形成不敢腐的惩戒机制、不能腐的防范机制、不易腐的保障机制。"[①]

[①] 习近平：《科学有效防治腐败　坚定不移把反腐倡廉建设引向深入》，人民网，http://cpc.people.com.cn/n/2013/0123/c64094-20292472.html，2018年2月6日访问。

不难看出，对待基层的"微腐败"，既要重事后的惩治，更要重事前的预防。而预防腐败，至少可以从以下几个方面找到着力点。其一，创新廉洁道德教育机制，解决思想问题，以提高村干部整体的思想觉悟和道德水平，使其主动地"不想腐"。其二，完善廉洁法制机制，解决制度问题，规范基层权力配置，追求权力被约束状态下的"不能腐"。其三，强化从严治腐的舆论机制，解决环境问题，让村干部感受到强大的反腐压力，从而"不敢腐"。其四，健全廉洁干事的保障机制，解决保障问题，逐渐改善村干部的待遇，促使其"不易腐"。总而言之，通过塑造多个层次的预防村干部腐败的治理体系，最终营造一个清明的乡村政治生态。"构建风清气正的政治生态从根本上体现全面从严治党的必然要求。"① 诚如习近平总书记所言："必须营造一个良好从政环境，也就是要有一个好的政治生态。"②

（一）思想上防腐，需要持续开展廉洁道德教育，久久为功

法谚有云："徒法不足自行。"对于任何事物，人自身的因素，都是至为重要的。治理村干部腐败，需要从思想源头上预防贪腐欲念的滋生和发展，力求提高村干部整体的思想觉悟和道德水平。

一是要继续发扬执政党的优良传统，紧抓意识形态工作，以基层党员干部为核心，切切实实做好信仰教育，营造廉洁自律的氛围。诚如习近平总书记所言，"我们共产党人的根本，就是对马克思主义的信仰，对共产主义和社会主义的信念，对党和人民的忠诚。立根固本，就是要坚定这份信仰、坚定这份信念、坚定这份忠诚，只有在立根固本上下足了功夫，才会有强大的免疫力和抵抗力。"③ 在我们看来，做好政治思想教育工作，磨砺党性，提高德行，搭建制度体系，一方面，要切实落实党中央的顶层设计，例如推进"两学一做"学习常规化，践行社会主义核心价值观等；另一方面，也要因地制宜，尽可能地结合实际工作和具体情况，创新学习方式，避免形式主义。

---

① 黄蓉生：《全面从严治党与政治生态构建的有机统一》，《政治学研究》2016年第5期。
② 中共中央纪律检查委员会、中共中央文献研究室编：《习近平关于党风廉政建设和反腐败斗争论述摘要》，中央文献出版社、中国方正出版社2015年版，第87页。
③ 《习近平谈信念理想》，人民网，http://cpc.people.com.cn/n1/2017/0607/c64094-29322419.html，2018年2月7日访问。

二是要继续发扬村干部在基层治理当中的德行治理。根据陈柏峰教授的研究,"国家权力运作至少有三个层面或方式:身体治理、技术治理、德行治理。"① 身体治理是指以身体在场的方式深入田间地头、密切联系群众、开展工作;技术治理强调依靠科技手段对基层社会进行渗透与控制;德行治理则要求村干部具有崇高的思想道德和理想追求,全心全意为人民服务。不得不承认,在当下中国的农村,身体治理和德行治理都呈衰退之势,相反技术治理得到了显著的强化。渠敬东将这种整体趋势概括为:国家权力"从总体支配到技术治理"② 的转型。正因如此,党性、德行教育才显得如此重要。在我们看来,这对于提高基层社会治理实效的作用——当然也包括治理村干部腐败,怎么评价都不过分。说到底,主张德行治理,是在传统的社会主义党群关系的坐标体系中,将村干部定义为村庄生活中的"先进"(积极分子)③,定义为为村民服务的带头人。因此,作为治理子体系,可能需要在党性教育的基础上,强化各种形式的道德教育,以及家乡教育,培育村干部对村庄共同体的责任感和荣誉感。

三是切实提升村干部自身素养。在廉洁道德教育体系中,植入包括职业伦理和法制教育在内的底线教育,要让普遍文化程度不高的村干部,明确意识到职务的道德伦理底线,增强自身综合素质。这一举措得到村干部群体的认同,在"村干部问卷调查"关于"治理村干部腐败的措施"中,"加强基层干部自身素质建设"选项占29.4%,位列第一(见表7—1)。这表明,一方面,有必要引入职业伦理教育,培训村干部,哪怕作为一种具体职业,职务廉洁也是最起码的要求;另一方面,在多年的普法工作中,不能仅满足于"送法下乡"——让普通群众知法用法,更要面向基层干部,进行职务违纪违规、违法犯罪的专题教育,以为警示。

---

① 陈柏峰:《纠纷解决与国家权力构成——豫南宋庄村调查》,载谢晖、陈金钊主编:《民间法》(第八卷),山东人民出版社2009年版,第156页。
② 渠敬东、周飞舟、应星:《从总体支配到技术治理——基于中国30年改革经验的社会学分析》,《中国社会科学》2009年第6期。
③ 《毛泽东选集》第三卷,人民出版社1991年版,第898页。

表 7—1　　　　　　　　治理村干部腐败的措施

措施选项	响应 N	百分比	个案数的百分比
加大惩罚力度	168	14.7%	46.7%
加强基层干部自身素质建设	336	29.4%	93.3%
加强舆论和村民监督	259	22.7%	71.9%
提高村官薪资待遇	238	20.8%	66.1%
加强法治建设	127	11.1%	35.3%
其他	14	1.2%	3.9%
总计（N）	1142	100.0%	317.2%

总而言之，创新村干部的廉政教育机制，要以党性教育为核心，兼顾德行教育、职业伦理教育和廉政法制教育。努力建立健全村干部的教育学习机制，这一点村干部自身非常渴望。根据"村干部问卷调查统计"，在问及"希望采取什么方式提高村干部治理能力"的选项（见表 7—2）中，（1）"集中培训"占比 68.3%；（2）"参观学习"占比 25.5%；（3）"警示教育"占比 5.9%；（4）"其他"占比 0.3%。从选项中不难发现村干部群体由于没有稳定的学习机制，对集中培训学习方式比较认同。这方面的典型案例如浙江 Y 市举办的村支部书记培训班的做法具有借鉴意义。

表 7—2　　　　　希望采取什么方式提高村干部治理能力

	频率	百分比（%）	有效百分比（%）	累计百分比（%）
集中培训	244	67.8	68.3	68.3
参观学习	91	25.3	25.5	93.8
警示教育	21	5.8	5.9	99.7
其他	1	0.3	0.3	100.0
总计	357	99.2	100.0	
缺失值（系统）	3	0.8		
总计（N）	360	100.0		

浙江省 Y 市农村支部书记培训班[①]

近年来，浙江省 Y 市市委为了提升农村党支部书记素质，委托市委党校系统性地举办了农村党支部书记培训班。在教学培训内容上，除了由党校安排必修的思想政治理论课外，还坚持"走出去"与"请进来"相结合，加强对农村党支部书记培训。一方面，邀请上级党校专家或 Y 市本土农村工作专家作专题讲座；另一方面，采用"你点菜、我下厨"的授课方式。即农村支部书记需要上什么课，解决什么问题，党校授什么课，为他们排疑解惑。既增强了农村党支部书记培训工作的针对性和实效性，也提高了他们的学习积极性，从而提高了学习效果。同时，为了提高农村党支部书记解决实际问题的能力，Y 市把农村党支部书记的课堂教学延伸到社会这个大课堂，进行现场教学。通过专业合作社致富能人、党建示范点党支部书记通俗易懂的现场讲解、鲜活的案例，让受训的党支部书记茅塞顿开，受益匪浅。延伸课堂教学，还搭起了受训农村党支部书记与参观点党支部书记、专业户和致富能人间沟通互动的桥梁，他们通过建立微信群，加强了联系与沟通，彼此间手把手地指导，取长补短，分享经验，进一步提高了农村党支部书记农村基层工作能力。专家授课、现场观摩、体验教学、情景模拟、互动交流等丰富多样的形式，也强化了农村党支部书记的政治意识和使命意识。此外，Y 市组织部门还专门制订了农村党支部书记年度教育培训计划，每年至少一次参加市级的集中培训，市、镇两级累计集中培训时间不少于 7 天。开设"村党支部书记讲坛"，探索开展优秀村书记到乡镇（街道）挂职锻炼的活动，鼓励参加学历教育，并按照不低于学费总额 30% 的标准给予补助，多管齐下，环环相扣，切实提高了农村党支部书记自身素质。

可见，在乡村振兴的新时代背景下，把农村基层队伍建设作为基层组织建设的重要任务，纳入地方党委的规划并督导落实，确保村"两委"

[①] 案例来源：林仕川：《乡村振兴背景下农村党支部书记队伍建设研究——以浙江省 Y 市为例》，《中共南京市委党校学报》2019 年第 4 期，题目为作者所加。

干部能定期组织学习党中央的大政方针、学习法律知识和工作技能，参加能力培训，全方位提升村干部自身素质，增强为民办事的能力，并在实际工作中践行德行治理，让人民群众感受到村干部为群众办事的诚心和热心。思想教育工作，尽管对于预防村干部贪腐十分必要，但不是一朝一夕的事情，必须长期坚持，要相信久久为功。

（二）制度上防腐，需要健全廉洁法治制度，规范公权力的运行

对于村干部贪腐的治理，制度性的预防，需要有的放矢。正如前面章节分析的，腐败主要集中在几个重点领域：（1）侵占国家惠农资源；（2）滥用职权；（3）挪用侵吞土地补偿款、集体资源；（4）贪污扶贫、危房改造等项目资金等。不难看出，眼下村干部贪腐的重点领域，基本上是顺着国家资源输入乡村的方向，在其过程中"搭便车"，通过国家资源分配、集体资源交易等方式，利用职权从中谋利。因此，应当引起足够重视，面向国家资源下乡、集体土地流转、集体经济管理等多方面完善相关法律法规，尤其是在乡镇财务预算、审批、公示、决算等方面，进而规范基层公权力的运作，最大限度地减少制度漏洞，避免身处一线的村干部在实际操作中"钻空子""打擦边球"。由于篇幅原因，无法对每个重点领域的制度建设，展开详述，这里重点对财务制度和权力清单制度予以阐述。

其一，完善村级财务管理制度。顺着上文的思路简略地讨论基层财务管理的实践与问题。总体上说，全国大部分地区的乡镇对村级财务，实行"村账乡管"，而且主要是"双代管"——既管钱也管账。这样，村两委的财务工作的常态就是"事前做方案、审批后入账"。但在学术界和实务界，对如此的制度设计仍然存在不同的看法[1]，认为"村账乡管"不仅违反《宪法》和《村民委员会组织法》，而且也难以起到基层反腐的作用。对此，正如本课题第一章中的论述，村干部行使的权力具有双重性：一是作为村民自治组织的代理人，行使自治权力；二是作为国家基层公权力的

----

[1] 这一主题的文献很多，可参见党国印《"村民自治"是民主政治的起点吗？》，《战略与管理》1999年第1期；吴淼、吴毅：《村民自治：理论资源和运作绩效》，《社会主义研究》1999年第4期；张坤、郭斌：《"村账乡管"的制度缺陷及其优化机制设计》，《农村经济》2014年第6期。

代理人，行使公权力。那么，当权力的行使属于后者的情形，乡镇上级政府对其财务上的监督管理，无疑具有相当的合法性和合理性；即便是集体经济、资源（主要是集体土地）的整合、利用，也需要建立"更强"的财务监督机制，预防村干部的贪腐行为。尤其是考虑到，在现有"工业反哺农业""乡村振兴计划"的大背景下，各种自上而下的财政"转移支付"，以及扶贫项目、工程项目的"项目制"① 管理都涉及巨量的资金流。当然，"村账乡管"也不是万能的，我们的研究表明县乡与村干部"上下其手"，形成"窝案"的比例相当大。这也再次提示我们，基层监察体制改革——组建国家、省、市、县监察委员会，实现对所有行使公权力的公职人员监察全覆盖，是极有必要的。关于村干部腐败的治理子体系——"控制体系"，还将在下文进一步详述。

其二，建立小微权力清单制度。强化村级小微权力监督，建立村级小微权力清单制度。通过小微权力清单化解乡村廉政治理的困境，这方面的成功经验以浙江宁波市宁海县为代表。宁海县从2014年起就开始了小微权力清单治理微腐败机制的探索。具体要义是：第一步是制定清单，在详细调研基础上梳理了小微权力清单，形成《宁海县村级权力清单36条》，包括11大类36个具体事项。在此基础上规范了小微权力运行。宁海县对上述36项事项制作了45张行使流程图，直接目的是确保权力行使过程中工作有程序、程序可控制、控制能规范、规范有依据。第二步是有效执行，好的办法不执行就等于没有。具体通过营造氛围、配套制度、监督查处、技术运用四大举措确保权力清单制度的落实，产生了良好效果。以监督检查为例，截至2018年4月，全县各村的村务监督委员会直接参与了547个项目招投标监督。全县各级纪检监察机关针对违反"36条"问题共对536人进行警示谈话、通报批评509人、党纪立案及处理87人、移交检察机关6人。②

总而言之，健全廉洁法制机制主要得依靠法律和公共政策治理工

---

① 折晓叶、陈婴婴：《项目制的分级运作机制和治理逻辑——对"项目进村"案例的社会学分析》，《中国社会科学》2011年第4期。

② 杨守涛：《农村基层廉政建设的系统构建与有效运行》，《中共福建省委党校学报》2019年第6期。

具——如《农村基层干部廉洁履行职责若干规定（试行）》（2011年），必须明确规范村干部行使公权力的程序、方式，将其权利、义务、责任具体化，强化对基层权力运作的有效监督。最终，在试点的基础上，推进基层监察体系改革。尤其要扎好财务监督管理的制度堤坝，在涉及巨量资金的政策或项目上，适当降低村干部权力运作的"自由裁量权"。

（三）环境上防腐，强化治腐的舆论机氛围，造成持续的"反腐高压"态势

预防村干部腐败，归根到底要诉诸良好的基层"政治生态"，形成一个整体上风清气正的大环境。党的十八大以来，"全面从严治党"从战略高度强力推进，对反腐败形成了持续"高压"态势，取得了举世瞩目的巨大成就。具体到基层反腐败领域，其成功之处在于塑造反腐败的舆论压力，构筑良好的社会环境尤为重要。

在我们看来，建构从严治腐的舆论体系，应在两个方面予以强化。

其一，培育村庄的公共空间，唤起村民的公共意识，让个别腐败村干部成为舆论谴责的对象。当下的中国乡村，村庄结构普遍趋向于"原子化"，村民之间联系的厚度日渐稀薄。事实上，这是基层腐败泛滥的重要约束条件。换言之，村庄解体，村民"各扫门前雪"，使得村庄舆论对村干部的监督力快速衰退；腐败村干部即敢于"拉下脸皮"，毫无顾忌地做损害村庄利益的事情。因此，要改变这一基础性的外在约束条件，必须大力重塑乡土文化和村庄的公共空间。这一问题在村干部问卷调查中得到佐证（见表7—3）：在问及"有无必要从提高公民素质方面来遏制村官腐败问题"的选项中，选择"非常必要"的占比81.3%，占绝大多数，说明唤醒公民的公共意识是重建村民公共空间的重要举措。当前，依托乡村的"半熟人社会"①，面向农民需求强化农村文化建设，乡镇、村庄两级多去组织健康的文化活动，"追求农民的乡村认同，增强农民对村庄生活的长久预期"②。唯有如此，才能够利用村庄自发的"社会力量"对村干部行使职权发挥监督作用，进而预防村干部腐败。

---

① 贺雪峰：《未来农村社会形态："半熟人社会"》，《中国社会科学报》2013年4月19日。
② 朱政：《面向农民需求强化农村文化建设》，《中国党政干部论坛》2016年第8期。

表7—3　　　有无必要从提高公民素质方面来遏制村官腐败问题

	频率	百分比（%）	有效百分比（%）	累计百分比（%）
非常必要	291	80.8	81.3	81.3
有必要，但作用不大	26	7.2	7.3	88.5
没必要，因为村民素质与遏制村官腐败之间没有必然联系	19	5.3	5.3	93.9
有无必要不好说，但至少值得尝试	22	6.1	6.1	100.0
总计	358	99.4	100.0	
缺失值（系统）	2	0.6		
总计（N）	360	100.0		

其二，充分发挥新闻媒体的舆论引导作用，同时基层政府也要定期组织村干部学习，形成常规，将"反腐工作"中的正面、反面典型及时向下通报。一方面，是利用媒体曝光，让个别腐败村干部名利受损。根据"村干部问卷调查统计"，当问及"自媒体技术在农村地区的大力发展对遏制基层腐败有无作用"的选项（见表7—4）中，（1）"有，作用巨大"占比61.9%；（2）"有，作用不大"占比23.6%；（3）"没有，农村的人情社会特征决定了自媒体技术的有限适用"占比4.8%；（4）"有无作用不好判断"占比9.7%。显而易见，大多数村干部认为自媒体技术发展对预防基层腐败有着巨大作用。"通过新闻媒体进行舆论宣传，营造检察机关开展反腐败斗争的声势，弘扬正气，震慑犯罪，激发人民群众参与反腐败斗争的热情"①。另一方面，要向村干部群体，通报、讲解典型案例，尤其是基层腐败案例，用"身边的事情"进行教育，营造"天网恢恢"的压力感。这方面的典型比如云南省纪委监委将党的十八大后仍不收敛、不收手、顶风违纪，性质恶劣、情节严重的具体案例录制成警示片，积极探索运用基层"农村小喇叭"、各平台客户端、微信公众号等多种信息传播方式刊播，积极营造反腐没有休止符、激浊扬清永远在路上的舆论氛围。新媒体不仅延展了学习时空，而且让身处农村基层的驻村人员，一样能及时补足精神之"钙"。在农村通过微信公众平台收看到反腐倡廉警示

---

① 周庆平：《反腐败的高压态势与硬环境建构》，《国家检察官学院学报》2014年第3期。

片和案例,让大家轻松地感受到了廉政教育的传播触角已经延伸到了社会的每一个角落,新媒体时期的廉政警示宣传教育,正在成为用信息网络织牢防腐拒变的"新"红线。①

表7—4　自媒体技术在农村地区的大力发展对遏制基层腐败有无作用

	频率	百分比（%）	有效百分比（%）	累计百分比（%）
有,作用巨大	218	60.6	61.9	61.9
有,但作用不大	83	23.1	23.6	85.5
没有,农村的人情社会特征决定了自媒体技术的有限适用	17	4.7	4.8	90.3
有无作用不好判断	34	9.4	9.7	100.0
总计	352	97.8	100.0	
缺失值（系统）	8	2.2		
总计（N）	360	100.0		

（四）保障上防腐,健全廉洁干事的保障机制,创造杜绝腐败的条件

党的十八大以来,在持续反腐的高压态势之下,公职人员工资相对较低的现状尚未得以根本改观;在某些领域、地方和组织,官场"逆淘汰"现象仍时有发生。② 由此引申出公职人员的保障问题需要关注。相同道理,乡村村干部也有同类情形发生,不仅是让村干部愿意干,能够干,更要使村干部有干好的意愿和行动,这就需要相应的保障做基础,同时,也为预防腐败奠定物质基础。公平地说,近些年,基层村干部从工作方式到收入待遇,相较以往已经有了较大幅度的提高,基本做到与乡镇政府接轨。有学者将这种趋势概括为村干部的"公职化"③,认为村干部实质上已被纳入基层干部体系之中。甚至,在我们的调研中发现,在某些资源密

---

① 《云南:用好全媒体资源延伸廉政教育传播触角》,中央纪委国家监委网站（http://www.ccdi.gov.cn/yaowen/201904/t20190412_192199.html）。

② 过勇、贺海峰:《"不必腐"机制:反腐败标本兼治的重要保障》,《国家行政学院学报》2017年第6期。

③ 李勇华:《自治的转型:对村干部"公职化"的一种解读》,《东南学术》2011年第3期。

集型村庄，村干部在集体经济中还有相当比例的股份。但与此同时，就全国范围来说，各个地区的村干部待遇，差异较大；根据地方性的政策，退休后的保障，差异更大。从前面第一章讨论的贪腐形式与贪腐金额来看，保障性因素部分促成了村干部的贪腐——一般是"小微贪腐"，尤其是在一些欠发达地区，村干部普遍有养老的后顾之忧。基于此种背景，建立预防刚村干部腐败的保障机制尤为必要。比如完善其生活保障体系，适当提高待遇。更重要的是，要为村干部在职期间购买养老保险，或者建立年金制度——待其退休，根据服务年限，付给一笔退休金。这样做，不仅或许能够起到"保障养廉"的作用，并且可以拉长村干部对长久生活的预期，降低其机会主义的行为动机。同时，既然村干部已有"公职化"特征，也可借鉴预防公职人员腐败的治理逻辑，来构建村干部保障机制，从薪酬、职业等方面进行系统设计。比如强化薪酬激励，保障公职人员合理的工资福利收入；强化工作激励，增强公职人员自信心和成就感；强化职业发展激励，让公职人员对职业前景充满希望；强化考核奖惩激励，让公职人员"不待扬鞭自奋蹄"；突出差异化激励，让不同类型的公职人员各得其所。①

综上所述，建构治理村干部贪腐的预防体系，意在将治理重心前置，通过编织思想上的教育、制度上的规范、环境上的感染和保障上的激励四个重要维度，形成对村干部行使职权的全面监督，最终追求一个良好的基层"政治生态"，让廉洁成为常态，腐败成为党纪国法、道德伦理遣责的对象。从根本上铲除各类"潜规则"发生的土壤，消解"腐败会不会成为权利"②的疑问。

二 建立控制乡村微腐败的法治体系

廉政治理最理想的境界是通过预防就能有效遏制腐败行为的发生，达到事半功倍的效果。然而总有少数人不以为意，跨越道德、党规和法律底线，以权谋私。针对这种行为就必须施以有效的控制手段，防止其扩大蔓

---

① 过勇、贺海峰：《"不必腐"机制：反腐败标本兼治的重要保障》，《国家行政学院学报》2017年第6期。

② 冯象：《政法笔记（增订本）》，北京大学出版社2012年版，第6—15页。

延。如果说,预防村干部贪腐重在"防患于未然",主要依靠教化、督促、导人向善;那么,控制村干部贪腐,则强调"亡羊补牢",通过诉诸法治的有效监督、党内的制度性巡查,及时发现贪腐现象,及时处理,降低损害,减少负面的社会影响。我们之所以认为控制村干部腐败的治理体系极为重要,是因为前面章节的研究,已然表明基层贪腐存在数量不可低估的窝案(占31.4%)、长期贪腐的案件(占4.8%)。窝案通常涉及整个村两委班子,甚至还牵扯到乡镇和县一级多部门的干部;长期贪腐的极端个案,时间跨度前后长达20余年。一方面,这些案例背后往往有长期任职的"村霸"村干部的身影,因而造成的损失严重,影响特别恶劣,人民群众更是深恶痛绝;另一方面,也提示我们,在控制村干部贪腐的工作方面,尚有很多地方值得思考和改进。

作为乡村廉政治理的子体系,我们认为,控制微腐败至少有以下几个方面是重要的,一是建立、健全法治监督体系,探索基层监察体制运作的有效体制,对村干部行使的"微权力"展开常规监控;二是继续发扬执政党的优良传统,恰当运用党内巡查、巡视等治理工具,并致力于其体系化和建制化;三是坚持走反腐败的群众路线,发扬社会监督、舆论监督的优势,依托传统的信访等制度,提升接受群众举报的实效;四是完善乡村公共法律服务体系,发挥法治的专业化功能。总而言之,虽然无论如何总会有贪腐现象发生(存在一定的发生概率),但控制贪腐产生的危害,及时处理违法违纪的村干部,减少损害,消除负面影响,才可能挽回民心,重塑基层公权力的公信力。诚如夏锦文教授所言:"公权力一旦失掉公信力,不仅重建难度巨大,而且会形成'民众不信任—社会整合成本高—政策无法执行—社会矛盾加剧—民众更加不信任'的恶性循环。"[1]

(一)以基层监察体制改革为中心,建立健全法治监督体系

习近平总书记在十九大报告中指出,"深化国家监察体制改革,将试点工作在全国推开,组建国家、省、市、县监察委员会,同党的纪律检查机关合署办公,实现对所有行使公权力的公职人员监察全覆盖。"[2] 张文

---

[1] 夏锦文:《跳出"现代化陷阱"实现探索性发展》,《群众》2018年第2期。
[2] 习近平总书记2017年10月18日在中国共产党第十九次全国代表大会上作的报告《决胜全面建成小康社会 夺取新时代中国特色社会主义伟大胜利》。

显教授对此的解读是,"建设严密的法治监督体系。法治监督是指对法律实施情况的监督,它是法律良性运行的保障机制。应建立由党内监督、人大监督、民主监督、行政监督、司法监督、审计监督、社会监督、舆论监督构成的更加严密的监督体系,形成强大的监督合力。着力推进监督工作规范化、程序化、制度化,形成对法治运行全过程全方位的监督体系,督促实现科学立法、严格执法、公正司法、全民守法。推进监察体制改革,形成反腐败斗争和廉政建设的强大合力。"① 这里,没有必要讨论国家监察体制改革的"全局性问题"②,相关的研究已经很多。我们还是在现有《监察法(草案)》的基础上,将目光聚焦在基层。在我们看来,深化监察体制改革,将监察委的职能延伸至基层,到乡镇、街道一级,能够创造有利条件,做到对基层公权力的监察不留死角、扫除遗漏。这正是我们主张的,主动预防、控制基层公权力的运作,"促进腐败治理理念由消极治理向积极治理的彻底转型"③。具体到村干部贪腐的治理问题,当前应着力从以下几方面着手。

其一,规范乡村小微权力运行,明确每项权力行使的法规依据、运行范围、执行主体、程序步骤。建立健全小微权力监督制度,形成群众监督、村务监督委员会监督、上级部门监督和会计核算监督、审计监督等全程实时、多方联网的监督体系。织密农村基层权力运行"廉政防护网",大力开展农村基层微腐败整治,推进农村巡察工作,严肃查处侵害农民利益的腐败行为。④

其二,构建小微权力监督的融合平台。可以进一步探索依托县级监察委、党的纪委,向乡镇设置常驻派出机关,例如监察小组、监察办公室等。可以设想,将村干部履职廉洁问题纳入常规的监察事项,每一年度中,定期完成相关工作。建立融合监督平台,发挥多元监督的效能。浙江

---

① 张文显:《统筹推进中国特色社会主义法治体系建设》,《人民日报》2017年8月14日。
② 相关研究很多,例如韩大元:《论国家监察体制改革中的若干宪法问题》,《法学评论》2017年第3期;马怀德:《〈国家监察法〉的立法思路与立法重点》,《环球法律评论》2017年第2期;秦前红:《监察体制改革的逻辑与方法》,《环球法律评论》2017年第2期。
③ 魏昌东:《国家监察委员会改革方案之辨正:属性、职能与职责定位》,《法学》2017年第3期。
④ 见中共中央办公厅、国务院办公厅印发的《关于加强和改进乡村治理的指导意见》,中央人民政府网站(http://www.gov.cn/zhengce/2019-06/23/content_5402625.htm)。

的"清廉驿站"具有借鉴意义。

为乡村注入"清廉因子"[①]

近年来,浙江温州市泰顺县创新打造乡镇"清廉驿站——小微权力监督融合平台",整合基层"小微权力"监督力量,实行线上机构实体运作,将全面从严治党延伸到基层"最后一公里"。目前,全县19个乡镇的"清廉驿站"对221个新增村(居)工程项目实施事前监督,有效降低村干部违规承包村级工程风险;累计审核财务、党务公开780项、专项资金132笔,及时发现纠正问题135个,督促"三务"公开更加阳光、透明、高效。

"清廉驿站"激活乡镇监察办、村务监督委员会、乡镇农业农村及民政财政等基层职能组织、县纪委派驻机构、巡察机构等五方力量,通过村级监督、职能监督和派驻巡察监督的联动发力,实现监督体系纵向到底、横向到边。

"清廉驿站"紧盯涉及小微权力监督的重点领域、重点内容和重点对象,设置农村集体"三资"、扶贫政策落实、公共资源交易监管和"村民议事监督厅"四大平台,以平台信息共享带动行政资源集聚,实现线下线上一体推动。

在泰顺,县、乡、村三级监督力量每月会商说"问题"雷打不动。"清廉驿站"联席会议成为平台高效运转的一大保障。

"清廉驿站"运行以来,泰顺县提办督办各类案件9件,党纪政务立案14人,案件查处带来的震慑力越来越强。"清廉驿站"的"村民议事监督厅"平台累计征集民情民意125条,督促村(居)两委整改问题事项82个,协调解决群众诉求53件。截至4月底,全县纪检监察组织受理农村信访举报29件,同比下降47.24%,农村越级访22件,同比下降54.16%。

其三,构建乡村"微权力"评估机制。可以针对村干部行使"微权力"设计一系列的评估机制,包括监督机关评估、第三方评估,引入

[①] 陈祥磊:《为乡村注入"清廉因子"》,《今日浙江》2020年8期。

"法治评估"①的经验，将基层公权力规范运作的程度量化，进而纳入村两委及其村干部的考核。

其四，建立新型的基层"微权力"腐败的纠举制度，疏通基层监察委员会、党的纪委获得监察线索的渠道，甚至可以考虑，整合地方信访、综治、维稳等相关工作，统一由乡镇、街道的派出机构履行相关职权。

其五，督促乡镇、街道一级，建立、完善权力行使的清廉报告制度，要求村干部撰写村两委的年度内的主要工作，在本村内进行公示，并在村民代表大会上，接受、及时回复村民的质询。当然，基层的事情，最怕，也最容易落入"形式主义"；因此，基层监察体制改革的关键，还在于最大限度地激活监察权力的有效行使。

此外，还应当明确提出，将对村干部腐败的监察、控制纳入法治的轨道。在对村干部履职尽责展开监察的过程中，如果发现腐败现象，或怀疑有腐败行为，应依法启动调查程序，及时介入，追求控制基层腐败的效度。同时，也要注意保护村干部的合法权益，"调查权行使必然应当符合其查明涉嫌违法事实的目的，调查权的内容、手段应当与违法、犯罪行为相称，不宜对被调查人采取超过调查目的的措施"②。当然，追求法治监督的目标，一方面，最终要诉诸《宪法》的规定，并通过《国家监察法》规范检察权的配置，以及调试其与司法权、检察权的分工、协作；另一方面，还需要结合常规制度，摸索在基层语境中，检察权运行的特殊问题，区分某些模糊地带的违纪与违法，例如前面章节分析的工作、生活作风腐化，违规分配、优厚亲友等，进而依据党纪国法及时分类处理。

（二）恰当运用党内纠风、巡视等治理工具，并在法治框架中，努力促成其体系化和建制化

在中国的革命、社会主义建设的特殊环境中，中国共产党根据不同阶段的主要矛盾，面向"整顿党的作风"③、反对贪污④，保持党的优良作

---

① 付子堂、张善根：《地方法治建设及其评估机制探析》，《中国社会科学》2014年第11期。
② 左卫民、安琪：《监察委员会调查权：性质、行使与规制的审思》，《武汉大学学报（哲学社会科学版）》2018年第1期。
③ 《毛泽东选集》第三卷，人民出版社1991年版，第811—829页。
④ 中共中央文献研究室编：《毛泽东文集》第六卷，人民出版社1999年版，第207—210页。

风，创造性地发明和运用了一些党内的治理手段（治理工具），历史上也的确收获了良好的效果。事实上，例如党内纠纷、巡视等制度，现在仍在运用；当然，也可能存在某些方面的问题，通过适当改进，完全可以运用在治理村干部腐败的领域。

其一，党内纠风制度。"纠风治理是依据法律、法规和相关政策、条令规定，针对一些政府部门和公共事业单位及其工作人员利用职权和工作便利，损害人民群众利益，为本单位、小团体和个人谋取不正当的利益，以及其他不正确履行职责、违反职业道德的行为进行纠正和监督的活动，内容涉及依法办事、行为规范、文明执法、优质服务等方面，对象涉及行政部门、服务行业、公用事业单位等。"① 事实上，在过去的十多年中，纠风工作已经深入各级政府与各行各业，包括治理公路"三乱"、减轻企业负担、减轻农民负担、治理教育乱收费、纠正医药购销和医疗服务中的不正之风、食品药品安全，等等。② 那么，创新纠风工作模式，将其推进至乡镇、行政村一级，也应当是完全可行的。不仅如此，在我们看在，基层纠风工作，在控制村干部腐败的治理体系中，处于核心位置。因为，党的纠风工作针对的是损害群众利益的不正之风，这恰恰融合了法律、政策和职业伦理的多层面要求，对于反对村干部的轻微违纪、工作"霸道"作风、生活"奢靡"作风等问题，兼具治理的正当性与伦理性。运用恰当，对于日常作风不正的村干部，能够起到时时警示的作用；对于已发生轻微腐败的村干部，也能及时干预、纠正和惩处。

其二，党内巡视制度。党内的巡视制度，可以追溯到1928年中央正式颁布的《巡视条例》，改革开放以后，巡视制度的发展与完善正是针对新形势下的党内监督和反腐败的需要。但对于基层反腐败来说，根据现行《巡视工作条例》，只能深入县（市、区、旗）一级。而正如有学者所言："《巡视工作条例》也没有将县级作为巡视的一个重点。从现阶段所暴露出来的腐败问题和社会矛盾尖锐状况来看，县一级存在的问题是相当严重

---

① 吴云才：《论政府纠纷治理管理体制建设》，《领导科学》2009年第8期。
② 杨绍华：《十五年磨砺　铸清风正气——访中央纪委副书记、监察部部长、国务院纠风办主任李至伦》，《求是》2006年第4期。

的。"[1] 在这种情况下，更不必说数量巨大的行政村。对此，我们认为，有必要适当扩大巡视对象和范围，不宜做"撒胡椒面"式的普遍开花，而应当有策略、有针对性地展开巡视，抓住重点。对于县一级应当将工作做实；并适当扩大至重要乡镇——例如在沿海发达地区，有些乡镇集体经济发达、土地资源价值很高，可以依据群众举报等线索，实施重点巡查；还应当督促县、乡（镇）两级对村干部的廉洁问题负责。我们认为，巡查制度在县、乡两级有重点地落实，以及细化相关制度，或许能够实质性地推进村干部腐败的治理。

当然，在全面依法治国的大背景下，对于执政党传统的治理工具，还有一个建制化和法治化的问题。要解决这一问题，关键在于推进纪法衔接。中国共产党作为执政党，国家政权机构中的绝大多数领导干部和工作人员是中共党员，包括村干部在内的多数人都是党员，这一客观事实就决定中国特色廉政治理体系必须科学、有效地运用党纪和国法，推进党纪与国法的有效衔接。党的纪律是全体党员必须遵守的行为规则，是治党戒尺，国家法律是所有公民必须遵守的行为规范。经过长期探索实践，中国廉政治理形成了纪严于法、纪在法前、纪法分开、纪法贯通的党纪国法廉政治理体系。纪法贯通，避免纪法脱节、衔接不顺、监督存在空白点和盲区等问题，让党的纪检部门、国家监察部门、司法机关高效合作、有效衔接。[2] 如此，党纪与国法并行于法治框架之中，发挥各自优势，形成治理合力。

（三）坚持党的群众路线，整合社会监督体系，提升接受群众举报的实效

全国范围来说，在基层党委、政府中，接受群众举报、解决各类纠纷的部门，往往较为庞杂。从市长热线、检察机关举报网站到维稳办、信访办，再到党的纪委、监察局等，不一而足。现下来看，随着监察体制改革，党的纪委与监察委员会合署办公，理所应当成为核心部门，以整合社会监督体系。有学者认为，制度设计上的双重领导和基层监督组织的"多任务性"，可能弱化监督实效，将其有限的精力耗散在基层党委的其

---

[1] 郑传坤、黄清吉：《健全党内监督与完善巡视制度》，《政治学研究》2009 年第 5 期。
[2] 陈天驰、吴国斌：《中国特色廉政治理体系的核心要件及治理效能》，《廉政文化研究》2020 年第 1 期。

他"中心工作"之中——例如信访维稳、组织宣传工作、招商引资等。[①]我们同意这种看法,基层纪检组织的确应当突出主要业务,加强上级对下级的纵向领导,以更好地服务于对基层广大党员干部的监督。

针对村干部腐败进行监督和控制,接受和处理人民群众的举报,其困难之处在于村干部数量巨大,举报中的腐败程度、情节差异又很大。我们认为,作为村干部腐败治理中的一环,接受社会监督的控制体系,应当进行"分类治理",亦即"抓大放小",优先处理举报集中的、群众反映强烈的、涉案金额较大的,而将那些作风问题、轻微违纪的问题交给纠风、巡视去解决。这样做,是为了提高回应群众举报的反应力和实际效果。当然,接受举报的问题非常复杂,例如匿名举报的查实,网络举报可能侵犯被举报人的基本权利等。我们要强调的是,县、乡镇两级的纪律检查组织,要有针对性地研究本地区村干部腐败的特征,善于总结在不同社会结构的村庄中,村民举报的一般性规律。例如,在某些地方的分裂型村庄[②],往往会因为村庄的派性斗争,而促发恶性的不实举报;再例如,在团结型村庄中,由于宗族势力庞大,群众又可能袒护大宗族出任的村干部,共同抵制基层监督的进入与展开。无论如何,反腐败的社会监督,要继续坚持党的群众路线,在基层纪检工作中将科层制的行政优势与执政党的政治优势有机结合起来,以问题导向的方式,控制村干部的腐败现象。一言以蔽之,"找回群众路线在国家治理中的中心位置。"[③]

(四) 完善乡村公共法律服务体系,发挥法治的专业化功能

针对乡村微腐败的治理,要充分发挥法治的专业化功能,用法治思维和法治方式预防村干部行为发生偏差,形成依法办事的行为习惯。为此,有效的法律供给是关键。如何供给?中国乡村具有不同的发展层次和水平,又具有各不相同的村庄结构,这就要求各地结合实际创新乡村治理机制,引导乡村沿着法治轨道运行,从而保证乡村秩

[①] 刘诗林、李辉:《双重领导与多任务性:中国乡镇纪检监察组织监督困境的实证研究》,《公共行政评论》2014年第3期。

[②] 见第四章的研究,沿海发达地区、中部地区和西部欠发达地区,资源密集型村庄、资源匮乏型村庄,以及村庄社会结构,在不同层面会影响到村干部腐败的方式和程度。

[③] 吕德文:《基层治理转型中的群众路线》,《毛泽东研究》2014年第1期。

序发展朝着"善治"目标前行。当前,就是要把"依法治国"的战略要求落实到乡村治理当中来,按照法治乡村的目标,积极主动构建乡村法律服务机制,让老百姓时时感受到法律就在身边,逐步形成信法、守法、用法、靠法的思想和行为境界,为乡村矛盾化解、腐败预防提供有效的法律保障。

2019年7月10日,中共中央办公厅、国务院办公厅印发了《关于加快推进公共法律服务体系建设的意见》,为法治乡村建设提供了根本遵循。法治乡村建设是一项系统工程,治理乡村微权力腐败只是其中的一个重要内容,只要整个乡村的法治水平和治理能力得到提升,村庄腐败就会一同得到有效治理。因此,在新形势下要通过构建和完善乡村公共法律服务体系来预防乡村微腐败,就应该着重做好以下工作。一是建立法治乡村统筹协调机制。构建地方(市县)党委领导、政府主导、部门协同、社会参与的公共法律服务管理体制和工作机制。乡村公共法律服务体系是一个综合体,仅靠一个或几个部门无法完成,只有在党的领导下,政府各部门、社会各界、广大群众广泛参与,形成合力。二是完善乡村法律服务运行机制。制定发展规划,强化运行管理。可以市县为单位,制定各地的公共法律服务体系的指导意见或发展规划,尤其是对乡村的法治建设、法律服务等内容作出科学合理的安排,列出时间表、路线图,让百姓可期,使部门可行。同时要对法律服务的对象、专业人员、律师团队等进行管理,做到方便快捷,及时高效,尽快展现法治的威力和功效,让人民群众很直观地接触法、了解法、相信法、运用法。三是整合乡村法律服务平台。依托法律援助组织、乡镇(街道)司法所等现有资源,推进公共法律服务实体平台建设。推进"互联网+公共法律服务",构建集"12348"电话热线、网站、微信、移动客户端为一体的中国法律服务网,提供覆盖全业务、全时空的高品质公共法律服务。[①]

可以预见,公共法律服务体系在乡村的建立和发展,将有力推动法治乡村建设水平和质量的提升,为乡村矛盾纠纷的化解、村级管理的规范、

---

① 中共中央办公厅 国务院办公厅印发《关于加快推进公共法律服务体系建设的意见》,中华人民共和国中央人民政府网(http://www.gov.cn/zhengce/2019-07/10/content_5408010.htm)。

微权力行使的监督以及乡村廉政治理效果等方面提供法治化保障。近年来，各地在建立公共法律服务体系方面积极探索，形成了很多有效方法，成为地方治理的有益经验。其中，湖北省恩施州公共法律服务体系建设取得的经验很具代表性。

恩施州公共法律服务体系建设案例[①]

恩施州公共法律服务体系建设起步于2013年，经历了一个从实践探索到理念升华、从基层创新到顶层推动的过程。恩施州司法局推进公共法律服务体系标准化建设被评为2019年度湖北省十大法治创新案例。建设过程和做法如下。

探索阶段。2013年，州委州政府决定借助恩施市龙凤镇全国综合扶贫改革试点机遇，组建法治建设专家委员会，在龙凤坝镇探索建立"法律顾问制度"，拉开了公共法律服务体系建设"恩施实践"的大幕。

完善阶段。根据党的十八届三中全会精神，2014年州委、州政府印发了《全面深化改革加强法治恩施建设的意见》、《关于普遍建立法律顾问制度的实施意见》；2015年州委办公室印发了《关于进一步落实普遍建立法律顾问制度的通知》；2016年在深化"律师进村、法律便民"的基础上，探索律师"三进"工作（律师进村（居）、进信访大厅、进疑难案件）。

提升阶段。2017年州司法局、州信访局联合印发了《恩施州律师进村（居、社区）、接访大厅、疑难复杂信访案件工作办法》，州质监局发布了县（市）级公共法律服务中心服务规范地方标准。2018年州政府办公室印发了《关于推进全州公共法律服务体系建设的意见》；州委改革办将公共法律服务体系建设纳入2018年全面深化改革项目；州司法局、州信访局联合将县（市）公共法律服务中心标准化建设申报为湖北省社会管理和公共服务综合标准化第三批试点项目。州司法局推出第一批公共法律服务产品目录。12348人工智能平台上线，12348法律服务热线实现与省平台联通。2019年州、县、

[①] 案例来源：恩施州司法局提供。

乡、村四级公共法律服务实体平台全部建成。

恩施州公共法律服务体系建设的主要做法：一是通过律师进村提供专业化的法律服务，让人民群众接触法、了解法、运用法。二是通过政府购买服务，让法律服务像医疗、教育一样，成为一种普遍提供、均等享受的社会公共产品。三是州委州政府研究制定《恩施州普遍建立法律顾问制度的实施意见》、《关于加快推进全州公共法律服务体系建设的意见》等一系列配套制度文件，明确公共法律服务体系建设目标任务、项目标准和路径设计。四是搭建实体、智能、热线三个平台，依托公共法律服务中心、市民之家、司法所、村（社区）服务中心，搭建了1个州级公共法律服务中心、8个县（市）公共法律服务中心、90个乡镇（街道）公共法律服务站、2640个村（社区）公共法律服务服务室。目前针对恩施山大人稀、交通不便的实践，研发了恩施州公共法律服务智能平台，同时全省互通的12348法律服务热线24小时开通，免费为群众解答法律问题。五是构建菜单化服务项目。2018年推出的《恩施州公共法律服务产品指导目录（第一批）》，明确了公共法律服务范围，细化、量化服务内容、方式和程序，统一规范业务流程。2020年上半年，为了更好地服务市场主体，州司法局新推出企业设立、企业用地、非公企业用人三个企业专项法律服务产品。后期将根据群众、市场主体和企业需要，逐步开发更多更好的法律服务产品。

据了解，湖北恩施州曾一度陷入"越维越不稳"的怪圈，而"律师进村，法律便民"措施的实施，却使曾经信访总量高居全省前三的恩施州在2015年上半年下降了80%。农民将"律师进村"服务称为"家庭的医生、权益的守护门神"。华中师范大学徐勇认为，恩施的做法可以放在整个治理体系和治理能力现代化的层面来考察，"治理能力现代化，最缺的是法治能力"。有律师认为，恩施州的做法最大的收获就是，党政机关和人民群众碰到问题，想到的是法律思维，这种意识和思维的培养难能可贵。这对人民群众依法行事意识和行为习惯的形成、群众合法权益的保护、社会稳定的维护和基层廉政建设质量的提升，都会产生深远的影响。①

三 建立惩治乡村微腐败的法治体系

完整的乡村廉政治理体系，经过预防腐败和控制腐败的前置性子系统之后，顺理成章地应当建构惩治腐败的子系统，根据具体个案中的涉案金额、情节和社会危害程度，甚至还应当将社会公众，尤其是当地群众的态度纳入考量的范围，科学、合理、合法地设计内部衔接的各类惩处方式，充分发挥党纪、国法的作用。一是要让已发生腐败的村干部，付出高昂的违法违纪成本，有效惩罚之；二是要警示后来者，遏制基层腐败的势头，造成"有腐必究"的巨大压力。

在我们看来，以下几个方面应当得到重视。首先，完善党内惩治腐败的忏悔制度，从党的意识形态上对腐败村干部进行精神惩戒。同时，也从道德伦理层面，强化对其的谴责，诉诸违法违纪村干部内心的羞耻感。某种意义上说，这也是一种"再教育"，对于轻微违法违纪的腐败村干部，追求"惩前毖后，治病救人"的效果；对于严重违纪违法的腐败村干部，要求其从思想根源深处悔过与反省，促发一种"痛苦感"。其次，依据执政党的党内纪律、法规，对腐败村干部进行党内处分。党的十八大和党的十八届四中全会提出，"党规党纪严于国家法律"，因而，党纪防腐就成为从严治党的基本形式；它在法律（尤其是刑法）评价范围的外围，又设置了一道反腐的"堤坝"，能够有效处理党员干部的"微腐败"问题。最后，依据以《刑法》为核心的法律法规，司法、检察机关依法对村干部腐败行为进行调查、起诉和审判。在现代法治国家中，司法反腐既是最主要的反腐方式，也是反腐败工作的最后一道防线，因而，也就是反腐败的主体部分。

（一）依托党内的忏悔制度，对腐败村干部进行意识形态层面和道德伦理层面上的精神惩戒

忏悔制度的实行，在中国共产党的发展历程上，对于整顿党的作风、提高党员干部的思想觉悟、增强党的凝聚力和战斗力，曾经发挥过巨大的

---

① 唐红丽：《恩施州找到了一条法治落地的好路子》，中国社会科学网（http：//ex.cssn.cn/zx/bwyc/201510/t20151020_2503805.shtml）。

作用。它可以追溯到延安时期的数次整风运动，以及在党内开展"批评与自我批评"的优良传统。然而，时至今日，这项制度反而逐渐淡出了人们的视线，似乎显得不那么重要了。事实上，在我国反腐败的实践中，违纪违法党员干部在被立案审查之后往往被要求根据自己违法违纪事实，撰写忏悔书。2017年1月通过的《中国共产党纪律检查机关监督执纪工作规则（试行）》，也明确肯定了违法违纪人员撰写忏悔反思材料的必要性。有学者认为，忏悔作为一种党内执纪的实践已经上升为普遍适用的制度规定。①

在我们看来，对腐败村干部进行思想教育、道理伦理层面的惩戒，甚为必要。这是因为，我们在调查中发现，一方面，农村许多地方村民对村干部的腐败行为表现出不正确的看法，比如村干部腐败是有本事、吃点拿点没什么等；另一方面，村干部并不以自己腐败为耻，反以为荣，在村庄中炫耀自己或家族能力等。所以，应加大对腐败村干部思想道德教育，突出腐败行为的可耻性，营造违法可耻的公共舆论空间。当然，也应当注意到基层反腐败的特殊语境，除了强化党性教育以促使其悔过，还应充分与村庄生活相结合，造成腐败可耻的村庄舆论环境，进而促发一种社会性的控制与惩罚。具体来讲，一是，可以利用村民代表大会，向群众通报调查属实的贪腐情况，并适当公示腐败村干部忏悔书或摘录，供村民议论，以塑造村庄公共空间，增强群众监督的积极性；二是，也可以利用媒体，尤其是地方性媒体，适当报道某些典型案例中腐败村干部撰写的忏悔书或摘录②。

当然，这种惩治腐败的方式，要求工作耐心细致，与腐败村干部反复交谈，促使其真诚悔过；反过来说，就是要防止腐败村干部把忏悔书写成"八股文"③，只注重形式而不走"心"，而起不到实质性的效果。

---

① 梁永成：《重新理解党纪治理技术：党治国家视角下法治与德治的关系互动》，《法律与社会科学2017年年会论文集》（上册），第325页。

② 现有实践，一般只有重大贪腐行为，才会在传统媒体、专业期刊中有选择地刊印腐败分子的悔过书。例如，《不信党 错良机——吴树元忏悔书》，《中国纪检监察》2016年第8期；《忏悔书两则》，《中国纪检监察》2017年第12期。

③ 韩雪：《贪官何以连忏悔书都要抄袭》，《检察日报》2015年12月22日；阮培茜：《忏悔何须模式化》，《浙江日报》2015年12月24日。

(二) 严肃推进党纪与国法相衔接、相协调,实现反腐败的"双轮驱动"

有学者认为,党纪是具有中国特色的反腐利剑,承载着重要的政治价值、社会价值和法律价值。[①] 的确如此。在我们看来,党纪反腐需要努力做到以下几个方面:其一,认真执行、落实包括《中国共产党纪律处分条例》(2016 年)、《中国共产党廉洁自律准则》(2015 年)在内的已有党内纪律和相关政策,比方说,还有《中共中央八项规定》(2012 年)、中共中央办公厅印发《关于领导干部报告个人有关事项的规定》(2010 年)、《关于进一步做好领导干部报告个人有关事项工作的通知》(2013 年)等等。

其二,正确认识党纪反腐的作用,并恰当运用。一来,针对轻微腐败尚未构成犯罪的,利用党纪惩处,追求实际效果,形成对基层腐败"零容忍"的态势。二来,党纪处罚可以辅助《刑法》《刑事诉讼法》等相关法律,共同参与调查、侦查腐败行为,以及给予其恰当的处罚。例如,刘忠教授认为,作为非正式法律程序和党的治理技术的"双规"等,之所以普遍适用,根本原因在于中国基础结构能力的软弱和刑事法总体性的不足。[②]

其三,注重党纪与国法的良性互动和协作,探索两者内部衔接、有机结合的基层反腐的制度体系。习近平同志指出,我们要保持战略定力,持续深化改革,促进执纪执法贯通,有效衔接司法,推进反腐败工作法治化、规范化,强化不敢腐的震慑,扎牢不能腐的笼子,增强不想腐的自觉。[③] 具体地说,一是要梳理反腐领域的党纪党规,及时清理那些重复的、一时难以得到贯彻落实的部分;二是针对在法律上有争议的、涉及人权保护的条款,组织展开合法性论证;三是对于治理村干部腐败,要加强基层党委的统一领导,强化国家基础能力建设。"司法反腐要统一到党组织的领导中来,党纪反腐则统一到法治的原则下,以党纪反腐促进司法反

---

① 龙太江、李辉:《党纪反腐:价值、问题及其功能开发》,《中共浙江省委党校学报》2016 年第 4 期。

② 刘忠:《解读双规:侦查技术视域内的反贪非正式程序》,《中外法学》2014 年第 1 期。

③ 习近平:《在新的起点上深化国家监察体制改革》,《求是》2019 年第 5 期。

腐，司法反腐强化党纪反腐，并在信息收集、共享及运用一体化的基础上，建构侦查指挥与侦防一体的联合反腐机制模式，以提升共同打击腐败的能力。"①

（三）抓住司法反腐的关键领域，对违法犯罪的村干部实施法律制裁

村干部腐败的治理体系中，法律（司法）反腐，尤其是刑法反腐是最后的，也是最重要的一道屏障。以《刑法修正案（九）》（2015年）为代表，刑法反腐采取了更为科学的"数额与情节兼顾"的弹性模式，增加了向国家工作人员近亲属等关系密切人员行贿的犯罪处罚规定。如刘宪权教授所言，"这不仅是党和政府'重点治吏'思想的体现，而且也充分表明党和政府运用法律武器对腐败犯罪保持高压态势，以遏制腐败蔓延势头的信心和决心。"②

在我们看来，对于当下的基层反腐败，对于治理村干部某些类型的腐败，法律治理还是有其特殊的一面。当然，重点治吏、重刑反腐不仅是必要的，也是必需的。因为，正如前面章节的分析，村干部腐败中，有多种类型的腐败，数额不一定很高，但情节却非常恶劣，例如挪用扶贫款、贪污危房改造专项基金等。更重要的是，村干部的工作直接面向人民群众，给人们带来非常糟糕的直观感受。进而，村干部普遍被"污名化"。正因如此，村干部腐败的司法治理更为倚重法官对情节的判断，最高院有必要面向基层反腐出台有针对性的司法解释，从而实现更为精确的刑事处罚。

此外，还有学者指出，重刑反腐是国家基础性制度和体系缺失状态下一种不得已的选择和填充手段，存在法治风险。③ 事实上，这一方面呼应了本文的主张，针对反腐败建构多维度的预防、控制和惩治体系，进而呼求探索反腐败的法治化径路。另一方面，我们认为，当下反腐败的法律治理，甚至重刑取向，不必过于忧虑。"乱世用重典"本身就是一种刑事法律政策，也是我们古人的法律智慧。只要根据反腐败的总体态势，加强党的领导，恰当运用，必然能够收获好的法律效果和社会效果。

---

① 赵爱玲：《建立党纪与司法并重的反腐倡廉模式》，《人民论坛》2015年第23期。
② 刘宪权：《刑法修正案草案有何反腐亮点》，《解放日报》2014年11月28日。
③ 何荣功：《"重刑"反腐与刑法理性》，《法学》2014年第12期。

第三节　增强乡村廉政治理的法治能力

一如上述，开展对乡村微腐败的有效治理，首先要建构层次分明、内部协调的治理体系，追求最大限度地预防腐败发生，及时发现腐败现象进而降低经济损失和消除负面的社会影响，以及恰如其分地惩治腐败，提高腐败行为的成本。其次要探究治理体系顺畅运作的各种社会环境和制度环境，为预防腐败、控制腐败、惩治腐败的治理体系发挥作用创造有利条件，加强治理乡村微腐败的能力建设，以期最终收获好的治理效果和社会效果。

乡村治理能力是一个综合体系，本节将重点阐述治理乡村微腐败的法治能力建设。在我们看来，其要点还在于，加强和改进党的领导，将乡村社会"自治、法治、德治"的实质内容，融入乡村微腐败治理体系之中，完善治理体系运作的动力机制。具体地说，一是，紧紧抓住基层党组织建设，加强党的领导能力建设。这既是基层廉政建设工作的坚强保障，也是中国特色社会主义体制优势之所在。之所以要把党的领导贯穿于法治乡村建设的全过程，是因为坚持党的领导能够确保正确的政治方向和坚定的政治意志，能够发挥党组织总览全局、协调各方核心作用。二是，依托现行《宪法》和《村民委员会组织法》，探索乡村自治的有效形式，因地制宜地摸索自治实施的层次，实质性地增强依法自治的能力。村庄自治的有效展开，能够最大限度地降低基层反腐败的制度成本，使得真正预防腐败发生和展开群众监督成为可能。三是，重视乡村的传统，加强村民的德性修养和家风建设，营造一定程度上内部团结的社区"共同体"，增强村庄依德治理的能力。这将从根本上改变村干部腐败"去道德化"评价和"泛道德化"评价的不良社会环境。四是，沿着中国法制现代化过程中"送法下乡"[1]到"迎法下乡"[2]的路径，追求基层公权力的依法行使和人民群众的守法信法，从而展开基层法治建设，增强基层反腐败的法治能力。

---

[1] 苏力：《送法下乡中国基层司法制度研究（修订版）》，北京大学出版社2011年版。
[2] 董磊明、陈柏峰、聂良波：《结构混乱与迎法下乡——河南宋村法律实践的解读》，《中国社会科学》2008年第5期。

一　加强党组织的法治统领能力

坚持党对反腐败工作的统一领导，就是要把党总揽全局与人大、纪委、监察委、法院、检察院等国家机构依法依章履职结合起来，要求各主体在党的领导下各司其职、各尽其责、行动有序、相互协调，从而推进反腐败和廉政治理工作法治化规范化，发挥党统领全局的作用。①

诚如潘维教授在《信仰人民》中所言，"党是做什么的？党的任务是扎根基层组织社会。什么是执政权？组织基层社会的能力、权力就是执政权。"② 的确如此，强调基层党组织的建设，加强党在基层的领导能力，将人民群众组织起来，紧紧围绕在党的周围，就是从根本上打牢了党执政的根基，党和人民的事业就会取得成功。

在我们看来，对于乡村微腐败的治理，加强党的领导，必须在基层党委（一般指市、县两级的基层党组织）和乡、（镇）村两个层面着力，明确各自的主要任务，形成基层反腐的合力。

（一）市、县两级党委

依托基层监察体制改革，将过于分散的监督权力，集中到统一、权威、高效的党的纪委和监察委员会上来，塑造党纪管党、法律管全体公民的总体格局，并突出各级党委的垂直领导和基层党委的统一调度。从根本上说，"从中国的改革实践来看，党政之间不能分开，实际上也分不开。全面深化改革，就是要坚持在党的领导下党政分工而不分开的原则。"③ 对于基层反腐，党总览全局主要是指协调人大、政府、政协、法院、检察院等部门，统一开展工作。

那么，如何进行基层党组织建设，强化党的领导呢？国家能力理论给我们提供了一个有益的视角。英国社会学家迈克尔·曼曾指出，国家权力可以分为"专制性权力"（也被译为"专断性权力"）和"基础性权力"，前者"源自国家精英的一系列运作，而这些运作不需与市民社会群体作

---

① 刘畅：《推进反腐败工作法治化规范化》，《光明日报》2019年5月31日。
② 潘维：《信仰人民：中国共产党与中国政治传统》，中国人民大学出版社2017年版，序，第7页。
③ 肖立辉：《加强党对反腐败工作的统一领导》，《中国纪检监察报》2017年6月14日。

例行公事式的协商"[1]，后者"则旨在贯穿其地域，以及逻辑上贯彻其命令"[2]。不难看出，对于最基层村干部腐败的监督与治理，加强党的领导，既要强化专制性权力，同时也必须强化基础性权力，两者不可偏废。

之所以说要强化国家权力的专制性权力，原因有二。一是，党纪严于国法，运用党纪党规对基层党员干部的职务廉洁性进行规制，往往不会进入立法程序，无须在全社会范围内进行论证和协商。这部分原因在于，执政党的先进性恰恰体现在作为领导社会主义事业的工人阶级先锋队的属性；部分原因还在于，在我国政治体制下——"中国的体制是一种国家控制社会的体制"[3]，党政具有高度的同构性，国家能力的源头在于执政党的政治性权力。二是，当基层公权力运作较为混乱、腐败情况严重的时候，恰当动用党政的专制性权力，确实能够有效地扭转整体局面。十大以来，"从严治党"的实践，在某种程度上验证了这一理论判断。当然，国家权力的专制性权力即便效度很高，但依然需要慎用。"过于倚重'专制性权力'，容易造成国家与社会的分裂"[4]。因此，在加强党对基层反腐领域的领导、主张恰当运用专制性权力的同时，更要强调基础性权力建设，将专制性权力的运用建立在稳固的基础性权力体系之上。

国家权力的基础性权力建设，力图渗透和贯穿基层社会，将党和政府的意志和命令依托法律规范、公共政策贯彻下去，尽量控制执行偏差，并实现科层体制的纵向监督。对于在村干部腐败治理领域加强党的领导，基础性权力建设，应当体现在以下几个方面。其一，是加强对基层反腐败的资源投入，塑造领导核心。诚如英国学者吉登斯所言："资源是权力得以实施的媒介，是社会再生产通过具体行动得以实现的常规要素。"[5] 一方面，是投入"物质资源"，驱动各级组织和村民面向反腐败展开切实行

---

[1] [英] 迈克尔·曼:《社会权力的来源》第 2 卷（上册），陈海宏等译，上海世纪出版集团 2007 年版，第 68 页。

[2] [英] 迈克尔·曼:《社会权力的来源》第 2 卷（上册），陈海宏等译，上海世纪出版集团 2007 年版，第 69 页。

[3] [美] 李侃如:《治理中国：从革命到改革》，中国社会科学出版社 2010 年版，第 202 页。

[4] 尤陈俊:《当代中国国家治理能力提升与基础性国家能力建设》，《法治与社会发展》2015 年第 5 期。

[5] [英] 吉登斯:《社会的构成：结构化理论大纲》，李康、李猛译，生活·读书·新知三联书店 1998 年版，第 77—78 页。

动；另一方面，是强化"权威性资源"，包括党的意识形态资源、反腐倡廉的文化资源等，塑造基层党组织的领导权威，诉诸现代媒体、村庄舆论来论证基层反腐败各类措施的正当性与合法性。其二，是加强各级党组织建设，在市、县两级，甚至在重点乡镇，设置完善的基层监察组织，统一领导和协调相关部门。坚实的基层党组织，是国家基础性权力"落地"的最终依托。当然，基层党组织，不可能凡事"亲力亲为"，更应当以监督者的身份出现，引导和监督乡村自治组织或社会组织参与进来，进而实现对乡村社会的间接社会控制。"基层党组织实现其领导核心作用的方式，不是加强对其他基层组织的直接管理和直接控制，而是转变到服务、引导、宣传和教育上来。"[1]

做好乡村法治建设规划、突出廉政治理重点是地方党组织践行法治统领能力的重要方面。特别是市、县两级党组织紧密结合新时期全面从严治党新要求和提高党建质量的新标准，把地方党建与法治建设相结合，把基层反腐与廉政治理相结合，从而发挥党组织统领乡村法治的能力和优势。具体来讲，就是做好法治乡村治理规划，按照中办国办印发的《关于加快推进公共法律服务体系建设的意见》精神，结合当地乡村振兴的目标诉求，根据自治、德治、法治的内涵要求，回答"建设什么样的法治乡村"、"怎么建设法治乡村"等问题。当然，法治乡村必然是重要目标。针对基层微权力的腐败，除了惩治以外，如何创新乡村治理方式方法，构建集民主、法治、廉政、清廉等文化要素于一体的新型村庄，形成地方治理品牌或治理模式，是新时期地方党组织（主要是市县级）的应有职责。有了明确的村庄发展目标，乡镇及村级党组织的职责就是要狠抓落实。这方面的成功案例，广西柳州市近年来创建的"民主法治示范村"具有借鉴意义。

"民主法治示范村"[2]

柳州市委市政府根据中央及国务院有关实施乡村振兴战略的意见

---

[1] 马建新：《基层治理法治化视野中的基层党组织建设》，《中共太原市委党校学报》2016年第4期。

[2] 刘静姿：《"法治乡村"保障乡村振兴战略实施探析——以柳州市"法治乡村"建设为例》，《经济与社会发展》2019年第6期。

和精神，于 2018 年 7 月制定了《中共柳州市委员会关于实施乡村振兴战略的决定》，明确提升乡村法治水平的各项工作要求，努力为乡村振兴营造良好的政治生态。2019 年 6 月制定了《关于加强和改进乡村治理的指导意见》，明确了乡村治理的目标要求，即大力创建"民主法治示范村"，"民主法治示范村"建设既是法治乡村建设的有效载体，也是提升基层党建质量的重要抓手。因此，柳州市制定了"民主法治示范村"建设的基本标准，即一个好支部、一套完善的村规民约、一张清晰明了的小微权力清单、一个起作用的法律顾问、一个以上在村民身边的法律明白人、一个以上有特色的法治文化阵地等，在村干部、党员、乡贤中培养法律明白人，在全市不断创建更多的"民主法治示范村"，以法治乡村促廉政治理，创建出良好的乡村基层政治文化生态。

（二）乡镇、村一级的党委（组织）

乡镇和村一级的党组织建设的原理，类似于军队中党支部"建在连上"[①]。潘维教授适切地指出，"我们还需要一步步恢复党和人民的血肉联系，把支部建在每个居民区里，把居民们组织起来，互帮互助，为家家户户排忧解难。"[②] 的确如此。归根结底，这一层级的党组织直接面向人民群众，工作重心在于，将科层体制的行政逻辑转化为乡土社会逻辑，组织动员人民群众参与乡村社区建设——当然，也包括基层反腐败的工作。因此，在全国范围内普遍的村级治理"行政化"的情势下[③]，基层党组织建设的重要取向之一，即在于有限度地突破科层体制"去行政化"，保持"扁平组织"的特征，有效组织动员人民群众，尽力去完成科层体制和项目制难以胜任的、细枝末节但仍极为重要的"小事"。质言之，最基层党组织建设，不需要那么多文案，更不必花过多时间搞繁复的形式；重要的

[①] 参见凌斌《为什么支部"建在连上"》，《法律和社会科学 2015 年年会论文集：法律经济学和法律社会学的对话》，第 586—614 页。

[②] 潘维：《信仰人民：中国共产党与中国政治传统》，中国人民大学出版社 2017 年版，第 132 页。

[③] 朱政、徐铜柱：《村级治理的"行政化"与村级治理体系的重建》，《社会主义研究》2018 年第 1 期。

是，找到群众最需要的节点，实实在在地组织党员和群众去"做工作"，服务村庄，服务社区。基层党建就是为了赢得人民群众的信任与拥护，不求全国范围整齐划一。对于村干部腐败治理来说，乡镇和村一级的党组织建设，是预防腐败和控制腐败的内在动力渊源。从根本上扭转俗话说的"中央是恩人，省里是亲人，县里是坏人，乡里是恶人"的局面。具体来讲：

一是，只有人民群众真心地信任，监督村干部腐败才可能有效率。从而减少干群关系紧张而导致的相互猜忌，以及村庄派性斗争多带来的报复和乱举报。应当看到，群众监督、信访上访、网络举报等，最终还是会因为数量过于巨大，回归属地管理，进入市县一级开展实质性调查。所以说，基层工作做得扎实是根本。

二是，乡镇、村的党组织纪律检查工作积极主动、有成效，才能够营造"风清气正"的"基层政治生态"，预防腐败发生，控制村干部腐败的规模。例如，面向村一级，紧紧抓住干部作风，做到逢年过节的人情往来这一类"小节不亏"，或多或少能够抑制村干部收礼办事的"人情"和"习俗"，从源头、从小处绷紧基层"微腐败"的这根"弦"。再者说，"微腐败"抓得牢——及时发现、及时处理，也会降低"由小至大"、从"微腐败"发展成"小官巨贪"的可能性，从而挽救更多在腐败边缘的乡村基层干部。

总而言之，强化基层党组织的领导，就是从根本上激发基层反腐败的动力渊源，进而塑造以基层监察为核心的体制机制，驱动村干部腐败治理体系的顺畅运转。

二 强化乡村依法自治的能力

《宪法》和《村民委员会组织法》明确规定村民委员会为基层群众性自治组织。从20世纪80年代末算起，以"自我管理、自我服务、民主决策、民主管理"为目标，村民自治制度已经实践了三十多年。理论上，乡镇政府与村委会的关系不是上下级的行政隶属关系，而是"指导—协助"的关系；但实践中，就全国范围来说，乡镇政府对村两委的影响力，是实质性的。从村干部的选举和选任，到财权、事权，村两委已经基本纳入乡镇政府的行政体制之内。有学者将其概括为"控制的自治"[①]。或者说，相较于基层自治组织，村两委更像乡镇政府的"派出机构"。

对于村干部腐败问题的治理，羸弱的村民自治某种程度上造成基层反腐败治理体系运转的驱动力不足，降低了预防腐败、控制腐败，乃至对村干部腐败进行道德谴责的效度，从而使得基层反腐事倍功半。基层工作"乡土性"的衰退以及干群关系的疏离，正在割裂基层党组织、基层政府和人民群众的密切联系。这让基层反腐不得不主要依赖自上而下的纵向监督，制度的运行成本陡升，从根本上违背了中国乡村"简约治理"[②] 的优良传统。那么，强化乡村依法自治的能力，便显得格外重要。在我们看来，还是应当紧紧抓住村民民主选举、探索村民自治的形式和培育乡村的"中坚"农民群体这三个方面。而前一个问题的实践困境，需要在后两个问题中寻找突破口和具有创新性的解决方式。如此，可以增强乡村社会的自治能力，妥善处理基层政府与村民自治之间的关系，完善基层反腐败的动力机制。

（一）落实村民民主选举

现实生活是复杂的。有学者指出，影响村民民主选举的因素很多，内部影响因素有村民自身的素质（包括政治面貌、政治效能感）和利益驱动；外部影响因素主要有乡镇党委和政府、村党支部对民主选举的影响，宗族、乡村精英的影响，村民人均纯收入，村民对选举制度和选举规范性的认同感等。[③] 面对眼下中国新型城镇化进程，在农村普遍"空心化"的情势下，就更是这样。也正是因为如此，对于上级乡镇和村民群众来说，完全依据选举程序进行民主选举，选出的村干部具有高度的不确定性；在极端的情况下，还可能出现大面积的贿选和村庄派性斗争，甚至是"村霸"[④]"乡村混混"[⑤] 当选。这样，就不难理解村民选举的现状了。实践

[①] 王丽惠：《控制的自治：村级治理半行政化的形成机制与内在困境——以城乡一体化为背景的问题讨论》，《中国农村观察》2015年第2期。

[②] 任剑涛：《国家治理的简约主义》，《开放时代》2010年第7期；吕德文：《简约治理与隐蔽的乡村治理：一个理论评述》，《社会科学论坛》2010年第8期。

[③] 赵爱明、史仕新：《当代中国村民民主选举影响因素分析》，《光明日报》2009年11月28日。

[④] 龙立：《村民自治背景下的村霸治理》，《西南民族大学学报（人文社会科学版）》2012年第4期。

[⑤] 陈柏峰：《两湖平原的乡村混混群体：结构与分层》，《青年研究》2010年第1期。

中，村委在用人方式上，主要有上级委派、干部选调和聘用等。其中，比较特殊的是村主任的人选，某些地方还要走选举程序，但乡镇默认人选之外的候选人当选的情况是十分罕见的。举例来说，我们曾经调研的重庆市渝北区，实行专业村干部制度（简称"专干"），即除村主任外，其他村干部由乡镇统一招考，然后分配至各村。招考的"专干"并无户籍限制，在进村工作一段时间以后，相继参加村委选举，一般都能在选举中当选。村主任的人选，则由乡镇政府在有5年驻村工作经验的"专干"中挑选。再例如，在湖北某些地方，实行村支书、村主任"一肩挑"的方案，村两委的选举基本遵循党内确定村支书，再由乡镇政府组织村委选举。由于村支书和村主任"一肩挑"是明面上的规则，因而有的地方只列村支书一个候选人，而有的则象征性地安排两名资历、能力与村支书差距甚远的候选人陪选。

村民民主选举上遇到困境的原因是多方面的，而解决之道则被乡镇政府做了"简化"处理——一言以蔽之，控制选举进程，以各种方式安排上级信任的人当选。这样做，对村干部腐败治理带来的负面影响是显著的；更重要的是，它极易形成基层治理的路径依赖，最后转变成"懒政"。具体地说，一是，出于实用主义，由乡镇默许、向乡镇负责的村干部队伍，更容易与乡镇干部上下齐手，制造基层腐败的"窝案"。此外，乡镇政府对这样产生的村干部也往往会有"护犊子"的心理，而忽视他们日常工作中的"微腐败"或者作风问题。从某种意义上说，这对于预防和控制村干部腐败是极为不利的。二是，当村民民主选举沦为"走形式"或难以选出合适人选，村干部班子就不得不依赖公社时代留下来的干部，有的老支书和主任差不多是"终身制"的；而另一些地方，由于集体经济发达或者有高价值的土地、矿产等资源，村干部选举的竞争就会特别激烈。前一种情况，村干部队伍过于"稳定"，容易养成"作风问题"。前面的章节已经详细分析过，有些村干部的持续腐败，甚至能长达二三十年。后一种情况，则会由选举本身引发更高强度的腐败——如候选人向乡镇上级行贿，向村民贿选，以及围绕集体经济、资源进行腐败。三是，由于村庄中村民民主选举存在的诸多问题，村民和群众对于基层民主普遍感到失望，参与村庄生活和公共活动的积极性不高。这也导致了基层反腐败难以得到人民群众的广泛参与。

那么，如何切切实实地落实村民民主选举，真正完成有效的村民自治呢？正如前文的表白，村民自治成败的关键点在于平衡各方面对村干部人选的要求，既要满足县乡上级政府对村干部履职尽责的要求，也要力求人民群众通过选票选出他们认可的人选；既要承认村庄结构对村干部选任的实质性影响，也要坚决反对和打击各类的"村霸"和灰色势力的抬头；既要求村干部有一定才干，能够跟上十九大提出的"乡村振兴计划"的步伐，还能够洁身自好、廉洁自律。我们认为，可能只有因地制宜探索切合实际村民自治的形式、自治层次和自治内容，不搞全国"一刀切"，并适当确定村民民主选举的范围和层次，重视乡村中的"中坚"农民群体。如贺雪峰教授所言的"新中农"——"有一部分农村中青年夫妇留在农村种田，他们从外出务工的农民那里转入耕地，扩大了耕种规模，提高了农业收入……这类中青年夫妇，就成为当前农村正在崛起的新中农阶层"[1]。从新中农阶层中培育中青年村干部，或许才可能从根本上走出这一困境。当然，我们不仅要抓住主要矛盾，还需要积极创造其他有利条件与之相配合，共同发挥作用。例如，更深入的普法教育、更积极的乡村社区建设、加强对村集体经济的管理等。

（二）探索多种村民自治的形式

根据1998年的《村民委员会组织法》，全国范围内，村委会普遍被设置在行政村一级。而通过21世纪初的基层管理体制改革，撤乡并镇、合村并组、减少乡村干部、取消村民小组长等，直接形成了眼下行政村的形态和治理困境。一是，行政村的规模很大，小村3000人，大村能达到5000人以上。这使得村干部与村民不可能太熟悉，更谈不上亲密，因而村民民主选举和村民自治是在一个"陌生人社会"的环境中展开的，也直接导致基层反腐、村干部腐败的治理因为干群之间的信息严重不对称而丧失持续的社会监督动力。二是，村干部绝对数量减少，村两委和村干部不得不集中精力应付乡镇上级的工作，而这也从根本上影响到基层党委联系群众的能力。甚至，在21世纪头十年，还有一些地方，彻底取消了村民小组长，让基层乡村处在"无政府主义"的真空之中。凡此种种，都隐性地削弱了党在基层的执政能力。因此，必须认真思考：什么样的村民

---

[1] 贺雪峰：《当下中国亟待培育新中农》，《人民论坛》2012年第13期。

自治形式和层次才是恰当的？村干部如何配置才有利于加强党的领导和服务村民？治理村干部腐败的工作，如何嵌入其中，才能发挥基层党组织、村民群众的积极作用？

在我们看来，可行的制度方案是，因地制宜地设置村民自治的层次，一般应以自然村为单位展开村民民主选举，适当增加村干部的人数，尤其应当扩充兼业型的建立在自然村之上的村民小组长群体（在乡村网格化管理较好的地方，也被称为"网格员"）。2015 年，我们在广东省清远市开展了一次调研①。当地将村民自治分片区下移，以一个或多个村民小组（自然村）作为自治单位，收获了较好的效果。自然村或几个村小组合并的村民民主选举，由于处在较高强度的"熟人社会"之中，因而往往能调动村民的积极性，选出他们认可的人选，进而开展质量较高的村民自治。并且，在这种村庄环境和制度环境中，小村（自然村）干部或能真实感受到人民群众的期许和监督，真正营造被"几百双眼睛盯着"的氛围。必须承认，广东清远的经验有很强的特殊性；因为，当地特有的宗族性村庄的结构，自然村或几个村小组多属于同一宗族，有利于调动潜在的自治能力和村庄团结。但话说回来，这种积极调整村民自治层次和形式的做法，仍然具有高度的启发性。

通过上文曲折的分析，我们认为，上述方案值得探索，或可强化基层反腐、村干部腐败治理的动力机制。从治理法治化的方面来讲，还应当将行政村、自然村、村小组等多层次自治的形式与方式，在相关法律法规（《村民委员会组织法》）中固定下来。并且，有意识地设计相配套的民主选举程序，充分调动村庄（小社区）群众的积极性，力求因地制宜地实践村民自治。

（三）培育乡村社会"中坚"农民群体

乡村自治、村干部腐败治理的问题，归根到底还是人的问题。如果没有一批乡村"中坚"群体，即关心村庄公共事务，热爱村庄生活，对乡

---

① 2012 年广东省清远市进行了相关试点。可参见《清远市关于完善村级基层组织建设，推进农村综合改革的意见（试行）》；邓大才等：《佛冈实验：可持续的新农村建设》，中国社会科学出版社 2014 年版；徐勇、吴记峰：《重达自治：连结传统的尝试与困境——以广东省云浮和清远的探索为例》，《探索与争鸣》2014 年第 4 期。

村前景有长远预期的乡村能人，那么，就没有人在乎村干部是否勤勉清廉，基层反腐败就得不到人民群众的广泛支持。

在当下中国的乡村，随着城镇化进程的深入，农民经济收入的多元化和土地流转等因素的影响，农民内部的阶层分化逐渐形成。其中，部分农民愿意长期在乡村生活，并从其他阶层农民手中流转入一定规模——几十亩的土地，而且能够从土地经营中获得与外出务工相差无几的经济收入。这部分农民被学术界称为"新中农"。"新中农"群体在乡村治理中的主体地位，逐渐突显。他们长期生活在乡村，大多愿意担任村干部，或兼职村干部，与乡镇政府、行政村和村庄中其他阶层的农民，都有着频繁的互动和往来，无形中起到了连接村庄社会关系的桥梁作用，并且关心村庄事务，某种程度上也能够促进基层民主生活。

在我们看来，培育"新中农"这一类乡村社会"中坚"农民群体，对于治理村干部腐败具有长久的、决定性的影响。一是，"新中农"群体在乡村结构中是较为稳定的部分，既有别于已进城的"不在村"精英，也有别于无产无敌的乡村投机者，因而能够稳定塑造农村社会的"中间价值"[①]。某种程度上说，"中坚"农民担任村干部，可以从源头降低村干部贪腐的可能性。二是，"新中农"群体形成一定规模后，能够强化村庄（社区）的公共生活，对基层腐败现象形成舆论压力，因而，也能增强村干部腐败治理的动力机制。当然，培育乡村社会"中坚"农民群体也是一套复杂的社会工程，需要土地政策支持，让一部分有意愿的农民流转入一定规模的土地，也需要基层政府积极引导，借助"中坚"农民群体塑造社会主义新农村的文化氛围。

三 提升乡村依法监察的能力

2018 年 3 月 20 日，十三届全国人大一次会议举行闭幕大会，表决通过了《中华人民共和国监察法》（以下简称《监察法》），国家主席习近平签署第三号主席令予以公布，这是中国反腐败国家立法具有里程碑意义的大事。《监察法》的正式出台，使党的主张通过法定程序成为国家意志，对于构建集中统一、权威高效的中国特色国家监察体制，具有重大而

---

① 杨华：《"中农"阶层：当前农村社会的中间阶层》，《开放时代》2012 年第 3 期。

深远的影响。可以肯定,《监察法》的诞生,为反腐败工作提供了坚强的法治保障,是党中央反腐防腐的重要利器,不仅关系到全局性的政治体制改革,而且关系到国家治理能力的提升问题。《监察法》明确将所有行使公权力的公职人员纳入监察范围,覆盖"公办的教育、科研、文化、医疗卫生、体育等单位中从事管理的人员"、"基层群众性自治组织中从事管理的人员"等人群。这一规定涵盖了所有行使公权力的人,尤其是将过去规定不明的村干部也明确地纳入其中,为依法治理村干部腐败提供了有力的法治保障。因此,在基层反腐领域,面向村干部腐败治理问题,强调依法监察,就是在探索基层反腐治理的法治化路径。具体地说,即在精确把握全国范围内村干部腐败规律的基础上,提高依法监察的意识,拓展监察工作的内容,规范监察权力的行使,讲究依法监察的实效。并且,我们认为,国家基层监察体制铺开以后,基于乡村基层特殊的社会环境和制度环境,还应当深入研究其体制问题,适时总结经验,改进领导方式和工作机制,完善相关法律法规和配套制度。总而言之,"正在开展的监察制度改革及其法治化转型,要观照过去与当下,也要放眼未来,要发掘本土资源,也要借鉴异域经验,要重视制度设计,更要关注制度实施"[1]。

(一)面向基层反腐领域,提高依法监察的意识

在村干部腐败治理领域,强化依法监察的能力,首先要强调面向各种"微腐败",提高依法监察的意识,牢固树立依法监察的理念,充分发挥基层监察组织的职能作用,力求在党纪国法的制度框架内,努力做到依法监察、依法执纪、依法审查办案和保障村干部的法律权益,既要反腐防腐,也要保护基本人权,从而全面提高基层监察工作的水平。

当然,可能更重要的还在于,顺应国家监察体制试点、改革的"东风",尽快搭建市县乃至乡镇一级的基层监察组织的领导体制、工作机制的整体框架,明确职责权限,包括对村级组织的监督实行全覆盖,形成全面平衡的权责体系。《监察法》对监督、调查、处置工作程序做出严格规定,包括:报案或者举报的处理;问题线索的管理和处置;决定立案调查;搜查、查封、扣押等程序;要求对讯问和重要取证工作全程录音录

---

[1] 李红勃:《迈向监察委员会:权力监察中国模式的法治化转型》,《法学评论》2017年第3期。

像;严格涉案财物处理等;特别是对采取留置措施的情形、程序、被调查人的合法权益保障等做出明确规定。① 根据《监察法》上述规定,完成基层监察组织的内部制度规范,进而推进基层监察工作的法治化进程。或者可以说,只有在依法监察的法律规范和制度建设的保障下,才可能有依据地提高依法监察的意识,强化依法监察的能力。

(二)研究新情况新问题,拓展监察工作内容

现阶段,面向基层公职犯罪和微腐败,强化依法监察的能力,还在于不断研判新时期的新形势,拓展监察工作的内容,以适应基层反腐的要求。具体地说,一是,将村干部腐败问题纳入基层监察工作的重点范围内。深入研究若干年来全国范围内村干部腐败的共性特征、贪腐领域、贪腐方式等,以及对基层腐败的新情况新问题保持敏感性,进而提出基层监察工作的一般性原则和工作模式。二是,必须明确要求各地的基层监察委和党的纪委,依据本地特有的村庄结构和重点腐败领域,因地制宜地拟定本地基层监察的策略和监察方式,并且明确在需依法行使调查权、采取留置等人身强制措施时,严格依照监察程序向上级监察机关请示报告。

总而言之,强化依法监察能力,不仅仅意味着出台更为细致的党纪法规和规范监察权的行使,更重要的是要求各地的基层监察委和党的纪委,用实事求是的态度,深入实地进行调查研究,形成确实行之有效的监察工作的方案,细化工作职责,健全责任追究和考核评估。归根到底,法律是一种"地方性知识"②,也必然是一种地方性实践。

(三)健全监察体制机制,规范监察权力的行使

面向基层村干部腐败,强化监察能力,欲将监察体制改革的"势能"转化为实践中的治理"效能",便不得不依法规范监察权的行使,理顺体制机制,渐次在监察实践中解决可能遇到的各类问题。首先,从宏观法制改革层面上说,监察体制的改革要在宪法框架下展开,"需要修宪以提供依据"③。其次,从微观权力运作的层面上说,依法行使监察权,还需要协调多方面的问题,例如,律师对监察机关调查活动的介入、检察机关对

---

① 朱基钗、姜洁:《反腐败工作法治化的重要里程碑》,《长沙晚报》2018年3月22日。
② [美]吉尔兹:《地方知识》,商务印书馆2014年版。
③ 杨建顺:《国家监察体制改革的十大课题》,《中国法律评论》2017年第6期。

监察机关的约束[1]，纪检监察证据的采集以及转化为刑事司法证据[2]，等等。再次，从组织构造的层面上说，依法监察，还意味着要在基层——主要依托县级完整的国家权力机关，摸索国家监察体系下沉至乡镇、村两级的制度设计和运作方式，例如重视整合围绕地方党委的"条块"关系，调动必要的组织资源；如有学者建议[3]，建立"基层派出机构""监察专员制度""巡察监督制度""派驻监督制度"等，四川德阳市的做法就是典型代表（见"强化基层监督 共建'清廉村居'"案例）。最后，完善监察组织内部的制度性激励，降低制度运行的层级性损耗等。

强化基层监督 共建"清廉村居"[4]

为规范基层微权力的运行，打通监察监督的"最后一公里"，德阳市各县区纪委监委向各乡镇（街道）派出监察办公室，并在村居（社区）全面推行村居（社区）党支部副书记（纪检委员）兼任村居监委会主任制度，形成监督合力，推动监督检查直达"神经末梢"。比如对定期村务公开的材料内容，村监委会成员和纪检委员都会实时监督，核实材料的真实性，防止出现"假公示"的问题。2018年以来，四川德阳、什邡等地在全市创建一批"干部清正、作风清朗、事务清爽、用权清晰、民风清淳"的村居，并围绕清廉班子建设、清廉"三资"管理、清廉村务公开等重点举措打造"清廉村居"文化生态，使村级小微权力的行使规范化法治化，引领全村村民共谋发展。

归根到底，要从制度运作的动态视角，看待监察体制在基层的一系列改革，以增强对乡村微腐败的治理能力。

---

[1] 刘磊：《刑事诉讼法与监察法衔接的政治逻辑》，《地方立法研究》2018年第5期。
[2] 张全印：《我国监察体制改革视角下的纪检监察程序与刑事司法程序的衔接研究》，《法治论坛》2018年第2期。
[3] 吕永祥、王立峰：《县级监察委员会的公权力监督存在的现实问题与优化路径》，《河南社会科学》2018年第7期。
[4] 王兆伟：《创建"清廉村居"助力乡村振兴》，《四川党的建设》2020年第9期。

（四）完善相关法律规范，讲究依法监察的实效

在《监察法》已然出台并实施的背景下，还需完成相关法律规范和司法解释的配套修改工作，尤其是《刑事诉讼法》《人民检察院组织法》《检察官法》《地方各级人民代表大会和地方各级人民政府组织法》《公务员法》等，将监察体制改革向法制化的方向推进和固定下来。这当然就是要求，在《立法法》的基本框架之中通盘考虑，最大限度地配合监察体制改革，力求反腐败工作的实效。对于治理村干部腐败，展开依法监察，不仅意味着要面向村级组织，重视相关法律法规的细化与落实，还要重视与村规民约、村民代表会议等制度资源相配套。而且，这些法律规范和制度建设，必须以实践中的监察效能作为检验标准；并反过来，通过以后监察工作的具体实践，"自下而上"地做出相应调整。一言以蔽之，治理村干部腐败，强化依法监察的能力，要经由完善法律法规导向在实践中不断检验监察工作的效果。

四 增强乡村法治文化的防腐能力

如前所述，乡村微腐败问题之所以得以产生并呈现蔓延状况，一个重要原因就是传统的乡村文化环境不利于遏制腐败行为的蔓延，特别是反腐败的法治文化的缺失更加助长了一些腐败行为的嚣张。法治文化（包括廉洁文化）是人们关于遵纪守法、清正廉洁的思想认知、行为表现、生活方式和社会评价等内容在现实社会的综合体现，它对人们产生潜移默化的影响力，并引导人们的思想和行为朝着认知的方向发展。法治文化不同于一般的社会文化，它具有明显的引导性和规避性，换句话说，就是引导人们"能够做什么"和"不能做什么"的问题。良好的法治文化（或廉洁文化）环境，能使人们在同一类型和模式的文化氛围中得到教化、启迪和感染，从而形成正确的与时代相一致的思想观念和行为习惯，把非主流的甚至错误的思想和行为统一到良法要求的轨道上来，使一定区域内的整个群体因相同的文化影响力而形成一种强大的凝聚力（即法治的影响力）。调查得知，目前广大的乡村社会近年来法治意识虽然有了显著增强，但离依法治社会的要求还有很大差距，乡村法治文化尤其是廉洁文化或者说反腐败文化还严重不足，许多地方还处于缺失状态，这就无法形成一股遏制村干部腐败的正能量，致使少数村干部的腐败行为信马由缰，一

些村干部的违法行为甚至被村民当作顺理成章或"有本事"之事，甚者还产生羡慕之意。由此可知，要治理乡村"苍蝇"式腐败，首要任务是培育乡村法治文化，增强法治文化防腐治腐的能力，从而达到塑造乡村廉洁风尚，有效预防村干部腐败的治理目标。具体要求如下。

（一）培育法治文化的生成能力

在乡村社会，要从根本上治理村干部腐败问题，就必须发挥法治文化防腐治腐的功能，首要的任务就是挖掘乡村法治文化的生成能力，培育乡村法治文化的生成土壤，解决法治文化"是什么""从何而来""怎样发挥作用"等问题。实践证明，持续地加强法治宣传教育，培养法治思维，让法治观念真正深入人心，是解决法治文化生成的前提和条件。没有法治文化的产生，就没有法治反腐败的逻辑延续，更谈不上治理村干部腐败的法治化问题。当前，把法治教育纳入乡村文化建设的主要内容，融入文明乡风的氛围当中，着力弘扬社会主义法治精神，树立社会正气，从而塑造"人民有信仰，民族有希望，国家有力量"的理想境界。具体要求如下。

1. 持久的宣传教育是培育法治文化生成的前提

法国思想家卢梭曾说："一切法律中最重要的法律，既不是刻在大理石上，也不是刻在铜表上，而是铭刻在公民的内心里。"从日常小的行为到国家治理，都需要法律进行规制，法治的根基来源于公民的真心拥护，法治的权威来源于公民真诚的信仰。北京航空航天大学廉洁研究与教育中心主任任建明于2018宁波·清廉论坛上指出，建设清廉文化就是一个不断增大清廉文化比重、不断压缩腐败文化比重的过程，要建设并最后建成清廉文化，必须要制定科学的廉政教育战略，面向全党全社会开展廉政教育。[①]

因此，开展廉政教育，注入法治内涵，创新法治宣传教育方式方法是推进法治文化建设的应有之策。党的十八届四中全会提出，"法律的权威源自人民的内心拥护和真诚信仰"。要"把法治教育纳入国民教育体系，从青少年抓起，在中小学设立法治知识课程"。乡村治理的法治化应该首先营造良好的法治文化氛围，使其成为治理乡村的主要方式。为达此目

---

① 《全国廉政专家齐聚一堂，共话清廉文化建设》，浙江省纪委监委网站（http://www.zjsjw.gov.cn/ch112/system/2018/11/19/031279106.shtml）。

的，需要加大宣传教育力度，培育法治文化生成的土壤。一是要坚持法治宣传教育经常化，从过去的"运动式"转变为常态，让村民随时能感受到法律的存在，通过持续的耳濡目染了解法律的意义，明确法治的作用，进而产生价值的认同和真诚的信仰。二是创新法治宣传教育的方式方法，坚持传统与现代手段相结合，比如"送法下乡"让村民直观感受法律的存在与价值，"移动法庭"使村民直接感受法律的权威和对公平正义的维护。同时，充分利用现代信息技术手段扩大法治宣传教育的覆盖面，不仅克服传统教育方式的不足，而且具有及时性、灵活性、多样性的特征，可以满足广大村民的不同需求。三是完善法治宣传教育机制，构建学校、政府、律所、社会、村民广泛参与的多元机制，增强法治宣传教育效果，营造有利于法治文化自觉形成的生长氛围。四是丰富法治文化宣传阵地，因地制宜做好阵地规划，把法治文化长廊、法治文化墙、法治公园、法治院落、灯杆标识牌以及廉政文化墙体彩绘等与群众联系紧密的阵地形式建好，在党员群众活动中心、农家书屋专设廉政文化书籍报刊专栏，让村民在日常生活中、生产劳动中都能直观感受到反腐败力度、廉政的清风，充分发挥阵地反腐败宣传教育功能，从而增强群众依法反腐败的观念和信心。这方面已有一些较好的案例可以借鉴，比如四川省朝天区的廉政文化"入住"新村就是典型代表。

廉洁文化"入住"新村[①]

2017年以来，由四川省广元市朝天区纪委主办、《廉政瞭望》杂志社策划打造的"朝羊蒲"百里新村廉洁文化走廊已初具雏形，目前覆盖4个乡镇5个行政村，旨在引导廉洁文化"入住"美丽乡村，引领新村移风易俗新生活。廉洁文化走廊围绕"一村一品"，打造了"皎皎明月""重义新山""水韵金笔""岭上荷塘""孝慈白虎"5个子品牌。诗词道旗、家训牌、文化墙、廉心卡等丰富的户外廉洁文化载体布局其中，营造出向善向上、崇廉尚洁的氛围，深受沿线居民喜爱。异地扶贫搬迁安置点各家门前的家训牌，从"忠孝礼义勤"等多个角度展示每个家庭的家风，荷塘边的廉洁故事吸引人们驻足赏

[①] 《廉洁文化"入住"新村》，《廉政瞭望（上半月）》2018年第2期。

阅，凉亭中的字谜游戏让孩子们乐在其中，村民们可以在日常出行、娱乐休闲中接受传统文化的洗礼，沿线各乡镇、村的党员干部还把这样的风景作为户外廉洁"微课堂"。朝天区还将继续积极探索廉洁文化与反腐倡廉教育的结合点，推进廉洁文化不断向新村、向家庭渗透，形成干部群众喜闻乐见的宣传新局面。

2. 着力培养法治思维是法治文化生成的关键

党的十八届四中全会提出，要"自觉提高运用法治思维和法治方式深化改革、推动发展、化解矛盾、维护稳定能力"。所谓法治思维，就是要遵法信法用法，遇事要想法，决策要依法，处事要用法，形成规矩意识、权力义务意识、程序意识，坚持法律面前人人平等。具体有以下要求。

一是培养规则意识。长期以来，村民对正式规则（比如法律）的遵循意识不强，往往遵循传统"习惯"先于法律。苏力教授在其《法治及其本土资源》中谈道，"由于种种因素，中国农村社会在一定程度上、在一定领域内是超越正式法律控制的，因为政府还不能提供足够的或对路的'法律'服务来保持这些社区的秩序。"[1] 因此，在超越正式法律控制的乡村社会，人们说话做事往往遵循"习惯"而不是"法律"，"在比较简单的社会中，这些习惯比法律甚至更为便利和有效"[2]，规则意识可以说还没有正式形成。村民遇事先找政府，这便是乡村社会处事的"习惯"之一。在乡村社会治理实践中，尤其是在一些实行村支书和村主任"一肩挑"的村庄里，村主职干部是绝对的"一把手"，"我说了算"往往成为一种常态。因此，通过对村干部专门培训、警示教育、示范引领，强化规则意识，让村干部按规则行事，按规定办事。培养村干部规则意识，强化村干部的法治思维，就是培育农村法治文化建设的带头人和推进者，就是抓住了乡村基层治理的"关键少数"，因为村干部的行为具有示范效应，对村民行为和村庄文化产生影响，是乡村法治文化产生的重要前提。

二是培养权利义务和责任意识。权利和义务相辅相成，村干部拥有权

---

[1] 苏力：《法治及其本土资源》，中国政法大学出版社1996年版，第30—31页。
[2] 苏力：《变法，法治建设及其本土资源》，《中外法学》1995年第5期（总第41期）。

利和权力，也就相应地要承担义务和责任。"法律进入乡村社会是一件相对较晚的事，人们对法律的熟悉程度远远比不上对政府部门的熟悉程度，许多纠纷并不是通过法律来解决，而是通过政府部门来解决。"① 乡村社会是熟人社会，村干部和村民总是生活在一种关系的社会里。因此，乡村社会的人们在遇到自己的合法权益受到侵犯时，首先想到的就是找"当官的"，即"政府"，通过找关系或者上访、信访甚至集体拉横幅到政府门前"讨说法"等形式来解决自己的问题，而想到运用法律武器来解决纠纷常常是在上述路径无效的情况下不得已而为之，村民的法律观念尚未真正树立。正如此，村民办事以不得罪官员为最终出发点和落脚点，监督观念、权利观念淡薄，明哲保身思想严重，这种氛围为村官腐败留下运行空间。与此同时，在这种乡村传统的文化氛围中，村干部就越发关注自己的利益，轻视与手中权力相对应的公共责任，有时甚至走向反面——"我当村干部不就是为了弄两个吗"，此种现象的产生也就不足为奇了。当前，乡村治理急需培养村干部权利责任意识，这是培育农村法治文化的重要内容。一方面，加强村干部权利义务意识教育，通过多渠道让村干部明白自己的权利，牢记自己的义务，承担自己的责任，正确处理权力与义务责任的关系。另一方面，健全乡村权力制约与监督机制，监督村干部权力的行使，促使其合法行使权力，自觉履行义务，主动承担责任。村干部法治意识的提升自然影响村民办事的思维方式，引领乡村用法氛围。

　　三是培养程序意识。农村社会在很大程度上是一个"习惯法"社会，人们办事大多依"习惯"，而不愿走"程序"，程序意识在村民和村干部大脑里不强，办事往往以"方便"为原则，"看准了就干呗，搞那么多程序干吗？农村又不比人大机关和政法部门。"②《中华人民共和国村民委员会组织法》中有很多关于农村办事"程序"的规定，如第四章第二十四条规定涉及村民利益的八项村务大事，"经村民会议讨论决定方可办理"。因此，培养村干部程序意识，引导村干部按法定程序办事，是预防村干部腐败的基本要求，是有效防范少数村干部工作中"我行我素"行为的有效举措。为达此目的，首先解决"程序是什么"问题，即加强对村干部

---

① 张静：《国家与社会》，浙江人民出版社1998年版，第111页。
② 李敬民：《村干部办事要讲程序》，《北京支部生活》1999年第8期。

程序意识的教育培训,让村干部知晓其做事的程序,让其明白按程序办事的重要性。其次是加强对村干部办事的监督,发挥村监委的功能,监督村干部是否按程序办事,发挥程序意识在预防村干部腐败中的作用,从而为法治文化的逐步形成奠定必备的思想基础。为达此目的,可以通过灵活多样的方式对村干部进行"廉洁指导",让村干部清楚什么能做、什么不能做、怎么做等问题。这一点浙江台州市编印的《村(居)干部廉洁从政指导手册》具有借鉴意义。

"廉洁指导":为村(居)干部解惑[①]

> 台州市编印了《村(居)干部廉洁从政指导手册》,帮助村干部了解掌握党纪条规常识、村干部基本职责、村干部办事程序注意事项。村(居)两委成员等岗位面临的风险点、需建的防控措施,都以廉政笔筒等形式摆上了"村官"的办公桌;村两委办公室的墙上,张贴着各类岗位职责等,一目了然,在时常警醒的同时,也方便了来办事村民的监督。同时,各相关县(市、区)还选树一批先进典型、组织观看警示录等,并下发"廉洁指导"手册和警示教育读本,3万多名农村党员干部受到了教育。谈到"廉洁指导",路桥区蓬街镇新南村党支部书记梁汝名深有体会:"开展'廉洁指导',很好解决了村(居)干部'我在这个岗位面临什么风险'等困惑,我们受益匪浅。"

综上所述,只要法治思维在人们的心中得以生成和发展,乡风文明的内容就会随之更新并充满正能量,传统世俗的落后观念就会随之减弱并失去影响力,信法用法靠法的思想观念和文化氛围就会不断成长为乡村社会风气的主旋律,为治理村干部腐败问题提供强有力的文化支撑力。

(二)提升法治文化的治腐能力

法的生命在于实践。提升法治文化的反腐败能力,前提是要在实践中用法,即所谓的遇事想法、解决问题靠法、处理矛盾用法,从而使法治思

[①] 颜新文、翟思德等:《清廉和风润乡村——台州市开展农村廉政文化活动纪实》,《今日浙江》2010年第4期。

维和法治方式成为治理乡村秩序的第一选择。法治文化要通过适当的路径和载体落实落地,才能发挥反腐败的作用。目前最为有效的方式是将法治文化融入乡村的运行体系中,使其做到依法决策、依法管理、依法监督、依法惩治,进而规范村干部及其村民的行为方式,确保村级治理活动按照法治化方式运行,使法治思维和方式贯穿于村级事务治理的全过程,增强法治文化的影响力。根据乡村治理需要,依法治村的运行体系主要包括民主选举、决策、管理、监督、惩戒等方面。

1. 依法选举,保障政治民主,防范用人腐败

依法选举是预防村干部腐败的前提和基础,这涉及用什么方式选什么人的问题。只要真正依照法律规定,按照法律要求进行村干部选举,才能满足村民的真实意愿,选出村民信任、满意的带头人,也只有这样,才能确保基层政治民主,实现村民自治的目标。要实现这一目标,需要相应的法治文化生态与之相辅相成。然而,现实中一些乡村的换届选举法治水平不高,有的甚至违规违纪,破坏法律规定,致使选举走样变质。比如村干部选举过程中的贿选、暴力挟持、家族力量干预、黑社会参与等情形破坏选举的正常秩序,违背广大村民的意愿,导致一些以"恶人""狠人"为特征的"村霸"长期当选,为害一方。"村霸"掌握村庄公共权力,必然为少数人谋取私利,导致公共权力的滥用,自然为腐败的产生提供了机会和条件。因此,要防止村干部腐败,一方面要加强与选举相关的法律法规的宣传教育,尤其是让村民了解《村民委员会组织法》《村民委员会选举法》的内容,懂得依法选举的重要意义,从而为乡村依法选举提供法律文化和心理支撑。要通过持续的法治文化宣传教育,逐步形成依法选举的政治生态,纯洁乡风民俗。另一方面要预防选错人,严把村干部的"入口关",避免误用歹人、错扶"村霸"成为村干部。地方党委和政府要不断强化组织能力和统领能力,既要防止"村霸"混入村干部队伍,又要预防"保护伞"的产生,切断个别充当"保护伞"的腐败干部与"村霸"之间的黑色利益链,从而保障村干部队伍的纯洁性。由此可见,乡村"微腐败"只要解决了选人用人上的腐败问题,就为村庄政治民主的形成、村民真正自治筑牢了关键的一环。

2. 依法决策,保障村务民主,防范决策腐败

贺雪峰在其《新乡土中国》中谈道:"村干部除了是乡政府的代理

人、村的当家人，也是谋取利益的'经济人'。村干部也是人，他们有独立于以上双重身份的个人利益所在。"[①] 因此，村干部在进行决策的时候往往会出于自身利益的考量，从而做出最有利于自身的决策。加强法治文化建设，引导村干部依法决策，一切从群众的根本利益出发，一切为乡村发展服务，做到决策科学、决策利民。村干部依法决策、保障民主需要做到以下三点。一是把涉及村民切身利益和村级发展的重大事项全部纳入决策范畴。二是选择合规合法的决策形式。村级事务决策形式主要包括村民会议、村民代表会议、村支两委会议等形式。举行这些会议不能仅仅有形式，还要保证相关的条件达到开会要求，这样才能保障会议质量。根据课题组"村干部问卷调查统计"，"村民代表大会"是目前乡村公共事务决策的主要形式，所占比例高达91%（见表7—5）。但召开村民代表会议是需要条件的，不仅必须保证三分之二以上的村民代表参加，而且要求作出的决策须经全体代表过半数同意才能通过等。可见，确保会议的质量是防范决策腐败的重要路径。

表7—5　　　　村干部问卷调查统计"村级重大事项决策方式"

		频数	百分比（%）	有效百分比（%）	累计百分比（%）
有效	村主要负责人	9	2.5	2.5	2.5
	村民委员会	21	5.8	5.9	8.4
	村民代表大会	324	90.0	91.0	99.4
	村民会议	2	0.6	0.6	100.0
	总计	356	98.9	100.0	
缺失值	系统	4	1.1		
总计		360	100.0		

三是严格遵循村级民主决策程序。凡涉及村民切实利益的事项应通过村民会议或村民代表会议进行依法决策，民主决策，切忌村干部"一言堂"，做到公开公正，保障村务民主，从而防范决策风险和决策腐败。为

[①] 贺雪峰：《新乡土中国》，北京大学出版社2013年版，第182页。

了防范决策腐败,确保科学决策、依法决策,因地制宜创新决策方式方法是提高决策质量的应然之策。这方面浙江省嘉兴嘉善县天凝镇洪溪村探索出的"村务八步公决法"就是很好的经验。

洪溪村"村务八步公决法"①

近年来,嘉善县天凝镇洪溪村的村级项目建设越来越多,一个项目动辄上千万元。如何更好规范村干部手中的权力,把小微权力关进笼子里?嘉善县天凝镇洪溪村经过多年探索,在实践中逐步形成了重大村务八步公决制,使公权由民所用,村务受民监督,确保村干部权力"照单"运行。

洪溪村"重大村务八步公决制",主要包括村"两委"提出公决事项、召开党员会议和村民代表会议进行论证、提出公决草案、进行合法性审查、完善公决方案、组织村务表决、进行监督以及全面公开等八个部分。公决内容主要包括村庄道路、农田水利等公益事业建设、村集体资产承包出租等事关村民切身利益的事。因为效果好,"村务八步公决法"早在2012年就入选为"中国全面小康十大民生决策",如今依然成为浙江基层治理的一道亮丽风景。

3. 依法管理,保障执行高效,防范作风腐败

村干部和村委会的权力均具有双重性,即公共权力和自治权力,执行和落实上级政府交办的公共事务时属于行使公共权力,执行和落实村民会议和村民代表会议任务时属于行使自治权力。但无论行使哪种权力,都应该依法用权,规范有序,确保权力不能任性,要把公权力关进制度的笼子。近年来国家对农村建设力度的加大,农村项目增多,资金涉及面大,一些村管理不规范,制度不健全,"一言堂"现象较普遍,有些地方村民自治成为"村官自治",为村干部腐败提供了空间和机会。通过乡村法治文化建设,将村干部行为和村级事务管理纳入规范化、法治化轨道,改进村干部工作方式和工作作风,确保村级运行规范高效。具体要求:一是强

---

① 杨茜:《嘉善这个村清廉建设美名扬》,人民网(http://zj.people.com.cn/cpc/big5/n2/2019/0109/c337202-32507722.html)。

化村干部责任意识，全力落实党和国家关于实施乡村振兴战略的任务，积极谋划村级发展大事，主动作为，敢于担当。二是依法用权，规范用权，加大对村务、财务的规范化管理，提高管理效能。三是加强作风建设，坚持"以人民为中心"的发展理念，确保服务优质高效。

4. 依法监督，保障行为透明，防范"暗箱"式腐败

习近平总书记指出："没有监督的权力必然导致腐败，这是一条铁律。"①《中华人民共和国村民委员会组织法》规定："村民委员会应当实行公开透明的工作原则"，因为只有公开透明，村民才有了解党和国家政策、参与村级治理、提高监督实效的可能。《村民委员会组织法》还规定："村应当建立村务监督委员会或者其他形式的村务监督机构，负责村民民主理财，监督村务公开等制度的落实。"然而对于一些乡村来说，村务监督委员会或者其他形式的村务监督机构不健全，村民很少通过相关监督机构来行使自己的监督权，当遇到村干部滥用权力或者自己的合法权益严重受损时，他们往往采用上访、信访，严重的甚至还会采取聚众闹事的极端方式来行使自己的"监督权"，维护自己的合法权益。当前，要充分发挥乡村法治文化反腐败的功能，首要的任务是实行村务公开，主动让群众监督，不搞暗箱管理。实践证明，阳光是最好的防腐剂，公开是最好的监督形式，公开是预防腐败的有效举措。其次是强化村干部法纪观念、道德自律意识，时刻保持廉洁自律的行为，以为群众服务办实事作为工作目标，切实履行党和人民群众赋予的职责。再次是引导村民通过合法合理的方式来行使监督权，维护自己的合法权益，从而保障监督高效。最后是健全村务监督委员会等村务监督机构，依法履行对村干部及其工作的监督职能。最后是创新监督方式方法，善于运用互联网等现代信息技术，重要事项、与老百姓利益相关的工作，通过媒体、新闻、QQ工作群、微信群等方式进行，简单、直接、明了，减少中间环节，降低腐败风险。

5. 依法追责，确保惩戒有力，防范"不作为"式腐败

由于村干部的身份较特殊，其不受公务员体制的束缚，且缺乏相应的惩戒法规与惩戒机制，对村干部腐败的惩戒缺乏统一标准，因此一些村干

---

① 张东明：《没有监督的权力必然导致腐败——学习习近平总书记关于党内监督的重要论述》，《学习时报》2017年2月27日。

部"钻空子"（体制、机制和制度漏洞），要么利用职务之便主动谋私，积极腐败，要么不作为，消极应对，贻误发展机遇，长此以往极易形成"蠹众而木折，隙大而墙坏"的局面。以往在治理腐败的实践中，往往注重对积极腐败的治理，而忽略对消极腐败的治理，导致一些村干部"在其位不谋其政"，保全自己而损害村民和集体利益，属于典型的"不作为"式腐败，在本质上与积极腐败是相同的。因此，不能再让这类腐败有存在的空间，要将其纳入与积极腐败对等的追责范围，依法强力惩治，杜绝"软、懒、松"式的腐败发生。当前，加强乡村法治文化建设，构建村干部腐败惩戒机制，使其从内心里敬畏法治、遵守法治，做尊法、学法、守法、用法的模范，发挥法治的威慑作用。

综上所述，乡村法治文化（包括廉洁文化）是村民关于遵纪守法、清正廉洁的思想认知、行为表现、生活方式和社会评价等内容在现实社会的综合体现，它对村民们产生潜移默化的影响力，并引导大家的思想和行为朝着认知的方向发展。可见，法治文化是具有丰富内涵的综合呈现，从思想到行动、从理论到实践的转换，不仅需要一个反复实践的过程，而且需要有效的路径和载体作支撑。在新时代乡村振兴战略实施过程中，法治文化既是手段又是目的，用法治思维和法治方式治理村干部腐败显然是最为有效和管长远的方法，而乡村法治文化的形成及其影响力的发挥无疑也是乡村治理现代化的应有之义。

第四节　村干部腐败行为的法律规制

腐败作为一种社会现象，从本质上讲，是一种滥用公共权力，损害公共利益，破坏公共秩序，侵害公共职务廉洁性的行为。基于其公共危害性，对其应加以治理，自不言而喻。但如何进行治理，是一个需要综合治理的系统工程，这涉及国家治理体系的方方面面，从事前、事中到事后，对腐败行为的预防、控制和惩罚，具有手段多样化、机制多元化的特点。从新中国成立以来治理腐败的历史经验来看，治理腐败的路径选择，应该从非法治化向法治化转变，或者说从政策反腐向法治反腐转变，坚持依法反腐，让腐败治理回到法治化的轨道上来，从理念、制度和行动层面，建立有效的腐败防治系统，在法治框架内减少腐败存量、遏制腐败增量。

村干部腐败治理，是腐败治理系统工程中一个十分重要的子系统。城镇化的快速发展和国家对"三农"问题的重视，使得村干部在农村经济建设和社会发展中的地位凸显。随着村干部在处理村级公共事务和公益事业中的权力扩张，在涉及村集体土地、资金、建设项目、公共事务等诸多领域，村干部腐败日趋增多。相比于其他国家公职人员的腐败而言，这种发根于农村基层的腐败，在中国这样一个农业、农村和农民问题极其重要的农业大国，其影响和危害甚巨。从现象上看，村干部腐败常为小腐，但从本质上，村干部腐败会冲击到作为国家治理体系和治理能力基础的乡村基层治理，阻滞全面建成小康社会宏伟蓝图及"人民对美好生活向往"奋斗目标的实现，存在溃千里之堤的隐患。因此，村干部腐败的治理在整个腐败治理体系中占有极其重要的地位。治理手段上，包括道德控制、纪律约束和法律规制，相比之下，道德自律治腐作用有限，纪律约束强制力不够，法律规制对于防腐和治腐有着十分重要的作用。然而，无论是在现行行政体制下还是现有法律体系内，与其他行使公权力的公职人员相比，村干部具有独有的特殊的身份地位，对其腐败行为的治理也具有不同的特点。

一 村干部身份的法律属性

以往村干部俗称"村官"，并非一个法学概念，它在国家治理与社会组织体系中是一个区别于公务员的特殊群体，游离于国家行政干部体制之外。在社会学意义上，学者们对于晚清以来乡村基层精英所扮演的实际角色，并不十分一致，总的来说，有三种看法，即乡村社区利益的"保护人"、国家利益的"代理人"，以及介于两者之间的"双重"身份[①]。从法律意义上，村干部通过村民自治机制选举产生，在基层党组织和村民委员会及其配套组织中担任一定职务，行使公共权力，管理公共事务，提供公共服务，并享受一定的政治和经济待遇。村干部基于其村干部的身份为一定的管理或服务行为时，会与其他相关主体之间产生不同的法律关系，在不同的法律关系中，调整其行为的法律规范也就不同。虽然现行法律规范中未有对村干部的明确界定，但在不同法律规范中，村干部都是相应法律所调整法律关系的主体，只是称谓各不相同。

[①] 孙秀林：《村庄民主、村干部角色及其行为模式》，《社会》2009年第1期。

（一）村干部的宪法身份

我国农村基层治理实行的是村民自治，村民自治制度是由《宪法》确定并由《村民委员会组织法》具体确立并完善的。《宪法》第一百一十一条、《村民委员会组织法》第二条均明确村民委员会为基层群众性自治组织，在村一级履行相应的管理和服务职能①。《村民委员会组织法》第六条第一款规定，村主任、副主任和委员三人至七人组成村民委员会。根据该法第四条规定，村基层党组织领导和支持村民委员会行使职权②。宪法和村民委员会组织法规定的村基层党组织和村民委员会中的工作人员，即是我们所称的村干部，主要包括村党支部工作人员（委员、副书记、书记）、村委会工作人员（委员、副主任、主任）、村民小组和下设委员会人员、村经济合作社工作人员。其中村党组织书记和村委会主任是主要村干部。村干部是农村基层组织管理主体，是村级工作的具体执行者。

（二）村干部的监察法身份

《中华人民共和国监察法》的颁布实施，是我国政治体制改革的重要举措，是构建有中国特色监察体制的重要步骤，为反腐败斗争提供了政治保障和法治保障，标志着反腐的法治转型。监察对象范围的确定是监察法规定的重要内容。新中国成立以来，我国监察机关的监察对象范围经历了一个历史演变过程：1950年中央人民政府颁布的《政务院人民监察委员会试行组织条例》将人民监察委员会的监察对象范围规定为"政府机关和公务人员"；1955年《监察部组织简则》确定监察部的监察对象范围为"国务院各部门、地方各级国家行政机关，国营企业、公私合营企业，合作社；国务院各部门、国

---

① 《中华人民共和国宪法》第一百一十一条："城市和农村按居民居住地区设立的居民委员会或者村民委员会是基层群众性自治组织。居民委员会、村民委员会的主任、副主任和委员由居民选举。居民委员会、村民委员会同基层政权的相互关系由法律规定。居民委员会、村民委员会设人民调解、治安保卫、公共卫生等委员会，办理本居住地区的公共事务和公益事业，调解民间纠纷，协助维护社会治安，并且向人民政府反映群众的意见、要求和提出建议。"《中华人民共和国村民委员会组织法》第二条："村民委员会是村民自我管理、自我教育、自我服务的基层群众性自治组织，实行民主选举、民主决策、民主管理、民主监督。村民委员会办理本村的公共事务和公益事业，调解民间纠纷，协助维护社会治安，向人民政府反映村民的意见、要求和提出建议。"

② 《中华人民共和国村民委员会组织法》第四条："中国共产党在农村的基层组织，按照中国共产党章程进行工作，发挥领导核心作用，领导和支持村民委员会行使职权；依照宪法和法律，支持和保障村民开展自治活动、直接行使民主权利。"

营企业工作人员";1997 年《行政监察法》确定监察部的监察对象范围为"国家行政机关及其工作人员和国家行政机关任命的其他人员",2010 年《行政监察法》扩大了监察对象的范围,增加"法律、法规授权的具有公共事务管理职能的组织及其从事公务的人员和国家行政机关依法委托从事公共事务管理活动的组织及其从事公务的人员"为监察对象。为解决行政监察法监察对象范围规定过窄的问题,《监察法》在监察对象上可以说是实现了全覆盖,《中华人民共和国监察法》第十五条将监察对象区分为公职人员和有关人员,规定了六类监察对象[①],第一款第(五)项明确把"基层群众性自治组织中从事管理的人员"列入监察对象。根据该规定,村干部属监察法上监察委员会的监察对象,其职务行为受监察法调整。

(三)村干部的刑法身份

刑法是规定犯罪和刑罚的法律规范,从行为规范而言,其强制力高于其他法律规范,与民事责任、行政责任等其他法律责任相比,刑罚又是最严厉的。从严反腐治腐,需要对腐败犯罪进行刑事治理,刑法不能缺位。腐败犯罪并非我国刑法上一个具体的罪名,其行为体现为公权的滥用,我国刑法典上只专章规定了"贪污贿赂罪""渎职罪"等罪名。犯罪主体方面,《刑法》第三百八十二条、三百八十四条、三百八十五条、三百八十八条关于贪污罪、挪用公款罪、受贿罪等罪名的规定中,均将犯罪主体规定为"国家工作人员"。何谓国家工作人员?《刑法》第九十三条对其作出了界定,包括国家机关工作人员和非国家机关工作人员但以国家工作人员论的从事公务人员[②]。以国家工作人员论的人员中除了国有公司、企事

[①] 《中华人民共和国监察法》第十五条:"监察机关对下列公职人员和有关人员进行监察:(一)中国共产党机关、人民代表大会及其常务委员会机关、人民政府、监察委员会、人民法院、人民检察院、中国人民政治协商会议各级委员会机关、民主党派机关和工商业联合会机关的公务员,以及参照《中华人民共和国公务员法》管理的人员;(二)法律、法规授权或者受国家机关依法委托管理公共事务的组织中从事公务的人员;(三)国有企业管理人员;(四)公办的教育、科研、文化、医疗卫生、体育等单位中从事管理的人员;(五)基层群众性自治组织中从事管理的人员;(六)其他依法履行公职的人员。"

[②] 《中华人民共和国刑法》第九十三条:"本法所称国家工作人员,是指国家机关中从事公务的人员。国有公司、企业、事业单位、人民团体中从事公务的人员和国家机关、国有公司、企业、事业单位委派到非国有公司、企业、事业单位、社会团体从事公务的人员,以及其他依照法律从事公务的人员,以国家工作人员论。"

业单位、人民团体中从事公务的人员和受委派从事公务的非国有单位人员外,该条第二款兜底规定了"其他依照法律从事公务的人员"。由于该款规定的"其他依照法律从事公务的人员"是一个不确定概念,全国人大常委会通过立法解释的方式对其进行了解释①,根据全国人大常委会的解释,村民委员会等村基层组织人员协助人民政府从事行政管理工作,属于《刑法》第九十三条第二款规定的"其他依照法律从事公务的人员"。因此,村干部在协助政府从事行政管理工作的时候,属刑法上"其他依照法律从事公务的人员",是职务犯罪的主体。

二 村干部腐败行为的定性

一个人的行为在法律上的评价,通常被评价为合法行为和不法行为。一定行为之所以是不法行为,就因为法律秩序对作为条件的行为,赋予作为后果的制裁,如果行为具有刑事制裁的后果,它便是一个刑事违法行为;如果具有民事制裁的后果,则便是民事违法行为。村干部的行为可以根据其行为时的身份区分为作为自然人的个人行为和村干部身份的职务行为。村干部职务行为是村干部处理村庄事务,行使其职务权力的行为。从农村基层组织的现实运作状况来看,可以将村干部的职务活动析分为两大基本类别:第一类是国家公务,即协助乡镇人民政府开展工作,行使本属国家政权组织享有和履行的公共管理职能,主要包括社保优抚、计划生育、征地拆迁等。第二类是集体事务,其中又包括两项内容,一是村内公益事务,即以提供社会公共服务保障为内容的村自治事务建设活动,如农田水利、交通设施、医疗卫生、教育培训等;二是村级经营活动,即村经济组织从事以营利为目的的经营性行为,如商品房建造、村办企业发包、村办企业工程发包、村固定资产出租等②。职务行为既有依法执行职务的

---

① 根据 2000 年 4 月 29 日全国人大常委会第十五次会议通过的《关于〈中华人民共和国刑法〉第九十三条第二款的解释》的规定,村民委员会等村基层组织人员协助人民政府从事下列行政管理工作,属于刑法第九十三条第二款规定的"其他依照法律从事公务的人员":(一)救灾、抢险、防汛、优抚、扶贫、移民、救济款物的管理;(二)社会捐助公益事业款物的管理;(三)国有土地的经营和管理;(四)土地征收、征用补偿费用的管理;(五)代征、代缴税款;(六)有关计划生育、户籍、征兵工作;(七)协助人民政府从事的其他行政管理工作。

② 徐宏:《村官刑法身份困惑的社会学思考》,《南京大学学报(哲学·人文科学·社会科学)》2013 年第 6 期。

合法行为，也有违法执行职务的不法行为。腐败行为显然属于后者。腐败行为的基本特征滥用公权、获取私利。根据行为性质的严重程度不同，村干部的腐败行为主要可以分为违反廉洁纪律行为和职务犯罪行为。

（一）违反廉洁纪律行为

违纪行为是指与相关人员主要行为纪律要求相违背的行为。村干部违纪行为是指村干部在从事公务活动中违反党纪政纪要求的行为。《中国共产党纪律处分条例》（2018 年）将党纪分为政治纪律、组织纪律、廉洁纪律、群众纪律、工作纪律和生活纪律 6 种类型。腐败行为属违反廉洁纪律的行为，条例第八章从第八十五条到第一百一十一条用了共 27 个条文，规定了违反廉洁纪律行为的具体样态，主要包括：利用职权或职务上的影响收受财物、权权交易、权色或钱色交易、通过民间借贷等金融活动获取大额回报、为近亲属和其他特定关系人谋取利益或特殊待遇、侵占公私财物、占用公物归个人使用或进行营利活动、操办婚丧喜庆事宜，借机敛财在社会上造成不良影响等；借用管理和服务对象的钱款、住房、车辆等，影响公正执行公务、接受可能影响公正执行公务的宴请或旅游、健身、娱乐活动等；违反规定出入私人会所、违反规定从事经营活动或在经济组织、社会组织等单位中兼职、违反规定公款消费、滥发津补贴、资金、违反接待管理规定超标准、超范围接待、违反交通工具管理规定的行为、违反会议活动规定、办公用房管理规定等。村党支部和村干部中的党员干部有上列行为的，当属违反党纪的行为。同时，根据《监察法》的规定，村干部中的非党员贪污贿赂、滥用职权、玩忽职守、权力寻租、利益输送、徇私舞弊以及浪费国家资财等职务违法行为，由监察委员会履行监督、调查、处置职责。

（二）职务违法、犯罪行为

职务违法、犯罪行为在客观方面均表现为公权力的滥用，对职务廉洁性的违反。根据《监察法》《行政机关公务员处分条例》等法律法规的规定，职务违法行为，是指公职人员滥用公权力利用职务或职权实施的尚不构成犯罪的违法行为。前已述及，村干部属监察法规定的监察对象，其情节较轻不构成犯罪的腐败行为当属监察法规范的职务违法行为。职务犯罪行为是指从事公务的人员滥用公权力违法执行职务，依照刑法应当受到刑事处罚的行为。根据《刑法》第八章、第九章的规定，腐败行为职务犯罪主要包括贪污贿赂罪、渎职罪两大类。无论是《联合国反腐败公约》还是各国反腐败法律规范，都是将严重腐败行为定性为职务犯罪行为，对其进行刑罚处置，来惩罚和预防腐败行为。全国人大常委会《关于〈中华人民共和国刑法〉第九十三条第二款的解释》第三款规定，村干部在协助政府从事行政工作时，"利用职务上的便利，非法占有公共财物、挪用公款、索取他人财物或者非法收受他人财物"的行为，符合用《刑法》第三百八十二条、第三百八十三条、第三百八十四、第三百八十五条和第三百八十六条的规定的，分别按贪污罪、挪用公款罪、受贿罪论处①。因此，村干部的腐败行为一旦触犯刑法，符合刑法关于贪污贿赂和滥用职权相关犯罪构成的话，其腐败行为属职务犯罪行为。

三 村干部腐败行为的法律责任

（一）法律责任概述

长期以来，我国的法学研究中，有关法律责任的研究和探讨，基本上局限在法理学和实体法领域。法律责任概念是所有有关法律责任理论研究首先都会涉及的问题，但并无统一结论，观点林立，有"义务说""后果说""处罚（制裁）说""责任能力说""负担说"等诸多学说。②各种定义虽然表述各异，均蕴含了几个基本要素：法律预置义务、违法性、可预见性和强行性。法律责任最主要、最基本的分类是公法责任和私法责任的划分。进而根据违法行为的性质划分为：违宪责任、刑事责任、行政责任和民事责任等。在实现法律责任的过程中，可能出现责任竞合、责任聚合和责任重合的情形。责任竞合是指违法行为适合两个以上不同法律规范规定而引起两种以上不同性质的法律后果，导致在法律上多种法律责任并存和相互冲突，而依法只能实现其中一种法律责任的法律现象；法律责任聚合是指行为人实施的违法行为将依法承担多种形式的法律责任，实质上是

---

① 全国人大常委会《关于〈中华人民共和国刑法〉第九十三条第二款的解释》第三款："村民委员会等村基层组织人员从事前款规定的公务，利用职务上的便利，非法占有公共财物、挪用公款、索取他人财物或者非法收受他人财物，构成犯罪的，适用刑法第三百八十二条和第三百八十三条贪污罪、第三百八十四条挪用公款罪、第三百八十五条和第三百八十六条受贿罪的规定。"

② 刘作翔、龚向和：《法律责任的概念分析》，《法学》1997年第10期。

法律责任的合并，如民事侵权行为的加害人可能同时承担赔偿损失、赔礼道歉、消除影响等民事责任形式，妨害民事诉讼的行为可能同时受到罚款和拘留的处罚；责任重合是指行为人的同一行为符合两个以上不同性质法律责任的构成要件，依法应当承担多种不同性质的法律责任，如一个故意伤害行为有可能同时承担刑事责任和民事赔偿责任，村干部腐败同样也存在着责任重合的情形。法律责任的实现方式，即承担或追究法律责任的具体形式包括惩罚、补偿和效力否认[①]。惩罚或制裁是最严厉的方式，也是最主要的方式。在现有关于法律责任的论述中，对"责任""制裁""义务"概念的理解着实"乱人眼"，让人无所适从。有将法律责任理解为"第二性义务"的，有将法律责任与法律制裁相提并论的。笔者认为，法律责任与法律制裁不能等同。法律制裁，是指国家专门机关对违法者依其所应承担的法律责任而实施的强制性惩罚措施[②]。简单而言，法律制裁就是把法律责任加之于违法者的活动与过程。是法律责任实现的一种方式。完善的法律责任体系，是法律运行的有效保障机制，是法治不可缺少的环节。没有责任就没有完整的法律，更没有对法律的敬畏；没有对法律的敬畏，法律就没有尊严，更不会有对法律的自觉遵守。

（二）村干部腐败行为的监察责任

《监察法》（2018年）是我国反腐败立法史上具有里程碑意义的基本法律。依据《宪法》和《监察法》的规定，监察委员会是新成立的国家监察机关，专门行使国家的监察职能，主要职责是调查职务违法和职务犯罪，同时进行廉政建设和反腐败工作，兼有党纪监察、行政监察、调查职能。新机构及其职能的行使，实现了从行政监察到国家监察的历史性转变。这里说的监察责任，不是针对监察机关负有的监督责任而言，是指监察对象因腐败等职务违纪、违法行为，监察机关对其进行处置时应承担的责任。一方面，《监察法》第十五条规定的监察对象六类人员中，第一、二、六类列举的是从事公务的人员（公职人员），第三、四、五类列举的是从事管理的人员（有关人员）。村干部属第五类基层群众性自治组织中从事管理的人员。另一方面，《监察法》第四十五条规定的处置措施，又

[①] 孙笑侠：《法理学》，中国政法大学出版社2008年版，第132页。
[②] 徐显明：《法理学》，中国政法大学出版社2007年版，第94页。

只规定了对公职人员的处置措施,对于村干部这类从事管理的相关人员并未规定具体的处置措施,目前亦无相关配套规定。但《监察法》第十一条关于监察委员会职责的规定中,第一款第(二)项规定了监察委员会对所有职务违法行为和职务犯罪行为进行调查,并无区分公职人员和有关人员,且依当然解释方法,既然村干部属监察对象,对其职务违法行为就可以依监察法进行处置,处以批评教育、诫勉和政务处分等责任。随着《监察法》的颁布实施,有关部门应该会根据《监察法》出台对所有监察对象的统一适用的政务处分规定。

(三)村干部腐败行为的刑事责任

职务犯罪属身份犯罪,前已述及,村干部的刑法身份可以成为职务犯罪的主体。根据刑法原理,刑事责任是对犯罪行为的否定性评价,是因为违反刑法应受到的刑事制裁,具体表现为对犯罪人处以刑罚,不同犯罪处以不同的刑罚。所有犯罪的构成都是主客观要件的结合。村干部具有职务犯罪的主体资格,但是否构成犯罪、构成何罪还得依其实施的行为而定。从职务性质的角度,村干部的行为可分为协助执行公务、村自治事务和村经营活动。不同职务性质的犯罪行为侵害的客体不同,构成不同的罪名。根据全国人大常委会《关于〈中华人民共和国刑法〉第九十三条第二款的解释》第二款的规定,村干部协助执行公务时,利用职务便利侵财或索取财物,可以构成贪污罪、挪用公款罪和受贿罪。村干部在处理村自治事务和村经营活动时,利用职务便利侵财或受贿时,可能构成职务侵占罪、挪用资金罪和非国家工作人员受贿罪。司法实践中,依村干部非法侵吞、挪用的财产是属于代为管理的国家财产还是村集体自有财产,区分贪污罪与职务侵占罪、挪用公款罪与挪用资金罪。村干部腐败作为刑法规制的对象,刑罚是作为处罚最严厉、最后的手段出现的。

下面结合相关案例对村干部腐败行为的刑事责任进一步解析和认知。

1. 贪污罪

2011年5月,湖北省建始县业州镇黑鱼泉村党支部书记闫某和村主任许某甲在协助业州镇人民政府从事黑鱼泉村农村低保人员资格初查和农村低保核查工作的行政管理工作中,利用职务之便,以该村村民张某甲、刘某癸、陈某甲、许某癸、许某壬、廖某癸的名义申请低保。2011年7月至2013年8月,以上列村民名义申请到的低保金共计人民币13826元被二被告人据为己有，其中被告人间某分得人民币7578元，被告人许某甲分得人民币6248元。公诉机关以间某、许某甲涉嫌贪污罪提起公诉，建始县人民法院经审理后认为，被告人间某、许某甲作为村基层组织人员，在协助人民政府从事救济款物的管理工作时，利用职务之便，骗取公共财物共计13826元，其行为均构成贪污罪①。依《刑法》第383条规定，对贪污罪的刑罚处罚，根据情节轻重，可分别处拘役、有期徒刑、无期徒刑和死刑。

2. 职务侵占罪

2011年上半年的一天，江西省弋阳县汤家村以汤某甲、汤某乙为首的村干部，发现汤家村樟树墩水库内出现鱼死亡的现象。樟树墩水库是由汤家村村民转租给弋阳县华宇公司总经理刘某的，水库里的鱼也是刘某养的，但汤某甲、汤某乙纠集其他村干部，以水库中的水受到污染不能用来灌溉村里的良田为由，找到刘某要求赔偿损失给村里，刘某迫于无奈，找到南岩镇工作人员罗某作为中间人与汤家村干部进行协商，协商结果由刘某一次性赔偿4万元给汤家村了结此事，随后刘某便支付了4万元给汤家村干部。汤家村8名村干部在拿到4万元赔偿款之后，未将该赔偿款入村中账目，而是在城南红谷绿宾馆开了一个房间将4万元赔偿款私自分掉。检察机关提起公诉后，法院经审理为，被告人汤某甲、汤某乙身为汤家村干部，利用职务上的便利，伙同其他村干部将汤家村的4万元占为己有，数额较大，其行为已构成职务侵占罪②。

与前述案例不同的是，本案中作为村干部的汤某甲、汤某乙利用职务便利，但并非从事协助政府进行管理工作的职务行为，而是对村经营活动而为的管理职务行为。且侵占的财产属村集体财产而非公共财物，应当承担职务侵占罪的刑事责任。前述间某、许某甲犯贪污罪一案中，被告人是在协助人民政府从事救济款物的管理工作时，利用职务之便，骗取的低保金属公共财物。应当承担贪污罪的刑事责任。

3. 受贿罪

刘某系湖北省咸丰县活龙坪乡茅坝村村支部书记。2012年年底，刘

---

① 参见湖北省建始县人民法院（2014）鄂建始刑初字第00146号刑事判决书。
② 参见江西省弋阳县人民法院（2014）弋刑初字第46号刑事判决书。

某利用其担任茅坝村书记的职务便利，为茅坝村村民康某争取到扶贫搬迁专项资金人民币10000余元，事后在茅坝村办公室收受康某给予的人民币1100元；2013年3月，罗某在咸丰县活龙坪茅坝村开设加油站征地，需要村里盖章，在茅坝村办公室刘某向罗某索取人民币6000元。公诉机关以刘某涉嫌受贿罪提起公诉，咸丰县人民法院审理后认为，刘某利用职务上的便利，非法收受他人财物，为他人谋取利益，同时还索取他人财物，其行为已构成受贿罪[①]。本案中，被告人刘某收受和索取财物的行为，是在协助政府进行扶贫搬迁工作过程中实施的，其身份以国家工作人员论。根据刑法规定，应以受贿罪论处。

4. 非国家工作人员受贿罪

被告人王某自2009年至2012年7月，利用担任湖北省鹤峰县太平乡沙园村村主任的职务便利，多次非法收受他人现金人民币31000元。包括因朱某父子承包村公路、办公楼工程，王某向其索要加油费用10000元；木材店老板何某为从沙园村获得更多木材供应送给王某1000元；李某到沙园村五组发展万寿菊种植，需要王某在签订土地租用合同时给予方便，王某以其赌博输钱为由，向李某索要20000元。法院审理后认为，被告人王某利用担任沙园村村主任职务的便利，在沙园村进行公益性建设和土地租赁的过程中，采用向他人索取贿赂等手段，多次收受他人人民币31000元，数额较大，其行为已构成非国家工作人员受贿罪[②]。本案中，因王某处理的是村公益事务，不能以国家工作人员论，其利用职务便利索贿受贿的行为不构成受贿罪，只构成非国家工作人员受贿罪。再比如，村干部作为村基层组织人员，在协助人民政府从事户籍管理工作中，向欲在本村落户的外来人员以"入户费"的名义索取现金的行为构成受贿罪。但其利用职务便利，以"捐资款""土地占用费"等名义，向欲进行土地流转修建房屋的村民索取现金则构成非国家工作人员受贿罪。

5. 挪用公款罪

廖某某系江西省峡江县金坪民族乡金坪村村干部。2013年10月31日，廖某某利用职务之便，从自己保管的金坪村委以37名农户名义开设

---

① 参见湖北省咸丰县人民法院（2015）鄂咸丰刑初字第00036号刑事判决书。
② 参见湖北省鹤峰县人民法院（2013）鄂鹤峰刑初字第00071号刑事判决书。

的个人银行存折账户上的44.8万元公款中，取出9.45万元，加上自己的私款凑成14万元，存入中国邮政储蓄银行峡江县支行金坪储蓄所其个人账户。次日，廖某某将该14万元存款购买了邮政储蓄银行"鑫鑫向荣"系列理财产品。2013年11月1日，廖某某又在自己保管的金坪村委以37名农户名义开设的个人银行存折账户上的44.8万元公款余额中，取出27.3万元，悉数存入中国邮政储蓄银行峡江县支行其个人使用的（公私混用）账户，后将该款转入金坪储蓄所其个人账户。2013年11月4日，廖某某将私人账户上的公款24万元购买了邮政储蓄银行"鑫鑫向荣"系列理财产品。廖某某两次购买的银行理财产品，共获得盈利人民币3318元，均据为己有。公诉机关以廖某某涉嫌挪用公款罪提起公诉，江西省峡江县人民法院审理后认为，被告人廖某某身为国家工作人员，利用职务上的便利，挪用公款33.45万元用于个人购买银行理财产品，数额巨大，其行为已构成挪用公款罪[1]。

6. 挪用资金罪

冉某甲系利川市元堡乡大井村村委会主任，2009年9月18日，冉某甲以大井村村委会支付维修公路费用、材料费的名义从利川市元堡乡高路办借取人民币2万元后，不交村委会入账，未将该款用以维修大井村公路运费、材料费，而自己挪作他用。公诉机关以冉某甲涉嫌挪用资金罪向法院提起公诉，法院经审理认为，被告人冉某甲利用其担任利川市元堡乡大井村村民委员会主任的职务便利，挪用本村公共资金2万元供自己使用，数额较大，并且超过三个月未退还，其行为已构成挪用资金罪[2]。冉某甲的行为之所以构成挪用资金罪而不是挪用公款罪，就是因为其利用资金维修村公路的行为，不能以国家工作人员论，不符合挪用公款罪的主体要件。与职务侵占罪相比，挪用资金罪侵犯的是资金的使用权，而职务侵占罪侵犯的资金的所有权。

在以腐败行为为调整对象的多元规则中，法律调整具有独特的优势，刑法又居首位。但法律不是万能的，有其局限性。虽然刑法规范上规定了前述相关罪名及其刑事责任，但从现在规定来看，也还存在一定的"真

---

[1] 参见江西省峡江县人民法院（2015）峡刑初字第45号刑事判决书。
[2] 参见湖北省利川市人民法院（2015）鄂利川刑初字第00222号刑事判决书。

空地带"。比如,当村干部利用职务便利,侵吞或挪用的款物出现公共财物和村集体财物混同的时候,分别按照贪污罪、职务侵占罪或者挪用公款罪、挪用资金罪所规定的起点数额,达不到构罪标准,但如果合并计算却符合其中某一具体犯罪的构罪标准的时候,如何处理?还有就是,村干部所为与村务活动有关的行为可谓千头万绪,具体情形不一而足,可能无法一一对应现有法定犯罪的客观构成要件。例如,村干部在从事非协助政府公共管理或非村集体经营活动中,利用管理村自治范围内事务的职务之便收受贿赂,依现在法律规定,不构成受贿罪当无异议。但是否构成非国家工作人员受贿罪却存在一定的争议。因此,从腐败行为的法律规制而言,还需要专门的反腐败立法,并实现与刑法的无缝对接。

另外,从程序上,村干部腐败行为涉嫌的犯罪中,部分属检察机关管辖,部分归公安机关管辖。当村干部的行为出现交集、身份认定出现争议的时候,案件由谁管辖也就可能难以区分,造成对于村部的腐败行为两不管或者很难管的状况。同时,在罪与非罪的问题上,村干部的违纪行为与违法犯罪行为的区分处置过程中,监察程序与刑事诉讼程序的衔接问题也是值得关注的问题。

本章小结

本章探究新形势下运用法治方式和法治思维治理乡村微腐败的策略与方法,既是践行依法治国战略的具体要求,又是顺应时代发展的应然之举。法治化治理乡村微腐败问题是国家廉政治理的内在要求,是法治社会建设的核心内容,是实现乡村治理现代化的基本前提。在厘清村干部腐败的形式与特征、找到村干部腐败的学理渊源和现实缘由、论证法治化治理村干部腐败的必要性和可行性的基础上,运用治理体系和治理能力的理论体系,将村干部腐败的治理问题置于相应的话语体系当中,从而构建起法治化的治理体系和法治化的治理能力,以期最终形成现代化的防腐治腐的廉政体系。但这一切的一切,都必须坚持党的统领地位,凸显中国特色社会主义的制度优势。具体路径包括:首先,搭建党领导下的"一体两翼"乡村治理新架构。提出加强和改进党的领导,处理好基层社会"自治、法治、德治"的关系,形成一套经得起实践考验的治理方案。其次,法治化的治腐体系要通过预防、控制和惩戒三大体系的建造来实现治理目标，法治化的治理能力要突出党的依法统领能力、村民依法自治能力、依法监察能力和法治文化防腐能力的作用的发挥。本章的创新之处在于，将国家推进治理体系和治理能力现代化的宏大理论巧妙地运用到乡村微腐败的治理逻辑中，从构建乡村法治体系和提升乡村法治能力的维度解析治理乡村微腐败之策，将新的理论恰到好处地观照了现实问题，开启了乡村廉政治理的新路径。

总之，本课题以探寻有效治理村干部腐败这一乡村发展中的突出问题为切入点，研究内容呈现出问题关切的底层性、所涉对象的特殊性、理论命题的时代性等特征，并探索性地回答了在新时期，从选拔、培育、锤炼合格的农村"领头人"的视角为逻辑起点，围绕如何全面加强党的领导、推进乡村振兴战略、实现乡村社会有效治理的这一时代命题进行系统研究，在理论上，将基层党建与社会治理结合起来，将党纪党规与法治衔接起来，将党建质量与法治水平统一起来，既丰富了基层党建的内容，又扩展了中国本土经验中的法治内涵。

附件 1

村干部专题调查问卷

尊敬的先生/女士：

  为推进基层社会治理现代化转型发展，了解村级社会治理的现状、经验与问题，优化和改进村级社会治理方式与治理结构，我们希望通过奋战在基层一线的你们了解以下内容。本调查严格遵循社会科学研究规范，数据与信息将严格进行保密处理。感谢您在百忙之中协助填写本问卷。

国家社科基金项目课题组
2017 年 5 月

一 个人基础信息

您的年龄：_____岁

您的性别：
☐男
☐女

您担任村干部的时间：_____年

您的职务：_____

您是否为书记、主任"一肩挑"干部：
☐是
☐否

二 村庄基础信息

1. 您所在村为以下哪种类型？（单选）
□村民主要区分为几个大姓
□超过一半村民属于同一个姓氏家族
□村里姓氏较多，无典型家族特征
□说不清楚

2. 您所在村庄村民主要收入来源（单选）：
□传统农业（种植业、养殖业）
□打工收入
□村集体经济
□新经济（农业观光、旅游业、土地增殖）

3. 您所在村党员人数_____人，其中：
村里党员中，30 岁以下党员人数_____人
村里党员中，31—50 岁党员人数_____人
村里党员中，50 岁以上党员人数_____人

4. 您村村支两委总人数为_____人，其中村支两委中党员人数为_____人

5. 您村村支两委成员中有几种姓氏：_____种

6. 请表述您村现在的两委班子成员姓氏特征（单选）：
□全是村里主要家族大姓
□全不是村里主要家族大姓
□全是非家族大姓
□全不是非家族大姓
□既有大姓也有小姓
□无明显姓氏家族大小之分

7. 您的姓氏是否为村庄中的大姓：
□是
□否

8. 请表述您村现在的两委班子成员能力特征（可多选）：
□经济能人

☐文化能人

☐纠纷调解能人

☐社交能人

☐其他_____（请填写）

9. 请表述您村现在的两委班子成员教育背景特征（多选）：

☐大学文化

☐高中文化

☐初中文化

☐小学文化

☐文盲

10. 请表述您村现在的两委班子成员年龄特征（单选）：

☐50 岁以上为主

☐40—50 岁为主

☐30—39 岁为主

☐老中青搭配相对均衡

三　村务管理信息

1. 请表述您村集体经济管理方式（若无村集体经济，则跳过此题；若有，可多选）：

☐村委会管理

☐主要负责人管理

☐公司化管理

☐其他_____

2. 请问您村村务公开时间是多长时间一次_____

3. 请问村级重大事项决策方式是：

☐村主要负责人

☐村民委员会

☐村民代表大会

☐村民会议

4. 村干部手中的权力具有双重性：从村民角度代表自治权，从完成上级政府交办任务角度属于公共权力，您在工作实际中，两种权力行使时间和重点是（可多选）：

☐自治权时间多于公共权力时间

☐公共权力时间多于自治权力时间

☐优先行使公共权力

☐优先行使自治权

5. 您村聘有法律顾问吗？

☐有

☐无

6. 您村若聘有法律顾问，自聘请来对村级管理的作用：

☐非常大

☐较大

☐和以前一样

7. 您村若出现上访等事件，采取的主要解决方法是：

☐依法管理

☐做思想工作

☐花钱买平安

☐请公安机关强制

☐其他

四　乡村腐败治理与防范

党的十八大以来，中央加大反腐败力度，坚持"老虎""苍蝇"一起打，"苍蝇"式腐败是指包括村干部在内的基层腐败，您对下列问题的看法：

1. 您认为现今我国的村干部贪污腐败现象严重吗？

☐很严重

☐严重

☐一般

☐不严重

2. 您认为当前我国村干部腐败的危害表现在哪些方面？（可多选）

☐损害党在人民群众中的威信

☐破坏社会公平和社会和谐

☐侵害人民群众利益

☐阻碍社会经济和文化的发展

☐其他，请补充_____

3. 您认为造成村干部腐败的原因有哪些？（可多选）

☐党性素养不强

☐个人知识水平有限

☐法律制度不完善

☐监察整治不力

☐其他，请补充

4. 平时您是通过什么途径得知村干部腐败现象的？（可多选）

☐通过新闻，报纸等媒介知道

☐听身边的人说起

☐微博、微信等网络平台

☐其他

5. 您认为当前我国党和政府对村干部腐败的治理力度怎样？

☐较大

☐一般

☐较小

☐治理力度随着相关政策的变化而变化

6. 您对我国处置基层腐败问题的法律法规是否有所了解？

☐非常了解

☐基本了解

☐不太清楚

☐完全不了解

7. 您认为治理村干部腐败的措施主要有哪些？（可多选）

☐加大惩罚力度

☐加强基层干部自身素质建设，提倡廉洁修身的风气

☐加强舆论和村民监督，赋予舆论和村民更多的监督权力

☐提高村干部薪资待遇

☐加强法治建设，如要求公开自己的财产收入来源等

☐其他，请补充_____

8. 您认为有无必要从提高公民素质方面来遏制村干部腐败问题？
☐非常有必要
☐有必要，但作用不大
☐没必要，因为村民素质与遏制村干部腐败之间没有必然联系
☐有无必要不好说，但至少值得尝试

9. 您认为互联网技术，尤其是微博、微信等自媒体技术在农村地区的大力发展对遏制村干部腐败有无作用？
☐有，作用巨大
☐有，但作用不大
☐没有，农村的人情社会特征决定了自媒体技术的有限适用性
☐有无作用不好判断

10. 您认为避免村干部腐败最有效的办法是什么？（可多选）
☐加强农村党建，开展党风、党性、党纪的专题学习
☐加强法治，如多看基层法治类节目，增强相关方面的知识
☐加大村干部培训力度
☐加强农村廉政文化建设

五 主观论述

1. 您认为村干部的工作主要应该对谁负责？（单选）
☐乡镇政府
☐村支两委
☐村民
☐村民代表大会

2. 实际村务工作中，您的工作首先考虑对谁负责？（单选）
☐乡镇政府
☐村支两委
☐村民
☐村民代表大会

3. 您希望采取什么方式提高村干部治理能力？
☐集中培训
☐参观学习

□警示教育

□其他

4. 您认为近年来查处的"村干部腐败"案件，腐败成因主要是什么？您对预防腐败风险有什么建议？

_____

5. 您对书记、主任"一肩挑"的管理模式是否赞同？并说明理由。

_____

6. 您最希望上级政府对村干部工作给予的支持是什么？

_____

附件 2

乡村微腐败问题访谈提纲

第一部分　村民访谈内容

1. 您对村干部的工作是否了解？对本村的村干部的整体印象如何？
2. 您对本村村干部的工作是否满意？为什么？
3. 请您对村里的"一把手"给予评价。举例说明。
4. 本村是否存在村干部腐败问题？举例说明。
5. 您如何看待村干部腐败相关问题？
6. 村民们对村干部腐败行为的态度如何？举例说明。
7. 您认为哪些方式可以治理村干部腐败。最有效的方式是什么。
8. 村里出现矛盾纠纷以后，村民解决的方式主要有哪些？（比如找关系、法律手段等）
9. 村民们的法律意识如何？村干部的法律意识如何？
10. 谈谈法治与治理村干部腐败的关系。
11. 您认为党法党规处理党员腐败有无意义与价值？
12. 您如何看待党法党规的严肃性，它对于预防村干部腐败的意义与价值有哪些？

第二部分　乡镇干部访谈内容

1. 乡镇政府相关部门是否接到过有关村干部腐败问题的举报？
2. 乡（镇）里对村民反映的村干部腐败问题是如何处理的？
3. 作为乡一级干部，平常的工作是否对村干部有很大的依赖性？

4. 根据您的工作实际，谈谈预防村干部腐败的有效形式和手段。

5. 请您谈谈党法党规在治理村干部腐败过程中的作用。

6. 请您谈谈法治方式在预防村干部腐败中的地位与作用。

7. 您认为用法治指数的方式评估村干部腐败是否具有意义与价值？为什么？

8. 请您谈谈本地方的文化环境对村干部腐败有无影响。

9. 您认为本地的村干部有无必要加强培训学习，提高素养和能力。

10. 县乡政府是否组织过村干部培训活动。

参考文献

一 马列著作

《毛泽东选集》第二卷，人民出版社1991年版。

《毛泽东选集》第三卷，人民出版社1991年版。

《毛泽东文集》第六卷，人民出版社1999年版。

《邓小平文选》第二卷，人民出版社1994年版。

《习近平谈治国理政》，外文出版社2014年版。

《习近平关于党风廉政建设和反腐败斗争论述摘编》，中国方正出版社2015年版。

二 高层领导讲话（含中央部委文件精神）

习近平：中国共产党第十九次全国代表大会报告《决胜全面建成小康社会 夺取新时代中国特色社会主义伟大胜利》2017年10月18日。

习近平：《在中央政治局常委会听取中央巡视工作领导小组二〇一四年中央巡视组首轮巡视情况汇报时的讲话》2014年6月26日。

习近平：《在党的十八届中央纪委第二次全会上的讲话》2013年1月22日。

《党的十九大报告辅导读本》，人民出版社2017年版。

三 国内专著

陈柏峰：《纠纷解决与国家权力构成——豫南宋庄村调查》，载于谢晖、陈金钊主编《民间法》（第八卷），山东人民出版社2009年版。

陈挥、王关兴：《中国共产党反腐倡廉建设史》，东方出版中心2011年版。

陈崧：《五四前后东西文化问题论战文选》，中国社会科学出版社1995

年版。

《辞海》(第六版)：上海辞书出版社 2010 年版。

邓杰、胡廷松：《反腐败的逻辑与制度》，北京大学出版社 2015 年版。

费孝通：《乡土中国》，北京大学出版社 2012 年版。

费孝通、吴晗：《皇权与绅权》，岳麓书社 2011 年版。

冯象：《政法笔记（增订本）》，北京大学出版社 2012 年版。

傅思明、郑强：《英国法律体系研究》，载刘海年、李林主编《依法治国与法律体系建构》，中国法制出版社 2001 年版。

龚上华：《农民思想意识流变视域中的乡村治理：基于改革开放以来长三角地区的实证分析》，浙江大学出版社 2015 年版。

《韩非子·有度》。

何勤华：《中国法学史（第一卷·修订版）》，法律出版社 2006 年版。

何雨：《社会学芝加哥学派：一个知识共同体的学科贡献》，社会科学文献出版社 2016 年版。

何增科：《政治之癌》，中央编译出版社 1995 年版。

贺雪峰：《村治》，北京大学出版社 2017 年版。

贺雪峰：《新乡土中国》，北京大学出版社 2013 年版。

纪程：《话语政治——中国乡村社会变迁中的符号权力运作》，中国社会科学出版社 2011 年版。

《建国以来重要文献选编》（第 10 册），中央文献出版社 1994 年版。

《建国以来重要文献选编》（第 2 册），中央文献出版社 1992 年版。

李刚：《农村干部防腐倡廉与监督》，金盾出版社 2010 年版。

李松：《牛栏关不住猫》，新华出版社 2017 年版。

吕思勉：《中国通史》，华中科技大学出版社 2016 年版。

《论群众路线——重要论述摘编》，中央文献出版社、党建读物出版社 2013 年版。

聂华霖、李泉等：《中国西部三农问题通论》，中国社会科学出版社 2010 年版。

潘维：《信仰人民：中国共产党与中国政治传统》，中国人民大学出版社 2017 年版。

祁一平：《国家治理现代化与腐败治理》，中国发展出版社 2016 年版。

邱学强：《国家命运：反腐攻坚战》，中央编译出版社2015年版。

《商君书·修权》。

《十八大以来重要文献选编》（上），中央文献出版社2014年版。

苏力：《法治及其本土资源》，中国政法大学出版社1996年版。

苏力：《送法下乡——中国基层司法制度研究（修订版）》，北京大学出版社2011年版。

孙琼欢：《派系政治——村庄治理的隐性机制》，中国社会科学出版社2012年版。

孙笑侠：《法理学》，中国政法大学出版社2008年版。

孙志勇：《遏制腐败战略——党的十八大以来中国特色反腐败理论十讲》，中国方正出版社2017年版。

王沪宁：《中国拒绝年腐败》，中国言实出版社1997年版。

王新生：《中国民主政治法治化研究》，人民出版社2014年版。

温铁军：《告别百年激进》，东方出版社2015年版。

温铁军：《中国农村基本经济制度研究——"三农"问题的世纪反思》，中国经济出版社2000年版。

吴新叶：《城市化进程中的农村社会管理研究》，上海人民出版社2014年版。

吴忠敏：《通向廉政之路》，中国方正出版社1998年版。

习近平：《决胜全面建成小康社会　夺取新时代中国特色社会主义伟大胜利》，人民出版社2017年版。

《习近平关于党风廉政建设和反腐败斗争论述摘编》，中央文献出版社、中国方正出版社2015年版。

《习近平总书记重要讲话文章选编》，中央文献出版社、党建读物出版社2016年版。

徐铜柱：《责任政府研究——地方治理的视角》，中国社会科学出版社2015年版。

徐显明：《法理学》，中国政法大学出版社2007年版。

徐勇：《中国乡村政治与秩序》，中国社会科学出版社2012年版。

杨永华：《中国共产党廉政法制史研究》，人民出版社2005年版。

尤琳：《中国乡村关系——基层治理结构与治理能力研究》，中国社会科学出版社 2015 年版。

余航：《支农惠农资金流失浪费研究——基于村庄和农户的微视角》，中国农业出版社 2014 年版。

张静：《国家与社会》，浙江人民出版社 1998 年版。

张静：《基层政权——乡村制度诸问题》，浙江人民出版社 2000 年版。

张希坡、韩延龙：《中国革命法制史》，中国社会科学出版社 1987 年版。

郑杭生：《社会学概论新修（精编版）》，中国人民大学出版社 2008 年版。

郑永年：《未来三十年：改革新常态下的关键问题》，中信出版集团 2016 年版。

《中国共产党第十八届中央委员会第四次全体会议文件汇编》，人民出版社 2014 年版。

《中央革命根据地史料选编》（下），江西人民出版社 1982 年版。

周叶中：《宪法》，高等教育出版社、北京大学出版社 2000 年版。

《左传·桓公六年》。

四　国外专著

［美］布坎南：《自由、市场与国家》，中国经济学院出版社 1998 年版。

［美］布劳、梅耶：《现代社会中的科层制》，时宪明、邱泽奇译，学林出版社 2001 年版。

［美］布雷恩·Z. 塔玛纳哈：《论法治：历史、政治和理论》，李桂林译，武汉大学出版社 2010 年版。

［美］布雷斯特德：《地中海的衰落》，马丽娟译，中国友谊出版公司 2015 年版。

［德］黑格尔：《历史哲学》，王造时译，上海书店出版社 1999 年版。

［美］杜赞奇：《文化、权力与国家》，王福明译，江苏人民出版社 1996 年版。

［英］吉登斯：《社会的构成：结构化理论大纲》，李康、李猛译，生活·读书·新知三联书店 1998 年版。

［美］吉尔兹：《地方知识》，商务印书馆 2014 年版。

［美］考夫曼：《法律哲学》，刘幸义译，（台湾）五南图书出版公司 2000 年版。

［美］李侃如：《治理中国：从革命到改革》，中国社会科学出版社 2010 年版。

［英］洛克：《政府论》（下篇），叶启芳译，商务印书馆 1997 年版。

［英］迈克尔·曼：《社会权力的来源》（第 2 卷）（上册），陈海宏等译，上海世纪出版集团 2007 年版。

［法］让－皮埃尔·戈丹：《何谓治理》，钟震宇译，社会科学文献出版社 2010 年版。

［美］塞缪尔·P. 亨廷顿：《变化社会中的政治秩序》，王冠华等译，生活·读书·新知三联书店 1989 年版。

［古希腊］亚里士多德：《政治学》，商务印书馆 1995 年版。

［古希腊］亚里士多德：《政治学》，吴寿彭译，商务印书馆 1965 年版。

［英］约翰·洛克：《政府论（下）》，叶启芳译，商务印书馆 2011 年版。

Judith N. Shklar, "Political Theory and the Rule of Law", Allan C. Hutchinson and Patrick Monahan, eds., *The Rule of Law: Ideal or Ideology*, Toronto: Carswell, 1987.

五 国内论文

艾梅：《"党法"是一个不科学的概念》，《中共福建省委党校学报》1988 年第 7 期。

包永辉、胡孝汉、田文喜：《中国的腐败问题》，《南风窗》1989 年第 8 期。

曹英：《制度性腐败：秦帝国忽亡的原因分析》，《江苏社会科学》2004 年第 2 期。

陈柏峰：《党内法规的功用和定位》，《国家检察官学院学报》2017 年第 3 期。

陈柏峰：《两湖平原的乡村混混群体：结构与分层》，《青年研究》2010 年第 1 期。

陈柏峰：《乡村"混混"介入的基层治理生态》，《思想战线》2018 年第 5 期。

陈恒：《美索不达米亚遗产及其对希腊文明的影响》，《上海师范大学学报（哲学社会科学版）》2006 年第 6 期。

陈家琪:《法的精神:启示神学与政治神学》,《江苏社会科学》2005年第2期。

陈坤奎:《"村官"腐败不容忽视》,《人民政坛》1997年第9期。

陈世润:《中国共产党纪律检查的历史沿革、特点与经验》,《南昌大学学报(人文社会科学版)》2017年第4期。

陈天驰、吴国斌:《中国特色廉政治理体系的核心要件及治理效能》,《廉政文化研究》2020年第1期。

陈永杰、黄恬恬:《基于治理理论的国家廉政治理现代化研究》,《湖北社会科学》2015年第10期。

储小平:《中国"家文化"泛化的机制与文化资本》,人大复印资料《文化研究》2004年第2期。

党国印:《"村民自治"是民主政治的起点吗?》,《战略与管理》1999年第1期。

董磊明、陈柏峰、聂良波:《结构混乱与迎法下乡——河南宋村法律实践的解读》,《中国社会科学》2008年第5期。

杜鹏:《项目造"点"与村庄精英更替——以广西陈村为例》,《华中农业大学学报(社会科学版)》2016年第1期。

段炼:《农村"三反"运动的进程及其特点》,《党的文献》2011年第1期。

段小力:《村官腐败的经济原因及预防对策》,《前沿》2009年第1期。

范柏乃、冯木林、周晶:《我国乡村贿选及其治理对策研究》,《行政与法》2008年第2期。

方世荣:《论我国法治社会建设的整体布局及战略举措》,《商法研究》2017年第2期。

冯仁:《村民自治走进了死胡同》,《理论与改革》2011年第1期。

冯耀明:《遏制村官腐败的长效机制研究》,《中共山西省委党校学报》2015年第1期。

付子堂、张善根:《地方法治建设及其评估机制探析》,《中国社会科学》2014年第11期。

甘娜、王克龙:《村干部挖鱼塘违规整酒村支书送礼金同受处分》,《中国纪检监察杂志》2016年第16期。

高晓霞、钱再见:《国家廉政体系建设中的公共权力运行公开化路径研究》,《学术界》2014 年第 10 期。

高琰、李景平:《廉政治理新思维:法治反腐的内涵及战略价值》,《学术界》2019 年第 5 期。

高泽华、赵艳红:《聚焦"村官"腐败:村干部里的"苍蝇"怎么打》,《决策探索》2014 年 6 月(上)。

葛志华:《村干部论》,《社会》1991 年第 6 期。

管立基:《乡村干群关系紧张之我见》,《乡镇论坛》1989 年第 2 期。

郭贵儒:《中央苏区的反贪斗争》,《文史精华》1995 年第 4 期。

过勇:《十八大之后的腐败形势:三个维度的评价》,《政治学研究》2017 年第 3 期。

韩大元:《论国家监察体制改革中的若干宪法问题》,《法学评论》2017 年第 3 期。

杭丽华:《乡村文化建设中的法治精神培育问题探析》,《齐鲁师范学院学报》2015 年第 3 期。

何荣功:《"重刑"反腐与刑法理性》,《法学》2014 年第 12 期。

何增科:《美国学者克利特加德谈发展中国家的反腐败斗争》,《国外理论动态》1993 年第 30 期。

贺全胜:《毛泽东"十个没有"及其当代意义》,《毛泽东思想研究》2016 年第 2 期。

贺雪峰:《当下中国亟待培育新中农》,《人民论坛》2012 年第 13 期。

贺雪峰:《究竟什么样的村才有贪腐空间》,《中国乡村发现》2016 年第 2 期。

贺雪峰:《论中国农村的区域差异——村庄社会结构的视角》,《开放时代》2010 年第 10 期。

贺雪峰、王习明:《村组干部的更替与报酬——湖北 J 市调查》,《北京行政学院学报》2002 年第 2 期。

侯猛:《当代中国政法体制的形成及意义》,《法学研究》2016 年第 6 期。

胡思洋等:《村官腐败:委托代理失灵的一个解释》,《南阳师范学院学报(社会科学版)》2010 年第 10 期。

胡跃:《村官腐败的原因分析及其对策思考》,《甘肃农业》2010 年第

5 期。

黄蓉生：《全面从严治党与政治生态构建的有机统一》，《政治学研究》2016 年第 5 期。

贾贤良：《略论腐败现象的传统文化成因》，《长江大学学报（社会科学版）》2012 年第 1 期。

江必新、王红霞：《法治社会建设纲论》，《中国社会科学》2014 年第 1 期。

江彩云：《从社会文化心理视角审视腐败认同意识》，《中央社会主义学院学报》2011 年第 3 期。

江广：《"小官巨腐"是怎样炼成的》，《浙江人大》2014 年第 8 期。

姜息元：《当前容易引发村组干部腐败行为的问题与对策》，《中国农业会计》1999 年第 1 期。

金文胜：《村官职务犯罪现状及法律分析》，《中国检察官》2012 年第 4 期。

康凯：《制度性腐败导致罗马帝国的衰亡》，《探索与争鸣》2013 年第 8 期。

雷磊：《法律概念是重要的吗》，《法学研究》2017 年第 4 期。

李东朗：《抗日根据地勤政廉政述论》，《河南理工大学学报》（社会科学版）2012 年第 3 期。

李海红：《"四清"运动的反腐败评析及启示》，《河北师范大学学报（哲学社会科学版）》2012 年第 3 期。

李红勃：《迈向监察委员会：权力监察中国模式的法治化转型》，《法学评论》2017 年第 3 期。

李慧：《反腐败理论框架的构建》，《山西大同大学学报（社科版）》2013 年第 6 期。

李敬民：《村干部办事要讲程序》，《北京支部生活》1999 年第 8 期。

李龙：《党法关系是全面依法治国的核心问题》，《红旗文稿》2017 年第 13 期。

李勇华：《自治的转型：对村干部"公职化"的一种解读》，《东南学术》2011 年第 3 期。

李志明：《乡镇要配齐专职监察干部》，《中国监察》1995 年第 9 期。

李祖佩：《"项目进村"过程中的混混进入》，《青年研究》2016年第3期。

李祖佩：《项目制基层实践困境及其解释——国家自主性的视角》，《政治学研究》2015年第5期。

李祖佩：《"资源消解自治"——项目下乡背景下的村治困境及其逻辑》，《学习与探索》2012年第1期。

梁胜：《"村官"腐败莫小视》，《广西农村经济》1998年第6期。

梁莹：《公民治理意识、公民精神与草根社区自治组织的成长》，《社会科学研究》2012年第2期。

林喆：《"消极腐败"的四种表现》，《人民论坛》2008年第4期。

刘长秋：《反腐败的法律保障研究》，《理论学刊》2014年第9期。

刘长秋：《软法视野下的党规党法研究》，《理论学刊》2012年第9期。

刘德军：《政治与现实：江苏农村"三反"运动研究》，《学术论坛》2014年第4期。

刘晖：《近年来西方腐败研究的理论与方法》，《兰州学刊》2009年第4期。

刘磊：《刑事诉讼法与监察法衔接的政治逻辑》，《地方立法研究》2018年第5期。

刘诗林、李辉：《双重领导与多任务性：中国乡镇纪检监察组织监督困境的实证研究》，《公共行政评论》2014年6月。

刘涛、王震：《中国乡村治理中"国家—社会"的研究路径——新时期国家介入乡村治理的必要性分析》，《中国农村观察》2007年第5期。

刘天社：《乡村腐败现象透析》，《农村财务会计》1995年第1期。

刘振滨等：《乡村治理进程中村干部腐败的成因及防治对策》，《福建农林大学学报（哲学社会科学版）》2016年第3期。

刘忠：《解读双规：侦查技术视域内的反贪非正式程序》，《中外法学》2014年第1期。

刘子平：《村干部"微权力"腐败治理机制创新探究》，《中州学刊》2018年第7期。

刘作翔、龚向和：《法律责任的概念分析》，《法学》1997年第10期。

龙立：《村民自治背景下的村霸治理》，《西南民族大学学报（人文社会科学版）》2012年第4期。

龙太江、李辉：《党纪反腐：价值、问题及其功能开发》，《中共浙江省委党校学报》2016年第4期。

吕德文：《基层治理转型中的群众路线》，《毛泽东研究》2014年第1期。

吕德文：《简约治理与隐蔽的乡村治理：一个理论评述》，《社会科学论坛》2010年第8期。

吕永祥、王立峰：《县级监察委员会的公权力监督存在的现实问题与优化路径》，《河南社会科学》2018年第7期。

吕周宁：《村干部"微腐败"现象分析及对策建议》，《读写算·教研版》2016年第19期。

马怀德：《〈国家监察法〉的立法思路与立法重点》，《环球法律评论》2017年第2期。

马建新：《基层治理法治化视野中的基层党组织建设》，《中共太原市委党校学报》2016年第4期。

梅学兵：《反腐新思路：坚决反对腐败文化》，《财经政法资讯》2001年第6期。

蒙慧、任鹏丽、李新潮：《法治反腐：价值意蕴·现实困境·路径选择》，《云南社会主义学院学报》2015年第1期。

孟广林：《"王在法下"的浪漫想象：中世纪英国"法治传统"再认识》，《中国社会科学》2014年第4期。

潘其胜：《"村官腐败"的原因及惩治对策》，《新东方》2006年第6期。

彭清燕：《论村域权力监督与村官犯罪预防》，《河北科技师范学院学报（社会科学版）》2012年第1期。

彭真：《论晋察冀边区抗日根据地的政权》，《解放》1938年第55期。

《七成腐败村官爱发"土地财"》，《国土资源》2014年2月号。

齐延平：《论西塞罗理性主义自然法思想》，《法学论坛》2005年第1期。

乔德福：《新农村建设中村官腐败治理机制构建》，《浙江师范大学学报（社会科学版）》2010年第1期。

乔德福：《新农村建设中村官贿选防治机制创新研究》，《郑州大学学报（哲学社会科学版）》2010年第3期。

秦前红：《监察体制改革的逻辑与方法》，《环球法律评论》2017年第2期。

卿文光:《论希腊理性与近代理性的若干差异及其缘由》,《哲学研究》2004年第7期。

邱志文:《腐败问题的求解:经济学与政治学视角之比较》,《桂海论丛》2009年第3期。

渠敬东:《项目制:一种新的国家治理体制》,《中国社会科学》2012年第5期。

渠敬东、周飞舟、应星:《从总体支配到技术治理——基于中国30年改革经验的社会学分析》,《中国社会科学》2009年第6期。

任建明:《十八大以来我国反腐败成效及对未来发展的广泛影响》,《广州大学学报(社会科学版)》2017年第8期。

任剑涛:《国家治理的简约主义》,《开放时代》2010年第7期。

汝绪华:《官员认知腐败的心理机制与防范》,《学术界》2017年第3期。

申斌、郑晓曦:《中国共产党反腐倡廉的历史进程及特点浅析》,《云南行政学院学报》2012年第6期。

沈诞生:《村政的兴衰与重建》,《战略与管理》1998年第6期。

沈小平:《村官腐败如何治理》,《人民论坛》2006年第4期。

石茂生:《论法治概念的实质要素——评亚里士多德的法治思想》,《法学杂志》2008年第1期。

淑贞:《'93腐败现象透视》,《改革与开放》1993年第9期。

苏力:《变法、法治建设及其本土资源》,《中外法学》1995年第5期(总第41期)。

苏森:《农村社会转型期防治"村官"腐败的对策思考》,《学习论坛》2012年第7期。

苏瑞娜:《村干部贪腐的典型特征及其防治对策》,《领导科学》2018年10月上。

孙浩杰、王征兵、汪蕴慧:《农村税费改革后村干部激励问题探讨》,《经济问题探索》2005年第5期。

孙红旗:《防治村干部腐败:一项艰巨的任务》,《人民检察》1998年第5期。

孙磊:《哲人与城邦——重新思考苏格拉底之死问题》,《现代哲学》2013年第2期。

孙秀林：《村庄民主、村干部角色及其行为模式》，《社会》2009年第1期。

谭诗赞：《"项目下乡"中的共谋行为与分利秩序》，《探索》2017年第3期。

唐鸣、陈荣卓：《村委会组织法修改：问题探讨和立法建议》，《社会科学研究》2006年第6期。

唐鸣、赵鲲鹏：《村委会组织法的修订所取得的进步》，《社会主义研究》2011年第1期。

唐学亮：《结构性视野下的村官腐败及其治理问题研究》，《犯罪研究》2012年第2期。

田道敏：《亚里士多德"人是政治动物论"的完善主义阐释》，《河南师范大学学报（哲学社会科学版）》2016年第4期。

万银锋：《城乡接合部的"村官"腐败问题及其治理》，《中州学刊》2015年第8期。

王而山：《当前农村基层干部腐败的现状与防治对策》，《理论视野》1999年第2期。

王冠中：《乡政村治格局下"村官"腐败的原因及对策》，《理论导刊》2009年第11期。

王光森：《邓小平党法关系思想及其现实启示》，《中共福建省委党校学报》2013年第11期。

王剑：《法治反腐的价值体现及路径探析》，《云南行政学院学报》2015年第2期。

王军荣：《村干部"微腐败"需要"重惩罚"》，《共产党员》2016年10月（中）。

王丽惠：《控制的自治：村级治理半行政化的形成机制与内在困境——以城乡一体化为背景的问题讨论》，《中国农村观察》2015年第2期。

王维新：《反腐败的勇士》，《党史博采》1995年第2期。

王文鸾：《中共历史上的四次"三反"运动》，《人民论坛》2011年第5期下。

王云霞：《印度社会的法律改革》，《比较法研究》2002年第2期。

王征兵、宁泽逵、Allan Rae：《村干部激励因素贡献分析——以陕西省长武县为例》，《中国农村观察》2009年第1期。

魏昌东：《国家监察委员会改革方案之辨正：属性、职能与职责定位》，《法学》2017年第3期。

温铁军：《半个世纪的农村制度变迁》，《战略与管理》1999年第6期。

吴道龙：《构筑立体反腐网络有效惩防腐败行为——学习清华大学反腐败理论框架的感悟》，《江东论坛》2010年第2期。

吴建雄：《国家监察体制改革的法治逻辑与法治理念》，《中南大学学报（社会科学版）》2017年第4期。

吴理财：《个体化趋势带来多重挑战：乡村熟人社会的重构与整合——湖北秭归"幸福村落"社区治理建设模式调研》，《国家治理》2015年第11期。

吴美华：《改革开放以来党风廉政建设理论》，《前线》2009年第2期。

吴淼、吴毅：《村民自治：理论资源和运作绩效》，《社会主义研究》1999年第4期。

吴毅：《双重边缘化：村干部角色与行为的类型学分析》，《管理世界》2002年第11期。

吴毅、杨震林、王亚柯：《村民自治中"村委会自治"现象的制度经济学分析》，《学海》2002年第1期。

吴云才：《论政府纠纷治理管理体制建设》，《领导科学》2009年第8期。

夏锦文：《跳出"现代化陷阱"实现探索性发展》，《群众》2018年第2期。

新华社、人民日报记者：《反腐败工作法治化的重要里程碑》，《党的生活》2018年第3期。

徐宏：《村官刑法身份困惑的社会学思考》，《南京大学学报（哲学·人文科学·社会科学版）》2013年第6期。

徐进、杨雄威：《政治风向与基层制度："老区"村干部贪污问题》，《近代史研究》2012年第2期。

徐铜柱：《民族地区服务型政府建设与政府公信力提升》，《湖北民族学院学报（哲学社会科学版）》2006年第4期。

徐铜柱：《乡村治理中法治文化的缺失与建构——兼论村干部腐败的治理》，《湖北民族学院学报（哲学社会科学版）》2017年第6期。

徐勇：《县政、乡派、村治：乡村治理的结构性转换》，《江苏社会科学》2002年第2期。

徐玉芬：《论淮北抗日根据地反对贪污和浪费的斗争》，《河南财经学院学报》1986年第3期。

徐玉生：《廉政新常态下治理创新探究》，《河南社会科学》2015年第6期。

颜玉华：《江苏遏制村官腐败的有效探索》，《中国老区建设》2011年第8期。

杨华：《"中农"阶层：当前农村社会的中间阶层》，《开放时代》2012年第3期。

杨慧子、赵娜：《论村官的责任控制——"基层官僚"理论视野下的探究》，《经济视角（下）》2011年第8期。

杨建顺：《国家监察体制改革的十大课题》，《中国法律评论》2017年第6期。

杨俊明：《道德沦丧与罗马帝国的衰亡》，《史学理论研究》2013年第4期。

杨奎松：《新中国"三反"运动来龙去脉》（下），《江淮文史》2011年第5期。

杨娜：《欧盟的廉政治理及其启示》，《南开学报（哲学社会科学版）》2018年第1期。

杨群红：《遏制村干部腐败的对策建议》，《领导科学》2017年第11期。

杨群红：《新形势下村官腐败的类型、特征及治理对策》，《中州学刊》2016年第12期。

杨绍华：《十五年磨砺　铸清风正气——访中央纪委副书记、监察部部长、国务院纠风办主任李至伦》，《求是》2006年第4期。

尤俊：《当代中国国家治理能力提升与基础性国家能力建设》，《法治与社会发展》2015年第5期。

于凤政：《论"腐败"的定义》，《新视野》2003年第5期。

于建嵘：《村民自治的价值和困境——兼论〈中华人民共和国村民委员会组织法〉的修改》，《学习与探索》2010年第4期。

于建嵘：《农村黑恶势力与基层政权退化——湘南调查》，《战略与管理》

2003 年第 5 期。

郁忠民:《"党法分开"——政法体制改革的必然要求》,《党政论坛》1989 年第 1 期。

袁明宝:《"去自治化":项目下乡背景下村民自治的理想表达与现实困境》,《江西行政学院学报》2015 年第 3 期。

《在天长万千人民公审下,埠北乡长丁连举被处以死刑》,《新路东》民国二十一年十月五日。

曾文权:《创新监督体制保障村民自治》,《经济与社会发展》2008 年第 2 期。

张爱平:《腐败成因的经济学分析及反腐对策》,《江西社会科学》2009 年第 6 期。

张传秀:《村官腐败:形式·特点·危害·原因·对策》,《中共云南省委党校学报》2014 年第 5 期。

张东辉:《委托—代理关系中腐败的经济学分析》,《经济问题》2002 第 1 期。

张汉昌:《"村官腐败"现象的产生原因、社会影响及治理对策研究》,《当代法学》2000 年第 6 期。

张红阳、朱力:《"权力悬浮"背景下乡村治理无效性的根源——基于华北 D 村自来水工程建设史的分析》,《学习与实践》2017 年第 3 期。

张洪:《必须充分认识"腐败亚文化"的危害》,《中国党政干部论坛》2005 年第 7 期。

张坤、郭斌:《"村账乡管"的制度缺陷及其优化机制设计》,《农村经济》2014 年第 6 期。

张磊:《政治社会学视角下官员腐败的诱因及防治》,《法制与社会》2016 年第 1 期。

张露露、王露蓉、夏书明:《村干部贪腐的生成逻辑及治理对策》,《领导科学》2017 年第 15 期。

张全印:《我国监察体制改革视角下的纪检监察程序与刑事司法程序的衔接研究》,《法治论坛》2018 年第 2 期。

张文显:《新思想引领法治新征程——习近平新时代中国特色社会主义思想对依法治国和法治建设的指导意义》,《法学研究》2017 年第 6 期。

张勇:《农村基层权力"悬浮"之本源与解决路径》,《理论视野》2010年第9期。

张勇、张巍:《论当前农村基层权力"悬浮"的危害与解决》,《湖北社会科学》2010年第8期。

张昱泉:《法治视野中预防村干部腐败路径的实证分析——以H市X区村干部职务犯罪案件调查为样本》,《行政与法》2017年第4期。

赵爱玲:《建立党纪与司法并重的反腐倡廉模式》,《人民论坛》2015年第23期。

赵秀玲:《村干部腐败的社会文化因素探析》,《东岳论丛》2016年第7期。

赵振军:《村官腐败的症结在哪里》,《中国乡村发现》2007年第4期。

赵振宇:《一个"霸道村长"覆灭带来的启示》,《中国纪检监察杂志》2018年第7期。

折晓叶、陈婴婴:《项目制的分级运作机制和治理逻辑——对"项目进村"案例的社会学分析》,《中国社会科学》2011年第4期。

郑传坤、黄清吉:《健全党内监督与完善巡视制度》,《政治学研究》2009年第5期。

郑风田:《对沦为村霸的村干部必须严惩》,《人民论坛》2017年第4期上。

郑杭生、胡翼鹏:《严刑峻法,因情而施:社会运行的强制规范——春秋战国时期法家社会思想研究》,《学习与实践》2009年第3期。

郑明怀:《乡村政治研究中的"保护—逆保护"》,《桂海论丛》2009年第2期。

钟纪研:《防治"村官腐败"须加强"三资"监管——关于防治农村基层干部腐败的调研报告》,《中国监察》2012年第3期。

钟宪章、顾阳:《预防和治理"村官"腐败刍见》,《中国井冈山干部学院学报》2012年第6期。

周道鸾:《中央苏区谢步升、熊仙壁案》,《中国审判》2008年第11期。

周飞舟:《从汲取型政权"悬浮型"政权——税费改革对国家与农民关系之影响》,《社会学研究》2006年第3期。

周庆平:《反腐败的高压态势与硬环境建构》,《国家检察官学院学报》

2014 年第 3 期。

周庆行等:《我国农村腐败问题的成因及反腐败机制建设》,《廉政文化研究》2012 年第 1 期。

周庆智:《关于"村官腐败"的制度分析——一个社会自治的问题》,武汉大学学报(哲学社会科学版)2015 年第 3 期。

周延明:《农村也有腐败现象》,《农村工作通讯》1994 年第 1 期。

周永宏:《农村征地过程中"村官"腐败引发的群体性事件浅析》,《法制与社会》2009 年第 25 期。

朱其高:《如何理解"党法"的概念——与艾梅同志商榷》,《理论学习月刊》1989 年第 2 期。

朱清华:《再论柏拉图的正义与幸福》,《江苏社会科学》2012 年第 1 期。

朱腾:《略论汉代皇权观的儒学化——以汉代德主刑辅思想演进的政治背景为切入点》,《北方法学》2013 年第 4 期。

朱夏芳:《村干部腐败形式、原因及防控途径探讨》,《农民致富之友》2015 年第 16 期。

朱政:《国家权力视野下的乡村治理与基层法治——鄂西 L 县网格化管理创新调查》,《中国农业大学学报(社会科学版)》2015 年第 6 期。

朱政:《基层法治的实践生成——以鄂西地区仪式性人情异化的治理为切入点》,《法商研究》2016 年第 4 期。

朱政:《基层执法的形态、运作机理与法治径路——以 E 市控制违章建筑执法为例》,《云南社会科学》2017 年第 4 期。

朱政:《面向农民需求强化农村文化建设》,《中国党政干部论坛》2016 年第 8 期。

朱政、徐铜柱:《村级治理的"行政化"与村级治理体系的重建》,《社会主义研究》2018 年第 1 期。

卓泽渊:《党规与国法的基本关系》,《中共杭州市委党校学报》2015 年第 1 期。

邹德萍:《小村官大腐败》,《党政干部学刊》2006 年第 7 期。

邹东升、姚靖:《村干部"微腐败"的样态、成因与治理——基于中纪委 2012—2017 年通报典型案例》,《国家治理》2018 年 2 月 21 日。

左卫民、安琪:《监察委员会调查权:性质、行使与规制的审思》,《武汉大学学报（哲学社会科学版）》2018年第1期。

六 国外论文

Bruce Buchan. Changing Contours of Corruption in Western Political Thought C. 1200 – 1700 [C] //ManuhuiaBarcham, Barry Hindess, Peter Larmour. Corr uption: Expanding the Focus. Canberra: ANUE Press, 2012.

Cary J Nederman. Nature, Sin and the Origins of Society: the Ciceronian Tradition in Medieval Political Thought [J]. Journal of the History of Ideas, 1988, 49 (1).

七 博硕论文

付姗姗：《1927—1949年国共两党防腐反腐比较研究》，硕士学位论文，山东师范大学，2017年。

李东：《腐败心理分析与腐败预防对策研究——基于基层纪检工作的视角》，硕士学位论文，西南财经大学，2012年。

刘爱军：《村官腐败的预防及治理研究》，硕士学位论文，南京农业大学，2013年。

宁泽逵：《中国村干部激励机制研究》，硕士学位论文，西北农林科技大学，2005年。

饶方舟：《治理"村官"腐败研究——基于湖北A县的调查》，硕士学位论文，华中师范大学，2012年。

魏斌冠：《村民自治背景下的新农村廉政文化体系构建》，硕士学位论文，华中师范大学，2015年。

许欢：《官员腐败心理与预防控制研究》，博士学位论文，武汉大学，2014年。

杨芃：《新民主主义革命时期中国共产党廉政建设研究》，硕士学位论文，天津商业大学，2013年。

叶海燕：《"村官"腐败现象分析及治理研究——以东海A县为例》，硕士学位论文，复旦大学，2007年。

八 报纸文章

安国忠:《云梦狠治村官腐败》,《孝感日报》2015 年 9 月 17。

曹树林:《河南专项行动惩治村官腐败》,《人民日报》2011 年 10 月 13 日。

陈宝琨、李洪波:《农村内伤:村官靠腐败"致富"》,《检察日报》2000 年 11 月 12 日。

陈克立:《标本兼治防范村官腐败》,《农民日报》2009 年 8 月 17 日。

赤坎、关月:《加强"三资"管理,杜绝"村官"腐败》,《湛江日报》2015 年 3 月 5 日。

丛焕宇:《本溪为新任村干部上反腐倡廉课》,《辽宁日报》2016 年 5 月 4 日。

《村干部腐败已"触目惊心"位小权大缺少监督》,《法制日报》2008 年 10 月 21 日。

戴佳:《2013 年至今年 5 月,全国检察机关查办涉农和扶贫领域职务犯罪 28894 人——涉农资金管理使用环节案件多发》,《检察日报》2015 年 7 月 22 日。

戴佳:《最高检:将集中惩治和预防惠农扶贫领域职务犯罪工作》,《检察日报》2015 年 7 月 22 日。

戴小明、朱政:《道德与法律究竟是一种什么关系》,《光明日报(理论版)》2015 年 4 月 2 日。

邓静、张崇熙:《打通全面从严治党最后一公里》,《德州日报》2017 年 12 月 5 日。

邓兴东:《浅谈基层腐败的现状、危害、原因及对策》,《抚州日报》2016 年 4 月 27 日。

董小芳:《宁海:小小"村务卡"刷出廉洁风》,《宁波日报》2015 年 9 月 2 日。

杜晓、曹明珠:《惩治基层腐败须铲除哪些毒瘤》,《法制日报》2018 年 01 月 24 日。

顾书进、石勇:《村官腐败职务犯罪的四种原因》,《江苏经济报》2016 年 1 月 13 日。

《国家监察体制改革试点取得实效——国家监察体制改革试点工作综述》，《人民日报》2017年11月6日。

韩雪：《贪官何以连忏悔书都要抄袭》，《检察日报》2015年12月22日。

何云江：《贵阳新庄：村官"抱团"腐败，涉案金额上千万》，《新华每日电讯》2004年11月15日。

贺雪峰：《未来农村社会形态："半熟人社会"》，《中国社会科学报》2013年4月19日。

胡恒：《"皇权不下县"的由来及其反思》，《中华读书报》2015年11月4日。

胡锦武：《"村官"腐败：新农村建设要除"内伤"》，《经济日报》2006年5月1日。

黄顺祥、付泽：《重庆二分院：让新任村干部先出"廉政汗"》，《检察日报》2015年1月20日。

蒋虎雄：《横溪："廉政夜谈"给村干部敲警钟》，《台州日报》2017年8月29日。

蒋欣、刘凯：《宁海"36条"为村干部限权》，《中国青年报》2015年5月12日。

李东红：《"巩义模式"力阻村官腐败》，《河南日报》2006年9月29日。

李瑞丰、王玉明：《安定三项举措打造清正廉洁村干部队伍》，《定西日报》2017年10月23日。

李维：《132个红指印揪出腐败村官》，《检察日报》2003年4月3日。

李维：《惩治村官腐败保证专款专用》，《检察日报》2003年4月6日。

练洪洋：《坐实村官审计，整治农村腐败》，《广州日报》2012年11月7日。

廖冬云、李睿：《玛纳斯县推行"一清二白"工作法整治"微腐败"》，《昌吉日报》（汉）2017年9月5日。

刘成友：《治理村官腐败需双管齐下》，《人民日报》2015年7月14日。

刘宪权：《刑法修正案草案有何反腐亮点》，《解放日报》2014年11月28日。

卢国祥：《从行政管理学角度看腐败的成因及防治》，《中国检查报》2003年。

陆建青、李嘉佳:《两年半挥霍60万 这俩村干部太任性》,《中国纪检监察报》2017年6月19日。

吕玥、朱海兵:《余姚规范村干部权力》,《浙江日报》2015年4月14日。

罗天柱:《治理"村官"腐败须有新招》,《西部法制报》2005年7月26日。

阮培茜:《忏悔何须模式化》,《浙江日报》2015年12月24日。

盛明富:《"贿选":民主进程的毒瘤》,《工人日报》2001年8月2日。

宋伟:《加快修订村委会组织法遏止"村官腐败"》,《人民日报》2009年5月3日。

孙爱东:《中央为防"村官腐败"立新规》,《中国纪检监察报》2007年2月25日。

谭科、李德全:《制度防腐 村官薪酬财政发》,《成都日报》2005年5月11日。

谭永丰、王少安:《万元危房改造补贴,村干部竟索要六千》,《中国纪检监察报》2018年1月28日。

唐鸣:《让"村官"告别腐败重灾区》,《中国社会报》2014年8月29日。

王宝亮:《五台县建立五大机制严防村官腐败》,《山西经济日报》2007年6月24日。

王晓毅:《工资低不是村干部腐败的主因》,《北京青年报》2018年1月28日。

魏海龙:《西峰区强化监管措施防治"村官"腐败》,《陇东报》2006年8月11日。

魏雅华:《"村官"腐败叩问制度缺陷》,《民主与法制时报》2005年8月16日。

吴冰、邓圩:《村官为何成腐败重灾区》,《人民日报》2013年7月29日。

吴烨、阎敬业:《社会稳定的基础在农村》,《河南日报》2000年1月22日。

习近平:《中共中央关于全面推进依法治国若干重大问题的决定》,《人民日报》2014年10月29日。

肖立辉:《加强党对反腐败工作的统一领导》,《中国纪检监察报》2017年6月14日。

徐怀顺：《治"村官腐败"用啥招》，《中国纪检监察报》2002年7月5日。

徐隽：《依法严惩，构建长效机制》，《人民日报》2018年1月28日。

颜凑、刘华华：《蕉城：凝聚监督力量，预防"村官"腐败》，《中国纪检监察报》2010年7月15日。

姚忆江：《监事会：村庄"纪委"防止村官腐败》，《南方周末》2010年2月25日。

《用制度"铁笼"看紧农村"三资"》，《人民日报》2014年10月28日。

于德永：《承德县着力创新机制有效预防村官腐败》，《承德日报》2010年12月22日。

余娆：《安康："组合拳"遏制"村官"腐败》，《中国纪检监察报》2012年3月2日。

《云南惩治农村腐败已查处2000余村官》，《中国纪检监察报》2015年6月1日。

曾海山：《好村官为何路难行》，《法制日报》2000年1月24日。

曾明、杨晓红：《广西武宣县试点村干部"微权力"清单制》，《中国改革报》2015年12月4日。

张东明：《没有监督的权力必然导致腐败——学习习近平总书记关于党内监督的重要论述》，《学习时报》2017年2月27日。

张晋、张文超：《"负面清单"盯牢"村官"——青岛出台20条从严管理村干部》，《青岛日报》2015年8月19日。

张仁、王轶：《村账镇管，欲贪不能》，《检察日报》2000年11月19日。

张文显：《统筹推进中国特色社会主义法治体系建设》，《人民日报》2017年8月14日。

赵爱明、史仕新：《当代中国村民民主选举影响因素分析》，《光明日报》2009年11月28日。

赵杨、陈惜辉：《廉洁教育成村干部"必修课"》，《南方日报》2015年6月19日。

《这场全国性扫黑除恶专项斗争到底什么来头》，《人民日报海外版》2018年1月25日。

九 网络文章（排序：人民网、新华网、政府网、其他）

《村干部为儿子摆婚宴收受村民礼金》，新华网（http://www.xinhuanet.com/local/2017-04/17/c_129541807.htm）（2017年4月17日）。

段相宇：《整治群众身边腐败问题力度只会加强不会削弱》，中央纪委监察部网（http://www.ccdi.gov.cn/special/bwzp/wqhg_bwzp/201712/t20171207_113397.html）。

《关注小村官成大硕鼠：去年全国各地村官吞22亿元》，人民网（http://politics.people.com.cn/n/2014/1106/c70731-25983283.html）。

《广东省纪委通报10起农村基层党员干部违纪典型案件》，人民网（http://politics.people.com.cn/n/2015/1207/c1001-27897556.html）。

《江苏一村干部私刻村民印章70多枚 官方介入调查》，人民网（http://politics.people.com.cn/n/2013/0821/c70731-22644425.html）。

《举报村干部涉贪行为遭报复村民该如何依法维权》，中国新闻网（http://www.chinanews.com/fz/2014/07-04/6352765.shtml）。

刘钊、冯经伟：《从村干部中选拔乡镇领导班子 成员遭遇学历年龄"尴尬"》，大众网（http://www.dzwww.com/shandong/sdnews/201609/t20160913_14903483.htm）。

卢俊宇：《村干部腐败为何批量"亮相"中纪委通报？》，新华网（http://www.xinhuanet.com/politics/2015-11/15/c_128426533.htm）（2015年11月15日）。

庞胡瑞：《广东乌坎事件舆情研究》，湖北省人民政府门户网站（www.hubei.gov.cn）。

《全国廉政专家齐聚一堂，共话清廉文化建设》，浙江省纪委监委网站（http://www.zjsjw.gov.cn/ch112/system/2018/11/19/031279106.shtml）。

《全国人民代表大会常务委员会关于惩治贪污罪贿赂罪的补充规定》，中国人大网（http://www.npc.gov.cn/wxzl/gongbao/1988-01/21/content_1481041.htm）。

《全国信访局长会议2017年网上信访同比上升79.4%》，央视网（http://news.cctv.com/2018/01/24/ARTI7GbGBx7ZdSnvVcOiT2mq180124.shtml）。

《深圳龙华一村官被指抢建违建9栋楼 价值超3亿元》，中国新闻网（http：//www.chinanews.com/df/2014/06-06/6251213.shtml）。

《四川通报7起扶贫领域违纪问题典型案例》，中央纪委监察部网站（http：//www.ccdi.gov.cn/special/jdbg3/sc_bgt/sffbwt_jdbg3/201712/t20171214_113809.html）。

《透视村官雁过拔毛式贪腐："上天入地"皆伸手》，人民网（http：//hb.people.com.cn/n/2015/0212/c192237-23891286-2.html）。

《透视村官雁过拔毛式贪腐："上天入地"皆伸手》，人民网（http：//sz.people.com.cn/n/2015/0211/c202846-23876851.html）。

《违规整酒乱收费发不雅照来凤纪委通报10起典型案件》，恩施新闻网（http：//www.enshi.cn）。

吴玲：《村支书笑谈"村里一半都是我的娃"释放啥危险信号》，人民网（http：//opinion.people.com.cn/n/2013/0902/c1036-22778915.html）。

习近平：《科学有效防治腐败 坚定不移把反腐倡廉建设引向深入》，人民网（http：//cpc.people.com.cn/n/2013/0123/c64094-20292472.html）。

《习近平谈信念理想》，人民网（http：//cpc.people.com.cn/n1/2017/0607/c64094-29322419.html）。

《小官巨腐：西安一社区主任"坐地生财"涉贿1.2亿》，中国新闻网（http：//www.chinanews.com/gn/2015/10-28/7593354.shtml）。

《这个"村霸"惊动了纪检机关，公款修"私路"谁有异议就打谁》，央视新闻网（http：//news.cctv.com/2018/02/05/ARTIi06VMWohIpAEABqSmvnt180205.shtml）。

《中华人民共和国村民委员会组织法（1998年）》，中国人大网（http：//www.npc.gov.cn/huiyi/lfzt/cmwyhzzf/2009-12/18/content_1530494.htm）。

《中央纪委通报2017年全国纪检监察机关纪律审查情况》，人民网（http：//politics.people.com.cn/n1/2018/0111/c1001-29757612.html）。

《最高检2016年1至11月：立案查办县处级以上干部3149人》，央视网（http：//news.cctv.com/2017/01/15/ARTI5ZhwpoZBDxF1Qke599oi170115.shtml）。

后　　记

获得国家社科基金一般项目立项是一件欣喜的事情，完成国家社科基金项目任务却是一件很累的事情。《乡村廉政治理法治化》付梓之际，我真正感受到了那种如释重负的欣慰和鉴赏成果的喜悦。为实现国家课题赋予的研究目标和使命，我们课题组同人齐心协力、不辱使命，以纯正的学术品质、实事求是的研究精神、勇于担当的社会责任、服务国家的政治自觉，完成各项研究任务，用集体智慧与心血共同浇灌出这份"厚重"的作品！欣赏之际，我们的科学研究服务国家战略的使命感和教书育人培养可靠接班人的责任感油然而生。可以说，《乡村廉政治理法治化》作为廉政治理的一个崭新成果，是对建党100周年的献礼，是对乡村振兴的助力，是对法治乡村的关切，是对法治中国的呼应。

我非常感谢学术研究道路上的伙伴们，特别是湖北民族大学的朱政副教授、李文革副教授、蔡世鄂副教授、刘顺峰副教授、张恩博士、朱士华博士、宋思妮博士、李勇博士、李萌萌硕士等对本研究付出了辛勤工作，提供了卓越智慧，在此一并表示诚挚谢意。

特别感谢北京大学中国政治学研究中心何增科教授为本研究提供的智力支持，并亲自为本书作序，其谦逊的人格魅力和大师级的学术风范激励着我们继续前行。

本书在编辑出版过程中，中国社会科学出版社的孔继萍女士给予了大力支持，为本书的顺利出版提供帮助，在此深表谢意。

本书的最大特点在于问题的底层性、对象的特殊性、命题的时代性、内容的系统性、材料的真实性等方面，研究乡村廉政治理，离不开村干部及其腐败治理问题，其目的在于准确把握乡村微腐败的生成逻辑、内在规律以及基本特征，找出乡村微腐败的形成机制，探讨乡村廉政治理的有效法治路径，以期达到提升乡村党的建设质量和水平，推进法治乡村建设步伐，为新时期乡村贫困治理、小康社会和乡村振兴提供人才支撑、文化引领和组织保障，从而更好地服务于乡村治理现代化的总体目标。然而，因受条件、信息、能力等因素的影响，本书肯定还有许多不足之处，敬请大家批评指正。

徐铜柱

2020 年 6 月 9 日于湖北民族大学桂花园